Max Zweig

Die Dritte-Reich-Dramen

LITERATUR

Max Zweig

Dramen 2

Max Zweig

Die Dritte-Reich-Dramen

Der Moloch – Die deutsche Bartholomäusnacht
Ghetto Warschau – Die Verdammten
Aufruhr des Herzens

Mit einem Nachwort herausgegeben von
Eva Reichmann

LITERATUR

Verlag und Herausgeberin danken dem Bundesministerium für Wissenschaft, Verkehr und Kunst sowie dem Bundesministerium für auswärtige Angelegenheiten für die freundliche Unterstützung beim Zustandekommen dieses Bandes. Besonderer Dank gebührt der Witwe des Dichters, Frau Wilhelmine Bucherer-Zweig, für ihre Förderung.

Zweig, Max: Die Dritte-Reich-Dramen
Hg. mit einem Nachwort von Eva Reichmann. (Zweig Gesammelte Werke 2)
1. Auflage 1999 | 2. unveränd. Auflage 2015
ISBN 978-3-86815-598-3

© IGEL Verlag Literatur & Wissenschaft, Hamburg 2015
Alle Rechte vorbehalten.
Igel Verlag Literatur & Wissenschaft
ist ein Imprint der Diplomica Verlag GmbH
Hermmanstal 119 k, 22119 Hamburg
www.igelverlag.com

Umschlag von Frederik Bollhorst
Printed in Germany

Die Deutsche Bibliothek verzeichnet diesen Titel in der
Deutschen Nationalbibliografie.
Bibliografische Daten sind unter http://dnb.d-nb.de verfügbar

Inhalt

Der Moloch (1933)

Schauspiel in fünf Akten

Personen:

ELISABETH ZACHARIÄ, Witwe eines Pastors
THOMAS ZACHARIÄ, Dozent, 36 Jahre alt, ihr Sohn
MARTIN ZACHARIÄ, Student, 23 Jahre alt, ihr Sohn
DOROTHEA DAHN, Thomas' Verlobte

JOST, Studienrat a.D., Gruppenführer, SA-Offizier
SENKPIEL, Standartenführer, SA-Offizier
TIEPKE, Sturmführer, SA-Offizier

MENZINGER, Kommissar der Geheimen Staatspolizei
VON BESSEMER, Major a.D., Direktor eines Gefängnisses
SELLENTIN, Arbeiter
FRAU SELLENTIN
FRAU ROSENFELD, Frau eines Arztes
BRESSOW, SA-Rottenführer
KÄHLERT, SA-Mann
ECK, SA-Mann
Mehrere SA-Männer, Gefangene, Besucher, ein Schaffner, ein Kellner.

Die Handlung spielt im Jahre 1933 in Berlin.

Erster Akt

Abend des 2. März 1933.
Bibliothekszimmer Thomas Zachariäs in dem im Westen Berlins gelege-
nen Haus, das Elisabeth mit ihren Söhnen bewohnt. Es findet eben eine
Haussuchung statt; im Zimmer ist ein wüstes Durcheinander. Der Rotten-
führer Bressow und zwei SA-Männer reißen die Bücher von den Borden,
durchwühlen sie und werfen sie auf den Boden. Thomas sieht ihnen lä-
chelnd zu.

BRESSOW: Nu aber reden Se, Mensch: Wo ham Se det illejale Material
  versteckt?
THOMAS: *die ganze Zeit ruhig und etwas spöttisch* Bitte, suchen Sie!
  Vielleicht haben Sie Glück und finden etwas!
ERSTER SA-MANN: Kenn' wa schon: rechtzeitich beiseite jeschafft! Du...
  Kommuniste du!
THOMAS: Mein Name ist Professor Thomas Zachariä, und ich erinnere
  mich nicht, mit Ihnen Bruderschaft getrunken zu haben. *Zu seiner*
  Mutter, die sich in der Türe zeigt: Aber Mama! Du gehst sofort in dein
  Zimmer zurück! *Elisabeth ab.*
ERSTER SA-MANN: Du Obermarxiste! Det kommt dir komisch vor? War-
  te man, Jungeken, wir werden dir det Lachen schon abkoofen!
ZWEITER SA-MANN: Mitnehmen! Den Studierten mit die Brille eenfach
  mitnehmen!
BRESSOW: Dissiplin, Jungs! Immer mit die Ruhe und Dissiplin! - Lauter
  ausländisches Zeuch! Nischt wie franzeesische und russische Biecher!
  Er zeigt auf ein Buch. Ooch wat Russisches, nich?
THOMAS: Ja, Russisches, Tolstoi. Sie halten Tolstoi für sehr staatsgefähr-
  lich, wie?
BRESSOW: Kenn ich nich! Is woll ooch eener von die moskowitischen
  Rotfronthetzer? *Er schaut sich um.* Biecher von die nationale Erhe-
  bung ham Se keene, wie?
THOMAS: Pardon! Ist das ein neues Gesetz, das vorschreibt, solche Bü-
  cher zu besitzen?

BRESSOW: Na, heern Se mal! Det is doch merkwirdich, det Se eene janze Villa voll von internationalen Schund haben und nischt von die nationale Erhebung! Det macht Ihnen sehr verdächtich, det Se een Volksverräter sind!

THOMAS: *fährt auf* Jetzt muß ich Sie aber dringend ersuchen, sich anständig zu benehmen! Das ist bereits die zweite Unverschämtheit, die Sie sich in meiner Wohnung herausnehmen!

ERSTER SA-MANN: *der inzwischen ein Bündel Zeitschriften durchwühlt hat* Reiß det Maul nich so weit uff, Jenosse, du, verstehste! Det reene Unschuldslamm! Und die jrellroten Schmeeker da, det is ooch jut nationales Schrifttum, wat?

THOMAS: Zeigen Sie! Das? Das sind ein paar alte Pan-Europa-Hefte.

ERSTER SA-MANN: Ick werd dir lernen: Pan-Eiropa! Zersetzendes Material is es! So'n valojenes rotes Pack!

ZWEITER SA-MANN: Mitnehmen! Alles mitnehmen! Den jetarnten Kommunisten ooch jleich mitnehmen!

BRESSOW: Immer mit die Ruhe, Jungs! Erst Meldung machen! *Zu Thomas:* Telefon bleibt jesperrt. Se riehren sich nich aus die Wohnung, bis Se Bescheid kriejen. *Zu den anderen, im Abgehen:* Beobachten!

Die drei SA-Männer mit einem Bündel Zeitschriften ab. Nach einer Weile tritt Elisabeth ein.

ELISABETH: Sind sie weg? Das ist unerhört. Wie kommen diese Physiognomien in unser Haus.

THOMAS: Durch die Tür, Mama! Und durch die Tür sind sie auch wieder verschwunden!

ELISABETH: Was? Du lachst? Über diesen frechen Überfall kannst du lachen?

THOMAS: Sancta simplicitas!... So lach doch mit! Was soll man sonst, als über die unschuldsvolle Dummheit lachen?

ELISABETH: Ich bin außer mir. Hat man schon so etwas gehört? Was für neuartige Sitten sind das, daß bewaffnete Kerle in ein friedliches Haus eindringen und darin so hausen dürfen? Was wollten sie?

THOMAS: Kommunistenriecherei! - *Er lacht.* - Denk dir, Mamachen: Ich bin ein Kommunist! Wenn sie wüßten, daß Kommunist und Nazi, Nazi und Kommunist für mich ein par nobile fratrum sind!

ELISABETH: Ich bin so aufgeregt, daß ich alles vergesse, was ich sagen wollte. Nein, hast du auf diese Physiognomien geachtet? Das war Plebs, böse Plebs -

THOMAS: Richte nicht, Mama, damit wir nicht... *Er bricht in Lachen aus.* Aber Instinkt haben sie, das muß man sagen! Sie haben es sofort gewittert, daß Tolstoi ein staatsgefährlicher Rebell ist.

ELISABETH: Ach, ich habe schon wieder vergessen... mein Gott, wenn sie nun wiederkommen! Oder wenn Klügere kommen und deine pazifistische Bibliothek entdecken!

THOMAS: Du bist zu aufgeregt, Mama. Überlege: ich lese über Ethik. Da kann ich doch wahrhaftig meine Inspirationen nicht aus den Pronunziamentos des Braunen Hauptquartieres schöpfen!

ELISABETH: Ich verstehe ja nichts von Politik. Aber - bitte, fahr nur nicht gleich auf! - aber das habe ich immer gehört, daß die Nazis Pazifisten ganz besonders hassen.

THOMAS: *ungeduldig* Ich bitte dich! Es wird doch noch erlaubt sein, mitten im Frieden sich zum Frieden zu bekennen. Und einer wie ich, der achtzehn Monate vor Verdun gelegen hat... Ach, es ist ja zu albern, um darüber erst lang zu diskutieren!

ELISABETH: Du weißt doch, mein Junge, wie leidenschaftlich ich deine Überzeugung teile. Mein Gott, ich habe ja zwei Kinder an der Front verloren. Aber wenn der Pazifismus nun plötzlich ein Verbrechen sein soll...

THOMAS: Du verstehst wirklich nichts davon, Mama. Etwas Logik, ich bitte dich! Soll der Pazifismus von heut an als Verbrechen gelten, dann muß er durch ein Gesetz dazu erklärt werden: das begreifst du doch? Nun, wo existiert dieses Gesetz? Du siehst also, du kannst beruhigt sein. Sie können mir nichts anhaben.

ELISABETH: Aber so verstehe doch, weshalb ich mich beunruhige! Du bist immer so geradezu. Du hast ein fanatisches Freiheitsgefühl: wie willst du da unter dem neuen Despotismus leben?

MARTIN: *tritt munter von draußen ein; beim Anblick der Unordnung stutzt er, dann faßt er sich schnell* Haussuchung? Hat man etwas Verdächtiges gefunden?

THOMAS: Eine Masse zersetzender Schriften: so heißt es doch in eurem Jargon? Die Bibel, Tolstoi...

MARTIN: Ohne Scherze! Haben sie etwas mitgenommen?

ELISABETH: Ach, daß ich das zu fragen vergessen habe! Ja, haben sie denn etwas mitgenommen?

THOMAS: Reiche Beute! Einen ganzen alten Jahrgang von Pan-Europa.

MARTIN: Mama, pack ihm das Nötigste in einen kleinen Koffer! *Zu Thomas:* Hast du einen Paß? Du mußt sofort abreisen.

THOMAS: Wegen der paar Pan-Europa-Hefte? Die kannst du in jedem Zeitungskiosk an jeder Straßenecke kaufen.

MARTIN: Trotzdem! Es ist das Beste. Schau, daß du morgen früh über der Grenze bist!

ELISABETH: Nur schnell! Ich hab solche Angst, daß sie zurückkommen.

THOMAS: Was, zwei Wochen vor der Hochzeit? Was müßte da Dorothea denken?

MARTIN: Ich verletze vielleicht schon meine Pflicht, wenn ich dich zur Abreise dränge. Du mußt schließlich am besten wissen, ob du es riskieren darfst, zu bleiben.

THOMAS: Siehst du, wie klug du bist! Ich riskiere es. *Er beginnt, die zerstreut liegenden Bücher einzuordnen.* Punktum. Ich kann alles verantworten. Ich laufe nicht davon.

MARTIN: *nach einer Pause* Dein Kollege Professor Tiedemann ist heute Nacht verhaftet worden.

THOMAS: *schnell* Was? Unmöglich!

MARTIN: Am Abend hat man bei ihm Bücher und Zeitschriften beschlagnahmt. In der Nacht ist er weggebracht worden.

THOMAS: Unmöglich!

MARTIN: Warum unmöglich? Du weißt doch, er ist Kommunist gewesen!

THOMAS: Das ist nicht wahr! Er ist Mitglied der Liga für Menschenrechte gewesen, sonst nichts.

MARTIN: Das bist du ja auch gewesen!

THOMAS: Gewesen? Ich bin es! *Zu Elisabeth, die sprechen will:* Unsinn! Es ist nicht das kleinste Risiko. *Er macht sich mit den Büchern zu schaffen; plötzlich sagt er erregt:* Nicht der Schatten, verstehst du, auch nicht der Schatten eines Verdachtes existiert, der eine Verhaftung Tiedemanns rechtfertigen könnte!

MARTIN: *zuckt die Achseln* Es ist Bürgerkrieg. Da muß vielleicht auch ein Unbeteiligter dran glauben.

THOMAS: Bürgerkrieg? O nein! Der Einbruch der Barbaren! Die Völkerwanderung junger Horden nach oben! *Er setzt sich an den Schreibtisch.* Das soll mich aber nicht hindern, den Vortrag auszuarbeiten, den ich Sonnabend in der Friedensgesellschaft zu halten habe.

MARTIN: *heftig* Bist du wirklich so heillos verblendet? Begreifst du es noch immer nicht, daß deine Friedensgesellschaft Sonnabend aufgelöst sein wird? Daß es keine Friedensgesellschaft, keine Liga für Menschenrechte mehr geben wird, keinen Pazifismus und Individualismus -

THOMAS: Und keine Gewissensfreiheit, nicht? Keine freie Wissenschaft, kein Recht auf Wahrheit, nicht? Aber Bekenntniszwang, Gewissensbedrückung, ja? Und Inquisition, Index, Scheiterhaufen -

MARTIN: Wenn es notwendig sein wird fürs Heil der Nation: meinetwegen auch Scheiterhaufen!

ELISABETH: Ach, wieder das tägliche Gezanke! Ist denn jetzt die Zeit dafür? Vielleicht kommen sie doch noch wieder -

MARTIN: Mama hat recht. Überlege lieber: wenn sie wiederkommen und dich fragen, wie du über den Nationalsozialismus denkst, was wirst du sagen?

THOMAS: *lebhaft* Was ich sagen werde? Genau das, was ich denke! Weiß Gott, ich habe mich immer bemüht, alles zu verstehen, und mich gehütet, zu richten; aber ihr, ihr könntet einen Heiligen in Harnisch bringen! Was ich sagen werde? Daß eure gesamte Lehre von Alpha bis Omega unlogisch ist, und Unlogik ist für mich das gleiche, wie Lüge! Und daß meine Religion und mein Gefühl alle, aber auch alle eure Grundsätze, Überzeugungen und Forderungen unbarmherzig verdammen! Noch mehr? Herr, verzeih ihnen, denn sie wissen nicht, was sie tun! Dixi.

MARTIN: Hast du vielleicht vom Katheder auch so gesprochen? Nochmals, denk nach: Bist du gegen die Regierung feindselig aufgetreten?

THOMAS: *erregt* Nein! Leider: nein! Gott sei's geklagt: nein! Da hat man von klein auf dieses schreckliche protestantische Dogma von der gottgewollten Obrigkeit in sich! Großvater und Vater haben es gepredigt und die Lehrer haben es der Kinderseele eingeimpft. Nun hat man's im Blut, als Erbschaft, als unausrottbaren Trieb: den Knechtsinn, die Gehorsamslust! Das macht einen zum schlechten Christen, und ängstlich und feig -

MARTIN: *ihn unterbrechend* Gut, gut! Wenn du nur unschuldig bist! *Zu Elisabeth:* Mama, es ist nicht nötig zu packen. - Gut, dann brauchst du nicht davonzulaufen. Wenn du unschuldig bist, wird dir kein Haar gekrümmt werden. *Er will gehen, kehrt aber um.* Ja, aber das mußt du mir fest versprechen: von jetzt an nichts Undeutsches mehr!

THOMAS: *heftig* Ist das nicht entsetzlich, Mama? Wie sind wir denn Pazifisten geworden? An der Front, in dem täglichen Entsetzen, da hat man zu denken angefangen und zu fragen, und überall ist die Antwort die gleiche gewesen. Wir sind Christen: Christus war ein Friedensbringer. Die erlauchtesten deutschen Geister haben die Gewalt verworfen und für Humanität gestritten. Und jetzt kommen diese Kleinkinder und schwätzen von undeutsch -

MARTIN: Das ist es auch! Alles ist undeutsch, was der Führer für undeutsch erklärt! Jedes Sonderstreben ist undeutsch, das die Bildung einer eigenen Nation erschwert -

THOMAS: Eiapopeia! Du bist noch zu grün, Brüderchen! Werde erst älter, so wirst du erfassen, daß das verderbliche Phrasen sind -

MARTIN: Und du verjünge dich! Du bist in deiner Studierstube schon so vergreist, daß du die junge Generation einfach nicht mehr begreifen kannst, du verkalkter Urgroßvater -

ELISABETH: *die in wachsender Erregung zugehört hat, unterbricht plötzlich* Genug! Ich will solche abscheulichen Reden nicht mehr hören! *Zu Thomas:* Du sprichst von Frieden und - *Zu Martin:* du von Einigkeit, und ihr fallt einander an wie Wölfe! Wir hatten einträchtig und zufrieden gelebt, bevor die Politik in unser Haus eindrang, und seitdem gibt es nichts als Hader und Gehässigkeit. Die Politik, das sehe ich, macht dumm und schlecht. Seid friedlich! Bleibt ehrenhafte Menschen! Und die Politik überläßt Unbegabten und Unmoralischen -

THOMAS: Was soll man tun? Wir sind alle von der Politik umklammert wie von den Windungen einer Riesenschlange. Wer leben will, muß sich wehren, und kann sich nicht rein erhalten. - Ich möchte noch arbeiten. Gute Nacht, Martin. Es ist mir natürlich fern gelegen, dich zu verletzen. *Er gibt ihm die Hand.*

MARTIN: Gute Nacht, Thomas. Trotz allem: wir bleiben, nicht wahr, die alten Freunde?

ELISABETH: So sehe ich euch gern.

MARTIN: Aber ich geb noch lang nicht die Hoffnung auf, dich zu bekehren!

THOMAS: Warten wir's ab! Wir werden es erleben, wer wen bekehren wird!

ELISABETH: Schlaf gesund, mein Junge! Ich würde viel beruhigter schlafen, wenn ich dich weit weg, in Sicherheit wüßte.

THOMAS: *ruhig* Ich bin hier in Sicherheit. Morgen lachst du selbst über deine Angst. *Elisabeth und Martin gehen ab. Er setzt sich an den Schreibtisch und schreibt eine Weile.*

Bald darauf wird heftig geklopft. Thomas fährt auf. Kann man denn nicht mehr ungestört arbeiten? *Bressow und der erste SA-Mann treten ein.*

BRESSOW: Im Namen der Rejierung der nationalen Erhebung: Sie sind in Schutzhaft genommen!

THOMAS: *ruhig* Wo ist der Haftbefehl?

ERSTER SA-MANN: Haftbefehl? Solches Jeschmiere jibts nich bei der nationalen Rejierung. Et jeniecht, wenn wir verhaften.

THOMAS: Bitte, machen Sie keinen Lärm! Meine Mutter ist schon schlafen gegangen. - Darf ich fragen, warum Sie mich in Schutzhaft nehmen?

BRESSOW: Weil wir bei Ihnen kommunistisches Material jefunden haben!

THOMAS: *fährt auf* Sie lügen! Die Schriften, die Sie mitgenommen haben, sind antikommunistisch! *Man hört Elisabeth nebenan.* Nun haben Sie meine Mutter doch aufgeschreckt.

ERSTER SA-MANN: Andre Sorgen haste keene? Nu aber dalli! Sonst werden wa dir Beene machen!

ELISABETH: *die mit Martin eintritt* Thomas! Was wollen sie wieder? Ach, wohin führen sie dich?

THOMAS: *lacht* Nur in Schutzhaft, Mama! Morgen auf Wiedersehen!

ELISABETH: Aber meine Herren, meine guten Herren, er hat doch nichts getan!

ERSTER SA-MANN: Det kennte jeder sagen! Raus mit dem Bolschewike! *Sie gehen mit Thomas ab.*

ELISABETH: *fährt nach einer Pause auf* Lauf ihnen nach, Martin! Ohne Koffer und Decken haben sie ihn weggeführt! *Man hört ein Auto abfahren.* Sie sind weg. Gott weiß, wann ich ihn wiedersehe.

MARTIN: Sei ganz ruhig, Mama! *Er führt sie ab.* In vierundzwanzig Stunden ist er wieder zu Haus.

Ende März

Besuchsraum in einer Berliner SA-Kaserne. Den engen finstern Raum teilen zwei drahtmaschige Gitter, zwischen denen SA-Männer patrouillieren. An den Wänden Fahnenschmuck und Bilder nationaler Führer. Diesseits des Gitters drängt sich eine Menge von Besuchern jedes Alters und jedes Standes; unter ihnen fällt Frau Rosenfeld auf, die besonders erregt hin- und hergeht. Elisabeth, Dorothea und Martin treten ein.

ELISABETH: *schreckt beim Eintreten zurück* Hier? O Gott! Hier soll ich ihn sprechen?

DOROTHEA: *versucht zu scherzen* Ja, hast du dir denn vorgestellt, Mama, daß eine SA-Kaserne sehr komfortabel ist?

ELISABETH: Wie entsetzlich es hier überall stinkt! - Er hat niemals den geringsten Zwang ertragen. Und jetzt - jetzt wird er hinter Gittern vorgeführt wie ein gefangenes Tier -

MARTIN: Keine Kritik, Mama! Nimm dich, bitte, zusammen! Am besten, du gehst mit Dorothea wieder hinaus.

ELISABETH: Ja, ja. Ich schäme mich selbst, daß ich so alle Selbstbeherrschung verliere. Ich werde den Mund nicht aufmachen, aber sehen muß ich ihn -

DOROTHEA: *wendet sich an Frau Sellentin, eine neben ihr stehende einfache Frau* Wie lange ist es gestattet, liebe Frau, mit den Gefangenen zu sprechen?

FRAU SELLENTIN: Zehn Minuten, Freileinchen. Aber mit dem Rin und Raus, mit der Unordnung mit dem janzen Tumult knapsen die Kerls noch drei Minuten ab. Und denn, Freileinchen, dirfen Se den Bräutjam erst nach vier Wochen bekucken, das heest, wenn Se dirfen.

FRAU ROSENFELD: *wendet sich erregt an einen SA-Mann* Können Sie mir helfen, bitte, sagen, ob mein Mann, Dr. Rosenfeld, hier ist? Dr. Eugen Rosenfeld. Ob er hier ist? *Der SA-Mann mustert sie und wendet sich von ihr ab.*

DOROTHEA: *zu Frau Sellentin* Die Zeiten werden sich schon wieder ändern. Sicher lassen sie Ihren Mann bald wieder los.

FRAU SELLENTIN: Nee, nee, da kenn ick die Brieder besser. Er ist ihnen zu helle, der Sellentin: Ein alter Sozi, der läßt sich keen X firn U vormachen. Den lassen sie hier krepieren und ick und die Kleenen missen verhungern.

FRAU ROSENFELD: *sich an einen andern SA-Mann wendend* Bitte, wird mein Mann, Dr. Rosenfeld, in die Sprechstunde kommen? Bitte, sagen Sie mir, wird er wirklich kommen?

SA-MANN: *mustert sie verächtlich und sagt halblaut* Saujüdin!

FRAU ROSENFELD: *in höchster Erregung zu der neben ihr stehenden Elisabeth* Sehen Sie, meine Dame, so hetzt man mich seit vier Wochen von einer Behörde zur andern! Vom Staatsanwalt zu einem SA-Kommando, von einer SA-Kaserne zum Gefängnis, vom Gefängnis zu einer andern SA-Kaserne! Überall stellen sie mir eine Sprecherlaubnis aus, und nirgends kommt mein Mann zur Sprechstunde! Sie verhöhnen mich nur...

ELISABETH: Beruhigen Sie sich; auch ich habe meinen Sohn vier Wochen lang vergeblich gesucht. Wir haben es jetzt alle schwer...

FRAU ROSENFELD: Sie können sich aber nicht vorstellen, durch was für eine Schändlichkeit wir ins Unglück gekommen sind! Mein Mann ist Arzt. Einer seiner ältesten Patienten war ein kleiner Beamter, ein Justizsekretär mit einer zahlreichen Familie. Mein Mann hat die Frau dieses Menschen durch eine schwere Operation gerettet und die Kinder jahraus jahrein behandelt. Dieser Mensch kommt in den ersten Tagen nach dem Umsturz und sagt: „Die Juden sind doch eben solche Menschen wie wir; viele Juden sind sehr gute Menschen, wie Sie, Herr Doktor, was man jetzt mit ihnen aufführt, ist wahrhaftig eine Schande!" Und mein Mann ist so vertrauensvoll, ihm zu antworten: „Ja, was jetzt in Deutschland geschieht, ist nichts anderes als ein kalter Pogrom!" Und er hat doch die Wahrheit gesagt -

ELISABETH: Sprechen Sie nicht so laut! Die Wahrheit darf man nicht mehr sagen...

FRAU ROSENFELD: In der gleichen Nacht dringt ein SA-Trupp bei uns ein. Sie reißen meinen Mann aus dem Bett und schlagen mit Gewehrkolben auf ihn ein, und bei jedem Kolbenhieb höhnen sie: „Damit du's weißt, Jud, wie ein kalter Pogrom schmeckt!" Dann schleppen sie ihn, so wie er ist, blutüberströmt und im Hemd, hinaus in die Winternacht. Unsere Wohnung wird versiegelt, das Vermögen beschlagnahmt. Ich würde mit dem Kind auf der Straße liegen, hätten uns nicht Freunde einen Unterschlupf gewährt. Was liegt an mir? Wenn sie ihn nur nicht erschlagen haben... *Ein schrilles Glockenzeichen ertönt.*

FRAU SELLENTIN: *zu Dorothea* Nu kommen se! Kucken Se auf die Uhr, Freileinchen, ob se uns wieder um ein paar Minuten betriegen!

Ein wüster Lärm entsteht. Jenseits der Gitter strömen die Gefangenen herein und laufen das Gitter entlang, um die ihnen Zugehörigen zu finden, die ihrerseits diesseits des Gitters laufen und suchen. Die sich gegenseitig gefunden haben, klammern sich an das Gitter und versuchen, sich über die Entfernung schreiend zu verständigen. Man hört nichts als ein wirres Getöse.

EIN SA-MANN: Keen solches Geschrei! Ihr seid hier in keene Judenschule! *Nachdem es etwas ruhiger geworden ist, hört man deutlich die Stimme einer Besucherin.*

DIE BESUCHERIN: Haste am Sonntag det Freßpaket bekommen?

ELISABETH: *schreit auf* Dort ist er! Ohne Brille erkennt er uns nicht! O Gott! Wie er aussieht!

EIN GEFANGENER: Danke! Läuse jibt's jenuch, Wanzen jibt's jenuch, Pritschen jibt's zu wenig -

MARTIN: *Thomas gegenüber* Wir konnten nicht früher kommen, Thomas! Es war unmöglich, dich ausfindig zu machen -

SELLENTIN: *seiner Frau gegenüber* Um viere frieh heißes Wasser mit nischt, Mittag heißes Wasser mit Brot, Abend heißes Wasser wieder mit nischt.

MARTIN: Was? Was sagst du? Ich kann kein Wort verstehen in diesem Höllenlärm!

THOMAS: *sehr bleich und verstört* Wozu kommt ihr? Ich bitte euch: Kommt nicht -

SELLENTIN: Das kann man ruhig sagen: Das is die reene Wahrheit. Frieh heißt das Wasser Kaffee, Mittag Fleischbriehe ohne Fleisch. Abend -

MARTIN: Weshalb wirst du schon vier Wochen lang festgehalten?

FRAU SELLENTIN: Nee, nischt, keene Unterstitzung, keenen Pfennich! Die Kleenen fallen von die Knochen und wenn nu bald das dritte Kleene kommt -

MARTIN: Was? Was? Du weißt es nicht? Man muß es dir doch beim Verhör gesagt haben!

THOMAS: Verhör? Keiner von allen hier ist verhört worden!

MARTIN: Wie? Aber dann hat man dir eine schriftliche Anklage zugestellt?

THOMAS: Wozu die Mühe? Wir sind im Voraus verurteilt. Ohne Verhör und Anklage.

FRAU ROSENFELD: *die wiederholt hin- und hergerannt ist* Hier ist er nicht! Dort ist er auch nicht! Gott, o Gott, wo ist er?

MARTIN: Das muß ein Irrtum sein. Nach dem Gesetz muß jeder Häftling binnen vierundzwanzig Stunden dem Richter vorgeführt, oder freigelassen werden.

THOMAS: Das war so in der Schandrepublik! Aber im erwachten Deutschland...

MARTIN: Du kannst nur das Opfer eines Versehens sein! Du mußt dagegen Einspruch erheben.

THOMAS: Was willst du? Es ist Bürgerkrieg. Da müssen eben Unschuldige daran glauben.

SELLENTIN: Nee, hier kommt keener raus. Als freier Mensch nich. Höchstens ins Konzentrationslager oder ins Massengrab.

FRAU SELLENTIN: Das Kleene kommt vielleicht schon morgen an, und ich muß mich hinlegen. Sei doch helle, Sellentin; unterschreib den Wisch, wenn se's verlangen!

SELLENTIN: Damit bleib mir vom Leib! Ick bin vierzich Jahre ehrlich jewesen, und will ehrlich bleiben.

MARTIN: Unmöglich! Wie lange, glaubst du, hält man dich noch fest?

THOMAS: Bis ich meine Überzeugung verraten habe! Bis ich gelernt habe: lügen und heucheln!

FRAU ROSENFELD: *hat sich verzweifelt an einen SA-Mann gewendet* Aber ich habe einen schriftlichen Besuchsschein vom Herrn Staatsanwalt! Hier! Hier steht der Name meines Manns! Bitte, bitte! Rufen Sie ihn doch ins Sprechzimmer!

DER SA-MANN: Det jeht mir eenen jrossen Dreckhaufen an!

MARTIN: Was? Ich verstehe nichts! Wie lange, sagst du?

THOMAS: Ja, ja. In Ewigkeit! Amen.

ELISABETH: *zu Dorothea* Nein, sprich lieber du, mein Kind! Ich würde nur in Tränen ausbrechen.

DOROTHEA: Ich fürchte, ich heule selber gleich los. *Zu Thomas:* Grüß dich Gott, Thomas! Mama ist auch da. Wir sind unschuldig daran, wirklich, daß wir dich erst heute sehen. Wir haben nichts unversucht gelassen. Was sagst du? Wie fühlst du dich?

THOMAS: *schweigt; man hört die Stimme eines gefangenen Nebenmanns.*

DER GEFANGENE: Hier prügelt man.

DOROTHEA: *zuckt zusammen und faßt sich schnell* Wir zweifeln nicht daran, daß du unschuldig bist, und schnell freigelassen wirst. Wir haben dir heute warme Wäsche, Decken und einen Mantel gebracht: Was brauchst du sonst, Thomas? Fasse doch etwas Mut!

THOMAS: Mut brauche ich! Mut und Geduld! Geduld, Geduld...

DOROTHEA: Ich könnte dir soviel abgeben, Geduld und Mut - *Es läutet schrill und andauernd.*

FRAU SELLENTIN: Da haben die Luders uns wieder 'n paar Minuten jestohlen! *Zu ihrem Mann* Ick werde wohl nich mehr kommen können. Denn sorg für die Kleenen -
Die Gefangenen, von den SA-Männern abgedrängt, beginnen sich zu entfernen, während laute Abschiedsworte durcheinander gellen.
DOROTHEA: *schreit, sich an das Gitter klammernd* Sei nur vorsichtig! Halt die Zunge im Zaum, ich flehe dich an! Wir kommen bald wieder...
THOMAS: Kommt nicht! Mir könnt ihr nicht helfen, und euch selbst gefährdet ihr - *Er wird vom Gitter weggetrieben.*
DOROTHEA: *sehr laut* Ich werde auf dich warten! Auch jahrelang... *Thomas ist bereits weg.* Und ich hab ihm so viel sagen wollen!
ELISABETH: *während sich die Besucher allmählich entfernen* Er hat sich sehr verändert. Was haben sie nur mit ihm gemacht, daß er sich so schrecklich verändert hat?
MARTIN: *verwirrt* Man hat ihn noch nicht verhört. Nein, das kann nichts anderes als ein verhängnisvoller Irrtum sein!
ELISABETH: Mein Gott, er kann doch nicht hier verkommen! *Sie geht entschlossen auf einen der SA-Männer zu.* Können Sie mir nicht sagen, Herr, Herr - *Sie sucht das Wort.* Ich weiß nicht, wie man Sie anspricht - wo ich meinen Sohn eine halbe Stunde in Ruhe sprechen könnte?
DER SA-MANN: *lacht ihr ins Gesicht* In Moskau, Jenossin!
ELISABETH: Sie treiben Ihren Spott mit uns. Sie treiben Spott mit dem Kummer einer Mutter!
DOROTHEA: Fort! Fort von hier, Mama, oder... Nur fort aus dieser Hölle!
ELISABETH: Aber wir können ihn hier nicht zugrund gehen lassen!
MARTIN: Ich suche morgen Studienrat Jost auf. Er hat mich immer gern gehabt und wird für mich alles tun, was in seiner Macht steht -
ELISABETH: Es wird vergeblich sein, fürchte ich. Aber ich gehe mit dir; sag nicht nein... *Sie gehen ab.*
EIN SA-MANN: *die Letzten hinaustreibend* Juden raus! Auf die Einbahnstraße nach Jerusalem!
FRAU ROSENFELD: *die bis jetzt durch das leere Gitter gestarrt hat* Ich werde verrückt! *Sie wirft sich verzweifelt vor dem SA-Mann nieder.*

Erbarmen Sie sich, bester Herr: Wo ist mein Mann? Haben Sie doch ein wenig Mitleid und sagen Sie mir: Wohin hat man meinen Mann gebracht?

DER SA-MANN: *höhnisch jüdelnd* Den Itzig? Nu, wohin? Ins Krematorium! *Frau Rosenfeld bricht aufschreiend zusammen.*

Zweiter Akt

Nachmittag des 1. April.
Dienstzimmer des Gruppenführers Jost in einem hohen SA-Kommando;
ein nüchterner, schmuckloser Raum. Elisabeth und Martin, Jost gegen-
über.

JOST: *zu den beiden* Sofort zu Diensten! *Er spricht ins Telephon:* Boykott
ist in strengster Disziplin zu Ende zu führen. Gegen Abend werden
große Massen auf den Straßen sein. Daß nicht die geringste
Ausschreitung vorkommt! Ich mache Sie dafür verantwortlich. *Er
hängt an.* Zu Ihrer Verfügung. Dienstlich oder privat?
MARTIN: Privat, Herr Gruppenführer.
JOST: Studienrat! Für Sie bin ich der alte Studienrat Jost! - *Mit Wärme:*
Das ist ein Sieg, was? Das haben wir uns nicht vorgestellt, was? Als
wir vor fünf Jahren die erste geheime Zelle im Gymnasium gründe-
ten? Mensch, und als wir nach Mitternacht mit unseren Kleistertöppen
loszogen, um die Litfaßsäulen und Bretterzäune mit staatsfeindlichen
Plakaten zu bekleben!
MARTIN: Einen so überwältigenden Sieg, nein, das haben wir uns nicht
träumen lassen.
JOST: Und wie unsere Revolution sich abwickelt! Wie auf Kommando-
wort! Was waren dagegen die sogenannten französischen und russischen Revolutionen? Revolten, nichts weiter!
MARTIN: Wir können auf unsere deutsche Revolution sehr stolz sein,
glaube ich.
JOST: Und heute der Judenboykott! Da können mal wieder die anderen
Nationen von uns Deutschen lernen, wie man was Tüchtiges und
Gründliches schafft! Wir zerschmettern die Todfeinde einfach durch
die Wucht unserer einheitlichen Verachtung. Ohne daß einem von dieser sauberen Rasse ein Haar gekrümmt wird. Das muß alle Anständigen für uns gewinnen -
ELISABETH: *unwillkürlich ausbrechend* Glauben Sie das wirklich? Ist das
wirklich Ihre ehrliche Meinung?

JOST: *erstaunt* Verstehe nicht, Frau Zachariä. Ist da überhaupt eine andere Meinung denkbar?

MARTIN: Mama ist sehr aufgeregt. Wir sind eben im Vorbeifahren Zeugen einer abscheulichen Szene gewesen. Ein Jude ist auf der Straße niedergeschlagen worden.

ELISABETH: Der alte Mann hat nichts getan! Die SA-Männer rissen ihn am Bart zu Boden und hieben mit Gummiknüppeln auf ihn ein, auf den Kopf, ins Gesicht, schrecklich -

JOST: Meine Leute? Ausgeschlossen. Ein SA-Mann verletzt die Disziplin nicht!

MARTIN: Der Alte wollte einen jüdischen Laden betreten. Offenbar war die Bedeutung des Boykotts ihm unverständlich. Die Posten schlugen auf ihn los -

ELISABETH: Eine Volksbelustigung haben sie aus dem Blutvergießen gemacht! Der Pöbelhaufen, der ringsum stand, applaudierte wütend und rief Bravo!

JOST: Was, meine Leute? Mensch, meine Jungs?

MARTIN: Der Doppelposten vor einem jüdischen Laden.

JOST: Wo?

MARTIN: In der Linienstraße. Ecke Dragonerstraße.

JOST: Wann? Was für ein Laden?

MARTIN: Vor wenigen Minuten. Ein Seifenladen.

JOST: *spricht ins Telephon* Doppelposten vor jüdischem Seifenladen Linienstraße, Ecke Dragonerstraße sofort ablösen! Mir vorführen! *Er hängt den Hörer an.* Ungesetzliches wird nicht geduldet.

ELISABETH: Und dieser ganze Boykott? Warum straft man nicht nur die jüdischen Betrüger und Wucherer? Aber das ganze Volk, die Anständigen ebenso wie die Lumpen: das ist nicht ungesetzlich?

JOST: Das ist der Wille des Führers. Daran gibt es nichts zu deuteln. *Etwas unwillig zu Martin:* Es ist nicht die edle Judenheit, will ich hoffen, der ich Ihren Besuch zu verdanken habe.

MARTIN: *mit Wärme und Festigkeit* Sie sind, Herr Studienrat, der Führer meiner Jugend gewesen. Sie haben uns junge Menschen aus Skepsis und unfruchtbarer Vereinzelung gerissen und unsern Sinn aufs Ideale gewiesen. Durch Sie ist uns das Glück zuteil geworden, in Liebe zur Gemeinschaft und voll Selbstvertrauen der Nation dienen zu dürfen -

JOST: Olle Geschichten, Kamerad! Glauben Sie, für mich ist es kein Glück gewesen, junge Herzen mit Begeisterung für den Führer zu erfüllen?

MARTIN: Sie haben von uns immer unbegrenztes Vertrauen gefordert. Sie werden mir auch jetzt behilflich sein, meinen Zwiespalt zu lösen. *Nach kurzem Nachdenken:* Ist es meine Pflicht, zu allen Geschehnissen der nationalen Revolution Ja zu sagen?

JOST: Zu allen. Alle vollziehen sich nach dem Willen des Führers. Na, ich denke, ich muß mit Ihnen nicht das ABC unsrer Weltanschauung wiederholen?

MARTIN: Zu allen, ausnahmslos? Auch zu denen, die meiner Überzeugung zuwiderlaufen?

JOST: Mir unverständlich. Der Nationalsozialist hat die nationalsozialistische Überzeugung. Eine andre neben ihr existiert nicht.

MARTIN: Auch dann, wenn mein Gewissen ihnen klar widerspricht?

JOST: Gewissen? Kommt gar nicht in Frage. Gewissen ist ein vorhitlerischer Atavismus. Unbedingter blinder Gehorsam: das ist nationalsozialistisches Gewissen. - Aber konkreter! Nicht in das abstrakte Unwesen eines überwundenen Rationalismus verfallen, Zachariä!

MARTIN: Die Sache ist die: mein Bruder Thomas ist in Schutzhaft genommen worden.

JOST: Bedaure! Bedaure außerordentlich! Bin da aber ganz unzuständig.

ELISABETH: Steh auf, Martin! Komm! Ich habe es dir vorausgesagt, daß wir diesen Bittgang vergeblich machen werden.

MARTIN: Man hat ihn aber grundlos verhaftet! Man hält ihn bereits seit einem Monat fest, ohne Verhör und ohne Erklärung -

JOST: Na, na, so grundlos wird es schon nicht sein! Ihr Bruder ist, wie Sie selbst mir erzählt haben, Pazifist gewesen.

ELISABETH: Wegen seiner Gesinnung allein kann er nicht strafbar sein! Er hat gegen die Regierung nie etwas Feindseliges unternommen.

MARTIN: Bei der Haussuchung hat man nichts als ein paar Pan-Europa-Hefte gefunden.

ELISABETH: Und das ist meine Schuld! Ich habe diese Hefte gesammelt und beiseite getan, so daß man sie für versteckt halten konnte! Mich hätte man verhaften sollen -

MARTIN: Er ist unschuldig!

JOST: Verstehe nicht. Pazifist ist identisch mit Volksverräter. Ihren Bruder, einen Pazifisten, halten Sie trotzdem für unschuldig?

MARTIN: Für unschuldig. Für unschuldig in jedem Sinn.

JOST: Gefällt mir nicht, Zachariä. Haben unsere Grundsätze aufgehört, Grundsätze zu sein, weil Ihr Bruder als Volksfeind verhaftet wurde?

MARTIN: Nein, weil ich den Führer und die Bewegung über alles liebe, weil ich den Sieg unserer Revolution so stürmisch begrüßt habe, könnte ich es nicht ertragen, wenn ein Makel sie beflecken würde. Eine einzige Willkür - und ich könnte nicht mehr an die Gerechtigkeit unserer Sache glauben! Ich kann nur unbedingt glauben oder unbedingt verwerfen -

JOST: Weiß ich. Das hat Sie auch zum guten Nationalsozialisten gemacht.

MARTIN: Ich und, wie ich glaube, die besten meiner Kameraden haben uns deshalb begeistert zum Nationalsozialismus bekannt, weil wir von ihm die Verwirklichung einer edleren Gemeinschaft erhofften. Wir haben wohl begriffen, daß unser Drittes Reich sich nur mit Gewalt schaffen läßt. Jetzt aber ist es geschaffen; wir haben keine deutschen Feinde mehr, sondern nur noch deutsche Volksgenossen. Unsre Pflicht, wie ich sie verstehe, kann nicht sein, unsre früheren Feinde zu strafen, sondern sie zu überzeugen; sie durch unsere höhere Wahrheit zu überzeugen: so verstehe ich es -

JOST: Ich auch! Bravo Zachariä! Du gefällst mir, mein Junge! *Er drückt ihm die Hand.* Im Konkreten: was wünschen Sie also?

MARTIN: Daß man Thomas dem gesetzlichen Richter vorführt! Wenn das Gericht ihn eines Vergehens überführt, werde ich der erste sein, der das Urteil anerkennt -

JOST: Das ist nur billig! - Leider, wie gesagt, ich bin nicht zuständig. Warten Sie! Ich kenne den Generalstaatsanwalt Klausener persönlich. Ich lege ihm den Kasus noch heute vor und ersuche ihn, die Angelegenheit in die Wege zu leiten. Ihr Bruder wird ehestens vor den Richter gestellt -

ELISABETH: Aber er wird seine Überzeugung nicht verleugnen! Niemals, wie ich ihn kenne, wird er um ein Haarbreit von seiner Überzeugung abgehen -

JOST: Das ist dann seine Sache! Wenn er eine Überzeugung hat, soll er für sie einstehen. - Glauben Sie übrigens, daß wir Freude haben an diesen Überläufern, die gestern die rote Fahne heraussteckten, und heute das Hakenkreuz? An diesen Gesinnungslumpen, den Märzgefallenen, wie der Berliner sie nennt? Pfui Teufel! Ein ehrlicher Feind kann zum ehrlichen Freund werden. Geschmeiß bleibt Geschmeiß!

ELISABETH: O Gott, so darf ich ein klein wenig Hoffnung fassen -

JOST: Sie dürfen überzeugt sein, daß das Gesetz geachtet wird!

EIN POSTEN: *meldet an der Tür* Zwei SA-Männer aus der Linienstraße.

JOST: Draußen bleiben! *Er tritt in die Tür und spricht zu den SA-Männern, die vor der Tür stehen:* Was ist die Parole für heute gewesen? Eiserne Disziplin! Juden massakrieren, dem Pöbel ein Theater machen: heißt das Disziplin? Maul halten! Ist das ein SA-Mann, der den Befehl nicht befolgt? Das ist kein SA-Mann, ein Schweinehund ist das! Schweinehund! In Arrest abführen! *Er kommt zurück.* Die Kerls werden aus der SA rausgeschmissen. Dafür werde ich Sorge tragen. *Er verabschiedet sich.* Ich werde den Generalstaatsanwalt auch ersuchen, Ihnen eine Unterredung mit Ihrem Sohn zu bewilligen -

ELISABETH: *sehr verlegen* Es bedrückt mich sehr... Ich... ich muß Ihnen ein Geständnis machen, Herr Studienrat. Ich hatte im Ernst gefürchtet, daß bei den Nazis nur die Willkür regiert. Ich bin glücklich, daß ich in Ihnen einen gerecht denkenden Menschen gefunden habe.

JOST: *lachend* Und ich bin glücklich, daß ich wieder einmal das Vorurteil einer Volksgenossin zerstört habe. Gehen Sie ruhig nach Haus, Frau Zachariä! Wenn Ihr Sohn unschuldig ist, ist er in wenigen Tagen frei: darauf gebe ich Ihnen mein Wort! Sie sollen sehen, daß im Deutschen Reich Recht und Gerechtigkeit regieren! Mehr als je; Sie werden es sehen!

Ende Juni

Direktionszimmer eines in der Nähe Berlins gelegenen Zuchthauses. Direktor von Bessemer im Gespräch mit Martin und Dorothea.

MARTIN: Wie ist es nur möglich, Herr Direktor? Wie konnte Ihre Kanzlei auf die wiederholten Anfragen des Generalstaatsanwaltes antworten, daß mein Bruder hier unbekannt ist?

BESSEMER: Ich kann es Ihnen nicht erklären, Herr Zachariä. Ich habe hier nichts zu melden. Ich heiße zwar Direktor; die Geschäfte besorgt aber der Sturmführer Tiepke. Ein blutjunger Mensch, der führt jetzt hier das Kommando, ein recht forsches Kommando. Glauben Sie mir, es wird einem manchmal verdammt schwer -

DOROTHEA: Und die Gefangenen, Herr Direktor? Da sind die Gefangenen also einem jungen Burschen ausgeliefert?

BESSEMER: Es geschehen Dinge... *Er unterbricht sich.* Früher, in der Republik, hieß es: Humanität! Die Gefangenen wie schutzbefohlene Kranke behandeln! Jetzt ist die Devise: Mitleidslos! Die Verbrecher die volle Wucht der Vergeltung fühlen lassen! Und was für Verbrecher! Professoren, Schriftsteller, Richter, Männer, deren ganzes Verbrechen in ihrer Gesinnung besteht! Man muß gehorchen; aber innerlich, da grämt man sich...

DOROTHEA: Warum, Herr Direktor - Verzeihen Sie die Frage: Warum machen Sie das mit?

BESSEMER: Man hat Frau und Kinder. Vier Kinder, die ernährt, gekleidet, unterrichtet sein wollen. Nur eine Miene der Mißbilligung, und die Kleinen müssen hungern; vielleicht werden sie auch vaterlos. Da reißt man sich zusammen und lernt zu schweigen wie ein Trappist. - Das macht einen zum Lumpen. Aber man grämt sich - unaussprechlich...

Thomas wird hereingebracht; er trägt Sträflingstracht und sein Kopf ist rasiert.

BESSEMER: *zu Thomas* Der Herr Generalstaatsanwalt hat Ihnen eine Unterredung ohne Zeugen mit Ihren Angehörigen bewilligt. *Ab.*

THOMAS: *bricht, sowie Bessemer draußen ist, heftig aus* Wozu kommt ihr her? Ich habe euch gebeten, mich nicht mehr aufzusuchen!

MARTIN: Wir haben dich wie Verzweifelte gesucht, durch die ganzen drei Monate! Du warst wie vom Erdboden verschwunden! Der Generalstaatsanwalt nimmt sich jetzt deiner Sache energisch an. Nur sag: bist du verurteilt worden?

THOMAS: *immer scheu um sich blickend* Ich brauche kein Urteil! Ich bin zufrieden! Ich brauche nichts -

MARTIN: *fassungslos* Was? Nicht verurteilt? Wie, um Gotteswillen, kommst du dann in dieses Zuchthaus?

THOMAS: *erschrocken* Das ist kein Zuchthaus! Ein Erziehungsheim. Nein, ein Erholungsheim. Ihr müßt allen sagen, daß ich in einem Erholungsheim bin -

MARTIN: Bist du von Sinnen? Weshalb bist du hergebracht worden, in dieses Zuchthaus? Was hat man dir beim Verhör vorgeworfen?

THOMAS: *immer scheuer* Ich brauche kein Verhör! Die Verpflegung ist gut, die Behandlung gut! Ich wünsche mir nichts Besseres -

MARTIN: Wie? Wie? Drei Monate im Zuchthaus, und unverhört?

THOMAS: Ich darf euch nichts anderes sagen, als daß ich zufrieden bin! Und jetzt geht! Ich beschwöre euch: geht... *Er wendet sich ab.*

DOROTHEA: *entschlossen, einen zuversichtlichen Ton anschlagend* Du kommst frei, Thomas! Wir sind felsenfest überzeugt, daß du bald frei bist! Wir erwarten dich jeden Tag, Mama und ich, jede Stunde. Sooft es läutet, rufen wir beide: Thomas! Wenn du's dann nicht warst: nun, wir sind Philosophinnen geworden; desto größer, sagen wir uns, wird später die Freude sein -

THOMAS: *ängstlich* Sie horchen. Sie stehen an der Tür und horchen. *Sehr laut:* Ja, die Verpflegung ist sehr gut, die Behandlung -

DOROTHEA: Wer soll denn horchen? *Sie öffnet die Tür.* Niemand steht an der Tür und horcht. - Und weißt du, was wir an den Abenden machen? Wir studieren dein Manuskript. Das letzte, unvollendete über die Revolution Ghandis. Wie großartig diese indische Revolution ist! Man möchte vor Scham in die Erde versinken. Ach, weißt du schon, daß man bei dem Autodafé auch deine Bücher verbrannt hat?

THOMAS: Vorsicht! Sie wissen alles. Alles erfahren sie. Und dann... *Er bricht ab.*

DOROTHEA: *schreit schmerzlich auf* Wie lebst du? Sprich dich doch aus! Hast du hier Bücher? Und Ruhe zur Arbeit?

THOMAS: *mechanisch* Gut. Alles gut, die Unterkunft, die Behandlung -

DOROTHEA: Was bemühst du dich zu lügen? Warum trägst du diese entsetzliche Tracht? Wovon sind deine Hände so wund und zerrissen?

THOMAS: *nach einer Pause, scheu und flüsternd* Von den Steinen.

DOROTHEA: Von Steinen?

MARTIN: Sprich doch endlich vernünftig! Was für Steine?

THOMAS: Wir müssen hier Steine sammeln. Zwölf Stunden am Tag. Steine, die über ein weites Feld verstreut sind, sammeln und zu einem Haufen schichten. Dann den Haufen zerstören, die Steine zerstreuen, sie wieder sammeln, wieder schichten, wieder zerstreuen. Zwölf Stunden am Tag.

MARTIN: Nein! Das ist so wirr, so wüst... Wozu so eine sinnlose Erniedrigung?

THOMAS: Wir werden hier nämlich erzogen. Zu brauchbaren Staatsbürgern. Ja, das geschieht, indem man uns mit Peitschen antreibt, Steine zu sammeln. Und so wird man uns erziehen, durch Monate, durch Jahre. Bis zur Atomisierung unseres Willens. Bis zur vollkommenen Verblödung. Es sei denn, wir kommen auf den roten Hof.

MARTIN: Das ist ein Fiebertraum! Alles eine schreckliche Halluzination! Und was für eine Halluzination ist das wieder: der rote Hof?

THOMAS: Für uns ist er eine sehr reale Wirklichkeit. Er ist von recht materiellen hohen Festungsmauern eingeschlossen. Man wäscht das graue Pflaster des Hofes immer ab, und es wird immer wieder rot. Und ein Flüchtling: das ist doch ein Mensch, der flieht?

DOROTHEA: Du bist krank, Thomas -

MARTIN: Nun ja, wer nicht flieht, kann doch wohl kein Flüchtling sein.

THOMAS: Vielleicht doch! Du hast ja auch Latein gelernt, du weißt doch: lucus a non lucendo. Manchmal in der Nacht wird einer aus der Zelle gerufen. Bald darauf schreit es vom roten Hof. Es ist ein irres, verzweifeltes Geschrei: „Ich will nicht!" Nämlich: fliehen will er nicht, der Dummkopf! Aber Gewehrkolben und Bajonette helfen ein wenig nach; und wenn er vor ihnen zwei Schritte zur Seite weicht, dann ist er glücklich ein Flüchtling, und wird auf der Flucht erschossen. Darauf in eine Bretterkiste geworfen und in einem Lastauto drüben in den

Wald geschafft. Dort hat man schon am Abend eine Grube ausgeschaufelt und mit Kalk gefüllt. Jetzt wirft man sie nur zu: das geht ganz rasch. Im Morgengrauen waschen sie dann den roten Hof. *Mit einer abschließenden Handbewegung.* Ad majorem Hitleri gloriam.

MARTIN: *sehr heftig* Das ist nicht wahr! Ich glaube es nicht! Mit solchen Bolschewikenmethoden schändet sich nicht die deutsche Revolution! Niemals werde ich es glauben -

THOMAS: Wie du willst. Gestern nacht hat man wieder einen auf den Hof geführt. Wir hören das Schreien, die Schüsse, den rasselnden Motor des Lastwagens. Alle schauen wir auf unseren Zellengenossen, einen alten Mann; der hat sich plötzlich zur Erde geworfen und versucht, den Fußboden aufzugraben: mit Händen und Füßen, lautlos und unermüdlich, gräbt er, wie ein Tier. Am Abend vorher hat man ihn gezwungen, die Kalkgrube im Wald zu graben. Er ist wahnsinnig geworden. *Er schweigt und lacht kurz auf:* Nun, hast du mich zu deinem Glauben bekehrt?

MARTIN: Es ist furchtbar! Ich bitte dich, laß mich einen Augenblick! *Er geht erregt auf und ab.* Das kann nicht der Wille des Führers sein. Es sind verbrecherische Ausschreitungen, von denen der Führer nichts weiß -

THOMAS: Weiß er von nichts? Und wir lernen hier jeden Tag, daß in Deutschland nichts ohne seinen Willen geschieht! Ja, vielleicht werden jetzt sogar dir leise Zweifel kommen?

MARTIN: *heftig* Nein, ich zweifle nicht! *Eindringlich:* - Ich beschwöre dich um Gotteswillen, sag mir die Wahrheit! Jetzt oder früher, hast du nicht doch einmal die nationale Revolution beschimpft? Zur Feindschaft gegen sie aufgefordert?

THOMAS: Das ist ja das Qualvollste! Daß ich mir nicht einmal sagen darf: ich habe als ehrlicher Kämpfer gekämpft und bin in einem guten Kampf gefallen! Nein, daß ich mir voll Verachtung bekennen muß: Ich leide verdienstlos! Aber nur einmal reden! Einmal meinen ganzen Abscheu herausschreien -

DOROTHEA: *erschrocken* Hast du geredet? O Gott, du wirst dich noch ganz zugrunde richten!

THOMAS: Keine Sorge! Hier redet man nicht. Die Gefangenen flüstern. Die Toten schweigen. *Nach einer Pause:* Heut hat man uns wieder so ein Papier zur Unterschrift vorgelegt.

DOROTHEA: Was für ein Papier?

THOMAS: Die Quittung! Die Quittung anticipando, verstehst du, für unsere Entlassung. Wir sollen uns nur zu einer Kleinigkeit verpflichten. Nur unsere Überzeugung widerrufen.

DOROTHEA: Nun, und? Hast du unterschrieben? Mein Gott, das ist ja ein Hoffnungsblick! Und die andern, haben sie unterschrieben?

THOMAS: Ich nicht. Die andern auch nicht. Außer zweien. Die haben nach einem schweren Nervenzusammenbruch unterschrieben.

DOROTHEA: Aber warum nicht? Es ist doch nur eine Formalität! Man wählt diese nichtssagende Formalität, um euch mit Anstand entlassen zu können! Warum also -

THOMAS: Geht weg! Ihr seid nur gekommen, mein Gewissen zu quälen! Wollt ihr mir noch mein letztes Besitztum rauben? Den kümmerlichen Rest von Selbstachtung, der mich aufrecht hält?

DOROTHEA: Gott verhüte das! Thomas, wie kannst du etwas so Grausames auch nur denken? *Nach kurzem Schweigen, mit Überwindung:* Du mußt dich beeilen. Mama ist nicht mehr dieselbe, die sie war. Sie hat ihre jugendliche Munterkeit verloren. Sie verzehrt sich, verfällt. Wenn du dich nicht sehr beeilst, wirst du nur eine gebrochene alte Frau wiederfinden.

THOMAS: Du hast vorhin anders gesprochen, als du von Philosophinnen -

DOROTHEA: Ach, was für Philosophinnen sind wir schon! Unser armes bißchen Philosophie, es ist von Tag zu Tag trübseliger und verzweifelter geworden! Ja, Mama studiert dein Manuskript; aber sie studiert es mit Tränen, wie das Vermächtnis eines Heimgegangenen! Und sooft es läutet, fahren wir zusammen, in uneingestandenem Schrecken, jetzt könnten wir die Nachricht hören, daß du - daß auch du auf dem roten Hof erschossen worden bist!

THOMAS: Sie wird sich abfinden! Sie hat sich auch abfinden müssen, als sie drei Söhne in den Schützengräben hatte -

DOROTHEA: *schnell* Und ich?

31

THOMAS: Ja, du? Wie... du... Dorothea?

DOROTHEA: *nach einer Pause* Wen habe ich, als dich? Ich habe mich mit allen zu Hause verfeindet, weil ich an dir festhalte. Ich habe mein Heim, meine Familie, alles aufgegeben -

THOMAS: Für mich? Für mich Verlorenen? *Er stöhnt auf.* Was soll ich tun? Hilf du mir finden, was ich tun soll!

DOROTHEA: Nichts, woraus du dir den leisesten Vorwurf machen dürftest! Du wirst es schon selber finden: und das wird sicherlich das Nötige und das Gute sein!

THOMAS: *leise* Du Gute, Liebe... *Er versinkt in Schweigen; dann fährt er plötzlich auf:* Und wißt ihr, was das Allerqualvollste ist? Daß ich, ein Mensch mit Vernunft und Willen, ein Mensch, für den Verantwortung ein inbrünstiges Credo war, mir wünsche, mir heimlich, aber leidenschaftlich, einen katastrophalen Nervenzusammenbruch wünsche! Ihn mir wünsche, um besinnungslos jene schimpfliche Kapitulation zu unterschreiben -

MARTIN: *leidenschaftlich* Du wirst sie nicht unterschreiben! Niemals! Hörst du? Ich werde nichts unversucht lassen; Himmel und Hölle werde ich in Bewegung setzen, um dich hier heraus zu bringen! Du mußt frei werden, nicht, weil du ein Zwangsgelöbnis unterschriebst! Sondern weil bei uns Gesetz und Gerechtigkeit herrschen müssen! Und weil es entsetzlich wäre, unausdenkbar entsetzlich, wenn mein Glaube wankend werden müßte - - -

Bessemer und Sturmbannführer Tiepke treten ein.

TIEPKE: Ein Irrtum! Ein noch unverhörter Häftling? Die erste Beschwerde, die mir zu Ohren kommt. Nicht anders möglich: Irrtum irgend eines untergeordneten Tintenklexers! Nicht, Major von Bessemer?

BESSEMER: Ein Irrtum, Herr Sturmführer Tiepke.

TIEPKE: Verantwortlichkeit feststellen! Schuldigen mir melden! Sache wird geordnet.

MARTIN: Können wir uns darauf verlassen, Herr Sturmführer, daß mein Bruder schnellstens vor den legalen Richter gestellt wird?

TIEPKE: Klar! Illegales, sowas gibt's bei uns nicht. Alles auf streng legale Weise, wie der Führer immer gesagt hat.

DOROTHEA: *leise* Versprich mir, Thomas! Nur etwas Vorsicht und Geduld!

THOMAS: *mit unterdrückter Heftigkeit* Ich werde niemals einen Fluchtversuch machen! Das verspreche ich dir heilig -

BESSEMER: *auf ein Zeichen Tiepkes* Sie müssen ihm nun Adieu sagen.

DOROTHEA: Nicht Adieu! Auf Wiedersehen, Thomas! Auf ein baldiges, schönes Wiedersehen! *Sie und Martin drücken ihm die Hand und gehen zur Tür.*

THOMAS: *ruft schnell* Dorothea!... Martin!... Sagt Mama von mir... Nichts! Nichts! Geht!

Dorothea, Martin und Bessemer ab.

TIEPKE: *sowie er mit Thomas allein ist, mit plötzlich veränderter scharfer Stimme* Sie haben es ja mächtig eilig, Sie, Nummer 843, vor den Richter zu kommen! Sie werden noch frühzeitig genug die revolutionäre Gerechtigkeit des Dritten Reichs zu spüren kriegen!

Dritter Akt

Drei Wochen später, im Juli
Ein Vernehmungszimmer der Geheimen Staatspolizei im Berliner Horst-
Wessel-Haus. In der Mitte ein mit einer großen Hakenkreuzfahne bedeck-
ter Tisch. Hinter dem Tisch ein riesiges Hitlerbild. Alle Türen mit Eisen
beschlagen. Am Tische sitzt der Standartenführer Senkpiel, ein junger
Mann Mitte der Zwanzig, rechts von ihm Kommissar Menzinger, etwa 45
Jahre alt, links ein Protokollführer in SA-Uniform. An den Türen wache-
haltende bewaffnete SA-Männer. Vor dem Tisch ein Gefangener zwischen
zwei SA-Männern.

SENKPIEL: *schreit* Schweinehund! Abführen! *Der Gefangene wird abge-*
    führt.
MENZINGER: Unverbesserlich!
SENKPIEL: Unverbesserliche Marxistenbestie! *Gegen den Protokollfüh-*
    rer: Konzentrationslager! Dunkelhaft, Stahlruten, alle Verschärfun-
    gen! Lebenslänglich!
MENZINGER: *drückt auf einen Knopf, man hört draußen läuten* Der
    Nächste! *In eine Liste blickend:* Zachariä. Mitglied der Liga; gefährli-
    cher Pazifist. Das ist der Bewußte, den der Generalstaatsanwalt zur
    Amtshandlung für sich gefordert hat.
SENKPIEL: Feiges Geschmeiß! Erst hetzt das Gesindel gegen Adolf Hit-
    ler; dann erschleicht es sich die Protektion so eines senilen Reaktio-
    närs. Der Genosse wird der Gestapo nicht entzogen! Den Lumpenkerl
    mit schwerem Geschütz bombardieren, Kommissar Menzinger!
Thomas wird hereingeführt.
MENZINGER: Beschuldigter Zachariä?
THOMAS: *sehr niedergedrückt und verängstigt; er blickt zu Boden und*
    spricht stockend Zachariä.
MENZINGER: Name, Alter, Beruf?
THOMAS: Dr. Thomas Zachariä. - 36 Jahre alt. - Außerordentlicher Pro-
    fessor der Philosophie an der Universität Berlin.
MENZINGER: Nicht-arisch?

THOMAS: Mein Vater und Großvater sind Pfarrer an der Bethlehemskirche gewesen. - Meine Mutter entstammt einer alten preußischen Offiziersfamilie.

MENZINGER: Schön! Nach Ihrer Darstellung dürfte also Zachariä ein urgermanischer Name sein.

THOMAS: Einer meiner Vorfahren hat den Namen angenommen. Er war der erste lutherische Prediger am Dom zu Stendhal. Die Gläubigen der Reformation nahmen häufig biblische Namen an. Ein deutscher Dichter des achtzehnten Jahrhunderts hat Friedrich Wilhelm Zachariä geheißen.

MENZINGER: Interessant! Den Krieg haben Sie nicht mitgemacht?

THOMAS: Von Mai 1915 bis November 1918.

MENZINGER: Im Hinterland!

THOMAS: 1915 in Galizien. Achtzehn Monate vor Verdun, acht in Flandern. In den Karpaten bin ich schwer verwundet worden. An der Yser von Gas vergiftet.

MENZINGER: Worüber haben Sie im letzten Semester gelesen? *Thomas antwortet nicht.* Beschuldigter! Worüber Sie im letzten Semester gelesen haben?

THOMAS: Ich verstehe nicht. Meine Vorlesungen können unmöglich einen Zusammenhang haben mit diesem Verhör -

MENZINGER: Das zu beurteilen werden Sie gefälligst uns überlassen! Worüber haben Sie gelesen? Möchten Sie uns nicht ein kleines Privatissimum -

THOMAS: *fährt heftig auf* Ich möchte wissen, wessen ich beschuldigt werde! Ich will endlich hören, weshalb ich widerrechtlich verhaftet und ohne Verhör und Urteil ins Zuchthaus geworfen worden bin! Ich werde seit fünf Monaten gequält und ahne nicht, warum -

MENZINGER: Schreien Sie nicht! Sie wollen uns also kein Privatissimum -

THOMAS: *heftig* Nein, ich will nicht! Ich habe das Recht des letzten Verbrechers, den Grund meiner Verhaftung zu erfahren! Ich bin nicht verpflichtet, Ihnen Privatissima zu lesen; sondern Sie sind verpflichtet, mir meine Verfehlungen und Ihre Beweise mitzuteilen -

SENKPIEL: *schreit* Strammstehen! Diese Unverschämtheit! Wir so einem Genossen verpflichtet!

THOMAS: *stammelnd* Ich habe das Recht -

SENKPIEL: Strammgestanden! Hände an die Hosennaht, Kerl! Oder ich lasse Sie in Ketten schließen! *Thomas, heftig erschrocken, stellt sich stramm und legt die Hände an die Hosennaht.*

MENZINGER: Sie täuschen sich: Sie haben nicht das mindeste Recht! Mit diesen Humanitätsduseleien ist es zu Ende! *Zu Senkpiel:* Etwas Geduld, Herr Standartenführer! Des Generalstaatsanwalts wegen. *Zu Thomas:* Worüber also haben Sie gelesen?

THOMAS: *sich fassend* Über die Propheten. Als Lehrer der praktischen Sittlichkeit.

MENZINGER: Interessant! Sehr interessant! Geben Sie uns eine kleine Kostprobe Ihrer Vorlesung; volkstümlich kurz, als leichtverdauliches Ragout -

THOMAS: *gequält* Ich kann nicht! Ich habe drei Nächte nicht geschlafen und habe rasende Kopfschmerzen! Man hat ein Motorrad unter meiner Zellenluke rattern lassen, immer, wenn ich am Einschlafen war -

MENZINGER: Das können Sie Ihrer Großmutter erzählen! Hören Sie mal: wir haben unsere Zeit nicht gestohlen -

THOMAS: Ich kann nicht... Meine Nerven sind... Ich wollte auch vorhin nicht losfahren... Fragen Sie mich sachlich, ich bitte Sie, damit ich Ihnen sachlich antworte -

SENKPIEL: Echt marxistisch! Erst provozieren; dann ins Mauseloch kriechen!

MENZINGER: Sie werden sich jedenfalls nicht beklagen können, daß Sie keine Gelegenheit gehabt hatten, sich auszusprechen! Sie haben absolute Redefreiheit! Wir warten.

THOMAS: *verzweifelt* Es ist ja zwecklos! Wir werden uns nicht verständigen.

MENZINGER: Warum nicht? Gewiß, ich bin nur ein trockener Jurist, aber von einem Philosophen lasse ich mich gern belehren. Was für Leute sind das, mit denen man sonst zu tun hat? Verführtes Pack; das weiß nur abgedroschene Phrasen von Klassenkampf, Diktatur des Proletariats und ähnlichen Stumpfsinn zu plappern! Da ist es doch ein Vergnügen, sich einmal mit einem Philosophen zu unterhalten. Und ein so interessantes Thema! Es gehört ja zu unserm Programm, die jungen Menschen mit dem Geist unsrer deutschen Propheten vertraut zu machen. Wie haben Sie das also getan?

THOMAS: *verständnislos* Von wem sprechen Sie? Was für Propheten haben wir Deutschen gehabt?

MENZINGER: Was? Wir Deutschen haben nicht? Ja, wer hat dann -? Luther, Friedrich der Große, Bismarck, das sind vielleicht gar Franzosen gewesen? Über wen haben Sie denn sonst gesprochen?

THOMAS: Über die Propheten des Alten Testaments.

MENZINGER: Ach so! Also über Mojsche und Zachariä, Herr Zachariä? Sagen Sie, Sie wollen sich wohl über uns lustig machen? Sie halten das Gemauschel krummbeiniger, krummnasiger Kaftanträger im Ernst für wichtig genug, um deutsche Jünglinge mit diesen Kenntnissen zu belästigen?

THOMAS: *nach einer Pause* Wir sind Christen. Diese Männer sind die Vorläufer Christi gewesen.

MENZINGER: Für uns ist das alles vorderasiatischer Schund und Schmutz.

SENKPIEL: Ganz richtig!

MENZINGER: Und warum halten Sie diesen semitischen Jargon für so außerordentlich wichtig? *Thomas schweigt.* Sie sind wohl schwerhörig, Beschuldigter? Warum Sie dieses hebräische Rotwelsch für so wichtig halten?

THOMAS: *rafft sich zusammen, sieht ihm in die Augen und antwortet ruhig* Sie wollen mich nur herausfordern. Sie legen es darauf an, meine kranken Nerven zu reizen, damit ich mich zu Unvorsichtigkeiten hinreißen lasse. Das tun Sie, weil Sie selber wissen, daß ich keine strafbare Handlung begangen habe, und nur meine Gesinnung Ihnen mißfällt. Und weil Sie nicht den geringsten Beweis gegen mich haben -

MENZINGER: Was haben wir nicht? Keinen Beweis? Schubladen voller Beweise, mein Lieber! *Er zeigt auf die Schublade.* Hier! Machen Sie sich nur keine überflüssigen Sorgen! Beweise zum Schweinefüttern! -

Rein sachlich also: warum scheinen solche alten Juden Ihnen gar so wichtig?

THOMAS: *fährt auf* Weil... *Er mäßigt sich:* Mein Gott, muß ich das wirklich erst erklären? Weil aus ihnen die Stimme Gottes gesprochen hat! Weil sie in einer Welt der Ungerechtigkeit und Gewalttätigkeit mit heiligem Eifer für Menschenliebe und Frieden gekämpft haben.

MENZINGER: Aha! Ich verstehe: Die Herrschaften sind Pazifisten gewesen! Natürlich, die Juden sind immer Pazifisten gewesen. Und Sie selbst, Beschuldigter, sind also auch Pazifist?

THOMAS: *heftig* Hätten Sie erlebt, was ich - hätten Sie gesehen, wie Ihr eigener Bruder an Ihrer Seite von einer Granate in Stücke gerissen wurde, Sie wären auch Pazifist geworden! *Ruhiger:* Unsere Verfassung hat unbedingte Gewissensfreiheit gewährleistet. Unterrichten Sie mich bitte, durch welches Gesetz pazifistische Gesinnung für ein Verbrechen erklärt worden ist.

MENZINGER: Schreien Sie nicht! Wir werden uns schon verständigen. Wir haben uns noch mit allen Beschuldigten verständigt. Wir sind ja selber Pazifisten - sofern man den Pazifismus nur richtig versteht. Auch wir wollen den Frieden; einen Frieden natürlich, der die tausendjährige Herrschaft des nordischen Herrenmenschen verbürgt. Verstehen Sie unter Pazifismus das Streben nach heroischem, deutschem Frieden, oder nach dem anderen, rassenlosen, impotenten?

THOMAS: *nach einer Pause* Ich kenne nur einen: den christlichen.

MENZINGER: Christus selbst hat gesagt: ich bin nicht gekommen, Frieden zu bringen, sondern das Schwert. Das ist auch unsere Auffassung. Und wissen Sie, wie wir Ihren Pazifismus nennen? Wir Nationalsozialisten reden deutsch und treffen den Nagel auf den Kopf. Wir nennen Ihren Pazifismus einfach: Jüdische Feigheit!

SENKPIEL: Ganz richtig!

MENZINGER: *einen andern, leichtern, fast jovialen Ton einschlagend* Sie sind eben einer artfremden Zersetzung erlegen. Die Wahrheit war da, schon lange, aber Sie haben sie nicht gesehen. Der Führer hat gerufen, vierzehn Jahre lang: unsere herrliche Jugend ist gekommen; aber die Herren Philosophen und Intellektuellen sind nicht gekommen. Deshalb haben wir Ihnen Zeit und Gelegenheit gegeben, uns ein bißchen aus der Nähe kennenzulernen. Sie haben jetzt das Buch des Führers gelesen und sind von der Wahrheit überzeugt worden - - Beschuldigter, oder nicht? Sonst sind wir gerne bereit, Ihnen nochmals durch einige Monate freie Kost und Muße zum Nachdenken zu geben...

THOMAS: *fährt zusammen* Nochmals? Nein! Ja, ich habe das Buch gelesen -

MENZINGER: Und sind nicht überzeugt? So müssen Sie es zweimal lesen! Dreimal! So oft, bis Sie überzeugt sind! - Ich will offen mit Ihnen sprechen. Die NSDAP ist wie eine Mutter; sie nimmt jeden Volksgenossen in ihrem Schoß auf. Kehren Sie in ehrlicher Reue zu uns heim: so werden Sie keine Kopfschmerzen mehr haben; Sie werden gesunde, robuste Nerven kriegen. Sie sollen unsere Großmut kennenlernen: Wenn Sie uns eindeutige Beweise Ihrer ernsten Sinnesänderung geben, würden wir Ihnen vielleicht gestatten, Ihre Kollegs über die Propheten wieder aufzunehmen; versteht sich, mit einigen Korrekturen: Sie lesen über unsere deutschen Propheten und in deutschem Geiste -

THOMAS: *fassungslos* Wie kann ich das? Ich habe immer nur gelehrt, was ich selbst erkannt habe. Ich kann nicht einfach wiederholen, was man befiehlt -

MENZINGER: Aber nein! Wir sind doch keine Kommunisten! Im Gegenteil: Wir sind für die Persönlichkeit, für die reiche, freie Entfaltung der Persönlichkeit; natürlich auf streng nationalsozialistischer Grundlage. Nun also! Und was die Beweise betrifft: ich verzichte auf sie. Unter Volksgenossen braucht man keine Beweise! Einverstanden? Sie sind jetzt überzeugt, daß Pazifismus, Marxismus und Freimaurerei nichts als teuflische jüdische Erfindungen sind, um unser deutsches Volk zugrundezurichten? *Thomas schweigt und blickt zu Boden.* Wir meinen es gut mit Ihnen. Ob Sie -

SENKPIEL: Nicht so viel Humanität, Pg. Menzinger! Wir werden dem Genossen schon den Schnabel öffnen! *Zu den SA-Männern:* In Ketten legen!

THOMAS: *sehr schnell* Ich bin überzeugt!

MENZINGER: Schön! Sehr schön! Ich habe Ihnen gesagt: wir werden uns verständigen. Sie unterzeichnen jetzt ein Gelöbnis, daß Sie Ihre undeutschen Irrtümer bereuen, und dem Führer unbedingte Gefolgschaft leisten. Dann werden wir Sie der Gnade des Herrn Ministerpräsidenten empfehlen - *Zum Protokollführer*: Dem Volksgenossen eine Feder! *Er legt ihm ein Papier vor.*

THOMAS: *tritt an den Tisch; er ist bleich und hält die Augen niedergeschlagen; man sieht, daß in ihm ein heftiger Kampf sich abspielt; plötzlich schiebt er das Papier zurück und sagt leise, aber fest:* Ich kann nicht! Meine Religion verbietet es mir!

MENZINGER: *springt auf* Wir scheißen, wohlverstanden, wir scheißen auf Ihre Religion. Ihre Religion ist Ihr Privatvergnügen, das uns hundewurscht ist! Was von Ihnen verlangt wird, ist nicht Religion, sondern Einordnung! Unterordnung! Wer blinden Gehorsam verweigert, ist ein Vaterlandsverräter und wird aus der Volksgemeinschaft ausgerottet - -

THOMAS: *der sehr ruhig geworden ist* Sie geben also selbst zu, daß ich keine strafbare Handlung begangen habe. Sie gestehen, daß Sie es nicht als Ihre Aufgabe betrachten, Recht zu finden, sondern meiner Gesinnung nachzuspüren. Wie jede andere Inquisition werden Sie nur Zwangsgläubige gleich den jüdischen Marranen schaffen!

MENZINGER: Aha! Sie sind also Halbjude!

THOMAS: Ich habe Ihnen bereits gesagt, daß kein Tropfen jüdischen Bluts in meinen Adern fließt.

MENZINGER: Unsre nationale Wissenschaft der Erbbiologie hat uns gelehrt, die Rasse eines Menschen nach seiner Denkart festzustellen. Die Ihrige ist die typische des Bastards. Vermutlich hat die Frau Mama oder Großmama insgeheim mit so einem Marranen -

THOMAS: *außer sich* Das ist kein Verhör, das ist eine Folterung! Wenn Sie den Befehl haben, mich um jeden Preis zu verurteilen, so sprechen Sie es offen aus! Entlassen Sie mich aus dieser Folterkammer -

SENKPIEL: *gähnt laut* Stinkelangweilig! Nach dem Führer fragen! Schluß machen!

MENZINGER: *dienstbeflissen* Sofort, Herr Standartenführer! *Scharf zu Thomas:* Wie denken Sie über Adolf Hitler? Teilen Sie unsern deutschen Glauben, daß Adolf Hitler der Mann ist, den Gott uns zu unserer Rettung und unserm Heil geschickt hat?

THOMAS: *sammelt sich zur Ruhe und sagt nach einer Weile leise, aber mit finsterer Entschlossenheit* Ich bin kein Götzenanbeter.

MENZINGER: Verstehe ich nicht. Sprechen Sie Ihre Meinung aus, ehrlich und bündig: Ist er der Führer oder ist er es nicht?

THOMAS: *fest* Er ist der Führer! Ja! In den Abgrund!

MENZINGER: Protokollieren: In den - *In diesem Augenblick ruft einer der an der Tür postierten SA-Männer:*

SA-MANN: Die Fahne! *Drei SA-Männer, deren Mittelster eine große Fahne trägt, treten in die Tür. Alle, außer Thomas, springen auf und wenden sich der Fahne zu.*

SENKPIEL: *kommandiert* Augen rechts! *Nach einer Pause:* Fahne grüßen! *Alle außer Thomas heben die Hand zum Deutschen Gruß. Senkpiel flüstert ihm scharf zu:* Schweinehund! Grüßen! *Nachdem sie eine Zeitlang regungslos gestanden sind, rufen sie:*

ALLE: Sieg Heil! Sieg Heil! Sieg Heil! *Die SA-Männer mit der Fahne ab.*

MENZINGER: *von jetzt ab alles sehr rasch* Sie haben sich geweigert, den Deutschen Gruß zu leisten!

SENKPIEL: Warum haben Sie die Fahne nicht gegrüßt, Marxistenschwein?

THOMAS: Weil ich einem Gesslerhut keine Reverenz erweise!

MENZINGER: Protokollieren: Nennt Hakenkreuzbanner Gesslerhut! Die Sowjetfahne ist für Sie kein Gesslerhut?

THOMAS: Ich habe der Sowjetfahne niemals Reverenz erwiesen.

MENZINGER: *holt eine Fahne aus der Schublade hervor* Wozu haben Sie diese Sowjetfahne gebraucht, die man in Ihrer Wohnung gefunden hat?

THOMAS: *empört* Das ist eine Lüge! Ich habe eine solche Fahne nie besessen!

MENZINGER: Sie wollen also sagen, daß die braven SA-Männer, die die Haussuchung vorgenommen haben, lügen?

THOMAS: Ich sage, daß die Behaupter solcher Lügen schändliche Lügner sind!

MENZINGER: Protokollieren: Nennt die SA-Männer Lügner! *Er wirft die Gegenstände, von denen er spricht, aus der Schublade auf den Tisch.* Diesen Jahrgang der „Roten Fahne" hat man auch nicht bei Ihnen versteckt gefunden? Diese Hetzplakate und Leninbilder auch nicht?

THOMAS: Nein. Ich verlange, den Schurken, die das behaupten, Aug in Aug gegenübergestellt zu werden!

MENZINGER: *entfaltet eine Zeitung* Vielleicht haben Sie diesen Artikel auch nicht geschrieben? Diesen mit T.Z. gezeichneten Aufruhrartikel, Beschuldigter Thomas Zachariä?

THOMAS: Es gibt Tausende, deren Initialen T.Z. sind. Beweisen Sie, daß gerade ich diesen Artikel geschrieben habe!

MENZINGER: Sie täuschen sich. Nach revolutionärem Recht haben Sie uns zu beweisen, daß Sie sich nicht kommunistisch betätigt haben! - Protokollieren: kann Gegenbeweis nicht führen!

THOMAS: Ich protestiere gegen diese Form des Verhörs! Ich erkenne Ihre Scheinbeweise nicht an -

MENZINGER: Wir werden Ihnen Zeugen stellen, die beschwören, daß Sie am 25. Februar in einer auf der Hasenheide abgehaltenen Versammlung als kommunistischer Agitator aufgetreten sind! Sie haben die nationale Erhebung die organisierte Barbarei verdummter Kleinbürger genannt!

THOMAS: Ich habe sie niemals so genannt! Jetzt nenne ich sie so: organisierte Barbarei -

MENZINGER: Protokollieren: Nennt die nationale Revolution -

THOMAS: Protokollieren Sie! Protokollieren Sie, daß ich den blutbefleckten Terrorismus oben ebenso hasse, wie ich die knechtselige Blödigkeit unten verachte! Protokollieren Sie, ja, ja. Protokollieren Sie nur! Daß ich Ihr ganzes Lehrgebäude von Rasse und Haß, von Blut und Wahn als widervernünftiges Lügensystem verabscheue -

MENZINGER: Alles protokollieren!

THOMAS: Und daß ich nur noch die eine Pflicht kenne: gegen Ihre fluchbeladene Despotie zu protestieren, die nicht national, nicht sozial und nicht menschenwürdig ist! Protokollieren Sie genau! Bis zum letzten

Atemzug gegen Ihren götzendienerischen Fetischismus zu protestieren! Bis Ihr Sklavenreich zerbricht -

MENZINGER: *zu Senkpiel* Ich glaube, das dürfte genügen.

SENKPIEL: Genügt vollkommen. Maul halten! Pazifistenkanaille!

THOMAS: *indem er von den SA-Männern ergriffen wird* Wenn Sie mich auch niederschießen: Über unsern zertretenen Gräbern leuchtet einst ein Morgenrot - -

SENKPIEL: *schreit* Kanaille! Abführen! *Thomas wird hinausgezerrt.*

MENZINGER: Unverbesserlich! Schlechter Deutscher!

SENKPIEL: Kein Deutscher! *Zum Protokollführer:* Dem Staatsanwalt berichten: Roter Häuptling hat durch Feindschaft gegen Adolf Hitler sich selber aus der Volksgemeinschaft ausgemerzt. *Zu den SA-Männern:* Erledigen, wie gewöhnlich! Morgen Meldung erstatten!

MENZINGER: So sind sie alle, diese Intellektbestien! - Vielleicht jetzt, Herr Standartenführer, eine kleine Pause zu einem Imbiß oder einer Zigarette gefällig?

SENKPIEL: Noch sechsunddreißig heut zu vernehmen? Wir sind nicht mehr in der Saurepublik, Pg. Menzinger! Hier wird für Führer und Volk geschafft! Weiterarbeiten!

MENZINGER: *drückt auf den Knopf; es läutet draußen.* Der Nächste! *Er blickt in die Liste.* Goldmann, Freimaurer, Jud.

Der nächste Gefangene wird hereingeführt.
Am frühen Morgen des folgenden Tages.
Im Zuchthaus des vorigen Aktes. Die Bühne zeigt zwei durch eine Wand getrennte Räume; eine größere Wachstube und einen schmalen Warteraum. Zwei SA-Männer, Kählert und Eck, sind in der Wachstube damit beschäftigt, ihre Uniformen zu säubern.

KÄHLERT: Det wa aber heit een ulkicher Kunde! Lauf, saage ick ihm; lauf zu Mensch, ick kiek nich hin! Denkste, er is jeloofen? Er riehrt sich nich und kuckt mir nur mit jroßen Oogen an. - Jib mir mal'n Spiejel, Oskar!

ECK: Da haste, Hermann! Na, und denn?

KÄHLERT: Denn kitzel ick ihm so'n bißken mits Bajonett. Wenn de die andern Kerls kitzelst, jleich macht det Pack 'n lautes Jeschrei; aber der

43

macht keen Mucks nich und kuckt mir nur mit seine jroße Oogen an. Denn sagt er: Machn Se's rasch! Und dreht sich um. Na, denk ick, wie de willst, und ick mach Schluß. - Nun sag mal, Oskar, wie jefällt et dir eijentlich bei uns?

ECK: Janz hibsch, Hermann. Soweit is allens janz hibsch bei eich.

KÄHLERT: Ick haab et dir immer jesagt. Oskare, haab ick jesagt, komm man zu uns, Oskar! Ihr bei die Kommune, haab ick jesagt, ihr kennt det Volk nich, ihr macht det Rennen nich. Det mit die Internationale und mit Rotfront det is ja ooch 'n janz scheenes Amisemang; aber die Uniform und die Musieke und der Schellenboom und der Parademarsch, det jeht uffs Jemiet, det is det Richtje für unser deitsches Volk. Na, un wat wär mit dir passiert, wenn de nich im letzten Momang zu uns rieberjekomm wärst?

ECK: Nee, Hermann, nee! An det will ick jar nicht denken, nee!

KÄHLERT: Ick weer et dir sagen. K.o. wärste jewesen; siehste, und nu kannste die andern k.o. machen. Und unsre Meedels, Oskar, wat, die Meedels! Wat habt ihr bei die Kommune fir Weibssticke jehabt? Schmierije, dirre Arbeeterinnen, vorne nischt, hinten nischt, det warn man bloß so olle Dreckmenscher! Aber bei uns! Stramme Meedels, wat? Stabiele, da haste wat in der Hand, Mensch! Und janz wild sin se, janz jierich sin se uff uns, wie se bloß eene Uniform sehen! 'n feinet Leben, nich, Oskar?

ECK: Is ja wahr, Dienst mußte jrade jenuch kloppen, Jelände-Iebungen und Nachtiebungen und Jas-Iebungen und mit die Handjranaten und die Maschinenjewehre; aber sonst is et 'n janz scheenes Leben. Blooß, denk ick mir, wenn nu der Fiehrer sagt: Schluß! Nu aber Schluß mit det scheene Leben?

KÄHLERT: Wat sagt er? Schluß sagt er? Denn hängen wir 'n uff! Denn hängen wir 'n schtantepete uff!

Dorothea und Martin sind indessen in den Warteraum eingetreten; da sie nebenan sprechen hören, tritt Dorothea in die zur Wachstube führende Tür.

DOROTHEA: Entschuldigen Sie, bitte! Könnte ich Herrn Direktor von Bessemer sprechen?

KÄHLERT: *sieht sie flüchtig an* Weeß nich! - *Zu Eck:* Nee, nee, er sagt aber nich: Schluß! Er hat jesagt: unsre Parolle muß sein: Treie um Treie!

ECK: Det saag ick ooch! Det is auch meine Parolle: leb immer Trei und Redlichkeit! Und denn noch: Immer feste druff!

DOROTHEA: Der Herr Generalstaatsanwalt hat uns Besuchserlaubnis erteilt. Könnten wir nicht -

KÄHLERT: Kenn ick nich, Ihren Jeneral! Hier hat keener nischt zu kommandieren, wie unser Fiehrer, der Sturmfiehrer Tiepke. Warten Se dort drieben! *Dorothea geht in den Warteraum zurück. Kählert blinzelt Eck zu:* Jiedin!

ECK: Ach nee! Se hat doch blondet Haar!

KÄHLERT: Jefärbt! Nu färben sich alle Jiedinnen uff arisch. Mir betriegen se aber nich! Weeßte, an wat ick ihnen erkenn? Ick riech ihnen, icke!

ECK: Ach wat de nich sagst! Du willst mir wohl veräppeln?

KÄHLERT: Wat heeßt veräppeln? Det kannste in die Zeitungen lesen: Wenn eene Jiedin in een Zimmer war, stinkt es so, daß du se noch drei Stunden riechst.

DOROTHEA: Ich bin so glücklich darüber gewesen, daß Thomas bald frei wird - und sowie ich dieses Haus betrete, überfällt mich wieder die schreckliche Angst!

MARTIN: Der Generalstaatsanwalt hat uns doch erklärt, daß er Thomas' Unschuld festgestellt hat, und uns sein Wort gegeben, daß er schnellstens entlassen wird. Formalitäten, die zwei Tage dauern - ich weiß wirklich nicht, was du noch fürchtest!

DOROTHEA: Was ich fürchte? Daß sie sich hier um Staatsanwalt und Unschuld nicht einen Pfifferling scheren! Und daß sie Thomas nicht aus den Klauen lassen werden -

MARTIN: Du darfst nicht immer an allem zweifeln! Du mußt vertrauen, Dorothea!

KÄHLERT: *der seine Schuhe reinigt* Verfluchte Scheiße! Dat des klebriche Zeich ooch ieberall hinspritzt! *Er singt:* Wenn der Sturmsoldat ins Feuer jeht, dann hat er frohen Mut -

ECK: Ach nee, Hermann! Wenn det nu mal Juden sind, denn sing det nich!

KÄHLERT: Denn jrade, Oskar! *Er singt:* Wenn's Judenblut vom Messer spritzt, dann jeht's nochmal so jut!

Er schreit laut: Juda verrecke! *Tiepke tritt ein.*

KÄHLERT: *stellt sich stramm und meldet* Befehl ausjefiert, Herr Sturmfiehrer!

TIEPKE: Alles in Ordnung?

KÄHLERT: In Ordnung. Kommunist befehlsjemeeß erledigt.

TIEPKE: Kerl weggeschafft?

KÄHLERT: Noch nich. Auto Panne jehabt.

TIEPKE: Panne jehabt. Idiot! Haben Sie nicht beim Appell gehört, daß für heute Besuch einer ausländischen Journalistenkommission angesagt ist, und musterhafte Ordnung sein muß? Das nennen Sie Ordnung? Wohin haben Sie den Burschen gebracht?

KÄHLERT: In det Saniteetszimmer.

TIEPKE: Quadratidiot! Diese amerikanische Journaille wird ihre Nase zuerst ins Sanitätszimmer stecken! Das Aas sofort mit Reservewagen fortbringen!

Kählert und Eck ab. Bessemer tritt ein

TIEPKE: Ein Mann Abgang heute Nacht.

BESSEMER: Schon wieder einer? Schrecklich, diese Sterblichkeit! Wohl der Regierungspräsident Luckner von Zelle 28, der an gallopierender Schwindsucht -

TIEPKE: Ach, der Bonze! Vielleicht auch der! Kommunist hat Fluchtversuch unternommen. Mußte erledigt werden.

BESSEMER: *erschrocken* Erledigt? Das ist unmöglich!

TIEPKE: Warum unmöglich? Mußte auf der Flucht erschossen werden. Ein gewisser - wie heißt der Moskowiter? - ein gewisser Jeremias.

BESSEMER: *sehr erregt* Ich habe den Schuß bisher immer gehört! Auch wenn ich im tiefsten Schlaf lag, den Schuß habe ich immer gehört! Und dann, ich kenne keinen Gefangenen Jeremias. Es ist unmöglich, daß ich weiterschlief, wenn ein Mensch abgeschossen wurde!

TIEPKE: Quatsch! Sie haben sich eben daran gewöhnt.

BESSEMER: *entsetzt* Gewöhnt? Um des Himmels willen! Nein, ich habe mich nicht gewöhnt! So ein Lump bin ich noch nicht, daß ich mich an etwas so Entsetzliches gewöhnt habe!

TIEPKE: Und Sie wollen ein alter Frontoffizier sein? Genehmigen Sie sich einen tüchtigen Schluck Kognak; dann werden Sie etwas weniger schlappschwänzig sein. Und sorgen Sie für Ordnung: daß die Kerls sich ja nicht einfallen lassen, vor den Journalisten auszupacken!

DOROTHEA: *zu Bessemer, der durch den Warteraum abgeht* Herr Direktor, wir haben ein Schreiben für Sie -

TIEPKE: *der Bessemer gefolgt ist* Wie kommen Sie her? Was haben Sie hier zu suchen?

MARTIN: Der Herr Generalstaatsanwalt hat uns ein Passepartout für den Besuch meines Bruders ausgestellt -

TIEPKE: Wir werden uns diese zivilistischen Einmengungen künftig energisch verbitten! Warten Sie! *Er und Bessemer ab.*

DOROTHEA: Sie lassen ihn nicht los! Sie lassen ihn nicht los! Lebend niemals!

MARTIN: *erschrickt* Sprich nicht so, Dorothea! Wenn sie ihn nicht loslassen, trotz seiner bewiesenen Unschuld - nein, es ist unmöglich! Wenn Recht und Gesetzlichkeit bei uns aufgehört haben, dann... dann würde mein Glauben zerbrechen. Das kann nicht sein, das darf nicht sein -

DOROTHEA: *geht erregt hin und her* Es liegt hier etwas in der Luft, das mich erstickt! Etwas Unheimliches liegt in der Luft - *Sie ist an das Fenster getreten und fährt zurück:* Der Hof!

MARTIN: Was für ein Hof?

DOROTHEA: Der Hof, von dem Thomas gesprochen hat!

MARTIN: *tritt zu ihr* Der rote Hof!

DOROTHEA: Ein verdeckter Lastwagen ist vorgefahren! Sie tragen hastig etwas auf den Hof hinaus.

MARTIN: Eine Kiste. Von dieser Bretterkiste hat Thomas auch gesprochen.

DOROTHEA: Es ragt etwas aus der Kiste heraus. Zwei nackte Füße ragen aus dem Sarg heraus!

MARTIN: Sie fahren weg, um ihn in die Kalkgrube zu werfen. Die haben sie schon gestern Abend ausgeschaufelt.

DOROTHEA: Dieser Mensch hat vielleicht Frau und Kinder gehabt.

MARTIN: Ja, warum hat der Dummkopf einen Fluchtversuch unternommen?

DOROTHEA: *erschüttert* Gott sei seiner Seele gnädig!

MARTIN: Tritt weg, Dorothea! Schau nicht länger hinunter!

DOROTHEA: Jetzt waschen sie den Hof!

MARTIN: Und morgen wird er wieder rot! *Er tritt beiseite und stöhnt auf* Hilf mir, mein Gott! Bewahr ihn mir -

DOROTHEA: Thomas darf nicht vierundzwanzig Stunden länger in diesem Land bleiben! Sowie er frei ist, muß er am gleichen Tag in die Schweiz -

MARTIN: Meinen Glauben bewahre mir! Denn wenn er zerbricht... *Bessemer kommt zurück.*

BESSEMER: Nun stehe ich zu Diensten.

MARTIN: Wir haben die Erlaubnis erhalten, Herr Direktor, meinen Bruder, Professor Zachariä zu besuchen -

BESSEMER: Das freut mich. Ich weiß aber nicht, ob ich ohne den Herrn Sturmführer -

DOROTHEA: *in hastiger Angst* Es steht alles in diesem Brief! Der Herr Generalstaatsanwalt hat sich von der Schuldlosigkeit Professor Zachariäs überzeugt und seine Enthaftung angeordnet. Bringen Sie ihn nur schnell zur Entlassung! Sie haben Mitgefühl, Herr Direktor; entlassen Sie ihn sofort -

BESSEMER: *der den Brief überflogen hat, freudig* Entlassen! Da darf ich Sie beglückwünschen. Glauben Sie mir, das ist wie ein Wunder! Über jeden einzelnen, den ich entlassen darf, freue ich mich, als würde mein eigenes Kind dem Leben wiedergegeben! Ich darf diese Freude nur selten genießen! Es geschehen hier Dinge... ich muß schweigen, aber glauben Sie mir: das ist wie ein himmlisches Wunder! Nehmen Sie meinen Glückwunsch -

TIEPKE: *tritt ein; munter zu Bessemer* Nun, wieder ein Mann, Herr Major? Hat das Kognäkchen gewirkt?

BESSEMER: Die Herrschaften hier bringen die Erlaubnis, ihren Angehörigen zu besuchen, der bald entlassen wird -

TIEPKE: Naja, das gestatten wir aber zum letzten Mal! Lassen Sie den Mann ins Besuchszimmer rufen!

BESSEMER: *öffnet die Tür und spricht hinaus* Rufen Sie den Schutzgefangenen Zachariä!

TIEPKE: *springt auf ihn zu* Sind Sie total blödsinnig, Mensch? Das ist doch der Kerl... *Er zieht Bessemer mit sich in die Wachstube und flüstert ihm etwas zu.*

BESSEMER: *entsetzt* Zachariä? Um Jesu Christi Willen! Sie haben doch gesagt, daß der Erschossene Jeremias...

TIEPKE: Jeremias oder Zacharias, wer kann den Jargon auseinander halten?

BESSEMER: Der Mann ist ja vollkommen unschuldig! Er sollte morgen entlassen werden -

TIEPKE: Das geht Sie einen Dreck an, Sie altes Weib! Schlucken Sie noch einen Kognak und tun Sie Ihre Pflicht! Teilen Sie's den Leuten mit; aber im richtigen Licht!

BESSEMER: *sich zusammenraffend* Sie täuschen sich. Sie täuschen sich gröblichst, Herr Sturmführer. Meine Pflicht ist es, über die Sicherheit der mir Anvertrauten zu wachen. Es ist nicht meine Pflicht, die Missetaten, die hier geschehen, zu beschönigen. Teilen Sie den Gefangenenmord den Angehörigen selber mit!

TIEPKE: Wie's beliebt. Ich werde auch oben mitteilen, daß hier ein gewisser konterrevolutionärer Major noch auszumisten ist.

BESSEMER: Das können Sie tun. Wenn ich zugrunde gehen muß, so wünsche ich, wenigstens nicht als Lump zugrunde zu gehen. Ich reiche selber um meine Entlassung ein. Besser, mit Frau und Kindern am Hungertuch zu nagen, als an diesen Verbrechen teilnehmen... *Er geht ab.*

TIEPKE: *tritt in den Warteraum zurück* Mein gnädiges Fräulein, Herr Zachariä kann nicht... äh... kann nicht erscheinen.

DOROTHEA: *erschrickt* Er kann nicht? Ist er krank? Oder - *in Freude umschlagend* - oder ist er schon entlassen?

TIEPKE: Entlassen? Ja, in gewissem Sinn ist er entlassen. Können Sie sich vielleicht erinnern, ob er früher an einer Krankheit... äh... an einer Herzkrankheit gelitten hat?

DOROTHEA: Niemals! Er ist der gesündeste Mensch gewesen. Wenn er krank ist, lassen Sie mich nur schnell zu ihm -

MARTIN: *ahnungsvoll* Dorothea, komm! Es zerbricht! Es zerbricht -

DOROTHEA: Aber warum? Warum? Ist er... ist er...

TIEPKE: Ein deutsches Mädchen wie Sie wird es mit Fassung ertragen. Herr Zachariä ist gestern leider... einem plötzlichen Herzschlag erlegen.

DOROTHEA: Erlegen? Tot? Aber - aber er war niemals krank -

MARTIN: Frag nicht und komm! Komm schnell!

DOROTHEA: Einem Herzschlag erlegen? Einem Herzschlag! Oder... *wie erliegend unter einer gedanklichen Anstrengung:* oder ist er vielleicht einem Herzschuß erlegen?

TIEPKE: Sie irren, Fräulein. Ein unglücklicher Zufall; ein ganz unerwarteter Herzschlag -

DOROTHEA: *die Worte suchend* Er... er hat einen Fluchtversuch unternommen - nicht? So ist es doch gewesen? Er... er mußte auf der Flucht erschossen werden - nicht? Nicht?

TIEPKE: Ihr Scharfsinn ist bewundernswert. Der Schutzgefangene hat also von seiner Absicht, zu fliehen, mit Ihnen gesprochen?

DOROTHEA: Sie lügen! Sie haben ihn in der Nacht auf den Hof getrieben und ihn dort erschießen lassen! So lügen Sie doch! Sie haben ihn in der Holzkiste auf den Lastwagen geschafft, um ihn in die Kalkgrube zu werfen - Das ist er gewesen, dessen nackte Füße aus dem Sarge ragten!

TIEPKE: *immer höflich* Trösten Sie sich! Es war Ihnen wohl nicht bekannt, daß er ein Vaterlandsverräter gewesen ist -

DOROTHEA: Womit hat er das Vaterland verraten? Weil er nicht: Heil Hitler! geschrieen hat? Er hat auch nie: Heil Moskau! geschrieen! Warum haben Sie ihn hinterrücks ermordet?

TIEPKE: Er war ein Untermensch, der die deutsche Nation mit volksfremdem Zersetzungsgeist vergiftet hat.

DOROTHEA: *wie rasend* Ein Untermensch - Martin! Hören Sie, Sie Übermensch: Heil Moskau! Lassen Sie auch mich einem Herzschlag erliegen! Rotfront! Heil Moskau! Hören Sie nicht? Schießen Sie mich doch zusammen...

TIEPKE: Genug! Wollen Sie sich erinnern, daß wir zur Erziehung ehrvergessener Frauenzimmer Konzentrationslager geschaffen haben! *Ab.*

DOROTHEA: Ich habe gesagt: Gott sei seiner Seele gnädig! Und ich habe nicht geahnt, daß es Thomas war, für den ich es gesagt habe: Gott sei der armen Seele gnädig!

MARTIN: Er sei ihm gnädig! Ihm, dir, mir: wir alle haben Gottes Gnade nötig.

DOROTHEA: Komm, Martin! Sieh nicht länger in den grauenvollen Hof hinunter!

MARTIN: Es ist sehr gut, daß ich den roten Hof gesehen habe! *Ruhig und entschlossen:* Jetzt kenne ich meinen Weg.

Vierter Akt

Einige Tage später.
Ein Dienstzimmer Josts. Jost und Martin im Gespräch.

MARTIN: *erregt fortfahrend* - - - Wir wissen nicht einmal, wo er begraben ist!

JOST: Tut mir leid. Aufrichtig leid. Ein schrecklicher Zufall!

MARTIN: Nein, ein Mord! *Dringlich:* Werden die Mörder unnachsichtig bestraft werden? Können Sie mir das versprechen?

JOST: Ist nicht mein Ressort. Sie müssen sich zusammennehmen, Kamerad. Wir leben eben in revolutionären Zeiten!

MARTIN: *nach kurzem Bedenken* Sie sind, Herr Studienrat, der Leiter meiner Jugend gewesen. Sie haben mich frühzeitig aufgerufen, der Nation zu dienen, mein Leben für ein Ideal einzusetzen. Sie haben den Glauben an einen großen Führer in mir geweckt, an die Schaffung einer edleren Gemeinschaft, eines brüderlichen Volkes -

JOST: Freut mich, mein Junge. Habe aber nichts, als meine verdammte Schuldigkeit getan!

MARTIN: Sie haben mich betrogen! Mich unermeßlich, ungeheuerlich betrogen!

JOST: *ruhig* Verstehe. Kleiner Nervenschock; wird vorübergehen. Mensch, lassen Sie sich doch nicht unterkriegen!

MARTIN: *außer sich* Geben Sie mir meinen Glauben wieder! Beweisen Sie mir, um Gotteswillen, daß der Meuchelmord an unschuldigen Gefangenen keine Maxime des Dritten Reichs ist...

JOST: Junge, nicht schlapp machen! Kopf hoch! Es ist bei uns wie an der Front. Da hieß es: Angreifen! Den Kameraden neben dir schmeißt's hin; du darfst dich nicht nach ihm umdrehen, mußt vorwärts. Wir sind ewige Soldaten, wir Nationalsozialisten. Jeder Tag ist für uns ein Schlachttag, Ihr Bruder ist neben Ihnen gefallen: Nicht zurückschauen! Den Stahlhelm tiefer in die Stirn; die Knarre fest gepackt und vorwärts!

MARTIN: Ihr Vergleich hinkt, Herr Studienrat: mein Bruder ist wehrlos gemeuchelt worden! - *Nach einer Pause:* Ist es, Ihrer Meinung nach, noch immer meine Pflicht, alle Anordnungen der nationalen Führer blindlings anzuerkennen?

JOST: Ihre unabänderliche Pflicht. Unbedingtes blindes Vertrauen: das ist die Grundlage unserer Revolution!

MARTIN: Sie billigen also, Herr Studienrat, den feigen und heimtückischen Gefangenenmord?

JOST: Achten Sie auf Ihre Worte, Zachariä! Ich billige die blitzartigen Akte unsrer revolutionären Justiz. Bin Ihnen übrigens, denke ich, keine Rechenschaft schuldig.

MARTIN: Und der Führer billigt die Meuchelmorde, die in seinem Namen geschehen? Er billigt es, daß schuldlose Volksgenossen in Konzentrationslagern zusammengepfercht werden, wie eine Herde Schlachtvieh? Daß Frauen und Kinder als Geiseln in diese höllischen Lager verschleppt werden?

JOST: Der Führer führt Volk und Reich. Er kann sich nicht um jede Bagatelle kümmern.

MARTIN: Ja, er ist ein Halbgott. Um Wahrheit und Gerechtigkeit und ähnliche Bagatellen sich zu kümmern, hat er verächtlichen Untermenschen überlassen. *Er geht zur Tür.*

JOST: Halt, Zachariä! Was wollen Sie damit sagen?

MARTIN: *mit verzweifelter Heftigkeit ausbrechend* Daß ich Ihnen nicht mehr glaube! Ich glaube nicht länger, daß es unsre von Gott uns auferlegte Bestimmung ist, Einsicht und Überzeugung in uns abzutöten! Ich sage mich von einer Gemeinschaft los, die die Unmenschlichkeit als Grundsatz anerkennt, und trete in die Freiheit des Einzelnen zurück, dem eigenen Gewissen zu gehorchen...

JOST: Sie haben privat mit mir, Ihrem alten Lehrer, gesprochen. Ich ehre das Vertrauen, das Sie mir entgegenbringen. Sonst müßte ich Sie augenblicklich dingfest machen -

MARTIN: Betrachten Sie das Gespräch als dienstlich, Herr Studienrat!

JOST: *militärisch* Halten Sie Disziplin! Für Disziplinlosigkeit acht Tage Stubenarrest; sofort anzutreten. Dann sprechen wir weiter. Sie haben Befehl von einem Vorgesetzten erhalten!

MARTIN: Ich nehme von Ihnen nicht mehr Befehle an. Ich habe heute meinen Austritt aus der nationalsozialistischen Partei vollzogen.

JOST: *kalt* Also Fahnenflucht. Den Austritt aus dem deutschen Volke haben Sie aber nicht vollzogen?

MARTIN: Ja: wenn Sie das deutsche Volk mit der nationalsozialistischen Partei identifizieren. Nein: wenn es ein Deutschland gibt, das sich gegen Gewissenszwang und Inquisition empört.

JOST: *höhnisch* Soll das heißen, daß Sie, Martin Zachariä, dem von Adolf Hitler geführten Deutschland Kampf ansagen?

MARTIN: Ja, das heißt, daß ich mit derselben Begeisterung, wie bisher für das Dritte Reich, gegen Sie kämpfen werde.

JOST: *ironisch* Vielleicht verraten Sie mir noch, wie Sie sich diese Offensive einer Mücke gegen den Löwen vorstellen?

MARTIN: Ihre Todfeinde aus den Konzentrationslagern retten; die Heere der Entrechteten sammeln -

JOST: Also Hoch- und Volksverrat. Das sagen Sie mir ja bloß, um diesen ehrlosen Kampf sich selbst unmöglich zu machen. Würden auch nicht gerade viel Mitkämpfer finden -

MARTIN: Das sage ich aus einem Bedürfnis nach Wahrhaftigkeit. Und um alle Brücken hinter mir abzubrechen! Und Mitkämpfer habe ich schon gefunden -

JOST: Donnerwetter! Dingfest machen! Augenblicklich! *Ins Telephon:* Zwei SA-Männer von der Bereitschaft! *Er geht heftig erregt durchs Zimmer, während Martin ruhig stehen bleibt.* Wird nicht geduldet! *Zwei SA-Männer treten in die Tür. Jost setzt seinen Gang fort. Es entsteht eine längere Pause. Darauf, mit einem plötzlichen Entschluß, zu den SA-Männern:* Pg. Martin Zachariä hier... wird bedroht. Von Kommunisten. Sie haben ihn nicht aus den Augen zu lassen! Sie werden mir über jeden Schritt, den er macht, Rechenschaft geben. *Die SA-Männer ab. Er tritt zu Martin und sagt scharf:* Nach zwei Wochen stellen Sie sich hier. Mit kühlerem Kopf! Verstanden?

MARTIN: *kalt* Sie werden mich nach zwei Wochen nicht anders finden, als heute.

JOST: *plötzlich in einen herzlichen Ton fallend* Menschenskind! Ist ja Blödsinn! Ein alter Kämpfer, wie Sie! Solche aufrechte, rechtwinklige Jungs brauchen wir gerade! So ein Blödsinn, wegen eines verdammten Zufalls! Das können Sie Ihrem alten Freund nicht antun -

MARTIN: Ich habe Ihnen erklärt, daß ich nur unbedingt glauben kann oder unbedingt verwerfen. Ich habe verworfen.

JOST: Blödsinn, Junge! Wann sind Sie zu uns gekommen? Damals sind wir Nazis in Charlottenburg noch kaum hundert Männekens gewesen! Was für ein Triumph war es, als wir Tausende und Hunderttausende wurden! Wieviele Saalschlachten haben wir Schulter an Schulter gegen die Roten geschlagen? Ich hab dich lieb; würde mir verflucht leid tun, wenn du in die Fänge der Gestapo gerietest! Gib mir die Hand... Und basta! *Eindringlich:* Denken Sie an Ihre Frau Mutter, Kamerad!

MARTIN: *heftig* Meiner Mutter kann man nichts anhaben! Sie ahnt von meinen Entschlüssen nichts! Ich habe ihre Wohnung verlassen und kehre nicht mehr zu ihr zurück -

JOST: Bedenken Sie: nach dem Schlag, der die alte Frau getroffen hat! Sie sind ihr Benjamin - hol der Teufel die hebräischen Worte! - Na ja, ihr Jüngster, ihr Einziger! Soll sie vielleicht hören, daß auch Sie auf schnellstem Weg erledigt wurden? Wollen Sie Ihre alte Mutter unter die Erde bringen?

MARTIN: Eine Ihrer Lehren ist mir unvergeßlich geblieben, Herr Studienrat; diese: daß das Ideal uns teurer sein muß als Vater und Mutter...

JOST: Gewiß, unser nationalsozialistisches Ideal! Wüßte wahrhaftig nicht, was für ein anderes Ideal solchen Einsatz lohnen sollte.

MARTIN: *mit Wärme und Festigkeit* Das Ideal einer neuen Humanität! Das beseligende Ideal: nach freiem Gewissen und Entschluß zu handeln, und wenn es sein soll, auch zu sterben...

JOST: Junge, das sind ja Atavismen, die wir überwunden haben! Was haben Sie mit den Untermenschen in den Lagern zu schaffen? Was wollen Sie, wenn Sie zu dieser Unterwelt hinuntergehen?

MARTIN: Ein Beispiel geben. *Er geht schnell ab.*

JOST: *ihm nach* Zachariä! Kamerad! *Nach kurzem Besinnen:* Stinkt vielleicht doch was bei uns? Daß gerad die Rechtschaffensten rebellieren?

Im Wartesaal eines Berliner Fernbahnhofes.

Im Raum sind nur wenige Wartende. Dorothea führt Elisabeth herein und blickt sich suchend um. Elisabeth, unruhig und verängstigt, setzt sich an einen kleinen Tisch, Dorothea bleibt vor ihr stehen.

DOROTHEA: Nicht traurig sein!

ELISABETH: Ich ängstige mich so sehr vor diesem Wiedersehen. *Da Dorothea sich entfernen will.* Wie? Willst du schon gehen?

DOROTHEA: Er wollte mit dir allein sprechen. Nicht traurig sein, Mama! *Sie geht hinaus.*

ELISABETH: *sitzt eine Weile in sich zusammengesunken, darauf sagt sie leise vor sich hin* Es wird ein Abschied sein. Ein Abschied für lange.

EIN SCHAFFNER: *tritt ein* Nach Stendhal, Hannover, Hamm, Münster...

ELISABETH: *fährt auf und erblickt Martin, der eingetreten ist* Ach Gott! Da ist er! *Sie steht auf und geht auf ihn zu.*

MARTIN: *tritt ihr schnell entgegen; er scheint ruhig, kann aber eine tiefe innere Erregung nicht bemeistern.* Vor allem, Mama: nichts, was Aufsehen machen kann! Bitte, setz dich ruhig hin. Wir werden vielleicht beobachtet. *Sie setzen sich.* Und dann: wir wollen einander nicht aufregen. Ich darf jetzt nicht weich werden -

ELISABETH: Ich bin ganz ruhig, mein Junge -

MARTIN: Und dann noch: stell, bitte, keine Fragen, die ich nicht beantworten darf! Ich kann nicht auf alles antworten. Ich habe mich zu schweigen verpflichtet.

ELISABETH: Wie du willst! Ich werde schon nicht fragen, mein Kind.

MARTIN: Ich habe es vorgezogen, dich an einem neutralen Ort zu treffen. Es ist besser, ich suche deine Wohnung nicht auf; es ist so sicherer für später -

ELISABETH: Alles, wie du es willst. *Sie schweigen eine Weile; das folgende Gespräch wird beklommen und stockend geführt.* Fährst du weg, Martin?

MARTIN: Ich fahre weg, Mama.

ELISABETH: Weit? - Fährst du ins Ausland?

MARTIN: *zuckt, da ein Kellner zu ihm tritt, leicht zusammen* Wie? Ach so! Einen Grog! - Nein, nicht ins Ausland.

ELISABETH: Ach, ich wäre so froh gewesen, wenn du ins Ausland gefahren wärst! - Aber ohne Gepäck? Wohin? Wozu?

MARTIN: Verzeih, Mama, ich darf es nicht sagen.

ELISABETH: Wann, glaubst du, daß du wiederkommen wirst?

MARTIN: Auch das darf ich nicht sagen.

ELISABETH: Auch das nicht? Warum bist du von mir fortgegangen?

MARTIN: *gequält* Ich kann nicht, Mama -

ELISABETH: Warum bist du heimlich fortgegangen? Warum hast du dich drei Monate lang zu Hause nicht gezeigt? Warum nur diese schrecklichen Geheimnisse?

MARTIN: Es ist besser, du weißt von nichts; glaub mir, Mama. - Wir wollen uns nicht die kurzen Minuten vergällen -

ELISABETH: *leise und angstvoll* Ist es ein Abschied? - Ein Abschied für lange? *Martin schweigt.* Georg und Stefan haben Abschied genommen - es war auch auf einem Bahnhof - und sie sind aus dem Feld nicht zurückgekommen. Der arme Thomas ist gegangen und nicht zurückgekommen. Und jetzt gehst auch du, der letzte -

MARTIN: *schnell* Wir werden uns wiedersehen!

ELISABETH: Wie du das sagst! Du glaubst ja selbst nicht daran. - Warum fährst du zusammen?

MARTIN: Entschuldige mich! Einen Augenblick! *Er geht zu einem SA-Mann, der eingetreten ist, und spricht leise mit ihm, während Elisabeth ihn erschrocken beobachtet.*

Zum SA-Mann: Ja, auf dem Bahnsteig. *Der SA-Mann entfernt sich.*

ELISABETH: Bist du noch immer bei denen? Ist das dein Geheimnis?

MARTIN: Nein, Mama. Ich bin auf der anderen Seite. Auch der, mit dem ich gesprochen habe, ist auf der anderen Seite. *Nach einer Pause:* Du darfst nichts Schlimmes von mir denken, Mama! Es wäre mir furchtbar, furchtbar wie der Tod, wenn du jemals etwas Schlimmes von mir denken könntest -

ELISABETH: Nein, nein. Du kannst ganz ruhig sein! - *Wieder nach einem Schweigen:* Auch wenn du schweigst, ich fühle doch alles, was dich quält. Um unseres heiligen Heilands willen: Ja, was geht sie dich an, die unselige Politik?

MARTIN: Du erinnerst dich vielleicht, was Thomas einmal gesagt hat: wir sind von der Politik umklammert, wie von den Windungen einer Riesenschlange. Sie ist unser aller Schicksal geworden.

ELISABETH: Der Moloch! Es ist der Moloch, der Menschenfleisch will! Reißt jetzt auch du dich von mir los, um dich in seinen Rachen zu stürzen? Bleib bei mir, Martin!

MARTIN: *verhalten und innig* Ich möchte ja so gerne! Ich kann nicht... Es treibt mich unaufhaltsam...

ELISABETH: Warum kannst du nicht? Was ist es, das dich so unbarmherzig treibt?

MARTIN: Ich kann nicht, Mama! Ich kann nicht fröhlich erwachen, frühstücken, die Zeitung lesen, Kollegs hören, abends bei Muttern sitzen, in Geborgenheit dahinleben: wenn in meiner nächsten Nähe unschuldige Menschen gefangen, gefoltert, und, wie Thomas, niedergemetzelt werden! Ich bin blind gewesen und sehend geworden, und was ich ringsum sehe, ist die Hölle: ich kann nicht vor ihr die Augen schließen und die Schreie der Gemarterten überhören -

ELISABETH: Aber was vermagst du, ein Einzelner, gegen eine Hölle?

MARTIN: Mich aufbäumen! Das vermag ich: mich mit meinem ganzen Dasein dagegen aufbäumen! Mich reinigen: das muß ich! Von der ungeheuren Schuld mich reinigen, daß ich den Lockungen von Lügenpropheten geglaubt habe! Daß ich im Namen des Guten ein Soldat des Bösen gewesen bin! Ich, du, wir alle sind mitschuldig; du nicht, Mama; aber ich und wir alle, wir haben diese Hölle mitgebaut -

ELISABETH: Ich verstehe dich nicht! Du kannst dich nur nutzlos zum Opfer bringen. Sie werden dich fangen und in ihren schrecklichen Kellern martern. Dann werde ich eines Tages erfahren, daß du irgendwo heimlich im Finstern erschlagen worden bist...

MARTIN: Was wir unternehmen, Mama, was ich mit anderen Sehendgewordenen unternehme, ist den höchsten Einsatz wert. Rebellieren gegen die Geister der Vergewaltigung und Lüge, Kämpfer für die Wahrheit sein: wie könnte ich das, wenn ich mich schonen wollte! Ich habe mich zu schweigen verpflichtet, und nun habe ich doch geredet! Ja, wir sind entschlossen, zuerst die revolutionären Führer aus den Konzentrationslagern zu befreien; deshalb verreise ich, und das mußt auch du verstehen, mich absolvieren -

ELISABETH: *leidenschaftlich* Nein! Ich verstehe es nicht! Nichts verstehe ich, nichts, als daß der Moloch auch mein Letztes fressen wird! Und daß ich kinderlos und einsam sein werde -

MARTIN: Du wirst nicht einsam sein! Dorothea wird bei dir sein! Sie hat mir versprochen, dich nicht zu verlassen! *Dringend:* Du mußt mich doch verstehen können! Wer soll mich verstehen, wenn nicht du, Mama? Ich würde mit schwerem Herzen gehen, wenn ich ohne deine Billigung gehen müßte! Und bleiben kann ich nicht; mich treibt ein Durst, ein unstillbarer Durst...

ELISABETH: *sehr leise* Ich verstehe dich. Ich verstehe dich nur zu gut. Aber geh nicht, mein Kind -

MARTIN: *beugt sich schnell und küßt ihre Hand* Ich danke dir! Du hast eine unerträgliche Bürde von mir genommen! *Nach kurzer Pause, die Worte brechen stürmisch aus ihm hervor:* Vergib mir, daß ich dich wider Willen betrügen muß, Mama! Nichts hätte mich so glücklich gemacht, als dich mit Zärtlichkeit überschütten zu können. Deswegen habe ich dich hergebeten: um dir zu sagen, daß ich dich lieb habe, lieber als alles auf der Welt! Verzeih mir, daß das andere stärker ist als ich, verzeih es und... *leise:* und bete für mich!

DER SCHAFFNER: *an der Tür* Zum D-Zug nach Frankfurt an der Oder, Liegnitz, Breslau, Oppeln -

MARTIN: *steht auf* Ich muß gehen.

ELISABETH: *mit erzwungener Fassung* Ja, du mußt gehen. Bei Tag und Nacht werde ich für dich beten. - *Sie tritt ihm nahe, um ihn zu umarmen.* Nur jetzt laß mich...

MARTIN: Du hast versprochen, Mama -

ELISABETH: Ich bin ganz ruhig. Und Aufsehen macht es nicht. Tritt mit mir hier zum Fenster - Mein lieber, lieber Junge! Noch einmal deinen Kopf an meinem Herzen fühlen... *Sie murmelt einige unhörbare Worte. Nach einer Weile reißt Martin sich los und geht schnell ab.*

Elisabeth blickt ihm lange nach: - - - Es war ein Abschied für immer. *Es entsteht eine längere Pause; Dorothea, die sich schon einige Zeit vorher an der Tür gezeigt hat, tritt zu Elisabeth heran.*

DOROTHEA: *leise* Komm, Mama!

ELISABETH: *schweigt*

DOROTHEA: *sie umfassend* Er ist weg! Der Zug ist weg! Du kannst ihn nicht mehr sehen.

ELISABETH: *schnell auf einen abfahrenden Zug zeigend* Da! Am Fenster! Ich habe ihn gesehen! *Nach einer Pause:* Jetzt habe ich keine Kinder mehr.

DOROTHEA: *sie sanft abführend, sehr leise* Ich bin bei dir. Komm nach Hause! Ich bleibe bei dir.

Fünfter Akt

Einige Monate später. Ein Wintertag.
Das Vernehmungszimmer der Geheimen Staatspolizei, wie im dritten Akt.
Es ist genau die gleiche Situation wie dort: an dem von der großen Ha-
kenkreuzfahne bedeckten Tisch sitzen Senkpiel, Menzinger und ein Proto-
kollführer. An den Türen wachehaltende SA-Männer. Martin als Gefan-
gener.

MENZINGER: *die Vernehmung fortsetzend* Sie gestehen also: Sie haben
SA-Uniform und Waffen ins Konzentrationslager Sonnenburg geschmuggelt, um dem Kommunisten Becker das Entweichen zu ermög-
lichen?

MARTIN: *die ganze Szene hindurch gleicherweise gelassen und gleichmü-*
tig Ich habe es getan.

MENZINGER: Sie gestehen weiter, daß Sie beim Entwischen der zwei jüdischen Untermenschen aus dem Konzentrationslager Hohenstein
gleichfalls Ihre Hand im Spiel hatten!

MARTIN: Ich habe sie in Sicherheit gebracht.

MENZINGER: Nach Ihrem Geständnis haben Sie auch den aus dem Lager
Papenburg durchgebrannten Petersen in Sicherheit gebracht. Sie haben
also die Verbrechen gegen das deutsche Volk gewissermaßen zu Ihrem Beruf gemacht?

MARTIN: Ja. Das ist mein Beruf gewesen. Ihnen Ihre Opfer zu entreißen!

MENZINGER: Toll! Und Sie wollen uns noch weismachen, daß Sie den
Auftrag zu Ihren bübischen Schurkereien nicht aus Moskau erhalten
haben?

MARTIN: Ich habe mit Moskau nichts zu schaffen gehabt. Den Auftrag
habe ich von meinem Herzen erhalten.

MENZINGER: Interessant! Immer interessanter! Kommunismus in ganz
neuer Tarnung! Der Kommunist sozusagen mit dem kategorischen
Imperativ. *Er lacht.* Das können Sie Ihrer ollen Großmutter erzählen!
Uns halten Sie nicht für so dämlich, daß wir Ihnen auf diese Maskera-
de hereinfallen.

MARTIN: *nach einer Pause* Ich habe nichts hinzuzufügen.

MENZINGER: Doch! Das haben Sie! Sie haben noch zu gestehen, wer Sie für die Schandtaten bezahlt hat!

MARTIN: Der Zahlende bin ich. Mit meinem Leben.

MENZINGER: *abbiegend* Welcher marxistischen oder anderen Partei des Weimarer Korruptionssystems haben Sie angehört?

MARTIN: *ruhig* Der nationalsozialistischen.

MENZINGER: Protokollieren: Deserteur! - Da haben Sie wohl echt nationalsozialistisch gehandelt, als Sie die bereits unschädlich gemachten Verbrecher von neuem auf das deutsche Volk losließen?

MARTIN: Ich habe nach meinem Gewissen gehandelt.

MENZINGER: Hören Sie mal! Und Sie fühlen keine Gewissensbisse? Ist das wirklich menschenmöglich, daß Sie über Ihren qualifizierten Verrat an Führer, Volk und Vaterland keine Reue empfinden?

MARTIN: Ich freue mich, daß ich einen geringen Teil meiner großen Schuld abgetragen habe. Nur das eine bereue ich, daß ich Nationalsozialist gewesen bin!

SENKPIEL: *schreit* Strammgestanden! Hände an die Hosennaht, Hund! Wissen Sie, verfluchter Deserteur, was Sie verdienen?

MARTIN: *gelassen* Den Pour-le-Mérite! Pro Patria.

SENKPIEL: Ich werde Sie pourlemériten! Ein Exempel statuieren! In Ketten schließen! *Die SA-Männer legen Martin in Ketten, der es widerstandslos geschehen läßt.*

MENZINGER: Wir haben hier schon in viele Verbrecherseelen geblickt; aber ein solcher Abgrund von Dreck und Stank... Und nun verraten Sie uns noch, warum Sie die Schurken aus den Lagern befreiten?

MARTIN: Um eine Schar entschlossener Kämpfer zu sammeln. Und die schlafenden Gewissen zu wecken!

MENZINGER: Ach Sie, mit Ihrem Gewissen! Gestehen Sie mal: Wie viele solche Gewissen haben Sie im großen Deutschen Reich geweckt? Nu man los! Zwei? Eins? Ich denke: Null Komma nischt.

MARTIN: Wir sind vorangegangen. Andere werden nachkommen: die werden den Sturm der Gewissen erwecken!

MENZINGER: Interessant! Und diese andern: glauben Sie, daß die der Gestapo entschlüpfen werden? Na, und wenn wir diese mysteriösen Kommenden auf demselben Weg, wie Sie, hinausbefördern?

MARTIN: Das macht nichts. Wir werden wiederkommen.

MENZINGER: *in Lachen ausbrechend* Aus dem Krematorium? Versäumen Sie dann nicht, bei mir Visite zu machen! Beim Kommissar Menzinger, Horst-Wessel-Haus, Zimmer 147! *Er lacht immer stärker.* Aber kommen Sie nur nicht zu früh, Genosse! Nehmen Sie gefälligst zur Kenntnis, daß wir unser Drittes Reich vorläufig für ein Jahrtausend unerschütterlich gegründet haben! *Kurz abbrechend:* Noch was zu sagen?

MARTIN: Wir werden auferstehen!

MENZINGER: *zu Senkpiel* Genügt's, Herr Standartenführer?

SENKPIEL: Genügt. Kanaille abführen! *Martin wird abgeführt. Zu den SA-Männern:* Erledigen! Auf schnellstem Weg! Morgen Meldung erstatten: Kommunist durch Erhängen in der Zelle sich selbst gerichtet -

MENZINGER: Will noch auferstehen: typische Intellektbestie! - - - A propos: Zachariä! Kommt mir irgendwie bekannt vor, der Name. Können Sie sich nicht entsinnen, Herr Standartenführer, ob wir nicht schon einmal einen gewissen Zachariä hier abgeurteilt haben?

SENKPIEL: Kann mich unmöglich an alle hingerichteten Verbrecher erinnern. - Den Nächsten!

MENZINGER: *drückt auf den Knopf; es läutet draußen.* Der Nächste! *Er blickt in die Liste:* Jacobi, Kommunist, Jud.

Die deutsche Bartholomäusnacht

Schauspiel in vier Akten

Personen:

HITLER
RÖHM, sein Freund, Stabschef der SA
GÖRING
GOEBBELS
FRAU RÖHM, Röhms Mutter
FREIHERR VON ALTENAU, General der Reichswehr
BRÜCKNER, Kommandant von Hitlers Leibstandarte
BUCH, Vorsitzender des Parteigerichts
RITTER VON KRAUSSER
HEINES
VON HEYDEBRECK, hoher SA-Führer
GRAF SPRETI, hoher SA-Führer
VOGT, hoher SA-Führer
STARKENBUSCH
SCHMIDT

Die Handlung spielt zwischen dem 27. und 30. Juni 1934, die ersten drei Akte in Berlin, der letzte in Bad Wiessee und München.

Erster Akt

Das Arbeitszimmer Görings im Preußischen Ministerium des Inneren in Berlin. Ein sehr großer, fast leerer Raum; nur ein Schreibtisch und mehrere Stühle stehen in einer Ecke. Obwohl es voller Tag ist, sind die Rollbalken herabgelassen; der Raum ist nur durch einige hohe, düsterbrennende Kerzen, wie sie auf Kirchenaltären zu stehen pflegen, schwach beleuchtet. Die Wände sind mit einer dunkelroten Tapete bespannt, der Fußboden mit einem schwarzen Teppich belegt. An der Wand hinter dem Schreibtisch hängt, gegen roten Samt, senkrecht ein großes, mittelalterliches Schwert.

Göring läßt den General Altenau eintreten. Er trägt eine weiße Phantasieuniform, die am ehesten an die Ordenstracht der Tempelritter erinnert. Seine Brust ist in ihrer ganzen Breite von Orden übersät. Obwohl sehr fett, ist er beständig auf den Beinen und von großer Behendigkeit. Altenau ist ein noch jugendlicher General, kühl, reserviert und oft von überlegenem Spott.

GÖRING: *jovial, mit laut dröhnender Stimme* Hochwillkommen! Hocherfreut, Herr General, Sie mal hier in meiner Klause zu begrüßen!

ALTENAU: *bleibt auf der Schwelle verdutzt stehen und blickt sich um* Ihr Arbeitskabinett, Herr Ministerpräsident? Ich habe zwar ein Getratsche darüber gehört -

GÖRING: Atmosphäre, Exzellenz! Männer wie wir müssen Atmosphäre um uns haben, um unsre großen Taten zu ersinnen -

ALTENAU: Die Atmosphäre der heiligen Feme? *Er zeigt auf das Schwert.* Sagen Sie: dieser riesige Zweihänder -?

GÖRING: Ein Richtschwert aus der glorreichen Zeit Kaiser Barbarossas. Ein Symbol der höchsten Richtergewalt, die Adolf Hitler mir über Preußen verliehen hat. *Er will das Schwert herunterholen.* Fassen Sie an! Sie werden spüren, wie eine Kraft Sie durchdringt, Kraft von den Ahnen her -

ALTENAU: *abwehrend* Sie sind ein Romantiker, Herr Ministerpräsident! Richtig, ja! Sie werden in die Geschichte als Mann eingehen, der die Enthauptung durchs Handbeil in Preußen wieder eingeführt hat.

GÖRING: Unterschätzen Sie das nicht! Von unserm wackern deutschen Handbeil geht ein ganz andrer lähmender Schrecken aus als von dieser welschen Guillotine! Und Schrecken verbreiten ist unsere Maxime - *Er unterbricht sich und lacht breit:* natürlich nur unter unsern Feinden! Unter Freunden sind wir die harmlosesten Menschen auf der Welt! Werden Sie's glauben? Unsre schreckeneinflößenden Taten haben wir im Hofbräukeller urgemütlich bei biedern Maßkrügeln und Münchner Rettich ausgeheckt! *Er geht gegen die Tür.* Sie werden gern ein kleines Frühstück -

ALTENAU: Danke. Ich bin hier in Geschäften. Im Namen der Obersten Reichswehrführung. *Sein Blick fällt auf einen auf dem Tisch liegenden Gegenstand.* Sie haben auf dem Tisch etwas liegen gelassen. *Er zeigt darauf.*

GÖRING: *steckt den Gegenstand, eine kleine Spritze, ohne Verlegenheit in die Tasche* Ach das! Drei Jahre ununterbrochen als Kampfflieger an der Front, dreiundzwanzig feindliche Flugzeuge abgeschossen: da gehen die Nerven kaputt. Die Energie sackt manchmal rätselhaft ab; man muß dann etwas nachhelfen - Sie verstehen -

ALTENAU: Verstehe. Sie müssen sich dann mit der Morphiumspritze die Energie einflößen, um Delinquenten, mit Vorliebe junge Damen, mit dem Handbeil exekutieren zu lassen. *Nach einer Pause:* Nun also! Der Reichspräsident ist in Neudeck erkrankt.

GÖRING: *in höchstem Staunen* Der Herr Generalfeldmarschall krank? Nicht möglich!

ALTENAU: Schwer krank. Sie sind durch Ihre Gestapo genau informiert. Und er ist 87 Jahre alt.

GÖRING: Wenn schon! Kaiser Wilhelm I. ist 91 geworden! Und der Herr Generalfeldmarschall wird bestimmt 100! Ach was, unser Hindenburg stirbt überhaupt nicht!

ALTENAU: Die Ärzte geben ihm noch vier Wochen. In seinem Alter kann der Exitus natürlich jeden Tag eintreten. Wir müssen daher schnell unsere Vorkehrungen treffen. *Nach kurzer Pause:* Hindenburg ist sein Leben lang Soldat gewesen. Seine tiefste Sorge gehörte bis zuletzt der Reichswehr.

GÖRING: Der getreue Eckart der deutschen Nation! Die Reichswehr: das ist die ganze deutsche Nation!

ALTENAU: Hindenburg wird nur denjenigen als seinen Nachfolger empfehlen, der der Vollstrecker des Willens der Reichswehr sein wird. Und die Reichswehr wird nur demjenigen den Treueid leisten, den Hindenburg empfehlen wird.

GÖRING: Das kann nur ein einziger sein! Der ehrwürdige Roland, der Schutzherr unserer Bewegung, wird keinen andern empfehlen als unsern Führer und Reichskanzler Adolf Hitler!

ALTENAU: Glauben Sie? Hindenburg hat ein verblüffend treues Gedächtnis. Er erinnert sich genau, daß er vor nicht allzu langer Zeit nicht Roland oder Eckart genannt wurde, sondern die großbärtige Marschallsmumie und das vordiluviale Fossil von einem Präsidenten.

GÖRING: *lacht beifällig* In der Hitze des Kampfes! Der Führer hat nun mal ein stürmisches Temperament. Aber ein goldenes Herz! Den Herrn Generalfeldmarschall liebt er mit zärtlicher Verehrung, wie ein Kind den Vater!

ALTENAU: So? Dann ist das ganz einseitig. Hindenburg kann ihn partout nicht leiden. Er stößt voll Zorn mit dem Krückstock auf, sooft er daran erinnert wird, daß er selbst diesem böhmischen Gefreiten - anders nennt er ihn nicht - das Kanzleramt anvertraut hat. Er wird ihn nur dann als Reichspräsidenten empfehlen, contre coeur, nur aus Dienst - und Pflichtgefühl, wenn wir ihn davon überzeugt haben, daß gerade Hitler der Mann der Reichswehr ist.

GÖRING: *leidenschaftlich, aber bald in seine gewohnte Rhetorik verfallend* Und ist er es nicht? Wer hat in den siebzehn Monaten seit der Machtergreifung die Reichswehr, vom Feindbund unbemerkt, auf den doppelten Stand gebracht? Wer hat Rüstungswerke und Flugplätze, Riesenindustrien von Bombern, Tanks und schweren Geschützen gleichsam aus der Erde gestampft?

ALTENAU: Wir sind nicht unzufrieden. Er hat sich als gelehriger Schüler bewiesen.

GÖRING: Was ist unser armes Deutschland vor achtzehn Monaten gewesen? Ein blutiges Aas, von dem die Geier und Hyänen sich Fetzen abrissen! Heut ist es erwacht, und steht da wie ein junger Löwe! Wir sind wieder der Mittelpunkt der Welt geworden! Ganz Europa sitzt am Radio, in Bangen und Zittern, wenn Adolf Hitler den Mund aufmacht!

ALTENAU: Wir wissen ihm Dank. Er gestikuliert und deklamiert vorn im grellen Rampenlicht den grellen Kasper so eindrucksvoll, daß er alle Blicke vom Hintergrund abzieht, in dem die wichtigen Dinge geschehen.

GÖRING: *mit schallendem Lachen* Ausgezeichnet! Sehr witzig, Exzellenz. Aber unter uns Kameraden: er tut noch etwas mehr. Er hat den roten Heerbann wie Donar zerschmettert! Niemand anders als er hat den deutschen Menschen wieder zum Soldaten gemacht.

ALTENAU: Zugegeben. Er ist ein tüchtiger Trommler, wie er sich selbst bezeichnet. Ein vortrefflicher Trompeter, wenn Sie wollen: ein ausgezeichneter Posaunist. Aber ihn zum unbeschränkten Dirigenten machen?

GÖRING: Ja, wen denn sonst? Wer, meinen Sie, Exzellenz -

ALTENAU: Meine persönliche Meinung ist nicht interessant. Die Mehrzahl meiner Kollegen denkt an einen General. Einen General, der zugleich Politiker ist.

GÖRING: *schweigt einen Augenblick und bricht dann lärmend aus* Grandios! Eine erleuchtete Idee! Ich darf Ihnen schon jetzt mein Wort geben, daß der Führer sich mit dieser genialen Lösung abfinden wird! Ich danke Ihnen; danke aus gerührtestem Herzen - *Er streckt ihm beide Hände entgegen.*

ALTENAU: Danken? Wüßte nicht, wofür -

GÖRING: Verstehe, mein lieber General! Vorläufig alles unter dem Siegel tiefster Verschwiegenheit! Sagen Sie unter diesem Siegel Ihren Kollegen, daß ich mich dem hohen Ruf nicht entziehen werde! Und daß mein Herz immer schon der Reichswehr gehört hat -

ALTENAU: Ach so! Sie glauben, daß wir an Sie -? Nein, Herr Göring, an Sie haben wir wahrhaftig nicht gedacht! Wir nehmen einen General nicht für voll, der unter Überspringung von fünf Rangstufen vom Hauptmann a.D. zum General befördert wurde, und fünfzehn Jahre lang nur in Volksversammlungen als Anführer von Saalschutztrupps Dienst gemacht hat.

GÖRING: *verliert ganz seine Haltung und brüllt plötzlich los, unbeherrscht und brutal* Schweinerei! Hundsgemeine Schweinerei! Einfach Meuterei und Landesverrat! Wir werden den tückischen Hetzereien dieser Neudecker Kamarilla nicht länger gutmütig zuschaun! Wir werden dreinfahren wie der Blitz -

ALTENAU: Geben Sie acht, mit wem Sie reden! Sie haben nicht Dimitrow in Handschellen vor sich!

GÖRING: *hemmungslos* Die Großkopferten! Die hochadlige Genossenschaft! Die blaublütige Blase von hirnweichen Junkern und Freiherrn möchte wohl gern erfahren, was ein Volkszorn ist? Wir werden mal unsere Jungs von der SA ein bißchen auf sie loslassen, daß sie ausmisten und ausräuchern -

ALTENAU: *steht auf* General der Infanterie Gottfried Albrecht Freiherr von Altenau und Grafeneck. Ich werde in diesem Sinn berichten.

GÖRING: Saubande, nixige! *Da Altenau zur Tür geht, hält er plötzlich inne.* Sie werden doch nicht, Exzellenz? - Ach was! Wegen des bißchen Geschimpfe? Was ein echter Bajuvar ist, der kann halt das Schimpfen nicht lassen! Wenn ich mir erst die Gall aus dem Leib geflucht hab, bin ich wieder der netteste Kerl! Bitte, setzen Sie sich, bitte -

ALTENAU: *setzt sich* Ziehen Sie, bitte, die Rollbalken hoch! Ich bin es gewohnt, meinen Gegner deutlich ins Auge zu fassen. *Göring zieht sie hoch.* Und löschen Sie die verdammten blakenden Kerzen aus! *Göring löscht sie.*

GÖRING: Jetzt aber müssen Sie ein Frühstück - auf bayrische Manier - *Er will zur Tür.*

ALTENAU: Danke. Aber machen Sie die Fenster auf! Diese Atmosphäre von Kerzendunst, Resedaparfum und Morphium macht einem Mann Übelkeiten! *Göring öffnet die Fenster; dann setzt er sich bescheiden nieder.* Wir schätzen die seltenen Talente Herrn Hitlers sehr hoch. Aber wir müßten irrsinnig sein, wenn wir nicht Bedingungen stellten. Sie haben mir eben vordemonstriert, was wir zu erwarten hätten, wenn wir ihm die Macht ohne genügende Sicherheiten ausliefern würden.

GÖRING: *kleinlaut* Bitte, bitte. Eine Hand wäscht die andere.

ALTENAU: Kurzum, wir wollen es nicht länger dulden, daß es im Reich zwei konkurrierende Armeen gibt!

GÖRING: *spielt den Erstaunten* Zwei? Welche zwei? Ach, die SA? Ich bitte Sie, ist das eine Armee?

ALTENAU: Ein ordnungsloser Gewalthaufen ist das! Ein Sammelbecken des Abschaums der ganzen Nation! Eine Raub- und Diebsgenossenschaft von entsprungenen und zukünftigen Zuchthäuslern, Brandlegern und Knabenschändern!

GÖRING: Leider! Leider! Solange ich die Ehre hatte, die SA zu kommandieren, war sie die edelste Blüte der Nation. Seit der quadratköpfige Röhm die Führung erschlichen hat, ist sie wirklich nichts viel Besseres als ein Sauhaufen. - Eine Armee? Politische Soldaten, Exzellenz! Für uns eine traurige Notwendigkeit, um mit ihnen die roten Banden in Schach zu halten.

ALTENAU: Sie haben vor drei Minuten emphatisch erklärt, daß der rote Heerbann zerschmettert ist! *Erbittert:* Und diese kackbraunen Ritter des § 175 haben es durchgesetzt, daß sie von Soldaten der Wehrmacht gegrüßt werden müssen! Und jetzt verlangen die schmierigen Jungs in ihren Gazetten - *er holt eine Zeitung aus der Tasche* - hier! - daß sie in corpore der Reichswehr eingegliedert werden!

GÖRING: Ohne Wissen des Führers! Sie müssen diese Leute wirklich nicht fürchten!

ALTENAU: Wer redet von Fürchten? Man will mit Pack, das man verachtet, auch nichts gemein haben! Wir verlangen Auflösung, Entwaffnung und Verbot der SA.

GÖRING: Ja, ja, sie hat's nicht besser verdient. - Nur, der Führer liebt seine SA. Sie kennen nicht das unzerreißbare Band der Treue, das Führer und Gefolgschaft verbindet. Der letzte SA-Mann ist ihm ans Herz gewachsen, wie ein leibliches Kind -

ALTENAU: Wie er will. Wir zwingen niemand.

GÖRING: Und dann, die SA, die läßt sich nicht so schlankweg auflösen! Dieser eisenbetonene Röhm wird kämpfen wie ein Rasender, eh er ein Gran der Macht sich wegnehmen läßt. Es wird zu Blutvergießen kommen, zu Gegenrevolution, zum Bürgerkrieg -

ALTENAU: Seine Sache! Der Zauberlehrling muß die Geister loswerden, die er gerufen hat!

GÖRING: Wir müssen versuchen, ihm eine goldene Brücke zu bauen. Wenn nun die Reichswehr - das wäre eine Brücke! - wenn die Reichswehr schlagartig die SA-Kasernen besetzen würde, die Burschen entwaffnen und nach Hause jagen: - der Führer wäre vor ein fait accompli gestellt! Er würde es stillschweigend billigen.

ALTENAU: Schönen Dank! Nicht wir sind es gewesen, die die Straßen mit den dreckigen Abwässern überschwemmt haben. Die es getan haben, mögen sie gefälligst in die Kanäle zurückleiten!

GÖRING: Ich appelliere an Ihr Herz, Exzellenz! Sie können nicht wünschen, daß der Führer zum Treubrecher wird, zum Verräter! Er würde seine Autorität einbüßen, er würde sein Gesicht verlieren -

ALTENAU: Wir bestehen unbedingt darauf, daß er mit seiner revolutionären Vergangenheit radikal bricht! *Nach einer Pause:* Ihr Führer hat sich neben seiner braunen Linie vorsorglich noch eine schwarze Garde geschaffen. Die SS haßt die SA wie die Pest, und ist weit überlegen bewaffnet. Geben Sie ihm den Rat, die schwarzen Panther auf die braunen Wölfe loszulassen; wenn sie sich wechselseitig fressen, umso angenehmer! *Er steht auf. Er hat drei Tage Zeit.*

GÖRING: *gleichfalls aufstehend* Ein Ultimatum?

ALTENAU: Wir sind Anhänger des Blitzkrieges, der ohne Ultimatum eröffnet wird. Unsere Mobilisierung ist bereits durchgeführt. Wir sind des Sieges so vollkommen gewiß, daß wir Ihnen nur raten können, Frieden zu schließen, ohne den Krieg zu riskieren.

GÖRING: *nach kurzem Schweigen, stolz* Ein Soldat zieht einer schimpflichen Kapitulation den ehrenvollen Untergang vor.

ALTENAU: Sie sind Romantiker, Herr Ministerpräsident, ein verspäteter Condottiere mit Zweihänder und Handbeil. Ihr Führer ist mehr ein moderner Taktiker; ein Zivilist mit dem Rechenstift. Er wird sich leicht berechnen, daß die erste Amtshandlung des neuen Reichspräsidenten sein wird, die SA zu verbieten. Dann allerdings würde die Reichswehr eingreifen - und die braune Herrlichkeit wäre zu Ende.

GÖRING: Gut. Wir werden auf den Barrikaden fallen. *Altenau geht zur Tür. Göring schnell:* Wenn der Führer - er wird Ihre Bedingung niemals akzeptieren, niemals! - wenn er sich aber doch entschlösse, sie in Erwägung zu ziehen, was würden Sie ihm bieten?

ALTENAU: *mit überlegenem Lächeln* Den Treueid! Die Alleinherrschaft, nach der er sich seit fünfzehn Jahren verzehrt. *Er verbeugt sich auf der Schwelle.* In drei Tagen! Der Tag Zero kommt: am 30. Juni! *Er geht ab.*

GÖRING: *blickt ihm eine Weile regungslos nach. Dann geht er entschlossen zum Fenster, läßt die Rollbalken herab und zündet die Kerzen an. Er steht in einer energischen Haltung vor dem Schreibtisch. Sein Blick fällt auf den Zweihänder und er hebt ihn langsam von der Wand, während ein grausames Lächeln auf seinen Lippen erscheint:* Der Tag kommt, Herr General Freiherr von Altenau, an dem Ihr freiherrlicher Kopf - - *Er hebt das Schwert und führt durch die Luft einen wuchtigen Hieb.*

Röhms Amtszimmer, ein nüchterner Raum. An der Wand ein großes Hitlerbild. Röhm und die SA-Führer Krausser, Heidebreck, Heines, Spreti und Vogt. Bevor der Vorhang aufgeht, hört man ein lärmendes Durcheinander mehrerer erregter Stimmen.

Röhm ist der Typus eines Landsknechthauptmanns aus der Hefe des Volkes; das breite rote Gesicht von Narben bedeckt; vierschrötig, dick und geräuschvoll; ehrlich und immer natürlich, in seiner Gutmütigkeit wie in seiner Brutalität.

RÖHM: *schreit* Ruhe! Brüllt nicht alle zugleich! Unzufriedenheit, sagst du, Krausser?

KRAUSSER: *ein derber, heftiger Soldat* Unzufriedenheit, sage ich? Empörung, sage ich! In der ganzen bayrischen SA! Die Leut sind kaum mehr zu bändigen. Sie verlangen Erfüllung der Versprechung. Das murrt schon ganz ungeniert in den Quartieren und stößt Drohungen aus -

RÖHM: Schreit die Kerls ordentlich an!

KRAUSSER: Was nützt schrein? Man möcht vor den Kerls die Augen niederschlagen. Der SA-Mann, hat man ihnen gesagt, ist der revolutionäre Sieger, der Herr des Staates - und dieser SA-Mann kriegt erbärmliche Löhnung, hat kein zweites Paar Stiefel zum Wechseln, kann seine Bude nicht bezahlen, sein Weib oder Mädel nicht zur Gaudi führen, der Herr des Staats - als hätt's nie Revolution gegeben! Und die Besiegten, die Herren Großindustriellen und Großagrarier und Großkapitalisten und andre Großen des erschlagenen Regimes sieht er weiter in prachtvollen Palästen wohnen und in Luxuslimousinen vorbeisausen -

RÖHM: Zum Donnerwetter! Feuert die Rädelsführer senkrecht aus der SA hinaus!

KRAUSSER: Du müßtest, Herr Stabschef, die ganze SA hinausfeuern, von oben bis unten! Da ist nur eine Meinung und eine Stimme: Der Führer hat Frieden gemacht mit der Reaktion, und seine SA läßt er fallen -

RÖHM: *schlägt mit der Faust auf den Tisch* Himmelherrgottskreuzsackerment! Ich will das blöde Gewäsch nicht hören!

KRAUSSER: Wenn du noch so sakramentierst: Kreuzteufelssakra! *Er schlägt gleichfalls auf den Tisch:* Er läßt uns fallen!

HEYDEBRECK: *einarmig, finster, ein entschlossener Fanatiker* Genau so denkt die SA in Pommern, Brandenburg, Mecklenburg.

SPRETI: *noch ganz jung, sehr elegant, von altem Adel; er liebt es, sich besonders plebejischer Ausdrücke zu bedienen* In Württemberg, Baden und Hessen.

VOGT: Im Rheinland und Westphalen. Genau so.

HEINES: *hochgewachsen und schlank, von außerordentlich ephebenhafter Schönheit; er hat eine ganz helle Stimme und lächelt meist zu seinen Worten* Man muß Adolfen dazu brinjen, dat er mal wieder der SA die Straßen freijibt. Eine neue Nacht der langen Messer, dat wird den Jungs jut tun.

SPRETI: Weißt du, Heines, du hältst am besten dein ungewaschenes Maul.

HEINES: Du wirst mir doch nicht meine Knaben kennenlernen, Graf Spreti! Habt ihr nischt für ihren Bauch, jebt ihnen wat fürs Herze! Haben sie erst tüchtich wieder Blut jeschleckt, ist die Bande ein Weilchen friedlich.

HEYDEBRECK: Die Karre der Revolution ist im Dreck steckengeblieben. Sie muß weitergetrieben werden, so oder so.

RÖHM: Loyalität! Hört ihr: Loyalität, Kameraden! Wenn's der Führer für richtig hält, die Revolution jetzt abzustoppen, wird's schon seine Richtigkeit haben. Was habt ihr nicht geknurrt und gemault, als er die Parole ausgab: Legalität! Ein wüstes Zeter- und Kriegsgeheul ausgestoßen, als er befahl, den Wahlkampf aufzunehmen, in den Reichstag hineinzugehen, die Demokratie demokratisch zu strangulieren! Und er hat immer recht behalten! Hat unvorstellbar kolossal gesiegt -

KRAUSSER: Zu kolossal! Braucht uns nicht mehr, möcht uns gern ganz los sein -

RÖHM: *schreit* Hört ihr nicht: Loyalität! Was wären wir heut ohne ihn? Ihr *zu Heines und Spreti* müßtet als verurteilte Fememörder euch weiter bei Grenzbauern rumdrücken und in Viehställen und Heustadeln Unterschlupf suchen! Du *zu Heydebreck* könntest in Berliner Hinterhöfen Gassenhauer auf einem Leierkasten dudeln! Und ich müßt noch immer treppauf treppab kraxeln, um dem Herrn Justizsekretär und der Frau Finanzsekretärswitwe nationale Traktätchen anzudrehn, bei vier Märkern täglicher Losung! Was wir sind, sind wir durch ihn -

SPRETI: Und er durch uns! Ohne die SA wär er heut auch nur ein obskurer Kneipenagitator!

HEYDEBRECK: Man hat schließlich für ein Ideal gekämpft. Wo ist dieses neue Deutschland? Ist die Zinsknechtschaft gebrochen? Der Großgrundbesitz zerschlagen? Kleinbauern angesiedelt? Die Bank- und Börsenfürsten enteignet? Von allen fünfundzwanzig Punkten des Parteiprogramms, das Hitler als unabdingbar erklärt hat, ist nichts erfüllt worden, nichts in Angriff genommen -

HEINES: Pardon! Dem Juden haben wir jründlich den Jaraus jemacht!

HEYDEBRECK: Das wars auch, bei Gott! Das leichteste Stück! Der soziale Idealismus war gut genug, die dumme Masse zu behexen; jetzt wird er auf den Misthaufen geworfen wie -

SPRETI: Ein Häufchen Scheißdreck!

HEYDEBRECK: *gleichzeitig* Altes Eisen!

RÖHM: *barsch* Adjes! Ihr könnt gehen!

KRAUSSER: Einen Augenblick! *Nachdem er sich kurz mit den andern durch Blicke verständigt hat:* Wir sind hier, um dir die Forderungen der SA mitzuteilen -

RÖHM: *unterbricht ihn wütend* Forderungen? Seit wann stellt die SA Forderungen? Die SA erhält Befehle - und führt sie aus! Basta!

KRAUSSER: -- und dich zu bitten, als Stabschef der SA sie dem Führer vorzulegen. Die SA verlangt, in geschlossener Formation in die Reichswehr aufgenommen zu werden.

HEYDEBRECK: Wie's versprochen worden ist. In der Weise, daß jeder SA-Sturm eine Reichswehrkompanie wird, jede SA-Standarte ein Regiment. Der Sturmführer wird automatisch zum Hauptmann, der Standartenführer zum Oberst. Und so weiter.

HEINES: Wir wollen endlich richtije Jeneräle sein!

RÖHM: Die Forderung ist nicht unbillig. *Böse:* Zum Teufel mit Forderungen! - Die Bitte ist nicht unbegründet. Die SA ist die Garantin der Revolution. Die Revolution wird erst vollendet sein, bis Revolution und Staat eins geworden sind. Deshalb muß die SA die Waffenträgerin der Nation werden. Wenn's der Führer bewilligt: gut! Wenn nicht, muß es auch gut sein.

HEYDEBRECK: *finster* Die Revolution wird vollendet - auf jeden Fall. Wenn die erste nicht geglückt ist, gibt's die zweite Revolution.

SPRETI: Mit Hitler! Ohne Hitler! Gegen Hitler!

RÖHM: *heftig auf ihn zugehend* Was? Gegen? Was? Gegen -

SPRETI: *schnell* Die Reaktion: Mit Hitler gegen die Reaktion!

RÖHM: Gegen? Du jämmerlicher Knirps! Gegen Hitler? Wer bist du? Was?

SPRETI: Hans Erwin Graf Spreti. SA-Standartenführer.

RÖHM: Ich werde dir was! Standartenführer! Ein ehrvergessener, treubrüchiger, niederträchtiger Schuft! Steh stramm! Wiederhol's! Was bist du?

SPRETI: *strammstehend* Ein ehrvergessener, treubrüchiger, niederträchtiger Schuft!

RÖHM: Was hindert mich, dir die Achselklappen abzureißen und vor die Füße zu schmeißen? Dich zwischen Daumen und Zeigefinger plattzudrücken wie eine Wanze? *Er faßt ihn heftig an den Schultern und läßt plötzlich den Arm sinken, wobei er aufstöhnt:* Verfluchter Rheumatismus!

VOGT: *zu ihm eilend* Was hast du?

RÖHM: *brüllt* Nichts hab ich! Verdammte Schmerzen hab ich! Verdammtere Wut hab ich über treuvergessene Halunken! *Wütend zu Spreti:* Und dir hat der Führer den Ehrendolch verliehen? Ablegen! *Brüllt:* Ablegen, sag ich! Den Revolver auch! Einen Monat Waffenverbot! *Spreti legt die Waffen ab.*

VOGT: Laß gut sein, Ernst! Der Kamerad hat's nicht so schlimm gemeint.

RÖHM: Wo's um Treue geht, hat sich's ausgekameradschaftet! Ohne Treue: was wären wir viel anderes als Landsknechte und Banditen? Nur die Treue macht uns zu Kämpfern und Soldaten! Schreibt's euch hinter die Ohren! *Drohend:* Ihr alle! Und für immer!

KRAUSSER: *nach einer Pause* Wirst du, Herr Stabschef, die Bitte der SA dem Führer vortragen?

RÖHM: Mit schuldigem Respekt, ja! Als Meuterer nicht! Meuterer, werde ich ihn bitten, vor ein feuerndes Peloton zu stellen!

Goebbels tritt schnell ein. In SA-Uniform; er hinkt stark und ist eifrig bestrebt, dies durch besondere Strammheit zu verbergen; gegen Röhm ist er sehr freundlich und kameradschaftlich.

GOEBBELS: Hier bin ich! Wie der Geist aus der Flasche! „Hier bin ich!", rief der Geist und fuhr aus dem Flaschenhals heraus. Eine kleine Verschwörung?

RÖHM: *zu den SA-Führern* Ihr erhaltet meine Befehle. Wartet nebenan! *Die SA-Führer ab ins Nebenzimmer.*

GOEBBELS: *lustig* Ich wittre es auf Meilen hinaus, wenn's wo eine Verschwörung gibt. Leg los, alter Oger! Schnell! Wann schlagt ihr los?

RÖHM: Losschlagen? Es wird nicht losgeschlagen! Verschwörungen dulde ich nicht!

GOEBBELS: Mir machst du nichts weis! Deine Paladine: finstre, trotzige Verschwörer. Mit mir könnt ihr rechnen. Ich mache unbedingt mit!

RÖHM: *heftig* Sie haben recht! Wenn ich noch so sehr brülle, sie haben hundertmal recht! Die Revolution ist gedrosselt! Das Parteiprogramm über Bord geworfen! Die Parole muß sein: Die Revolution weitertreiben! Alle Macht der SA!

GOEBBELS: *einstimmend* Die Reichswehr muß braun werden! Ich habe es immer verlangt.

RÖHM: Braun muß sie werden! Adolf muß aufhören, mit der Reaktion zu kokettieren!

GOEBBELS: Im Gegenteil. Der Flirt verspricht, sich zu einem dauernden Liebesverhältnis auszuwachsen. In solchen Fällen, weißt du, fängt die alte Mätresse an, lästig zu werden.

RÖHM: Wir lassen uns nicht einfach so den Laufpaß geben, wir nicht! - Zum Teufel, ich komme an Adolf kaum mehr heran! Dieser baumlange Brückner, wie ein Haremswächter vor seiner Tür: „Der Führer ist nicht zu sprechen. Hat historische Entscheidungen zu treffen." Für mich nicht zu sprechen, seinen Kameraden von der frühesten Kampfstunde an -

GOEBBELS: Hat sich was: Kamerad! Die gefeierte Primadonna, die nach Laune ihre Gunst oder Ungnade verschenkt! Ein Kamerad ist er nie gewesen!

RÖHM: Hast du eine Ahnung, was für ein prächtiger Kamerad er früher gewesen ist! Jetzt freilich: Der große Manitou! Verlangt nur noch Kotau und Weihrauch! Ich bin ihm zu plump, zu ungeschlacht, weil ich vor seinen allerhöchsten Ohren red, wie mir der Schnabel gewachsen ist, eine Sauerei eine Sauerei nenn und einen Lumpenhund einen Lumpenhund! Und ihm nicht in jenen berühmten Körperteil kriech, wie gewisse andere -

GOEBBELS: *lacht* Du bist köstlich! Meinst du vielleicht mich?

77

RÖHM: Hast du's denn nötig? Du bist der einzige Kerl unter uns, der was Rechtes gelernt hat; sogar deinen Doktor hast du richtig gemacht! *Mit Entrüstung:* Wie Odin in den Wolken! Er ist nicht zu packen! Ist es dir übrigens auch schon aufgefallen, daß er kein Gesicht hat?

GOEBBELS: Kein Gesicht? Du meinst, daß er einem nie in die Augen schaut?

RÖHM: Das auch! Aber wenn ich mir sein Gesicht vorstellen will: unmöglich! Er hat keins! Und keinen Körper! Kein Mensch hat ihn je nackt gesehen. Er reitet nicht, schwimmt nicht, chauffiert nicht, wie andere Männer, schläft mit keinem Weib -

GOEBBELS: *anzüglich* Na, ich kenne Männer mit sehr massiven Körpern, die auch nicht mit Weibern -

RÖHM: *lacht schallend* Unser einer nimmt sich halt Jünglinge ins Bett. *Ernst:* Glaub mir, das ist die Wurzel des Übels. Alles wäre anders bei uns in Deutschland, wenn Adolf mit einem Weib schlief! *Unwillig:* Weiß der Teufel, was er eigentlich ist, ein Mann ist er nicht!

GOEBBELS: Ein Genie! Vielleicht ein Dämon!

RÖHM: Kann sein. Jedenfalls ein ganz besonderer Dämon. Ein Dämon, der Abstinenzler, Antinikotiniker und Vegetarier ist. Ein Mann muß Fleisch fressen, viel Fleisch! Und Adolf trinkt nur Schokolade, nährt sich von labbrigem Zeug - wie nennt er's? Vitamine! - verschlingt Berge von Schaumrollen! Komisch, was? Herr über fünfundsechzig Millionen Menschen und seine größte Gunstbezeugung ist es, dir von seinen Südtiroler Äpfeln und kopfgroßen Jaffaorangen anzubieten! Und das Kino! Verstehst du das, daß ein Mensch mit gesunden Sinnen ganze Nächte und Tage im Kino verdöst?

GOEBBELS: Er stürzt sich ins Kino, wie andre in den Schoß eines Weibs. Er findet dort Entzücken und Wollust und Selbstvergessen -

RÖHM: Himmelherrgott! Wenn ich deinen Kopf hätte! *Warm:* Hör, Doktorchen! Du mußt es Adolf beibringen, daß er die SA in die Reichswehr überführt! Ich bin alles eher als ein Diplomat, würd's nur gründlich verpatzen.

GOEBBELS: Ich steh hinter dir, darauf kannst du felsenfest bauen. Vorausgehen aber mußt du! *Nach einer Pause:* Werde dir leider nicht sehr nützlich sein. Ich bin wieder unten durch und der Fettwanst ist obenauf.

RÖHM: *verzieht das Gesicht* Das Mastschwein? Göring? Wenn ich an den Burschen nur denke, wie er seinen ungeheuren Bauch vor sich herschiebt, wie ein Eunuch oder ein schwangeres Weibsbild!

GOEBBELS: Ja, der ist jetzt Liebkind beim Führer. - Ein Vorschlag, Oger! Was hältst du von einem Bündnis? Ich helf dir, die SA befördern, und du hilfst mir, den Büffel schlagen!

RÖHM: *reicht ihm die Hand* Mit Wollust! Hier! *Er blickt Goebbels an und bricht plötzlich in brüllendes Gelächter aus.* Wunderbar! Unbezahlbar! Das Vieh hat manchmal Humor!

GOEBBELS: *mißtrauisch an sich hinabblickend* Was wieherst du so? Gibt's an mir was Komisches?

RÖHM: *windet sich vor Lachen* Urkomisch! Wenn du wüßtest, wie die Sau dich unlängst benamst hat! Du kennst doch deinen Spitznamen -

GOEBBELS: *halb geschmeichelt* Ich weiß: der braune Mephistopheles!

RÖHM: Ja, ja! Und: Wotans Homunkulus! Gut, was? Der nachgedunkelte Schrumpfgermane! Noch besser, nicht? Und jetzt hat dieser Schwangere das Beste ausgebrütet: Das giftzahnige Sechsmonatsembryo!

GOEBBELS: Idiotisch! Hat ein Embryo denn Zähne?

RÖHM: Wie du mich jetzt angeguckt hast, hast du genauso ausgesehen, verschrumpelt und weise, wie ein Embryo! Wo ist ein Spiegel? *Er holt einen Spiegel aus der Tischlade.* Hier! Guck hinein! Nun, siehst du nicht einem Embryo ähnlich? *Er hält Goebbels, der sich abwendet, beständig den Spiegel vors Gesicht.*

GOEBBELS: Genauso, wie du einem Pavian!

RÖHM: Was, hast du keinen Humor? Guck hinein, sag ich dir! *Er zwingt ihm den Spiegel auf.* Nun, nun, friß den Spiegel nicht auf vor Wut! Lach! Lach, Teufel! Kannst du nicht lachen?

GOEBBELS: *in gellendes Lachen ausbrechend* Ulkig! Urdrollig! Wirklich genau wie ein Embryo!

VOGT: *öffnet die Tür des Nebenzimmers* Hast du mich gerufen?

RÖHM: Fällt mir nicht ein!

VOGT: Nicht? Ich habe geglaubt, du hast „Vogt" gerufen. *Er schüttelt hinter Goebbels Rücken mißbilligend den Kopf und deutet auf Goebbels' Füße.*

RÖHM: Schon gut! Kannst gehn! *Vogt ab.* Weißt du, was der gute Vogt wollte? Mich warnen, mit dir zu spaßen. Wegen deines Klumpfußes nämlich. Das ist Verleumdung. Du hast ja gar keinen Klumpfuß.

GOEBBELS: *wieder ganz ruhig* Hab ich auch nicht. Ich hinke nur ein wenig.

RÖHM: I wo! Auch das nicht! *Er packt plötzlich Goebbels' Klumpfuß.* Das soll ein Klumpfuß sein? Schöne, gerade Füße! Fein modellierte Füße, wie die eines zarten Fräuleins! *Er macht vor ihm eine drollige Verbeugung.* Darf ich, mein Fräulein, um ein Tänzchen bitten?

GOEBBELS: *sich verfinsternd* Laß endlich die Idiotien!

RÖHM: *packt ihn und schwenkt ihn herum, eine Walzermelodie singend* Eins - zwei - drei - Halt Takt! Eins - zwei - drei - Stampf nicht so auf! - Eins - zwei- drei - *Er läßt ihn los.* Eh, Beelzebub! Bist ja doch ein pferdefüßiger Teufel!

GOEBBELS: *die Selbstbeherrschung verlierend* Ein Teufel! Ja! Hast es noch nicht gewußt? Wirst ihn noch kennenlernen, den infernalischen Teufel! *Er packt in blinder Wut den Spiegel und zerschmettert ihn am Boden.*

RÖHM: *gutmütig begütigend* Nun, nun, ein bißchen Spaß muß sein, unter Freunden! *Er klopft ihm auf die Schultern.* Laß man gut sein, Goebbels! Wenn du auch einen Klumpfuß hast, dafür hast du Köpfchen! Steckst uns alle in den Sack. Und hast ein schönes Weib zu Haus und machst ihr sogar Kinder! Nun wieder ernst! Sag, wie kriegen wir also unsern Adolf klein?

GOEBBELS: *der sich wieder ganz in der Gewalt hat* Du kennst ihn doch. Manisch depressiv. Wenn es ihm schon normaliter schwer fällt, eine Entscheidung zu treffen, in der depressiven Phase ist er absolut unfähig, irgendeinen Entschluß zu fassen. Und jetzt ist er auf dem Tiefpunkt eines Wellentales. Wir müssen ihm die Entscheidung aufzwingen.

RÖHM: Aber nur loyal! Nichts, was irgendwie nach Meuterei riecht!

GOEBBELS: Du mußt fordern, fordern fordern! Unablässig fordern und unnachgiebig beharren! Er wird dann den Verrückten spielen; nun, er weiß genau, wo und wie weit er verrückt sein darf. Führt die Verrücktheit zu nichts, wird er sofort wieder vernünftig. Und brüllen wird er -

RÖHM: Davor fürchte ich mich nicht. Brüllt er mit mir, brüll ich zurück. Aber wenn er mich dann plötzlich wie der alte Kamerad anguckt und lächelt - der Satan hat Charme! Wenn der Österreicher in ihm hervorkommt, so was gewisses Weibliches, dann bin ich geliefert! Ich freß ihm aus der Hand -

GOEBBELS: Dann guck eben weg! Der Zeitpunkt ist der günstigste, jetzt, wo er Hindenburgs Nachfolger werden will. Er muß zeigen, wie stark er ist. Dazu braucht er die SA, und wir können ihm die Bedingungen diktieren.

RÖHM: Dann ist's jetzt unmöglich! Wenn er uns braucht, dann müssen wir loyal hinter ihm stehen.

GOEBBELS: Dann - häng dich auf! Kennst du ihn noch so wenig, daß du glaubst, ihm durch Großmut und Edelsinn zu imponieren? Das hält er nur für lächerliche Schwächen - und Schwäche zertrampelt er mitleidlos. Danke, ich habe nicht die Lust, mich zertrampeln zu lassen. Ich verbünde mich mit Göring - *Er will gehen.*

RÖHM: Du hast leider recht. *Nach einer Pause:* Da ist noch etwas. Ich bin nicht auf der Höhe. Dieser gottverfluchte Rheumatismus aus dem Feld plagt mich höllisch. Ich kann nächtelang kein Auge schließen, hab keine Energie. Der Arzt hat mir vorgeschrieben, sofort Kur zu machen, und ich sollte morgen abdampfen nach Bad Wiessee -

GOEBBELS: Höchst erwünscht! Fahr nach Wiessee! Beruf dorthin eine Zusammenkunft deiner verläßlichsten SA-Führer und stellt dort eure Forderungen! Dort läufst du nicht Gefahr, vor Adolfs Lächeln zu kapitulieren. Und wenn ihr in dem einsamen Bergnest steckt, kann keiner auf den Einfall kommen, von Meuterei zu sprechen -

RÖHM: Ich glaub, dich hat Gott zu mir geschickt. *Nach einer Pause:* Sag, wen verrätst du jetzt wem?

GOEBBELS: Du bist drollig. Wann habe ich je einen -

RÖHM: Wann hast du je einen nicht verraten? Den Hauptmann Stennes, Pfeffer, Gregor Strasser -

GOEBBELS: Das nennst du: verraten? Hereingelegt hab ich sie! Alles so ungeheuerliche Dummköpfe, daß sie geradezu herausforderten, hereingelegt zu werden! Es ist für mich ein Schmerz, immer nur kümmerliche Zwerge zu Gegnern zu haben. Niemals einen ebenbürtigen Feind, den zu erlegen eine Herzensfreude wäre -

RÖHM: *lacht* Einen Goliath, was? Den du mit der Schleuder treffen möchtest, wie David?

GOEBBELS: *zieht eine Grimasse* David! Pfui! Als Kind hab ich mir immer gewünscht, Fafner, dem Riesen, zu begegnen -

RÖHM: Und du der blondgelockte Siegfried? O jemine! Schon eher der Schwarzalbe Mime! Aber jetzt hast du ja einen richtigen Feind, kapitalen Eber -

GOEBBELS: *lustig* Ja, jetzt hab ich ihn: Einen wüsten, alten Oger!

RÖHM: Oger! Ich bitte dich! So nennst du doch mich!

GOEBBELS: Richtig! So nenne ich dich! Und wie nennt er mich? Mime den Zwerg? Nein, das warst du! Ein gezahntes Siebenmonatskind?

RÖHM: *lacht* Ein giftzahniges Sechsmonatsembryo!

GOEBBELS: *laut in sein Lachen einstimmend* Treffend! Urkomisch! *Er zeigt seine Zähne.* Scharfe Zähne, was? Wird mir ein Hochgenuß sein, sie dem Fafner ins Fleisch zu schlagen! *Im Abgehen:* Ich sehe Hitler noch heut. Du hörst von mir! *Ab. Röhm lacht dröhnend hinter ihm her.*

VOGT: *tritt ein* Du hättest nicht mit ihm spaßen dürfen. Er ist bösartig und rachsüchtig.

RÖHM: *unwillig* I wo! Ein Freund! Ein Freund wird doch noch einen Spaß verstehen!

VOGT: Ein Mißgestalteter versteht keinen Spaß. Ein Klumpfüßiger ist kein Freund. Hast du vielleicht über seinen Klumpfuß gespaßt? *Röhm schweigt.* Ja, du hast? Dann mißtrau ihm, wie deinem erbittertsten Feind! Du hast ihn tief verwundet und seine Seele wird nicht Ruhe finden, als bis er dir heimgezahlt hat.

RÖHM: *brüllt* Ein Freund, sag ich dir! Wenn ich einem Freund nicht mehr vertrauen soll, häng ich mich lieber gleich hier am Fensterkreuz auf!

Zweiter Akt

In der Berliner Reichskanzlei. Der Raum, obwohl ein Arbeitszimmer, ist behaglich wie ein Wohnzimmer eingerichtet. Man merkt es der Einrichtung an, daß das Zimmer einen launischen, nervösen Bewohner hat. Ein großer Schreibtisch, von unordentlichen Aktenhaufen bedeckt. Daneben ein kleines Tischchen mit Zeichenutensilien. Über dem Schreibtisch ein Bild Mussolinis, auf dem Schreibtisch eine große Photographie, die Hitler und Röhm vereint zeigt. In Reichweite ein Fahrtischchen, voll Schüsseln auserlesenen Obstes, besonders von riesenhaften Äpfeln und Orangen. In der einen Ecke ein Grammophon. Breite Fenster, durch die man die alten hohen Bäume des Parks der Reichskanzlei erblickt.
Brückner, der Kommandant von Hitlers Leibstandarte, ein hünenhafter Mann in schwarzer SS-Uniform. Göring in einer von der des ersten Aktes verschiedenen Phantasieuniform, die von der Renaissancetracht spanischer Granden inspiriert ist, schwarz, nur um die Hüften eine sehr breite rote Schärpe; die Brust auch diesmal von Orden bedeckt.

GÖRING: Noch nicht auf? *Brückner schüttelt den Kopf.* Er wird sich nie an Ordnung gewöhnen. Mussolini arbeitet um diese Tageszeit schon seit fünf Stunden.

BRÜCKNER: *abweisend* Der Führer hat die ganze Nacht gearbeitet.

GÖRING: Im Kino? Nicht? Und was? Phantastische Aufmarschpläne gegen den Kaukasus oder Iran?

BRÜCKNER: Ich bin blind.

GÖRING: Sagen Sie mal, Brückner: Hat er sich nicht über etwas näherliegende Dinge geäußert? Zum Beispiel, was er mit den aufsäßigen SA-Häuptlingen zu machen gedenkt?

BRÜCKNER: Ich bin taub. Sie warten wohl umsonst, Göring. Er hat heut historische Entscheidungen zu treffen.

GÖRING: Historische Entscheidungen? So so! Dann steht wohl das Barometer auf Sturm?

BRÜCKNER: Gewaltiger Sturm im Anzug, mit Donnerkrachen und Hagelschauern. Würde Ihnen raten, für die nächsten Tage in sichere Deckung zu gehen.

GÖRING: *mit halb komischer Verzweiflung* Herrgott im Himmel! Was hab ich schon wieder Schreckliches verbrochen? *Brückner antwortet nicht.* Hören Sie, Brückner! Sie haben ein Aug auf das prächtige Landgut an der Havel geworfen, das der preußische Staat von diesem Juden expropriiert hat. Seien Sie also nicht dumm und stumm!

BRÜCKNER: *vertraulich* Sie haben zwei Fräuleins köpfen lassen. Gräfinnen; kolossaler Stumpfsinn!

GÖRING: Des Einverständnisses mit dem Feind überführt! Verräter werden geköpft; egal, ob sie Busen haben!

BRÜCKNER: Ich rat Ihnen gut: suchen Sie Deckung!

Goebbels tritt ein.

BRÜCKNER: *kameradschaftlich* Der Führer ist schon ungeduldig. Er hat die halbe Nacht gezeichnet und will's Ihnen zeigen. Stadtbaupläne, Platzregulierungen, Kraftfelder, was weiß ich! Ich meld Sie sofort.

GÖRING: Da muß ich mein allerentschiedenstes Veto einlegen. Konspirateure werden nicht vorgelassen!

GOEBBELS: *lacht* Konspirateure! Großartig!

GÖRING: Ich kann sofort den Beweis führen. Die Gestapo ist allwissend.

Er holt aus seiner Mappe eine Grammophonplatte, sucht eine bestimmte Stelle und legt die Platte auf. Man hört aus dem Grammophon die Stimme Goebbels': „Du mußt fordern, fordern, fordern! Unabläßig fordern und unnachgiebig beharren. Er wird dann den Verrückten spielen –" *Göring dreht ab.*

GOEBBELS: *lachend* Schon auf der Platte? Meine Reverenz, Göring: schnelle und tüchtige Arbeit! *Nach einer Pause:* Haben Sie vielleicht auch eine Platte von meinem letzten Gespräch mit dem Führer? Von dem Gespräch, meine ich, in dem er mir befohlen hat, Röhms Gesinnung mit allen Mitteln zu erforschen? *Göring schweigt.* Oder vielleicht von der Konferenz, die gestern in Neudeck an Hindenburgs Krankenbett stattgefunden hat?

GÖRING: *starrt ihn entgeistert an* Was?

GOEBBELS: Ach, da wissen Sie wohl gar nicht, daß die Reaktionäre dort eine staatsgefährliche Konferenz abgehalten haben? Und die allwissende Gestapo kennt nicht die Namen der Leute, die man dort beschlossen hat, als Nachfolger Hindenburgs kandidieren zu lassen? *Selbstgefällig:* „Allwissend bin ich nicht; doch viel ist mir bewußt" kann ich auch von mir sagen. Hat vor mir nämlich schon ein gewisser Mephistopheles gesagt.

GÖRING: *plötzlich jovial* Versöhnung, Goebbels! Sie sind mir um zwei Pferdelängen voraus. Ich biet Ihnen Versöhnung und Bündnis!

GOEBBELS: Bedaure. Habe bereits mein Bündnis geschlossen. Wie Sie dort aus der Platte erfahren können.

GÖRING: Blödsinn! Sie sind viel zu gerissen, um sich mit dem Unterliegenden zu verbünden. Adolf wird seine Politik nicht ändern: den Stärkern stärken, den Schwächern vernichten. Der Stärkere ist zweifellos die Reichswehr. Er wird die SA niederschlagen, um mit Hilfe der Reichswehr Reichspräsident zu werden.

GOEBBELS: Sie vergessen nur eins: die Treue des Führers!

GÖRING: Seine Treue! Ammenmärchen für geistig Minderbemittelte! Röhm geht vor die Hunde, so oder so! Wenn er sich unterwirft, entmachtet er sich selbst. Oder er lehnt sich auf; dann wird er auf kaltem Weg erledigt. Nun also! *Er hält Goebbels die Hand hin, die dieser nicht nimmt.* Und das mit dem Embryo: ist mir nie eingefallen, Sie so blödsinnig mit einem Embryo zu vergleichen!

GOEBBELS: Hab's mir gleich gedacht, daß dieses Embryo in Röhms Kopf gewachsen ist.

GÖRING: *die Hand wieder hinhaltend* Hier: um seinen Kopf!

GOEBBELS: *schlägt lachend ein* Und wenn Röhms Kopf gefallen ist, geht das Spiel weiter: Sie spielen um meinen Kopf, und ich um Ihren -

GÖRING: *gleichfalls lachend* Bis dahin hat's noch eine gute Weile! - Heizen Sie Adolf jetzt nur ordentlich ein! Niemand versteht's so meisterhaft wie Sie, auf seinen Minderwertigkeitsgefühlen zu spielen. Wenn ich dran denk, wie Sie ihn unter Dampf setzten, damals gegen Gregor Strasser! Bis der arme Strasser in weitem Bogenschwung aus dem

Führerstab rausflog! Den Kopf hol ich mir auch noch: den Kopf Strassers - *Er bricht in ein schallendes Gelächter aus.*

Die Tür wird aufgerissen und Hitler stürzt herein. Er trägt einfache SA-Uniform. In der Hand hat er einen großen zusammengerollten Zeichenbogen. Man merkt ihm an, daß er in verhaltener Spannung und von nervösester Reizbarkeit ist. Brückner geht ab.

HITLER: *schreit Göring an* Was nehmen Sie sich heraus, hier herumzutoben? *Er blickt auf Goebbels.* Goebbels! Endlich! *Er zeigt auf den Bogen und rollt ihn auf.* Ich habe die Arbeit in der Nacht beendigt.

GOEBBELS: Oh! Der Entwurf für die Neugestaltung des Münchner Königsplatzes! *Er betrachtet bewundernd die Zeichnung.* Prachtvoll! Wundervoll! Diese klare, edle Gliederung! Der hinreißende Rhythmus der Säulengänge! Das klassische Vorbild für ein Forum Germanicum!

HITLER: *ernst* Wirkt grandios, nicht? Seit den gotischen Dombaumeistern hat's in Deutschland keine große Architektur mehr gegeben. Erst wir Nationalsozialisten sind berufen, wieder in den gigantischen Bauformen und Maßstäben unserer Vorfahren zu schaffen.

GOEBBELS: Herrlicher als die berühmten Kolonnaden des Bernini vor St. Peter! - Wenn ich als kunstliebender Laie mir gestatten darf, auch einen Mangel zu rügen: Sie haben, mein Führer, verabsäumt, ins Zentrum des Platzes, entsprechend der Trajanssäule, eine Hitlersäule einzuzeichnen.

HITLER: Sie sind der einzige, Goebbels, der mich versteht. *Mit einem Blick auf Göring:* Was sonst um mich herumkriecht: Barbaren! *Er doziert:* Ich habe beschlossen, jede deutsche Großstadt mit einem ähnlichen Forum zu beschenken. Die Architektur ist die Kunst, in der der Geist und Wille einer Rasse sich am manifestesten offenbaren. Die nordischen Ägypter, die nordischen Dorer haben ihr Tiefstes in ihren Pyramiden und Tempeln niedergelegt. Nach drei- oder viertausend Jahren wird man die Größe der nationalsozialistischen Idee aus der Wucht der Baudenkmäler ablesen, die wir hinterlassen werden.

GÖRING: *bewundernd* Ich habe mich oft gefragt, mein Führer, durch welche Macht Sie Ihre noch nie dagewesenen Triumphe erzielten. Allmählich lern ich's begreifen: weil Sie auch die Politik als souveräner Künstler handhaben!

HITLER: *stolz* Ich habe es immer gefühlt, daß ich eigentlich zum Künstler geboren bin. Ohne die deutsche Not und Schmach hätte ich nie an die Politik gerührt, dieses schmutzige Handwerk, das mich nicht freut. Architektur schaffen, Musik hören: das sind die zwei einzigen menschenwürdigen Tätigkeiten.

GÖRING: *der das Gespräch ungeduldig angehört hat, tritt auf Hitler zu* Mein Führer, General Altenau -

HITLER: *brüllt* Sie stinken wieder nach Tabak! Wie oft habe ich verboten, diesen ekelerregenden Gestank von Fleisch und Tabak in meine Nähe zu bringen? Wenn Sie sich noch einmal unterstehen - *Er wendet sich verächtlich von ihm ab und Goebbels zu:* Berlin, zum Beispiel! Ist das eine Stadt, würdig, die Metropole des Dritten Reiches zu sein? Eine ungeordnete Mauermasse, eine regellose Steinwüste! Wie lange sollen wir noch die Schmach ertragen, daß die französischen Mestizen eine größere und berühmtere Hauptstadt haben als wir? Es ist mein Wille, Berlin Quartier um Quartier niederzulegen, und nach meinen Plänen neu aufzubauen. In zwanzig Jahren soll's die erste Stadt der Erde sein; ich will's, und wenn ich will, geschieht's -

GOEBBELS: Erst in zwanzig Jahren? Sie haben viel Größeres in kürzerer Zeit geschafft!

HITLER: *ist in der Erregung seiner Rede aufs Fenster zugetreten und deutet plötzlich in den Park hinaus* Schauen Sie sich das an! Zum heulen!

GOEBBELS: Was, mein Führer? Ist etwas mit dem Park nicht in Ordnung?

HITLER: Dieser ganze Park der Reichskanzlei, das ist die Unordnung! Wenn Mussolini auf den Balkon des Palazzo Venezia tritt, kann er zu einer Masse von hunderttausend Menschen sprechen. Bei uns ist alles noch klein, mittelalterlich, barbarisch. Wenn ich diesen Park rasieren würde: was für einen ungeheuren Festsaal könnte ich schaffen! Ein riesiges Parkett! Zehntausende von Hakenkreuzbannern wie feurige Segel! Fern im Hintergrund die Mauern eines Colosseums hochsteigend wie ein Gebirge! Und ich könnte von einem Altan wie von einem Hochaltar eine halbe Million Menschen zu rasender Ekstase begeistern! Ich werde Befehl geben, den Park niederzulegen -

GOEBBELS: Eine großartige Vision! Aber leider nur eine Vision! Bismarck hat einen Fluch über jeden ausgesprochen, der wagen würde, nur einen dieser alten Bäume zu fällen -

HITLER: *unmutig* Bismarck! Bismarck! Ewig wird mir Bismarck wie ein Knüppel zwischen die Beine geworfen! *Er fährt auf Göring los:* Ich habe von Ihren schamlosen Bacchanalen gehört! Wieviele Schauspielerinnen haben sie heut nacht beschlafen?

GÖRING: *verdutzt* Mein Führer! Ich - ich -

HITLER: Ich will, daß meine Großen ein exemplarisches Leben vor den Augen meines Volkes führen! Ein idyllisches Familienleben, wie Goebbels! Und Kinder zeugen! In Deutschland werden Kinder gemacht, verstanden? Wenn meine Paladine unfähig sind, die Weiber zu schwängern, glauben Hinz und Kunz gleichfalls, ihre Käthchens und Gretchens schonen zu dürfen! Diese Schweinerei muß ein Ende haben! Ich befehle Ihnen, eine dieser Komödiantinnen zu heiraten, mit denen Sie herumhuren -

GÖRING: Wenn Sie befehlen, mein Führer -

HITLER: *in immer größerer Wut* Habe ich Ihnen befohlen, die zwei Frauenzimmer köpfen zu lassen? Wann habe ich Ihnen diesen Befehl gegeben? Antworten Sie!

GÖRING: *wirft sich in Positur* Sie haben befohlen, verurteilte Weibsbilder grundsätzlich nicht zu begnadigen. Geopfertes Weiberblut macht die Schöße fruchtbar.

HITLER: *einen Augenblick verdutzt, schreit dann umso stärker* Aber Comtessen! Haben Sie nicht gewußt, daß ein Huronengeheul losgehen wird über die Hunnen und Boches? Wissen Sie nicht, daß wir noch nicht stark genug aufgerüstet haben, um den humanitätsduseligen Sentimentalitäten der bigotten alten Gouvernanten, dieser scheinheiligen Engländer, in die Fresse zu schlagen? Damit sie uns nächstens vielleicht die Olympiade boykottieren? Haben Sie die Arbeiten auf dem Reichssportfeld inspiziert?

GÖRING: *stammelt* Ich - ich - werde morgen - *Er faßt sich und sagt schnell:* Ich habe gestern auf der Schorfheide die Wisenthecke inspiziert. Prachtvolle Bullen! Wir werden bald das geplante altgermanische Fest veranstalten und dem Diplomatischen Corps die Begattung der Wisente vorführen können.

HITLER: *besänftigt* Nun gut. Daß mir aber die Arbeiten auf dem Reichssportfeld fristgerecht fertig werden! *Zu Goebbels:* Kommen Sie! Wir wollen den Grundplan für den Neuaufbau Großberlins sofort in Angriff nehmen! *Er geht zur Tür.*

GÖRING: *nähert sich ihm ängstlich* Mein Führer, Sie müssen hören, was General Altenau -

HITLER: *wütend* Ich muß? Ich? Habe ich deshalb das deutsche Volk von französischer Tyrannei und rotem Terror befreit? Deshalb die Schmachketten von Versailles zerbrochen, daß ich muß? Ich bin kein Helote! Ich bin ein freischaffender Künstler, der einzig den Eingebungen seines Genius gehorcht! Sie und Ihr Altenau können mich beide - *Er will hinaus.*

GOEBBELS: *welchem Göring flehende Blicke zugeworfen hat, stellt sich Hitler in den Weg und ruft mit einer sakral beschwörenden Stimme* Mein Führer! Denken Sie an Österreich!

HITLER: *zuckt wie bei einem magischen Anruf zusammen und flüstert* Österreich! Mein unglückliches Heimatland Österreich! *Scheu und mit gesenkten Augen:* Ich habe heute Nacht wieder die Stimmen gehört!

GOEBBELS: *ebenfalls flüsternd* Die Stimmen der unterdrückten Brüder!

HITLER: *fast zitternd* Der sechs Millionen deutscher Brüder, von landfremden, verbrecherischen Despoten versklavt! Sie haben zu mir gerufen: Rette uns von Henkerspfaffen und Judenvampiren! Mach uns, Führer, wieder deutsch und frei! *Ganz verändert, sachlich und beherrscht zu Göring:* Was ist's mit Altenau?

GÖRING: Er hat mich nämlich aufgesucht, im Namen der Generalität. Der alte Herr in Neudeck macht nämlich nicht mehr lang.

HITLER: Zeit, daß er abfährt! Ist uns lang genug im Weg gestanden, der Feldwebel, der den größten Krieg der Geschichte verloren hat! Wo ist die Eidformel?

GÖRING: *fassungslos* Die - Eidformel?

HITLER: Ich habe Ihnen befohlen, mit der Generalität die Eidformel zu vereinbaren, die die Reichswehr nach Hindenburgs Tod mir schwören soll. Wo ist sie? Nun, gut, so werde ich die Eidformel, wie sie mir gut dünkt, oktroyieren.

GÖRING: Die Formel wird keine Schwierigkeiten machen. Nur vorher verlangen die Generäle Abmachungen, gewisse Bedingungen -

HITLER: Mir? Bedingungen? Mir? Von diesen Gernegroßen? Diesen kleinhirnigen Fachmännern?

GÖRING: Sie sind nämlich, erklärte Altenau, nicht der einzige Kandidat. Es gibt noch andere Prätendenten auf den Präsidentenstuhl.

HITLER: Prätendenten? Kandidaten? Welche Sprache führen diese Impotenten? Wo hat's Prätendenten darauf gegeben, Deutschland aus dem Chaos zu befreien? Europa vor dem Zugriff der Bolschewiken zu retten? Ich hab's allein getan, ohne andere Kandidaten! Ich kandidiere nicht, ich kommandiere! Die Herrschaften sollen kommen und mich bitten, das Amt des Reichspräsidenten zu übernehmen -

GOEBBELS: *zu Göring* Es wird den Führer interessieren, die Namen dieser sonderbaren Kandidaten zu erfahren. *Göring schweigt.* Ach, hat die allwissende Gestapo das nicht herausgekriegt? Nun, der eine ist unser lieber netter Herr von Papen.

HITLER: *höhnisch auflachend* Fränzchen? Der Herrenreiter? Der Bastard aus einem feschen Husarenrittmeister und einem windigen Jesuiten? Franz heißt die Canaille! Und hat's verstanden, sich einen Weg bis zum Präsidentenstuhl zu minieren; durch den Mastdarm des alten Herrn -

GOEBBELS: Der zweite ist der sattsam bekannte Herr General von Schleicher.

HITLER: *mit immer schärferem Hohn* Der schleichende Herr von Schleicher! Ein würdiges Dioskurenpaar: der Schlotbaron und der Kartoffelbaron! Die zwei Herren Reichskanzler, die in einem halben Jahr das Reich so in Grund und Boden gekanzlert haben, daß man Hals über Kopf den verhaßten Demagogen anflehen mußte, es aus dem Dreck zu ziehen! Und nun, denken die feinen Herren, hat er uns brav und schön den Augiasstall ausgemistet; jetzt darf er gemütlich nach Hause gehen. Ich bin nicht gemütlich! Ich bin gefährlich! Ich laß mich nicht mit einem Fußtritt davonjagen wie Bismarck! Bevor ich gehe, lege ich einen Brand, daß jedes Haus und Stall dieser Herren in Feuer aufgehen soll, ganz Deutschland in einem Feuermeer -

GOEBBELS: *hetzend* Das Adelspack! Das größte Genie der Deutschen: und für diese Herren vom Herrenclub bleiben Sie ewig nur ein Minderwertiger!

HITLER: Weil ich nicht hinter grünen Jalousien geboren bin! Ja, wenn ich ein Erbgut hätte, und klingende Titel und Zeugnisse! Diesmal aber siegen nicht die Herren mit der guten Kinderstube! Wer diesmal siegt, das ist der Mann von unten, aus der Tiefe, der minderwertige Plebejer, der Sulla -

GOEBBELS: *halblaut* Marius!

HITLER: *wütend* Marius! Was habe ich andres gesagt als Marius? Sie vergessen, diese Manierlichen, daß die Revolution schon das Blut von Tausenden getrunken hat, von Zehntausenden! Wenn sie weiter durstig ist, gebe ich ihr neues Blut zu trinken, bis sie besoffen ist von Blut! Die Proskriptionslisten habe ich bereits in der Tasche! Mit Bedingungen! Was für Bedingungen?

GÖRING: Ich habe die Bedingungen sofort kategorisch zurückgewiesen. Die Generäle verlangen, daß die SA beurlaubt wird.

HITLER: Beurlaubt? Die SA? Meine prachtvolle SA?

GÖRING: Altenau hat sich sehr mißfällig über die SA geäußert. Eine disziplinlose Bande von Fememördern und Knabenschändern; ein unbeholfener, aufgedunsener, überdimensionierter Gewalthaufen -

HITLER: Lügen! Schändliche, niederträchtige Lügen! Die SA ist die geschmeidigste, kampffreudigste Armee, die's je gegeben hat! Jeder einzelne Mann in begeisterter Liebe bereit, für seinen Führer zu sterben! Und die soll ich beurlauben?

GÖRING: Für dauernd! Auflösung der SA gegen Treueid der Reichswehr: das ist der Vorschlag, den Altenau brachte.

HITLER: Verdammt gescheit! Sie lassen mich ans Steuer, aber mit gebundenen Gliedern! Mir das Schaugepräng der Macht, und ihnen die reale, massive Macht! Ich scheiß ihnen aufs Schaugepräng! Etwas Obst und Milch langen mir reichlich, und das schlichte Braunhemd! Aber die Macht muß ich haben, unbedingt, unbeschränkt, uneinschränkbar, die ganze Macht! Die Alleinmacht im Reich! Die Allmacht - *Er beginnt, wie rasend mit den Fäusten auf den Tisch zu schlagen und mit den Füßen zu stampfen.*

GÖRING: *nach einer Pause, kleinlaut* Altenau hat kurzfristige Antwort verlangt. Was befehlen Sie?

HITLER: Wofür halten Sie mich? Für einen Wortbrecher? Einen Eidbrecher? Nicht ein einziger SA-Mann wird entlassen! Nicht für eine einzige Stunde! Darauf gebe ich mein Wort -

GÖRING: Sie müssen eins bedenken: Wenn Schleicher oder Papen Reichspräsident wird, wird er sofort die SA auflösen, mit Hilfe der Reichswehr -

HITLER: *außer sich* Umso besser! Man wird schon sehen, was man ohne mich erreicht! Chaos, Bürgerkrieg, Bolschewikenherrschaft! Wenn dann die Polacken uns überfallen, zusammen mit den Franzosen und den Wenzels, nicht einen SA-Mann borge ich ihnen zur Verteidigung des Landes! Ich bin berufen, Deutschland zu retten! Bevor's ein anderer rettet, ist es besser, daß es zugrunde geht! Deutschland bin ich! Ich! Wer drum gegen mich einen Finger rührt, ist ein Hochverräter am deutschen Volk und Reich -

GÖRING: *zaghaft* Sollten wir uns nicht zum Schein mit der Reichswehr vergleichen? Wir könnten uns auf die SS stützen und die SA für kurze Zeit entlassen. Sonst ist alles verloren -

HITLER: Umso besser! Hören Sie nicht: umso besser! So kann ich mich schon jetzt nach Berchtesgaden zurückziehen und alle meine Kräfte meiner künstlerischen Berufung weihen! Kommen Sie, Goebbels! *Er nimmt die Pläne, will gehen und bricht plötzlich in qualvolles Gestöhne aus:* Sie verdienen es nicht! Was sollen ihnen Königsplätze, Königsstraßen und gigantische Forums? *Er zerreißt die Pläne, wirft die Fetzen zur Erde und stampft mit den Füßen auf ihnen herum.* Barbaren sind sie! Ohne mich werden sie noch jahrtausend lang Barbaren bleiben! *Er bricht zusammen, verbirgt den Kopf in den Händen und stöhnt auf:* Was soll ich tun? O diese undankbare, ehrlose Menschheit!

GOEBBELS: *nach einer längeren Pause, nachdem er mit Göring Blicke gewechselt hat* Genau wie's Röhm prophezeiht hat. Adolf, hat er prophezeiht, wird's nicht wagen, gegen die SA vorzugehen.

HITLER: *nach den vorausgegangenen Wutausbrüchen erschöpft und lethargisch* Nicht wagen! Ich!

GOEBBELS: Nicht wagen! Genau so hat er's gesagt. Er hält den Zeitpunkt für günstig, Forderungen zu stellen, radikale Forderungen. Er wird fordern, daß die ganze SA sofort in die Reichswehr überführt wird.

HITLER: *mit müdem Protest* Jetzt! Jetzt, wo mir alles daran gelegen ist, die Reichswehr nicht zu reizen.

GOEBBELS: Eben deswegen. Er will Sie zwingen, mit der Reichswehr zu brechen. Er hat vor, seine SA-Führer nach Wiessee zu berufen und von dort Ihnen ein Ultimatum zu stellen. Adolf, hat er gelacht, Adolfen kommandiere ich. Der steht vor mir stramm, wie der Gefreite, der er im Weltkrieg war, vor seinem Hauptmann.

HITLER: *gequält* Sie lügen! Sie erfinden nur und lügen!

GOEBBELS: Lüge ich? Er grinste: Wie ich pfeif, muß Adolf tanzen. Er streckte seine Tatze aus: Siehst du diese Hand? Adolf, der frißt mir aus der Hand. Und er hat recht. Er hat Sie in der Hand!

GÖRING: Scheußliche Situation! Der Führer hat nur die Wahl, Gefangener der Reichswehr zu sein, oder Gefangener der SA!

GOEBBELS: Wir sind in der Rue de cack. Entweder wir bekennen uns zur SA und fordern die Reichswehr heraus, so gehen wir unter als tugendhafte Idioten. Oder wir schlagen mit der Reichswehr los gegen die SA, so gehen wir ans Ziel als glückliche Verräter.

GÖRING: Kommt gar nicht in Frage. Der Führer wird eher die Macht opfern, als Röhm und seine SA.

HITLER: Das alles sagen Sie ja nur, um mich zum Gegenteil zu hetzen. Röhm ist Ihnen schon immer ein Dorn im Auge gewesen.

GOEBBELS: Röhm? Mein Freund und Bundesgenosse! Hat mit mir erst vor ein paar Stunden ein Bündnis geschlossen.

HITLER: Und Sie beide: so wunderbar harmonisch! Sonst gehen Sie auf-
einander los wie die Kampfhähne - und jetzt hacken Sie einträchtig zu,
wie Krähen auf ein Aas. Sie irren sich; das Aas liegt noch nicht, Röhm
liegt noch nicht -

GOEBBELS: *beleidigt* Mein Führer, das hat unsere Treue nicht verdient -

HITLER: Glauben Sie, ich kenne Sie nicht? Ich weiß nicht, daß Sie beide
mir nur treu sind, weil und solange ich Sie mit Ämtern und Würden
und Reichtümern überschütte? Wenn mein Glück sich neigen würde,
würden Sie mich verlassen, wie die Ratten das sinkende Schiff. Röhm
ist mein Freund, mein Kampfgenosse der ersten Stunde -

GOEBBELS: *holt die Grammophonplatte* Legen Sie, Göring, die Platte
auf. Damit der Führer die Worte seines Freundes hört -

HITLER: *nimmt ihm die Platte aus der Hand und schleudert sie zu Boden,
daß sie zerbricht* Ich brauche Ihre elende Platte nicht! Seine Taten
sind hier - *er weist auf seine Brust* - eingeritzt! Nach einer Pause: Es
gibt nur zwei Menschen, die mir nahe sind: Mussolini, mein großer
Lehrer *er zeigt auf dessen Bild* und Röhm, mein Freund *er zeigt auf
Röhms Bild.* Er ist mit mir groß geworden, er würde mit mir untergehen. Er würde mir auch nach St. Helena folgen. Nun, ich gedenke
nicht, nach St. Helena zu gehen; ich beabsichtige vielmehr, andere
dorthin zu schicken. Er würde alles für mich tun, jedes Verbrechen,
jede Schande -

GOEBBELS: *höhnisch* Versuchen Sie's! Bitten Sie ihn doch, die SA aufzu-
lösen!

HITLER: Wenn's für mich nützlich ist, wird er es tun! Er wird die volle
Verantwortung auf sich nehmen, das ganze Odium. Ich werde ihm nahe legen, die SA zu beurlauben.

GOEBBELS: Glück zu! Er wird rasen wie ein Berserker.

HITLER: *sich an seiner Idee begeisternd* Nur um Ihnen zu beweisen, was
für ein Freund er ist, werde ich's fordern! In zwei Tagen gibt's keine
SA mehr! Ich spreche sofort mit ihm, sofort -

GOEBBELS: Dann gebe ich Ihnen einen guten Rat. Schreien Sie nicht mit
ihm! Lächeln Sie ihn zärtlich an, wie ein Weib: dann zerschmilzt er

wie Butter! Schade, daß Sie die Platte zerschmissen haben; Sie hätten es sonst von ihm selbst gehört -

HITLER: Sie werden mich nicht irre machen mit Ihrem schmutzigen Hohn, Sie - Sie schäbiger Mephisto! - *Er läutet, Brückner tritt ein.* Warum habe ich meinen Stabschef Röhm solange nicht gesehen?

BRÜCKNER: Herr Stabschef Röhm ist hier nicht erschienen.

HITLER: Sie lügen! Alles um mich herum lügt! Was hat Göring Ihnen dafür versprochen, daß Sie Röhm von mir fernhalten?

BRÜCKNER: Sie haben immer gearbeitet, mein Führer. Es waren historische Entscheidungen zu treffen.

HITLER: Für meinen Freund Röhm habe ich immer Zeit. Suchen Sie ihn auf, sofort, und entschuldigen Sie mich bei ihm. Ich lasse ihn bitten. Es ist sonst nicht meine Gewohnheit, zu bitten. Ich lasse ihn zu mir in den Park bitten! Sofort! *Brückner ab. Ungnädig zu den beiden anderen:* Sie brauche ich nicht mehr. Wenn ich Sie brauchen werde, werde ich Sie zu mir befehlen. *Er setzt sich, greift nach einem mächtigen Zeichenbogen, beugt sich über ihn. Goebbels will sprechen:* Was beliebt? Ich habe jetzt wichtige Entscheidungen zu treffen. *Er beginnt, mit großen, weit ausholenden Bewegungen zu zeichnen. Der Vorhang fällt schnell.*

Im Park der Reichskanzlei. Alte, hohe Bäume. Rasen und Blumenbeete, von Rosenstöcken edelster Gattung eingefaßt. Die Rosen blühen in reicher Fülle. Unter einem großen Sonnenschirm Hitler und Röhm im Gespräch.

RÖHM: Es hat mich schwer gekränkt. Wichtige Entscheidungen zu treffen! Wochen und Wochen lang keine Zeit für mich!

HITLER: *der, mit seiner Nilpferdpeitsche spielend, ihm nervös zuhört und ihn beständig unterbrechen will* Ein Irrtum Brückners! Bereits erledigt!

RÖHM: Für andere hast du immer Zeit gehabt. Und früher hast du deine wichtigen Entscheidungen mit den alten Kampfgenossen beraten. Es tut weh, du bist nicht mehr der Kamerad von einst.

HITLER: Der Kamerad der ich immer gewesen bin. Hand drauf! *Ungeduldig:* Bist du endlich fertig?

RÖHM: Du mußt mich auch einmal sprechen lassen, Adolf! Erlaub mir also, als Stabschef der SA mit Respekt und in tiefster Loyalität dir die Bitte der SA vorzutragen -

HITLER: Sie in geschlossenen Verbänden der Reichswehr einzugliedern!

RÖHM: Was? Du weißt schon -

HITLER: Alles! Hör mir zu! Ihr haltet mich für entschlußunfähig und werft mir vor, daß ich meine Zeit überm Reißbrett oder im Kino verträume. Wenn ich zu träumen scheine, fasse ich meine wachsten und härtesten Entschlüsse. Alles, was wir seit den ersten heißen Kampftagen gedichtet, erhofft, ersehnt haben, wird ausgeführt; unabwendbar, unabdingbar. Es ist schon wirklich: hier! *Er zeigt auf seine Stirn.* Bald wird es auch Wirklichkeit sein - dort! *Er beschreibt einen weiten Kreis.* Zum Entsetzen der Welt.

RÖHM: *schweigt einen Augenblick vor Staunen und bricht dann in ein von Begeisterung trunkenes Stammeln aus* Krieg? Krieg? Du Herrgottsbub! Der Krieg, den du uns versprochen hast? Den alle Deutschen Tag für Tag erhoffen?

HITLER: *verächtlich* Was, Krieg! Ich beabsichtige, meine Eroberungen im Frieden zu machen, allein durch die Drohung mit Krieg! Im nächsten Frühjahr habe ich eine schlagbereite Armee von einer Million. Im übernächsten habe ich zwei Millionen und besetze das Rheinland.

RÖHM: *vor Erregung zitternd* Also doch Krieg! Die Rheinlandbesetzung: das ist ja der Krieg! Du Lieber!

HITLER: Du hörst doch: alle unsere Feinde sind so heruntergewirtschaftet, daß sie sich im Innersten danach sehnen, sich uns kampflos zu unterwerfen. In drei Jahren hole ich mir Österreich, ohne daß ein Gewehr losgeht, das garantiere ich dir. Dazu die Tschechei. In vier Jahren stecke ich die Polackei ein. Ohne einen Mann zu riskieren.

RÖHM: Dann aber: Krieg! Dann fahren wir endlich dem moskowitischen Vieh an die Gurgel!

HITLER: Mit dem Maul! Das tun wir jeden Tag. Dann machen wir eine jähe Kehrtwendung - und springen dem sanft schlummernden Frankreich auf den Nacken!

RÖHM: *mit rasender Begeisterung* Frankreich! Den Tag nur erleben, an dem ich mit dir in Paris einzieh, über die Avenue der großen Armee, durch den großen Triumphbogen -

HITLER: *in plötzlicher Wut* Es muß weg! Weg! Dieses Paris muß weg, das Greuel! Mit Feuer und Bazillen ausgetilgt werden! Die riesenhafte Hur! Der stinkende Schoß der Rassenschmach! Nicht ein Stein darf auf dem andern bleiben in diesem Paris! *Wieder ganz ruhig:* Alles ist erwogen und beschlossen, bis zum letzten I-Punkt. Und all das muß ungetan bleiben, nur weil ein Mann mir im Weg ist.

RÖHM: Hindenburg? Ich bitte dich, er steht ja nicht mehr vom Bett auf.

HITLER: Der alte Maulesel! Was, der! Der fährt in ein paar Wochen nach Walhall! Alle meine gigantischen Taten kann ich nur ausführen, wenn ich alleinige, unbegrenzte, unkontrollierbare Macht habe. Wenn ich zugleich Reichskanzler, Reichspräsident und Oberster Befehlshaber der Reichswehr bin -

RÖHM: *erregt* So red doch! Wer ist der Mann?

HITLER: *heftig* Du! Du bist der Mann!

RÖHM: *entsetzt* Ich?

HITLER: Du bist der Mann! Nur du mit deinen verblendeten Forderungen! Weil du durch deine unzeitigen Irrsinnsforderungen die Reichswehr mir zum Todfeind machst, die Reichswehr, die allein mich zum Reichspräsidenten und Obersten Befehlshaber machen kann -

RÖHM: Die Reichswehr: die ist für uns! Der Reichswehrsoldat: das ist ein Bauernsohn, ein Arbeitersohn; der ist für uns mit Leib und Seel! Wer gegen uns ist, das sind die Herren von und zu, die Herren Generäle und Stabsoffiziere! Gib Befehl: so verhaften wir die Generäle in einer einzigen Nacht! Stell sie vor ein Revolutionsgericht, oder steck sie in ein Konzentrationslager -

HITLER: Unmöglich! Ich kann der Reichswehr, mit der ich die künftigen Kriege führen will, nicht die Köpfe abschlagen.

RÖHM: Mit der Reichswehr willst du -? Mit diesen gedungenen Söldlingen? Revolutionskriege müssen mit Revolutionsheeren geführt werden. Den Weltkrieg haben wir verloren, weil wir nur artige, bürgerliche Heere hatten. Du hast bereits deine revolutionäre Armee, die SA -

HITLER: Sie taugt nichts, die SA! Eine disziplinlose Bande, rot-braun bastardisiert! Eine ungefüge, überdimensionierte, an Elephantiasis erkrankte Horde!

RÖHM: *fassungslos* Das - das ist doch nicht möglich! Du machst dir mit mir einen grausamen Spaß! Niemand weiß so gut wie du, daß es keine zweite so bewegliche, begeisterte, kriegsfreudige Truppe gibt wie die -

HITLER: Jetzt rede ich! Ich will nichts mehr mit ihr zu schaffen haben, mit deiner dreckigen SA! Eine Rotte von Totschlägern, Brandlegern, Päderasten -

RÖHM: Eine Kleinkinderbewahranstalt ist sie freilich nicht! Was du von mir gefordert hast, war kein christlich-teutscher Tugendbund, sondern Soldaten. Harte, grausame, erbarmungslose Soldaten! Die erzieh ich dir in der Schule der SA und mach sie dir gestellig: künftige Welteroberer -

HITLER: Es wird nicht Ruh und Ordnung in Deutschland sein, solang die Lümmels die Straße beherrschen. Ich befehle dir, die SA zu beurlauben.

RÖHM: *außer sich* Be-ur-lauben? Meine SA? Unsre SA?

HITLER: In drei Tagen darf kein Braunhemd mehr sichtbar sein.

RÖHM: Beurlauben? Soll wohl heißen: sie vom Urlaub nicht mehr einberufen? Um dich bei den Generälen Liebkind zu machen?

HITLER: *heftig* Ich bin keinem Menschen Rechenschaft schuldig! *Einlenkend:* Du mußt mich recht verstehen. Nur für kurze Zeit. Zum Schein. Nur bis ich Reichspräsident geworden bin. Sowie die Reichswehr mir den Treueid geschworen hat, ruf ich die SA wieder zurück. Dann erfüll ich sofort ihren Wunsch, und gliedere sie in die Reichswehr ein. *Nach einer Pause:* Ich geb dir drauf mein Führer- und Ehrenwort!

RÖHM: *lacht auf* Dein Ehrenwort! Du hast das Ehrenwort gegeben, in München nicht zu putschen, und hast prompt am 9. November geputscht! Hindenburg dein Ehrenwort gegeben, die Regierung Papens zu tolerieren, und hast sie wütend angefallen! Dein Ehrenwort -

HITLER: Willst du vielleicht sagen, daß ich mein Ehrenwort jemals gebrochen habe?

RÖHM: Dein Ehrenwort ist eine politische Waffe, so gut wie Aufrüstung oder Kriegsdrohung. Aber nicht gegen mich! Darauf kannst du Gift nehmen: Gegen mich nicht!

HITLER: *brüllt los* Ich dulde es nicht! *Er geht heftig herum, will schreien, besinnt sich anders und bleibt vor Röhm ruhig stehen.* Du weißt, daß ich geleistete Dienste auch zu belohnen weiß. Ich werde durchsetzen, daß du sofort zum Reichswehrgeneral ernannt wirst.

RÖHM: Und dafür soll ich -? Dessen hältst du mich für fähig: einer so ungeheuren Gemeinheit? *Nach einer Pause:* Du hättest mich nie in eine so entsetzliche Lage bringen dürfen, Adolf! Mich nie zwingen dürfen, wie immer ich handle, als ein schurkischer Hund zu handeln. Wenn ich dir gehorche und die SA beurlaube, begeh ich Verrat an meinen Kameraden, die mir vertraun. Wenn ich mich widersetze, begeh ich Felonie an dir, mein Führer, dem ich geschworen habe. Ich muß immer mein Gewissen schänden.

HITLER: Da hust dir was drauf, auf dein Gewissen! Frag ich viel nach meinem Gewissen? Bildest du dir vielleicht ein, was Bessres zu sein, als ich? Oder -

RÖHM: Jetzt rede ich! Ich hab dich als erster von allen Menschen erkannt. Ich kann sagen, ich habe dein Genie gerochen, als du noch nichts warst, ein linkischer Stammler, ein unbekannter Gefreiter. Ich hab dir Schritt für Schritt den Weg zu den Mächtigen gebahnt. Es ist eine Schande, daß ich darüber überhaupt reden muß. Ich hab Menschen für dich gepreßt, wie ein Werbesergeant, und Geld, wie ein Kontributionskommissar. Ich hab die SA für dich geschmiedet und geschliffen - und ohne SA hätt's nie eine nationalsozialistische Revolution und einen Kanzler des Deutschen Reichs Adolf Hitler gegeben. Vernicht nicht mit eigener Hand das Werkzeug deiner Macht! Verrat die alten Kameraden nicht -

HITLER: *heftig* Ich brauch keinen Beichtvatersermon und Kapuzinerpredigt! Ich bin mündig genug, um zu wissen, was ich zu tun habe!

RÖHM: *mit erhobener Stimme* Verkauf dich nicht! Verkauf nicht deine Seele, Adolf!

HITLER: *geht heftig erregt auf und ab, bleibt plötzlich vor Röhm stehen, blickt ihn an und sagt in tiefster Verachtung* Du bist ein Jud!

RÖHM: *leise und etwas schmerzlich* Und du? Du bist ein gewaltiger Kanzler, ein allmächtiger Führer - und doch nur ein kleiner, unglücklicher Mensch. Du hast nie eine Seele geliebt.

HITLER: *verächtlich* Lieben? Mir genügt's vollkommen, daß ich geliebt werde. Von fünfzig Millionen. Bis zum Wahnsinn, bis zur Selbstvernichtung! *Er lacht scharf auf:* Der Herr Hauptmann, was? - und ich der Gefreite! Du brauchst nur zu pfeifen, bildest du dir ein, und ich muß tanzen?

RÖHM: Schämst du dich nicht? Das ist deine ganze Antwort?

HITLER: Zeig deine Pratze! Deine schmutzige Pratze, sag ich, streck sie aus! *Röhm streckt verständnislos die Hand aus.* Aus dieser Tatze, denkst du, fresse ich dir? Ich werde dir zeigen, wer von uns der Hauptmann ist, und wer der Gefreite! Ich sag dir, die SA wird beurlaubt! *Er trommelt mit der Peitsche auf den Tisch.*

RÖHM: *gleichfalls mit den Fäusten trommelnd* Und ich sag dir: sie wird nicht beurlaubt! Von mir wenigstens nicht! Nimm die Schande auf dich und verabschied sie selber!

HITLER: Dazu hab ich dich, meinen Stabschef! Ich selbst muß überm Streit der Meinungen stehen. Ich habe dir einen Befehl gegeben!

RÖHM: *heftig* Und ich weigere mich, diesen Befehl auszuführen!

HITLER: *brüllt los, sich in immer wildere Wut steigernd* Ich dulde keinen Widerstand! Ich gehe meinen Weg mit unaufhaltsamer Gewalt, und weh dem, der's wagt, sich mir in den Weg zu stellen! Über einen solchen gehe ich hinweg, rücksichtslos! Erbarmungslos! Ich zertrete ihn, zerstampfe ihn, zertrample ihn - *Er tritt auf die Beete und beginnt, mit den Stiefelsohlen die Blumen zu zerstampfen.*

RÖHM: *wütend* Zertrample die Beete nicht! Hörst du nicht, du Rasender! Du sollst die Blumenbeete nicht zertrampeln!

HITLER: Ich zertrample, was ich will! Wer mir nicht gehorcht, sofort, blind: ist ein Hochverräter! Wer mir im Weg steht, ist ein Meuterer und wird behandelt wie ein Meuterer! Wär's mein ältester Kamerad, mein bewährtester Freund: Meuterern schlage ich die Köpfe ab! So -

so! *Er hebt seine Peitsche und schlägt in blinder Wut auf die Rosen ein.*

RÖHM: *brüllt* Laß die Rosen in Ruh! Die Rosen haben nicht gemeutert, daß du sie köpfst!

HITLER: Ich köpfe! Ich köpfe! Wenn binnen achtundvierzig Stunden nicht jedes Braunhemd verschwunden ist, bist du ein erklärter Rebell -

RÖHM: *außer sich* Ein Rebell, ja! Das bin ich immer gewesen, mein Leben lang! Rebell mit dir, solang du selbst ein revolutionärer Rebell warst. Sobald du dich anschickst, die Revolution abzuwürgen: Rebell gegen dich!

HITLER: *reißt in echter, wilder Leidenschaft seine Hemdbluse auf und entblößt seine Brust* Stoß zu! Hier! Hier! Nimm deinen Dolch und stoß zu! Triff mich wie Cäsar -

RÖHM: *vor Hitlers Leidenschaft erschreckt zurückweichend* Ich - Ich -?

HITLER: Ihr haßt mich, alle, alle! Und wünscht mich tot! Durchbohr mir das Herz! Durchbohr es, das nur für Deutschland schlägt, und das ihr täglich zerfleischt durch euren Undank und Ungehorsam! Stoß zu wie Brutus! *Er reißt das Dolchmesser, welches Röhm an der Seite trägt, aus der Scheide und zwingt es ihm auf.*

RÖHM: *entsetzt* Ich? Mit diesem Dolch, den du mir selbst geschenkt hast, soll ich -?

HITLER: *Röhm scharf ins Auge fassend, geht ihm immer näher* Triff mich ins Herz! *Röhm starrt Hitler an, starrt den Dolch in seiner Hand an und wirft diesen entsetzt von sich. Hitler, der die Augen nicht von ihm gelassen hat, fängt plötzlich, sich an die Worte Goebbels' erinnernd, zu lächeln an und spricht sanft:* Ist es möglich? Ist das nur menschenmöglich?

RÖHM: *sich unter Hitlers Blick windend* Es - ist nicht! *Er stöhnt auf:* Guck mich nicht an! Brüll mit mir! Tob 'ras' - nur guck mich nicht so an!

HITLER: *beständig lächelnd* Du, mein treuester Kamerad, mein erster Gefolgsmann: ist's möglich? Du könntest mit dem Dolch wie Brutus -

RÖHM: In Ewigkeit nicht! *Er sieht, daß Hitler, als er ihm den Dolch entriß, sich an der Hand verletzt hat, und diese heftig blutet.* Blut! Dein

Dein Blut fließt! Durch mich! Laß mich dein Blut, das kostbarste der Welt - *Er stürzt auf Hitlers Hand zu, ergreift sie und preßt seinen Mund auf sie, um das Blut zu stillen.* Es hört nicht auf! *Er reißt sein Taschentuch heraus und verbindet die Hand.* Befiehl: So stoße ich mir den Dolch sofort in die Brust!

HITLER: *immer sehr sanft* Nicht in die Brust! Ritz deine Hand! Ich will's! *Röhm ritzt sie.* Gib die Hand! *Er faßt Röhms Hand und drückt den Mund auf die blutende Stelle.*

RÖHM: Du - mir? Mir?

HITLER: Du hast mein Blut getrunken; ich hab deins getrunken. So haben unsere germanischen Vorväter Blutsbrüderschaft geschlossen, für Leben und Tod. Wir sind nun Blutsbrüder geworden: ein Leib und eine Seele!

RÖHM: *zerknirscht* Und gegen dich hab ich mein Schandmaul aufgerissen! Ich will alles für dich tun, rauben, morden, sterben -

HITLER: *lächelt* Wirklich? Und wenn ich dich nun bitten würde, du weißt, ich pflege nicht zu bitten - wenn ich dich recht sehr, recht herzlich bitten würde, die SA zu beurlauben?

RÖHM: *stöhnt auf* Jede Untat, Adolf! Jedes Verbrechen! Aber das - nur das kann ich nicht!

HITLER: Siehst du, du Schwindler? Sollst es auch nicht! Ich will nichts von dir verlangen, wogegen sich dein Gewissen sträubt. *Nach einer Pause:* Hattest du nicht die Absicht, morgen zur Kur zu verreisen, nach Bad Wiessee?

RÖHM: Das weißt du auch schon?

HITLER: Ja. Und daß du deine Unterführer dorthin berufen wolltest, um mir ein Ultimatum zu stellen. Paß auf! Ich komme zu euch nach Wiessee. Unter dem Vorwand, mit den alten Kameraden in den Bergen etwas verspätet das Sonnwendfest zu feiern. Dort beraten wir dann in aller Heimlichkeit, wie wir am schnellsten und sichersten die Generäle dingfest machen.

RÖHM: *in plötzlichen Jubel ausbrechend* So bist du nicht gegen uns? Du willst mit uns gehn, mit deiner SA?

HITLER: Ich bin nun fest entschlossen, mit meiner lieben alten SA loszu-schlagen gegen die Generäle. Schick mir noch heut eine vollständige Liste der dir ergebenen SA-Führer, die du nach Wiessee berufst. Ich ergänze sie durch jene, auf die auch ich mich unbedingt verlassen kann. Übermorgen früh treffe ich bei euch in Wiessee ein. Und nichts mehr, was? -von Rebellion und Ultimatum?

RÖHM: Glaubst du wirklich, ich hätt's über mich gebracht? Mit bösem Gewissen hätt' ich rebelliert -

HITLER: Dann besuchst du mich in Berchtesgaden, alter Junge! Dort von meinem Adlerhorst blicken wir auf Österreich hinab, auf das wir bald niederstoßen werden als leichte Beute! Zuerst ziehn wir als Eroberer in Wien ein; und dann in Paris, wir beide, durch den großen Triumph-bogen -

RÖHM: *schüttelt den Kopf* In Paris! Ich nicht! Ich werd's mir nie verge-ben können, daß ich gegen dich rebellieren wollte, einen Augenblick lang -

HITLER: Vergeben und vergessen! Blutsbrüder von nun an, bis an die Schwelle des Grabes! *Er umarmt ihn. Röhm reißt sich von ihm los.* Du wirst der erste Feldmarschall des Dritten Reichs!

Dritter Akt

Speisezimmer in der von Röhm und seiner Mutter bewohnten Mietswohnung. Kleinbürgerliche, mehrere Jahrzehnte alte Einrichtung. Der Kaffeetisch ist sorgfältig gedeckt; einige große Kuchen. Röhm und Vogt. Röhm ist in Hemdsärmeln; der Rock hängt über einer Stuhllehne.

RÖHM: Als Freunde! Als Freunde, sag ich dir, sind wir geschieden!

VOGT: Du sagst doch selbst, daß du dich seinem Willen widersetzt hast. Das hat er noch nie einem Menschen verziehen.

RÖHM: Als beste Freunde, hörst du doch! *Er schlägt auf die Rocktasche.* Hier! Von ihm selbst geschrieben: „Unvergängliche Verdienste! Dem Schicksal dankbar für solchen Freund und Kampfesgenossen!" Ich trag's immer bei mir -

VOGT: Seinen Neujahrsbrief an dich? Die gestrige Wahrheit ist heut schon Lüge. Und dieser Brief ist bereits ein halbes Jahr alt!

RÖHM: *unwillig* Hör auf zu unken, du alte Kassandra! *Er streckt die Hand aus und zeigt die Wunde, die er sich in der vorigen Szene zugefügt hat.* Und das? Siehst du das? Das ist von heut, das!

VOGT: Was soll ich sehen? Eine Schnittwunde.

RÖHM: *äfft ihn nach* Eine Schnittwunde! Für unheilkrächzende Propheten ist's eine Schnittwunde. Ein Siegel ist's! Eine heilige Rune! Hast du eine Ahnung, wie die alten Germanen Blutsbrüderschaft geschlossen haben?

VOGT: Nein. Aber ich fang an zu ahnen, daß du verblendet bist. Du siehst und hörst nicht die Warnungen ringsum. Dazu beleidigst du Goebbels und Hitler widersetzt du dich. Sei auf der Hut, ich bitte dich!

RÖHM: Als warnende Fee also bist du hier erschienen? Da kann ich nur lachen. Vor Mutter, hörst du, kein Wort davon.

Frau Röhm tritt ein mit dem Kaffee. Sie ist eine gesetzte, freundliche Frau, die den Eindruck einer gehobenen Kleinbürgerin macht.

FRAU RÖHM: Herr Gruppenführer Vogt! Das ist schön von Ihnen! *Sie sieht Röhm in Hemdsärmeln.* Aber Ernst! Vor einem Gast!

RÖHM: Ach was, ein alter Kamerad! *Frau Röhm schüttelt mißbilligend den Kopf.* Bitte schön, Frau Lehrerin, ich folge ja schon! *Er zieht den Rock an.* Bei uns herrscht nämlich ein strenges Regiment. Mutters Diktatur, dagegen ist Adolfs das reinste Kinderspiel.

FRAU RÖHM: *schenkt ein* Wie geht's der Familie, Herr Gruppenführer?

VOGT: Danke, Frau Röhm, alles wohlauf.

FRAU RÖHM: Ich freu mich, daß Sie uns besuchen. Bei uns ist's jetzt recht still. Früher war's anders; da pflegte der Führer fast jede Woche einmal zum Kaffee zu kommen.

RÖHM: Jetzt schmeckt ihm eben dein Napfkuchen nicht mehr. *Zu Vogt:* Sein eigener Schaden, nicht? Der Napfkuchen ist prima primissima. Und Mutters Kranzkuchen - greif zu! - ein Liebesgedicht; non plus ultra!

FRAU RÖHM: Ernst hört's zwar nicht gern. Aber ich habe das Gefühl, daß es nicht mehr so ist wie früher. Etwas ist nicht in Ordnung.

RÖHM: *hebt den Finger* Aufgepaßt! Still! *Er zeigt gegen das Fenster, wie man ein Kind ablenkt.* Haste nicht gesehen? Den Silbervogel, der vorbeiflog?

FRAU RÖHM: Denkst du, ich merk's nicht, daß du dir selbst schwere Sorgen machst? In der Nacht findest du keinen Schlaf; ich höre dich stöhnen -

RÖHM: Das gottverdammte Gliederreißen!

FRAU RÖHM: Deshalb stöhnt ein Mann wie du noch lange nicht. Man hat dich dreimal aus dem Feld zerschossen zurückgebracht und du hast keine Miene verzogen. Wenn du krank bist, gehörst du ins Bett!

RÖHM: *zu Vogt* Du siehst, für Mutter bin ich nur ein großer Säugling. Am liebsten möchte sie mich im Rollstühlchen an den Tisch schieben und mir ein Speichellätzchen umbinden.

FRAU RÖHM: Benimm dich, bitte!

RÖHM: *zu Vogt* Sag du's ihr, ob sie sich nicht ganz unnötige Sorgen macht! Aber ehrlich!

VOGT: Ehrlich und aufrichtig, Frau Röhm: Sie können unbesorgt sein. Der Himmel ist ganz wolkenlos.

FRAU RÖHM: *in Gedanken* Geb's Gott! *Sie sieht, daß Vogts Tasse schon leer ist und gießt nach.* Entschuldigen Sie, ich bin eine unaufmerksame Wirtin! *Nach kurzer Pause:* Gott geb's! Ich kann nur sagen: wenns nur kein böses Ende nimmt!

RÖHM: *lacht* Mutters fixe Idee! Wirst du glauben, daß sie deswegen eine fürchterliche Sparmeisterin geworden ist? Ein gräßlicher Geizhals! Ich kann sie nicht dazu bringen, für uns eine größere Wohnung zu nehmen als diese Dreizimmerwohnung, die wir bezogen, als ich ein armer Schlucker von Hauptmann a.D. war. Jeden Morgen um sieben marschiert sie mit der großen Einkaufstasche auf den Markt. Mein Gehalt wird zur Bank getragen; mehr als 500 Mark im Monat dürfen nicht ausgegeben werden.

FRAU RÖHM: 400! Und das ist auch zuviel!

RÖHM: Aber Muttchen! Soviel schmeiß ich in einer lustigen Nacht mit der linken Hand zum Fenster raus!

FRAU RÖHM: Das ist sehr unrecht. Wir haben schlimme Zeiten gehabt. Es können wieder schlimme kommen. Du kannst eines Tages plötzlich entlassen werden.

RÖHM: *zu Vogt* Nischt zu machen! Ich bleib schon mein Lebtag ein schlechter Schüler. Auch mit meiner Karriere ist man sehr unzufrieden. Daß ich die SA kommandier, das ist für meine Mutter nichts. Aber daß ich nur als Hauptmann in Pension ging, das wurmt sie scheußlich -

FRAU RÖHM: Du wärst jetzt schon Oberstleutnant, bei deinen Fähigkeiten. Vielleicht Oberst. Da hätt man was Sicheres. Und du hättest dich eher entschlossen, eine Familie zu gründen.

RÖHM: Au, au. Die Drehorgel kommt! Die olle Musike!

FRAU RÖHM: Bedauern Sie es, Herr Gruppenführer, daß Sie geheiratet haben?

VOGT: Nein, Frau Röhm. Eine brave Frau und geratene Kinder, vorher weiß man nicht, wie schön das Leben sein kann.

FRAU RÖHM: Ich möchte noch gern eine liebe Tochter und kleine Enkel haben. Ich bin eine alte Frau; und wenn ich nicht mehr bin, ist Ernst ganz allein -

RÖHM: Und wer ist schuld? Du! Daß du's weißt! Nur du allein!

FRAU RÖHM: Ich? Daran, daß du keine Frau nimmst?

RÖHM: Guck mich doch nur richtig an! Die kleinen Augen! Die niedere Stirn! Die fetten, hängenden Wangen! Diese ganze Steckbrieffassade und den kurzbeinigen Dickbauch: wer hat mir das mitgegeben? Du!

FRAU RÖHM: Aber das ist ja schrecklich, was du da sagst –

RÖHM: Hast du mal drüber nachgedacht, warum wir für die schlankgliedrige, adlige, blonde Herrenrasse schwärmen, Hitler, Goebbels und ich und die anderen? Weil wir selber ganz ordinäre, rettungslos gepanschte und vermanschte Köter sind! Eine solche Figur und Fratze – und daneben ein junges, schöngewachsenes Weib, unvorstellbar! Und eine alte Schachtel nehmen –

FRAU RÖHM: Du weißt, daß sie dich im Stillen liebt. Obwohl sie von dieser blonden Herrenrasse ist. Und daß sie um zwanzig Jahre jünger ist, das macht nichts aus; das hat schon oft die besten Ehen gestiftet.

RÖHM: Ich würd nur eine nehmen – und die krieg ich nicht mehr! Weißt du, wen? Die alte Lehrerin, das dickköpfige, keifende, kuppelnde Muttchen! So eine zweite find ich ja doch nicht – die noch dazu prachtvolle Kranzkuchen bäckt –

FRAU RÖHM: *wird ganz rot* Benimm dich doch, du ungezogener Lümmel! Ach, ich vergesse ganz – *Sie eilt hinaus.*

RÖHM: Großartig, so ein Mutterherz! Ein wüstes altes Schwein – und für sie bin ich noch so was wie ein unschuldiger Jüngling! Möcht mich verheiraten mit einem kleinen, unberührten Mädchen –

VOGT: Sie ahnt, daß was faul ist im Staate Dänemark. Am besten, ich schenk ihr reinen Wein ein.

RÖHM: *grob* Halt's Maul! Verstanden! Sonst schmeiß ich dich raus! *Frau Röhm kommt zurück mit einer riesengroßen, von achtzehn Kerzen besteckten Torte.* Ja, was kommt denn da mit großer Pracht?

FRAU RÖHM: Weißt du denn nicht? Der dritte Juli! Diesmal wirst du am dritten Juli nicht hier sein.

RÖHM: Richtig. Achtzehn Lichter. Schon achtzehn Jahre! *Zu Vogt:* Das ist bei uns ein Familienfest. Am dritten Juli nämlich –

FRAU RÖHM: Das kann den Herrn Gruppenführer doch nicht interessieren.

RÖHM: Warum nicht? Am dritten Juli 16 war ich als Regimentsadjudant beim Stab, weit hinter der Feuerlinie. In unserm Abschnitt an der Somme war's ganz ruhig, nach schweren Kämpfen. Wir saßen grad in der Messe, zwischen Suppe und Fleisch, als ich scheußlich nervös wurde. Mir war's, als rief mich wer immerzu; ich ließ Fleisch Fleisch sein und machte mich davon, zu meinen Leuten nach vorn. Ich war noch nicht weit, als der Volltreffer einer Fliegerbombe in der Messe einschlug; von dem ganzen Stab ist nicht ein Mensch übriggeblieben.

VOGT: So was ist hie und da vorgekommen.

RÖHM: Nach ein paar Tagen bekam ich einen Brief von Mutter, in dem sie mich fragte, ob ich nicht in großer Gefahr gewesen war; am dritten Juli zwischen halbzwei und zwei mittags; sie gab die Zeit präzise an. Denk dir, sie hat es zu Haus in München gespürt -

FRAU RÖHM: Das ist nicht so verwunderlich. Er ist mein Einziger. *Sie zündet mit einiger Feierlichkeit die Kerzen an.* Daß wir den neunzehnten Jahrestag ebenso freudig begehen, mein lieber Ernst! *Nach kurzer Pause:* Ich hatte schon einige Tage eine merkwürdige Unruhe gespürt. Um jene Stunde wurde sie unerträglich. Und jetzt, es ist sonderbar, bin ich ähnlich unruhig -

RÖHM: Was? Sind wir im Krieg? Krachen Fliegerbomben?

FRAU RÖHM: Damals hat Christus noch geholfen.

RÖHM: *ärgerlich* Christus! Christus! Nu leg bloß, in Teufels Namen, nicht die Walze ein -

FRAU RÖHM: Ich muß es immer wieder sagen: Christus hat gehört und geholfen!

RÖHM: Der ewige Zankapfel zwischen Mutter und mir, dieser Christus! Ist es denn möglich, zugleich an Hitler zu glauben und an Christus? An ein kraftvolles, männliches Deutschland und diesen öligen, süßlichen jüdischen Christus?

VOGT: Nein, Frau Röhm; das ist wirklich absolut unmöglich. Was vielleicht für andre Völker Christus ist, ist für uns Hitler und Deutschland.

RÖHM: Wenn ich das Salbader nur hör von Feindenvergeben und Wangehinhalten! Weißt du was? Laß du mir meinen Glauben und ich will dir deinen lassen!

FRAU RÖHM: Das tut ihr aber nicht! Ihr verfälscht und verdreht die Lehre, und seid ärger als die Heiden! Deshalb wird Christus nicht mehr helfen, wenn die böse Stunde kommt -

RÖHM: Bist du ein deutsches Weib? Wenn man mich dir tot ins Haus bringt, ein deutsches Weib sagt: Der Führer hat's gewollt - und damit: Basta!

VOGT: *wie aus der Pistole geschossen* Wie wär's mit einer Reise, Ernst?

RÖHM: Ich reise ja heute Abend nach Wiessee.

VOGT: Eine größere, längere Reise, mein ich. So sechs Wochen in den nordischen Gewässern kreuzen, das muß fabelhaft sein! Von Fjord zu Fjord! Dort reichen die Gletscher bis zum Meer hinunter. Und auf den Lofoten soll's was ganz Seltenes geben: echte Germanen, seit Jahrtausenden unvermischt, unverfälschte Wikinger -

RÖHM: Schön, schön. Aber grad jetzt?

VOGT: Grad jetzt! Versäum keinen Tag! Für deinen Rheumatismus kann's keine bessere Kur geben als sechs Wochen Ruhe und Sonnenschein. Reden Sie ihm zu, Frau Röhm! Wenn du zurückkommst, sind die Wolken verflogen und die Götter zürnen nicht mehr -

FRAU RÖHM: So sind also doch Wolken am Himmel?

RÖHM: Jetzt, wo ich wieder eine Aufgabe hab? Was hab ich siebzehn Monate andres getan, als auf der Bärenhaut liegen, über meine Untätigkeit schmollen und saufen? Und jetzt gibt mir Adolf wieder einen Auftrag: die neue Armee aufzubauen. Und da soll ich just auf Lustreisen gehen, weil Mutter fixe Ideen hat und Vogt Unheil krächzt. Nee, meine Teuren; wenn der Führer mich ruft, antwort ich: Zur Stelle! Jederzeit -

VOGT: Und das sollst du? Die Armee aufbauen, du?

RÖHM: Vielleicht die alten Generäle mit ihrem Korporalsdrill und Parademarschklopfen? Oder der geschwätzige Göring, der neue General? Das Volk versteht nur, Maschinen aus Menschen zu machen. Mit Maschinen werdet ihr nicht Rußland zerschmettern und Paris erobern! Ich will mit Adolf in Paris einziehen, durch den großen Triumphbogen: eher halt ich nicht still -

FRAU RÖHM: Das muß ein böses Ende nehmen. Es ist klar wie der Tag.

Es läutet. Frau Röhm geht hinaus und kommt mit Brückner zurück.

BRÜCKNER: *nach Begrüßung* Der Führer schickt mich um die Liste.

RÖHM: Die Liste. Hier! *Er gibt sie ihm.*

BRÜCKNER: Der Führer trifft übermorgen, am dreißigsten, um neun Uhr früh, in Wiessee ein. Darauf sofort Beginn der Besprechungen. Mittag ist er Ihr Gast in Wiessee. Am Abend bewirtet er die SA-Führer festlich bei sich in Berchtesgaden. *Vertraulich:* Vergessen Sie nicht, Röhm, der Führer speist vegetarisch.

RÖHM: Danke, Brückner. Ich denk schon dran.

BRÜCKNER: Der Führer hat mit Bedauern gehört, daß Ihr Rheumatismus Sie plagt. Er schickt Ihnen ein Mittel, ein homöopathisches Präparat; hat schon beste Erfolge gezeitigt. *Er übergibt ihm eine goldene Dose.*

RÖHM: Rührend, wirklich rührend! Und die schöne Dose! *Er öffnet sie.* Sein Portrait! Schaut nur, wie entzückend! Adolfs Miniatur!

BRÜCKNER: Ich komme wie der Weihnachtsmann! Auch für Sie, Frau Röhm, gibt es eine Bescherung. *Er winkt zwei draußenstehende SA-Männer herein, die einen großen Silberkorb, mit wunderbaren Äpfeln gefüllt, hereintragen.*

RÖHM: *enthusiastisch* Hitlers Äpfel! Weißt du, was das heißt? Die höchste Auszeichnung! Ämter, Titel, Orden, damit ist Adolf verschwenderisch; aber seine Äpfel, da knausert er! Sie sind kostbar, wie die goldenen Äpfel der Märchen -

BRÜCKNER: *im Abgehen* Wenn ich Sie in der letzten Zeit nicht vorgelassen habe - nichts für ungut, Röhm! Dieser Erzlügner Göring ist an allem schuld! *Ab.*

RÖHM: *triumphierend* Von wegen Wolken und erzürnte Götter! Wie steh ich nun da? Wie ein Felsblock! Wo ist das böse Ende? Ach du, mit deinen schwarzen Ahnungen! Komm her, auf meinen Schoß!

FRAU RÖHM: Das schickt sich nicht.

RÖHM: *faßt sie und hält sie auf seinem Schoß fest* Schickt sich nicht? Aber fixe Ideen haben, das schickt sich? Und ein undeutsches Weib sein? Küß mich! Strafe muß sein! *Sie wehrt sich. Er hebt sie sich auf die Schultern und trägt sie rücklings wie ein Kind.* Was sagst du nun, du dickköpfiges, prophetisches, moralisches Muttchen? Nun, was sagst du, du dumme Alte?

FRAU RÖHM: Christus ist gnädig. Er vergißt und vergibt. *Sie geht gegen die Tür.* Ich mach dir rasch die Koffer zurecht. *Ab.*

VOGT: Ich bitte dich, mir Urlaub zu geben. Ich absentiere mich von Wiessee.

RÖHM: Was soll das heißen?

VOGT: Es gefällt mir nicht. Ich weiß nicht recht, warum; aber das alles gefällt mir nicht. Es erinnert mich zu sehr an - an Danaergeschenke. Ich geh nach Augsburg und halt dort meine Leute beisammen. Wenn du in Gefahr kommst, verständige mich sofort; ich hoffe, ich bin rechtzeitig zur Stelle, um dich zu retten -

RÖHM: Bist du total übergeschnappt? Wovor retten?

VOGT: Das weiß ich nicht. Vielleicht will man dich arretieren -

RÖHM: *bricht in schallendes Gelächter aus* Arretieren? Mich? Seh ich so aus wie ein Scheißkerl, den man einfach arretiert? Mit diesen Muskeln? Diesen Pranken? Die Bengels möcht ich sehen, die mich arretieren! Den Schöpfer der SA! Und du willst mich retten, du Knirps?

VOGT: Oder dich rächen! Vielleicht gehst du in eine Falle und Hitler schlägt rasch zu. Nimm deine Stabswache mit dir nach Wiessee! Stell verstärkte Posten vor die Türen! Maschinengewehre in alle Fenster -

RÖHM: Gegen ihn? Gegen ihn, hörst du, wehre ich mich nicht! Wenn er dran denkt - blanker Unsinn! Wenn er fähig ist, mich zu verraten, dann will ich krepieren! Deshalb brauch ich keine Stabswache bei mir! Nicht einen Mann Bedeckung nehm ich mit mir nach Wiessee! Bei offenen Türen werd ich dort schlafen!

Hitlers Arbeitszimmer in der Reichskanzlei wie im vorigen Akt. Auf dem stummen Diener ein großer Milchkrug. Haufen von Kuchen und eine riesige Schüssel voll herrlicher Äpfel. Hitler, über eine Zeichnung gebeugt, in ruhiger Stimmung. Vor ihm Göring in schwarzer SS-Uniform und Orden, auf dem Uniformkragen zwei große weiße Totenköpfe. Er ist sehr gedrückt und kleinmütig

GÖRING: Wir kommen in Zeitnot. Der von der Reichswehrführung gesetzte Termin geht morgen zu Ende.

HITLER: *ohne den Kopf zu heben, gleichgültig* Schön, schön.

GÖRING: Das Befinden Hindenburgs hat sich verschlimmert. Ich kann nur raten, uns schnell zu entscheiden. Auflösen oder losschlagen, sonst kommen uns unsere Feinde zuvor.

HITLER: Nun gut. Sehr gut.

GÖRING: Gut? Es ist schlimm. Sehr schlimm. Wir müßten zumindest die SS fest in der Hand haben. Wollen Sie nicht die Ansprache an die SS-Führer halten, die seit einer Stunde in der großen Halle versammelt sind?

HITLER: Ich warte auf Goebbels.

GÖRING: Die SS ist ohnehin mißgestimmt und bockig. Sie fühlt sich hinter der SA zurückgesetzt. Daß wir uns nur nicht zwischen zwei Stühle setzen.

HITLER: Ich bin jetzt nicht in der Laune, zu sprechen. Ich bin heiser. Ein Glas Milch! *Göring gießt ihm ein Glas Milch ein.* Haben Sie das Reichssportfeld inspiziert?

GÖRING: Das Reichssportfeld? Großer Gott! Das Dritte Reich kracht in allen Fugen - und Sie denken an das Reichssportfeld!

HITLER: Also nicht inspiziert? Sie halten mich wohl schon für erledigt, daß Sie meine Befehle nicht ausführen?

GÖRING: *verzweifelt* Das ist doch nicht möglich! Du Grundgütiger! Nicht möglich, daß wir in die Tiefe sausen! Daß wir wieder dort landen, wo wir angefangen haben, im Dreck! Wir werden mit Schimpf und Schande davongejagt werden -

HITLER: Ich habe Sie kommen lassen, um Ihren Rat zu hören. Ist das Ihre ganze Weisheit?

GÖRING: *kläglich* Ich - ich kann doch nicht alles wieder hergeben, die Ministerien, die Palais, die Jagdschlösser, die feinen Flugzeuge -

HITLER: Haben Sie mir nun genug vorgeraunzt? Sie können gehen, Sie altes Heulweib!

GÖRING: *fast weinend* Das kann Gott doch nicht wollen! *Er verfällt sichtbar und schleicht zur Tür, wie ein gebrochener alter Mann. Plötz-*

lich besinnt er sich, holt die Morphiumspritze aus der Tasche und macht sich schnell eine Injektion. Im Nu ist er verwandelt, voll jugendlicher Vitalität und Energie. Aktion! Aktion! Dadurch sind wir groß geworden! Blitzschneller, rücksichtsloser Angriff: das tut jetzt not! Erteilen Sie mir Erlaubnis, so handle ich sofort -

HITLER: *mißtrauisch* Was haben Sie vor?

GÖRING: Wenn es Ihnen zu schwer fällt, jetzt eine Entscheidung zu treffen, so überlassen Sie's mir! Wie ich ohne Ihr Wissen durch den Reichstagsbrand Sie zum Diktator gemacht habe, mache ich Sie über Nacht zum Reichspräsidenten. Vertrauen Sie mir die Exekutivmacht im Reich an; nur für vierundzwanzig Stunden -

HITLER: Sehr schlau, wirklich! Wer gibt sie mir dann wieder zurück?

GÖRING: Ich bin nichts als ihr Werkzeug. Wenn Sie mir mißtrauen, geben Sie mir Befehl: so mache ich Schluß mit mir - *Er zieht sein Dolchmesser und legt es auf den Tisch vor Hitler.*

HITLER: Nicht nötig. Ich habe bereits meine Vorkehrungen getroffen. Wenn ich verhaftet oder getötet werde, habe ich vorgesorgt, daß zehn Männer, die mich gerne beerben möchten, umgelegt werden. Sie stehen an der Spitze.

Goebbels tritt ein.

GOEBBELS: Es ist richtig. Hindenburg hat in der Nacht einen Herzanfall gehabt. Er wird jetzt gedrängt, sein Testament zu machen, und als seinen Nachfolger Papen zu empfehlen.

HITLER: *spöttisch* So so! Also Papen!

GOEBBELS: Papen Reichspräsident, Schleicher Reichskanzler. Schleicher will in seinem sogenannten Kabinett der Versöhnung auch Ihnen einen Sitz anbieten. Es soll ein Amt eigens für Sie geschaffen werden, ein Ministerium der schönen Künste. Dort dürfen Sie dann als künstlerischer Diktator schalten.

HITLER: Sehr gnädig.

GOEBBELS: Ich werde Chef der Fremdenverkehrspropaganda. Nur für Göring ist keine Verwendung. Nicht einmal als Pilot. Die Generäle meinen, er würde durch sein Schwergewicht jedes Flugzeug unfehlbar zum Absturz bringen. Aber vielleicht als Erfinder neuer Uniformen!

GÖRING: Schweinebande, dreckige!

GOEBBELS: Das ist der Lauf der Welt, Hermann. Es war Ihnen nicht genug, preußischer Ministerpräsident und Innenminister, Reichsminister für Luftfahrt, Reichstagspräsident, Reichsjägermeister, Reichsforstmeister zu sein. Sie wollten auch noch Reichskanzler werden und Reichsgott. Nun werden Sie wieder, wie dem Fischer syne Fru, im Pißpot sitzen. Röhm ist der Einzige, der die Treppe hinauffällt. Er wird in Schleichers Kabinett Reichskriegsminister.

HITLER: Sie lügen! Sie verleumden und lügen!

GOEBBELS: Er muß nur das Hakenkreuz abschaffen und sein Braun grau anstreichen, so erreicht er von Schleicher, was er bei Ihnen nicht durchsetzen konnte: die Überführung seiner ganzen SA in die Reichswehr. Das ist schon abgemacht.

HITLER: Das wäre Einverständnis mit dem Feind! Erwiesener Hochverrat! Ich werde Ihnen sogleich ins Gesicht beweisen, daß Sie lügen! *Er läutet. Brückner tritt ein.* Meinen Stabschef! Sofort!

BRÜCKNER: *etwas erstaunt* Herr Stabschef Röhm ist in der Nacht zur Kur nach Bad Wiessee abgereist.

HITLER: Nach Wiessee? Haben Sie ihm denn nicht meinen Befehl überbracht, sich jeden Augenblick zur Aktion fertig zu halten? Die SA im ganzen Reich auf Alarmstufe zu setzen?

BRÜCKNER: *einen Moment über Hitlers Lüge verdutzt, sagt dann mit Sicherheit* Ich habe Ihren Befehl Wort für Wort weitergegeben!

HITLER: Und dennoch nach Wiessee? Entgegen meinem eindeutigen Befehl?

BRÜCKNER: Eine große Anzahl der höchsten SA-Führer hat sich gleichfalls nach Wiessee begeben. Es ist dort eine Tagung der obersten SA-Führung verabredet.

HITLER: Hinter meinem Rücken? Eine Tagung? Eine Verschwörung!

GÖRING: Man hält den Zeitpunkt für gekommen, Ihnen ein Ultimatum zu stellen.

HITLER: Meuterei! *Zu Brückner:* Sagen Sie den SS-Führern in der großen Halle, ich lasse Sie bitten, sich noch zu gedulden. In dieser Stunde wird über das Schicksal Deutschlands auf lange entschieden. *Brückner ab.* Ich kann's nicht glauben!

GOEBBELS: *ernst, ohne Spott* Ich auch nicht. Ich bin fest überzeugt, daß Röhm treu ist. Er wird jeden Ihrer Befehle blind ausführen. Er würde ohne Zögern Ihnen auch nach St. Helena folgen. *Er schlägt sich plötzlich auf die Stirn.* Die Vision!

HITLER: *fängt an zu zittern* Welche - Vision?

GOEBBELS: Die Vision des alten Schafhirten vom Bückeberg, die wir nicht deuten konnten. Von dem Bullen, der aus der See aufsteigt, und sich auf der Wiese mästet, und riesenhaft anschwillt, bis er den Königslöwen verschlingt! Der Bulle ist Röhm - und Wiessee hat er in der Vision gesehen -

HITLER: Der Löwe bin ich! *Er geht mit großen Schritten schweigend auf und ab; dann stürzen die Worte kataraktartig aus ihm hervor:* Ich habe vierzehn Jahre schimpflicher Not, Elend und Schande aus dem deutschen Leben ausgelöscht. Ich habe einem zerschlagenen, zertretenen Volk seine Ehre und seine Seele wiedergegeben. In siebzehn Monaten habe ich das rasend hinrollende Rad des Schicksals zurückgedreht und ein neues Weltzeitalter eingeleitet, das von nun an das deutsche heißen wird. Ich habe - ich - ich - *Er starrt auf Goebbels als erwarte er eine Antwort.*

GOEBBELS: Sie haben das Größte getan, was je -

HITLER: Schweigen Sie! - Für mich aber habe ich nie das Geringste verlangt. Ich bin nichts als ein armer Sklave für Deutschlands Größe. Wer sich mir widersetzt, wer mich beleidigt: allen solchen habe ich immer vergeben. Wer aber wagt, an Deutschland zu rühren - *Er beginnt starr um sich zu blicken, krampfhafte Bewegungen zu machen und stößt die Worte wie in Trance heraus:* Deutschland! Auserwähltes Land, seit Beginn der Welt! Heiliges Gottesland! Deutsches Volk: Gottesvolk! *Er kommt zu sich und blickt mißtrauisch um sich:* Wer hat gelacht?

GOEBBELS: Lachen? Uns sind die Tränen nah!

HITLER: Alles habe ich für Deutschland hingegeben! Ich habe kein Fleisch berührt, keinen Wein, keinen Tabak, kein Weib! Meine Gesundheit habe ich zum Opfer gebracht, meinen Schlaf, meine Nerven-kraft! Ich bin ein totkranker Mann! Unter allen Millionen, die ich glücklich gemacht habe, ist nur ein Leidender, ein Unseliger: ich! Ich! *Er bricht in hemmungsloses Weinen aus.*

GÖRING: *leise* Verflucht! Er wird weich! Röhm kommt noch davon! *Goebbels schlägt hinter Hitlers Rücken ein Kreuz.* Was schlagen Sie ein Kreuz?

GOEBBELS: Über Röhm! In diesen Tränen wird er ertrinken!

HITLER: Nur einen Lohn für alle Opfer habe ich mir vom Schicksal erbeten: den Freund, ich habe ihn ausgewählt, als er noch nichts war: ein unbedeutender, unbeachteter Hauptmann. Ich habe ihn zum zweiten Mann des Reiches gemacht, ihn zu meinem Erben und Nachfolger bestimmt. Und jetzt, in der Not, da ich mich vertrauensvoll auf ihn stützen will, jetzt zielt er nach meinem Herzen! Jetzt wirft er sich zum Brutus auf! *Mit hervorbrechender Wildheit hebt er seine Hand und zeigt auf sie:* Hier! Hier! Diese Wunde hat er mir mit seinem Dolch geschlagen, als er nach meinem Herzen stieß! Mein Blut hat er vergossen! *Er zeigt das blutige Taschentuch.*

GÖRING: Ihr Blut! Jetzt müssen Sie zu den SS-Führern reden! Sie werden Sie im Sturm gewinnen!

HITLER: Ich aber bin kein lammfrommes Gemüt wie Cäsar! Ich werde zeigen, daß in unserm deutschen Klima kein Brutus gedeiht! Wer die Hand gegen mich erhebt, den trenne ich von mir ab! Eiskalt! Ehern! Mit rücksichtsloser Brutalität! *Er nimmt Görings Dolch und schneidet aus der Photographie, die ihn mit Röhm zeigt, die Gestalt Röhms von der seinen ab.* Den trenne ich vom Leben ab! Ich treffe ihn ins Herz! Mitten ins Herz! *Er führt drei Stiche gegen Röhms Bild.* Ich werde ein Strafgericht halten, daß allen Revoluzzern und Brutusen auf Jahrhunderte hinaus die Lust vergeht, gegen ihren Führer zu mucken! Eine Bartholomäusnacht werde ich ins Werk setzen, daß die Pariser dagegen nur ein leichter Kinderschreck war.

GÖRING: *begeistert* Die Bartholomäusnacht! Erlauben Sie's mir, so schlag ich sofort drein!

HITLER: Die Pharisäer an der Themse werden wieder kreischen: Willkür! Barbarei! Ja, wir sind Barbaren und bekennen uns stolz dazu, Barbaren zu sein! Die Barbarei aber, die Deutschland rettet, ist die höchste Kultur! Ich habe den Mut zur Grausamkeit! Der Krieg, den ich führe, ist der grausamste, und durch die Grausamkeit der humanste, weil er endgültig ist. Ich besiege meine Feinde nicht, ich vertilge sie! Ich dezimiere nicht, ich mache tabula rasa! Ich bin vom Schicksal in die Welt gesandt mit dem Auftrag zur Vernichtung, und ich bin der größte Wohltäter der Menschheit, indem ich alles Schwache, Kleine, Erbärmliche ausjäte, austilge, ausrotte, ich... *Er ist in furchtbarer Erregung; seine Haare sind gesträubt; der Schweiß rinnt an ihm hinab und Schaum steht vor seinem Mund.*

GÖRING: *außer sich* So muß ein Führer sein! Führen Sie uns zu Bartholomäusnacht und Sieg!

HITLER: *mit schrecklicher Stimme* Ich rotte aus! *Er läutet. Brückner tritt ein.* Den Vorsitzenden des Parteigerichtes Major Buch! *Brückner ab. Hitler geht auf und ab. Er ist plötzlich ganz ruhig.* Jetzt bin ich in der Stimmung, zu reden. Ich werde die SS-Führer wie ein Orkan mit mir reißen.

GOEBBELS: Sie sehen ganz verwüstet aus. Ihr Haar klebt wirr aneinander. Ihre Krawatte -

HITLER: Den Spiegel! *Goebbels reicht ihm einen Spiegel. Hitler macht völlig ruhig Toilette, bürstet das Haar zurecht, richtet den Kragen und bindet die Krawatte.*

GOEBBELS: Ihre Augen sind geschwollen vom Weinen.

HITLER: Milch! *Goebbels reicht ihm den Milchkrug. Hitler schüttet die Milch auf die Hand und wäscht sich das Gesicht und trocknet es. Nach einer Pause tritt Major Buch ein, ein hochgewachsener dürrer Mensch und trockener Fanatiker.*

HITLER: Herr Major Buch! Ich verlange Ihr Urteil als Vorsitzender des Parteigerichts. Was verdient ein Mann, der in der Not des Vaterlands, in der Stunde der Gefahr, sich gegen seinen Führer auflehnt.

BUCH: *ohne eine Sekunde zu zögern, kurz* Den Tod.

HITLER: Prüfen Sie sehr gewissenhaft! Wenn aber dieser Mann früher sich unvergängliche Verdienste um Führer und Volk erworben hat?

BUCH: *wie vorher* Den Tod. Wenn er sich früher Verdienste erworben hat: umso mehr den Tod.

HITLER: Ich möchte hier milde verfahren. Wenn dieser Mann ein alter Kampfgenosse ist, mir lieb wie ein Bruder?

BUCH: Ihr Kampfgenoß und Bruder? Wenn's zehn Tode geben würde: zehn Tode.

HITLER: *schnell* Der Mann heißt Ernst Röhm! Ich ernenne Sie zum Führer des Exekutionskommandos. *Er reicht ihm Görings Dolch. Buch verbeugt sich stumm.* Ich werde selber nach Wiessee gehen, um das Schlangennest zu zertreten. *Er gibt Göring ein verschlossenes Couvert, das er aus der Tasche zieht.* Ihre Vollmacht! *Er gibt Goebbels ein anderes Couvert.* Hier der Aktionsplan. Wird Buchstabe für Buchstabe durchgeführt.

GOEBBELS: Ich glaube trotz allem nicht, daß Röhm ein Verräter ist.

HITLER: Und Sie? Glauben Sie, ich weiß nicht, daß der Verrat Ihnen tief im Blut sitzt? Deshalb werden Sie mich nach Wiessee begleiten, damit Sie am Exempel lernen, wie ich mit Verrätern verfahre! *Er geht.* Das Stichwort heißt: Pelikan! *Ab, von Brückner gefolgt; Buch auf der anderen Seite ab.*

GÖRING: *reißt sein Couvert auf, liest, begreift nicht, liest nochmals und bricht in rasendes Triumphgeheul aus* Ich hab sie! Ich hab sie! Alle halt ich sie hier in der Faust!

GOEBBELS: *hat gleichfalls sein Dokument gelesen und schüttelt den Kopf* Unglaublich! Unvorstellbar!

GÖRING: *sein Papier wild schwingend und wie ein Gorilla auf und ab stampfend* Alle hab ich sie jetzt, alle! Blankovollmacht; ich hab sie! Die Exekutivgewalt im Reich für vierundzwanzig Stunden - und ich will sie nützen!

GOEBBELS: Unfaßbar! Alles bis ins letzte Detail vorbedacht. Auf die Minute genau festgelegt, wie in einem Fahrplan.

GÖRING: Jetzt werden sie endlich rollen, die Köpfe! Wie die Äpfelchen! Der Kopf Papens! *Er nimmt bei jedem Namen, den er nennt, einen Ap-*

fel aus der Schüssel und rollt die Äpfel auf dem Boden vor sich her.
Der Kopf Schleichers! Der Kopf Strassers! Der Kopf -

GOEBBELS: *in sein Papier blickend* Ein Uhr fünfzig nachts Flugabfahrt von Godesberg. *Er stutzt:* Wieso Godesberg? Wir sind doch in Berlin! Drei Uhr vierzig Ankunft in München. Vier Uhr fünfundvierzig Ankunft in Wiessee. Sieben Uhr dreißig Abtransport der verhafteten SA-Führer. Elf Uhr fünfundvierzig Beginn der Exekution in München im Gefängnis Stadelheim.

GÖRING: Ich erweitere meinen Auftrag! Die Köpfe aller, die je gewagt haben, uns zu trotzen! Die Köpfe aller, die uns in Zukunft trotzen könnten! Fünfhundert Köpfe, tausend - *Er stürzt die ganze Schüssel um und schießt die Äpfel mit den Füßen, wie Fußbälle, vor sich her.*

GOEBBELS: *Göring ein loses Blatt zeigend* Sogar die Tischordnung für das heutige nächtliche Mahl der SA-Führer! Immer ein Anhänger Röhms zwischen zweien Hitlers! Die sitzen fein in der Falle! *Bewundernd:* Das Gastmahl des Cesare Borgia!

GÖRING: Schade, daß ich nicht dabei sein kann, bei der Gaudi in Wiessee! Dafür mach ich die Bartholomäusnacht in Berlin umso gigantischer!

GOEBBELS: *hingerissen* Größer als Friedrich der Große! Größer als Napoleon! Und dieses ungeheure Genie haben wir Affen gemeint, vor unsern Wagen zu spannen!

GÖRING: *hebt einen Apfel auf und steckt ihn in die Tasche* Und noch einen Kopf; den heb ich mir auf für die nächste Bartholomäusnacht. Raten Sie, hinkender Teufel: wessen? Ein schwarzalbischer Kopf; ein mephistophelischer Kopf; ein Köpfchen - *Er lacht ihm mit grausamem Hohn zu.*

GOEBBELS: *frech* Nur nicht zu früh geprahlt, Goliath! Beim Wettlauf zwischen Hase und Igel, war's der Igel, der durchs Ziel ging.

BRÜCKNER: *kommt eilfertig* Schnell, Goebbels, ins Flugzeug, wir fliegen sofort nach Godesberg.

GOEBBELS: Nach Godesberg? Wozu nach dem Rheinland?

BRÜCKNER: Um die Gimpel in Bayern in Sicherheit zu wiegen! *Man hört einen unbestimmten Lärm, wie mächtigen Jubel.* Hören Sie das?

GOEBBELS: Die SS-Führer? Jauchzen sie ihm zu?

BRÜCKNER: Sie taumeln vor Begeisterung. Sie fordern wie rasend, sofort auf die SA losgelassen zu werden. Jeder einzelne würde nackt für ihn durchs Feuer gehen.

GÖRING: Vor fünf Minuten noch vertrotzt und bockig! Wie hat er sie so schnell herumgekriegt, der Hexenmeister?

BRÜCKNER: Er hat ihnen ein blutgetränktes Sacktuch gezeigt. Und dann hat er geweint.

Vierter Akt

Der Speisesaal des Sanatoriums Wiessee. Ein großer, fensterreicher Raum, in welchem die SA-Führer ein Bankett feiern. An den Wänden mehrere Spiegel und ein Kruzifix. Auf dem langgezogenen Tisch ein Durcheinander von Flaschen und Gläsern. Die Tischordnung ist so getroffen, daß Röhm und seine Kameraden zwischen je zwei von Hitler bestimmten SA-Führern sitzen. Nur Heines sitzt neben Schmidt. Starkenbach, der Anführer von Hitlers Leuten, neben Röhm. Es ist tief in der Nacht, gegen Morgen. Zu Ende der Szene ist es Tag geworden. Die Stimmung ist bereits weit fortgeschritten; die meisten Teilnehmer sind nicht mehr nüchtern. Beim Aufgehen des Vorhangs ein wüstes Gelärme.

STARKENBACH: *klopft ans Glas und steht auf* Unser Führer und Reichskanzler, der Führer unserer Revolution, der Herr der Deutschen aller Stämme: Heil!

ALLE: *stehen auf und heben die Hände zum Deutschen Gruß* Siegheil! Siegheil! *Sie trinken.*

SPRETI: *steht auf* Unser Stabschef, der Schöpfer und Führer der SA, unser Kamerad Ernst Röhm: Heil!

ALLE: *wie vorhin* Siegheil! Siegheil! Siegheil! *Sie trinken.*

RÖHM: Danke, danke, Kameraden! Nun aber genug!

STARKENBACH: *springt auf* Die nationalistische Revolution, unsre siegreiche deutsche Revolution!

ALLE: Siegheil! Siegheil! Siegheil!

RÖHM: Nu ist's aber wirklich genug, Starkenbach! Wir müssen die Köpfe klar behalten für die Geschäfte morgen.

STARKENBACH: Morgen sind die Geschäfte, heut ist die Freude! *Er schreit:* Die Demokratien nieder! Die parlamentarischen Schwatzbuden nieder! Nieder die Freiheit!

ALLE: Nieder die Freiheit! *Sie trinken.*

HEINES: Nieder! In Stücken! In Scherben! *Er wirft sein Glas gegen ein Fenster, daß es zersplittert.*

SCHMIDT: In Scherben! Alles in Scherben! *Er wirft sein Glas ebenfalls gegen ein Fenster.*

HEYDEBRECK: Macht kein solches Getöse! Die Leute im Sanatorium hier wollen schlafen!

SPRETI: Wenn die SA sich freut, hat der Bürger zu kuschen! Schön ist das Leben! Schön ist die Freude!

RÖHM: Mir ist so sauwohl, Jungs! Möcht jeden einzelnen umarmen! *Er starrt gegen die Wand.* Wenn nur das Dings nicht wär, was mich ärgert. Das Dings an der Wand.

KRAUSSER: Du meinst den Kruzifixus? Schau nicht hin! Der hängt halt überall herum hier in Bayern!

STARKENBACH: *zu Heydebreck* Du trinkst nicht, Heydebreck. Ein Deserteur, wer heut nicht auf den Führer trinkt! *Er springt auf.* Unser Führer und Reichskanzler, der Einiger aller Deutschen, der Baumeister eines größeren Deutschlands: Heil!

ALLE: Siegheil! Siegheil! Siegheil!

SCHMIDT: In Scherben! Bums! Krach! *Er wirft sein Glas gegen einen Spiegel.*

RÖHM: Wenn ihr wüßtet, was für Sorgen ich bis gestern gehabt hab! Nun darf ich's ja gestehn: schreckliche Sorgen!

HEINES: *kommt mit seinem Glas auf Röhm zu* Det haste jroßartig jedrechselt, oller Schlaufuchs! Wie du Adolfen in die Falle jelockt hast, det er morjen kapitulieren muß!

RÖHM: Halt die Schnauze, Heines! So was will ich nicht hören, nicht mal im Spaß!

HEINES: Ejal! Ob er will oder nich, kapitulieren muß er! Die Straße frei der SA, nu muß er's jewähren!

KRAUSSER: *eifrig* Nur nicht nachgeben morgen, Röhm! Nicht dich wieder abspeisen lassen mit windigen Versprechungen! Sofortige Aufnahme der SA in die Reichswehr!

HEYDEBRECK: Fortführung der Revolution, Röhm! Erfüllung des sozialen Programms!

RÖHM: Keine Politika heut! Könnt ihr nicht ein paar Stunden einfach lustig sein?

SPRETI: Lustig und trinkt: das ist die Parole. Trinkt, hat Schiller gesagt, solang das Lämpchen glüht!

STARKENBACH: *springt auf* Der jüdisch-asiatische Bolschewismus verrecke! Das verniggerte Frankreich verrecke! Juda verrecke!

SCHMIDT: Alljuda verrecke! Det is dat Wahre!

SPRETI: Einen Kuß der ganzen Welt, hat er gesagt. Solang das Lämpchen glüht!

HEINES: Habt ihr jehört, wat det Oberschwein, der Streicher in Nürnberg, sich wieder ausspekuliert hat? Hat in den Jassen Razzia jemacht auf die Juden, sie antreten lassen auf der Pegnitzwiese in Reih und Jlied, Hosen runter und bäuchlings auf die Erde! Mußten Jras ausrupfen mit den Zähnen und um die Wette runterschlingen, und SA-Männer trieben sie mit Peitschen ein bißchen zur Eile an -

SCHMIDT: *hält sich den Bauch vor Lachen* Keene Fettjans und sießen Karpfen! Jrünes Jras, alle Jüden müßten's fressen in Deutschland!

HEINES: Dat Volksfest will ick mal auch meinen lieben Breslauern jeben. Die Juden, Männlein und Weiblein, nacket durch die Straßen aufjeführt, und Jras jefressen auf den Oderauen! Denn dirfen sich die SA-Männer öffentlich an die Judenweiber amisiern!

SCHMIDT: Nee, nee, Edmund! Det nu wieder nich! Weib ieberhaupt, un nu jar een Judenweib! Den SA-Mann mecht ick erst sehn, dem sein Kleener steif wird bei irgend eener Jüdin!

HEINES: Wo de recht hast, haste recht, mein Sießer! Klug biste, mein Sießer! Männer töten und Männer lieben: det is die Freude des echten SA-Manns.

HEYDEBRECK: *laut* Es ist ziemlich viehisch.

HEINES: Haste wat jesagt, von Heydebreck? Nich? Ick hab jejlaubt. *Zu Schmidt:* Det sagt der Kerl nur aus Neid, mein Liebling.

SCHMIDT: *kichert* Nich kitzeln, Männchen! Nich! Nich an die Schenkel krabbeln!

HEINES: Wenn de mich aber so aufregst, mein Schatz! Ick bin heit so küsserich. *Er küßt Schmidt.*

HEYDEBRECK: Macht eure Sauereien privatim ab!

HEINES: Wir haben so Tujendbolde in der SA, Schmidtchen. Intellijenzler, die'n kernjes deutsches Wort nich verknusen kennen. Ejal, allens ejal! Morjen sind wir alle Jeneräle! *Er hebt sein Glas.* Auf die neue Jeneralität! Herr Jeneralstabschef Röhm! *Er trinkt ihm zu.* Herr Jeneral Starkenbach!

STARKENBACH: *ihm zutrinkend* Herr General Heines! Frau Generalin Schmidt!

Alle lachen.

SPRETI: General Hans Erwin Spreti! Himmelherrgott! Mit vierundzwanzig Jahren!

HEINES: Nee, mein Jutester! Du wirst vielleicht noch nicht mal Oberst. Ach, vielleicht weil du'n Reichsjraf bist aus altem Jeschlechte? Det is jeschissen! Womit hättste den Jeneral verdient?

SPRETI: *stolz* Ich war wegen Fememord zu lebenslänglichem Zuchthaus verurteilt. Mehr hat dein Fräulein Schmidt auch nicht geleistet.

HEINES: Die Schmidtin hat sich die Jeneralsstreifen janz wo anders verdient, nich wahr, mein Häseken? *Spreti wirft sich plötzlich nieder und beginnt, unter brüllendem Beifallsgelächter, auf Händen und Füßen um den Tisch zu laufen und zu bellen.*

SCHMIDT: Mit dem Schweif jewedelt! Apport! Apporte!

HEINES: Jut, Herr Jraf! Haste die Jeneralspriefung bestanden! - Det mach ick aber jleich aus: Armeekommando Ostpreußen krieje ick! Jejen die Polacken, da kommandier ick!

HEYDEBRECK: Da dürfen sich wohl berufenere Anwärter finden.

HEINES: Du meenst, weil du den lausigen Annaberg erstürmt hast mit deinen paar Männeken? Armeekommandant Ostpreußen werd ick! Da is nich dran zu tippen! Ostpreußen is das wichtigste Bollwerk des Dritten Reiches!

KRAUSSER: Ich hab gedacht, daß Bayern das Mutterland und die Hochburg der nationalsozialistischen Bewegung ist.

HEINES: Ach wat, ihr Bayern! Schlappschwänze! Pfaffenknechte! Nur so Kellerratten und Rettichfresser -

KRAUSSER: Und ihr Preußen? Seid ihr überhaupt Deutsche? Bastarde aus Wenden und Masuren und andern Bastarden! Slawische Sklaven -

HEINES: Bayrische Gebirgstrottel mit Wasserköpfen und Riesenkröpfen! Duckmäuserische Katholen -

HEYDEBRECK: Besoffenes Schwein! Tilgt den Schandfleck aus, der die ganze SA schlecht macht -

HEINES: Feuerroter Sozialiste, ick mach dir zu Hackfleisch - *Er zieht seinen Revolver.*

STARKENBACH: Nimm ihnen die Waffen ab, Röhm! Allen! Sonst gibt's noch Schießerei und Blutvergießen!

RÖHM: Die Waffen abgeben! Sammle alle Revolver ab, Starkenbach, und trag sie hinaus.

KRAUSSER: *unter allgemeinem Gelärme* Die Waffen, was?

RÖHM: Morgen, wenn ihr nüchtern seid, kriegt ihr sie wieder. *Starkenbach sammelt die Revolver und läßt sie hinaustragen.*

HEYDEBRECK: Ich nicht! Ein waffenloser Mann ist kein Mann!

RÖHM: *schreit* Bin ich kein Mann, was? Auch ich leg den Revolver ab, hier auf den Tisch. *Er tut es. Alle haben die Waffen abgegeben.*

HEYDEBRECK: *in Erregung herumgehend, tritt ans Fenster* Was? SS?

STARKENBACH: *ihm schnell folgend* Ich seh nichts.

HEYDEBRECK: Dort! Drücken sich die Mauer entlang! Stehlen sich zur Tür!

STARKENBACH: Du hast zuviel getrunken. Siehst jetzt überall schwarze Männer.

HEYDEBRECK: Ich seh klar. *Zu Röhm:* Wie kommt die SS hierher?

RÖHM: *gleichgültig* Sie werden halt den Rheumatismus haben. Wir können ihnen nicht verbieten, das Sanatorium aufzusuchen.

HEYDEBRECK: Um drei Uhr früh? Und gleich in Trupps?

RÖHM: Ruhe im Haus! Krausser hat das Wort zu einem Vorschlag!

KRAUSSER: Will folgenden Vorschlag morgen dem Führer vorlegen: den Entwurf zu einer neuen Gesellschaftsordnung, im Einklang mit unserer Weltanschauung.

HEINES: Wenn ick dat Wort Weltanschauung nur hör, wird mir janz kotzerich. Komm ins Bett, mein Schatz! Rin ins Verjnüjen! *Er und Schmidt stehen auf.*

STARKENBACH: Niemand verläßt den Saal bevor - *Er bricht schnell ab.*

SCHMIDT: *verschlafen* Ick bin schon richtich bettschwer, mein Männchen. Jute Nacht, die Herren und Damen! Schlaft sieße miteinander! *Er und Heines ab.*

KRAUSSER: Oberste Kaste: der Hochadel. Die Waffenbrüderschaft der alten Kämpfer, die sich der strengsten nationalsozialistischen Ordensregel unterwerfen, in Männerbünden leben und das Weib verschmähen. Sie sind die Großgrundbesitzer, Generäle und Minister des neuen Reichs.

SPRETI: Das sind wir!

KRAUSSER: Zweite Kaste: der niedere Adel. Alle, die sich im Kampf um die Machtergreifung ausgezeichnet haben, aber nicht die Geisteskraft besitzen, sich des Weibes zu enthalten. Dritte Kaste: der Mittelstand: die Soldaten des Parteiheeres. Alle deutschbürtigen waffentragenden Männer, die Parteigenossen geworden sind, ohne das Christentum aufzugeben -

RÖHM: *eifrig* Abschaffen! Abschaffen!

KRAUSSER: Unterste Kaste: die Parias. Das sind die dumpfen, stumpfen Rasselosen, die sich bis zum heutigen Stichtag vom deutschen Glauben nicht ergreifen ließen, sondern unentwegt an dem Götzen Christus festhalten -

RÖHM: *heftig* Das ist der Feind! Der Erzfeind! Der ist's, der eineinhalb Jahrtausende lang die deutsche Seele verfälscht, verweiblicht hat! Wir haben nicht gesiegt, solang der Urfeind im Land ist! Das ist der große Krieg, den wir führen müssen: gegen Christus! Stellt ihn hierher, dieses Kruzifix -

SPRETI: *löst das Kreuz von der Wand und stellt es auf den Tisch, indem er es gegen die Weinflasche lehnt.* Gib's ihm! Gib's ihm!

RÖHM: Wer ist er? Schaut ihn nur an! Ein Judensproß an einem römischen Galgen! Ein messinger Rabbiner mit einem Lendenschurz! Der, so einer, zerspaltet die deutsche Einigkeit, trennt Mann und Weib, Mutter und Sohn! Er oder wir! Hitler oder Christus!

SPRETI: Röhm contra Christus! Schlag ihn knockout!

RÖHM: *gegen das Kreuz* Raus aus den Kirchen! Raus aus den deutschen Gauen! Nur angreifen: so sinkt er wehrlos vor uns nieder, wie alle

127

unsre Feinde! Ich fordere ihn heraus! Ich beginne den Kampf! Gebt acht: ich schieß ihn runter vom Kreuz - *Er packt den Revolver und schießt gegen das Kreuz. Die Figur Christi löst sich und fällt hinunter. Die SA-Führer brechen in frenetischen Beifallsjubel aus.*

HEYDEBRECK: *zum Fenster tretend* SS! Schon wieder!

STARKENBACH: *der ihm schnell folgt* Wo denn? Unsinn!

HEYDEBRECK: Sind in einem Panzerwagen vorgefahren mit gelöschten Lichtern! Schleichen ins Haus, wollen nicht gesehen werden! *Zu Röhm:* Es stinkt was, Röhm! Das Haus muß voll sein mit SS!

RÖHM: Was? Donnerwettersackerment! Da muß ich wirklich - *Er steht auf und will zur Tür. Im selben Augenblick tritt Goebbels ein.*

RÖHM: *in höchstem Erstaunen* Du? Ja, wie kommst du denn hierher?

GOEBBELS: *munter* Durch die Lüfte, wie der kluge Geist Asmodi. Von München haben mich SS-Männer mitgenommen, die die österreichische Grenze besetzen.

RÖHM: *befriedigt zu Heydebreck* Das ist dein ganzer Stunk. *Zu Goebbels:* Wirklich nett von dir, Goebbels.

GOEBBELS: Der Führer trifft morgen vormittag ein. Ich bin ihm vorausgeflogen, um ein paar Stunden mit euch zu verbringen.

STARKENBACH: *klopft ans Glas* Der Herr Minister, das Sprachrohr des Dritten Reichs, der unerreichte Meister der deutschen Sprache, Goebbels: Heil!

ALLE: Siegheil! Siegheil! Siegheil!

STARKENBACH: *nähert sich unauffällig Goebbels und flüstert ihm zu* Alles in Ordnung. Sie sind benebelt und waffenlos.

RÖHM: *schwankt auf Goebbels zu und umarmt ihn* Ich muß dir Abbitte tun, alter Mephisto. Ich hatte schon gefürchtet, du führst einen Verrat im Schilde.

GOEBBELS: *erwidert lachend Röhms Umarmung* Verdient hättest du ihn, närrischer Oger, für dein Mißtrauen.

SPRETI: Sie sind in einer großen Stunde gekommen, Exzellenz. Die SA-Führer haben eben beschlossen, den Kampf zur Ausrottung des Christentums zu beginnen.

RÖHM: Halt eine Rede! Auf den Tisch!

STARKENBACH: Nehmt eure Plätze ein, Kameraden! *Alle setzen sich auf ihre Plätze.*

GOEBBELS: *ist auf den Tisch gestiegen* Baldur hat Hödur überwunden. Nach jahrtausendlanger Winternacht ist die altheilige Sonnengottheit über uns Deutschen wieder aufgegangen. Wir sind der Frühling der Völker, und aufgerufen, das nordische Evangelium über den ganzen Erdball auszubreiten.

RÖHM: Werden wir tun!

GOEBBELS: Wir sind die großen Befreier der Menschen. Wir befreien sie von dem Zwang und der Selbstbefleckung jener Chimäre, die Gewissen heißt. Wir erlösen sie von der unerträglichen Last der Entscheidung und schenken ihnen die Wohltat des Gehorsams. Wir retten sie von dem Irrglauben an die Freiheit und bringen ihnen den wahren Glauben an den Führer-Herrscher, den Führer-Gesetzgeber, den Führer-Propheten, der allein für alle denkt und sorgt und entscheidet, und die alleinige Verantwortung trägt.

RÖHM: *bewundernd* Das ist ein Kopf! Nein, wie ich dich liebe, alter Halunke!

GOEBBELS: Das Galgenkreuz sinkt, das Hakenkreuz steigt auf. Die weiten Dome wandeln sich in Feldherrnhallen. Auf den Altären prangt nicht länger das abstoßende Konterfei eines gehenkten Juden, sondern das rassisch edle Bildnis unseres erhabenen Führers. Weg mit dem Lamm, dem Symbol der kläglichen Einzelseele; wir richten ein neues Symbol der kraftvollen Volksgemeinschaft auf. Was schlagt ihr vor?

RÖHM: Den Löwen!

KRAUSSER: Den Adler!

GOEBBELS: Den Pelikan!

Bei diesem Stichwort springen die von Hitler abgeordneten SA-Männer auf und ergreifen Röhm und dessen Freunde, neben denen sie gesessen haben. Im selben Augenblick füllt sich der Saal mit schwer bewaffneten SS-Männern, die sich mit erhobenen Revolvern hinter die Gefangenen postieren.

RÖHM: *nach langer Pause, völlig nüchtern* Die schwarzen Hunde meutern gegen den Führer - und der krumme Judas dort hat uns verraten. Seid ohne Bange, Kameraden, der Führer wird uns rächen!

GOEBBELS: *zu Starkenbach* Melden Sie dem Führer, daß sein Befehl genau ausgeführt ist! *Starkenbach ab.*

RÖHM: *verächtlich* Du wirst unsre Zuversicht nicht erschüttern, stinkiges Reptil! Wir werden sterben, wie wir gelebt haben, als Männer, mit dem Ruf: Heil Hitler!

Hitler tritt ein, gefolgt von Brückner, Buch und Starkenbach. Er trägt hohe Reitstiefel mit Sporen, in der Hand die Nilpferdpeitsche. Er ist sehr blaß, aber ganz ruhig.

RÖHM: *starrt Hitler entgeistert an* Was - was ist das?

GOEBBELS: *tritt vor ihn, ihm höhnisch ins Gesicht schauend, dann macht er vor ihm einen zierlichen Knicks* Der Liebesbiß des giftzahnigen Embryos! *Zu Hitler:* Die Meuterer inflagranti ertappt. Sie schmiedeten das Komplott, morgen den Führer zu ermorden.

HITLER: Alle zur Stelle?

STARKENBACH: Nur Heines hat sich zurückgezogen.

HITLER: *mit kurzer Kopfbewegung gegen Buch* Erledigen! *Buch ab. Hitler tritt auf Spreti zu, der der Tür zunächst ist:* Halunke! Meuterer! Ich degradiere dich! *Er reißt ihm die Achselklappen ab und wirft sie zur Erde.*

SPRETI: *sich verzweifelt gegen die SS-Männer, die ihn halten, wehrend, bekommt eine Hand frei* Mein Führer! Ich - ich -

HITLER: Die Hand hebst du auch noch auf? Gegen deinen Führer? Ich werde dich lehren! *Er schlägt mit der Peitsche mehrere Male blind in Spretis Gesicht.*

SPRETI: *der sein Gesicht mit der Hand bedeckt hat, hebt diese plötzlich zum Deutschen Gruß* Heil Hitler!

HITLER: Zur Exekution! Nach Stadelheim! *Er tritt von einem Gefangenen zum andern, reißt jedem die Achselklappen ab und sagt zu jedem:* Meuterer, Stadelheim. - *Man hört zwei entfernte Schüsse.*

HEYDEBRECK: *schreit plötzlich wild auf* Ich bin unschuldig! Ich bin unschuldig!

RÖHM: Seid brav, Kameraden!

HITLER: *zum nächsten tretend* Meuterer, Stadelheim. - *Zu Heydebreck:* Meuterer, Stadelheim. -

HEYDEBRECK: *leise* Unschuldig!

BUCH: *tritt ein* Heines. Er hat sich gerade mit seinem Lustknaben im Bett gewälzt. Ich habe beide auf der Stelle erledigt.

HITLER: Laßt uns allein! *Die gefangenen SA-Führer werden abge-schleppt. Zurück bleiben nur Hitler, Röhm und Brückner, der sich an die Tür stellt, die Mündung des Revolvers auf Röhm gerichtet.*

HITLER: *zieht ein Papier hervor und legt es vor Röhm* Unterschreib!

RÖHM: *blickt ihn einige Sekunden schweigend an; dann sagt er leise, mit abgründiger Verachtung* Schubiak!

HITLER: *auf das Papier deutend* Die Auflösungsordre! Unterschreib sie!

RÖHM: *wie vorhin* Canaille! Meineidiger! Was haben die Kameraden dir getan?

HITLER: Sie sind Meuterer!

RÖHM: *immer ruhig* Meuterer? Ja, Meuterer gegen alles, was den Men-schen heilig ist, gegen Ehre und Treue, gegen Wahrhaftigkeit und Ge-rechtigkeit. Sie haben betrogen, gestohlen, geraubt und erpreßt, ge-brandschatzt, gemordet: für dich! Für dich, Mörder, der du dich jetzt deiner Komplizen entledigst! Wer hat dich groß gemacht?

HITLER: *fest* Der Allmächtige!

RÖHM: Der allmächtige Satan! - Und ich bin sein Handlanger gewesen! Kein Verbrechen, das ich nicht für dich getan habe. Ich bin bis zu den Knien im Blut gewatet. Ich habe meinen Namen hunderttausend Flü-chen preisgegeben. Mir geschieht nur recht, wenn ich schandvoll kre-piere. Freu dich nicht zu früh, du Höllenhund! Auch du wirst in unge-heurem Schmach und Elend verrecken!

HITLER: *schreit auf* Nein! - Ich will dir verzeihen! Zum letzten Mal: un-terschreib! So bist du wieder mein Freund! *Er streckt ihm die Hand entgegen.*

RÖHM: *beide Hände hinter seinem Rücken verbergend* Ich will nicht dein Freund sein! Dein Todfeind bin ich, dein Teufel, dein böses Gewis-sen! Begreifst du nicht, daß ich nichts anderes mehr will, als schleunigst krepieren? Aber dich will ich zwingen, deine Verbrechen durch meinen Mord zu krönen! Schlag mich tot! Morde mich, Meuchelmörder - *Mit furchtbarem Ausbruch:* oder ich morde dich! Ich erdrossle dich mit meinen Tatzen! *Er geht mit gespreizten Fingern in rasender Wildheit auf ihn los.*

HITLER: *weicht entsetzt und totenbleich vor ihm zur Tür zurück. An der Schwelle zu Brückner:* Schafft ihn nach München! *Schnell ab. Röhm bleibt stehen und läßt seinen Kopf langsam auf die Brust sinken.*

Ein Raum im braunen Haus in München. Eine riesige Landkarte Europas, auf der sämtliche von Deutschen bewohnte Gebiete, auch die winzigsten, grellrot hervorgehoben sind. Auf dem Tisch ein großer, mittelalterlicher Leuchter. Hitler sitzt am Tisch, in regloser Versunkenheit, das Gesicht in den Händen vergraben. Hinter ihm Goebbels und Brückner. Es ist der späte Abend des 30. Juni, und im Raum ist Dämmerung.

BUCH: *tritt ein, zündet Licht an und geht auf Hitler zu* Mein Führer, die Exekutionen in Stadelheim sind beendet. *Hitler rührt sich nicht. Buch noch lauter:* Mein Führer! Ihr Befehl ist ausgeführt. Die Meuterer sind in Stadelheim exekutiert. *Hitler regt sich nicht. Buch blickt fragend auf Goebbels.*

GOEBBELS: *die Achseln zuckend, leise* So sitzt er seit Stunden, regungslos wie im Starrkrampf, und sieht und hört nichts. Nur von Zeit zu Zeit hebt er den Kopf und fragt: Und er?

BUCH: Er? Wer?

GOEBBELS: *mit den Fingern nach unten weisend* Röhm, unten im Keller. Man hat einen Revolver vor ihn hingelegt, damit er selber Schluß macht. Aber er will nicht.

BUCH: Er hofft auf Gnade?

GOEBBELS: Jedenfalls will er's nicht freiwillig tun. Und Hitler kann sich nicht zum Entschluß aufraffen, den Befehl zur Erschießung zu geben.

BUCH: Begreife ich nicht. Hat er denn eine Wahl?

GOEBBELS: Er möchte die Verantwortung gern auf einen andern abwälzen. Und dem würd es dann den Kopf kosten. *Hitler macht eine Bewegung.*

BUCH: *tritt zu Hitler* Mein Führer! Die Erschießungen in Stadelheim sind - *Hitler ist wieder in seine Starre zurückgesunken.*

GOEBBELS: *leise* Wieso haben Sie zu den Exekutionen so lange gebraucht?

BUCH: Es wurden immer noch Rebellen eingeliefert. Und die Kerls von der SS haben schlapp gemacht.

GOEBBELS: Schlapp gemacht? Wie?

BUCH: Neulinge. Ihre Nerven hielten's nicht aus, aus kurzer Entfernung auf die Delinquenten zu feuern. Die Memmen trafen schlecht; man mußte immer neue Pelotons heranholen.

HITLER: *fährt plötzlich auf, blickt um sich und schreit* Löschen Sie das Licht aus! Ich will nicht, daß Licht - *Brückner löscht aus.*

BUCH: *tritt vor ihn* Mein Führer! Ihr Befehl ist ausgeführt. Die Erschießungen in Stadelheim sind beendet. *Hitler winkt müde mit der Hand ab.*

BRÜCKNER: Göring hat telephoniert. Die Exekutionen sind auch in Berlin durchgeführt. Berlin ist fest in seiner Hand.

HITLER: *schweigt und starrt vor sich hin. Dann fragt er:* Und er?

BRÜCKNER: Er will nicht.

HITLER: Noch immer nicht? Er will nicht von meiner Gnade Gebrauch machen, sein Verbrechen mit eigener Hand zu sühnen?

BRÜCKNER: Wir haben ihm die Frist nochmals um eine halbe Stunde verlängert. Sie ist längst vorbei. Aber er rührt den Revolver nicht an.

HITLER: Der japanische General, der die Gunst seines Kaisers verloren hat, macht Harakiri - und das sind nur Gelbe! Und er kann so ehrlos sein? *Zu Buch, mit einer gehetzten Stimme:* Sprechen Sie mit ihm, Major Buch! Sagen Sie ihm, daß es seine Pflicht ist, sich dem Vaterland zum Opfer zu bringen! Und daß ich, wenn er das Opfer bringt, ihn von allen Flecken reinigen werde! Versuchen Sie es, ihn dazu zu bringen! Ich werde Sie königlich belohnen! *Buch ab. Hitler grübelt schweigend und sagt dann:* Wie ein Wolf.

GOEBBELS: Entschließen Sie sich, mein Führer, den Befehl zu geben!

HITLER: Er kauert dort unten wie ein totwunder Wolf. Und ich fühl's, wie's von unten zu mir heraufsteigt; Schwaden von Haß, die mich vernichten sollen! *Buch kommt zurück. Hitler angstvoll:* Er will nicht?

BUCH: Er ließ mich gar nicht erst zu Wort kommen. Er schob den Revolver verächtlich weg und sagte: ich tu ihm den Gefallen nicht! Wenn Adolf mich tot will, soll er selbst kommen und mich morden!

HITLER: Und Sie? Sie haben die Insulte geduldet?

BUCH: Ich habe vier Mann an der Kellertür postiert, die Gewehrmündungen gegen ihn gerichtet. Wenn Sie den Befehl geben, wird er sofort exekutiert.

HITLER: Was? Sie haben die Beleidigung ihres Führers nicht sofort geahndet? Ihn nicht sogleich niedergeschossen?

BUCH: Den zweiten Mann des Reichs? Ohne Befehl?

HITLER: *sehr erregt* Befehl! Befehl! Ich habe keinen Menschen von Mut und Entschlossenheit um mich! Keinen einzigen, der's wagt, aus eigenem Entschluß zu handeln! Die ganze Wucht der Verantwortung wird auf mich gewälzt! Ich trag's nicht! Ich bin auch nur ein Mensch -

GOEBBELS: Machen Sie der Quälerei ein Ende! Nur eine schwere Sekunde des Entschlusses - und das Werk ist vollbracht. Sie sind dann unumschränkter Herr der Reichswehr. Sie können morgen im Triumph nach Berlin zurückkehren.

HITLER: *nickt mehrere Male mit dem Kopf, versinkt dann in Geistesabwesenheit und fragt plötzlich* Werde ich in Schmach und Elend zugrunde gehen? Glauben Sie's, Goebbels?

GOEBBELS: Das sind nur Ihre übermüdeten Nerven. Sie haben zwei Nächte lang kein Auge geschlossen. Seit vierundzwanzig Stunden haben Sie nichts gegessen. Stärken Sie sich ein wenig! *Er reicht ihm ein Glas Milch.*

HITLER: *ihm scharf und mißtrauisch in die Augen sehend* Gift?

GOEBBELS: Gift? *Er trinkt zwei Schluck. Hitler reißt ihm das Glas aus der Hand und trinkt es gierig aus, nach diesem noch ein zweites.*

HITLER: Gehen sie, Brückner! Bieten Sie ihm zum letzten Mal meine Gnade an! *Brückner geht zur Tür. Hitler stürzt ihm nach, in jagender Angst:* Gehen Sie nicht! Sie dürfen mich niemals allein lassen! Sie

134

müssen immer bei mir sein, bei Tag und Nacht! Es muß immer Licht um mich sein, volles Licht, niemals Dunkel -

BRÜCKNER: *macht Licht* Ruhig! Nur ruhig! Ich bin bei Ihnen!

HITLER: *sich schreckgeschüttelt an ihn klammernd* Schützen Sie mich, Brückner! Schützen Sie mich vor dem Fürchterlichen dort unten! Er wird Rächer heraufschicken, unversöhnlich, von jenseits des Grabes! Wo ich bin, werden immer Mörder sein -

BRÜCKNER: Ich habe heut aus Ihrer Leibstandarte eine Selbstmörderkompagnie ausgemustert. Zweihundert Mann haben geschworen, sich sofort umzubringen, wenn Ihnen etwas passiert.

HITLER: Ich werde niemals wieder schlafen! *Er blickt verzweifelt um sich und stürzt auf Goebbels zu.* Helfen Sie mir, Goebbels! Ich werde Ihren höchsten Ehrgeiz befriedigen; Sie zu meinem Nachfolger ernennen. Treffen Sie die Entscheidung für mich, nur diesmal! Geben Sie, statt meiner, den Befehl -

GOEBBELS: Der Führer sind Sie! Den Befehl kann kein Gott Ihnen abnehmen. *Nach einer Pause:* Seien Sie stark! Sprechen Sie mir nach: Major Buch, ich befehle Ihnen, den Führer der Meuterei zu exekutieren!

HITLER: Major Buch, ich befehle Ihnen, den Führer der Meuterei - *Er stöhnt schmerzlich auf:* Ich kann's nicht!

GOEBBELS: *kalt* Was nun? Befehlen sie, ihn freizusetzen?

HITLER: *verzweifelt* Er ist stärker als ich! Ich kann's nicht! *Er starrt verstört vor sich hin. Plötzlich, wie in einer Erleuchtung:* Die Blutfahne vom 9. November! Bringen Sie sie aus dem Ehrensaal! *Brückner geht und kommt nach kurzer Zeit mit der Fahne zurück, die er mit ausgestreckten Händen feierlich vor sich hält. Hitler stürzt zur Fahne und spricht sie mit fiebrigen Worten an:* Du! Du! Du bist uns vorangegangen auf unserm ersten Marsch zum Sieg! Unter deinem Tuch sind unsre Helden gesunken! Du bist die Mutter aller Fahnen, die über dem weiten deutschen Lande wehen! Unser Palladium, unser Sanctuarium: du, heilig durch die Weihe, heilig durch Blut - *Er sinkt in die Knie und beugt den Kopf vor der Fahne.*

GOEBBELS: *leise zu Buch* Jetzt spielt er nicht den Verrückten. Er fängt an, wirklich verrückt zu werden.

HITLER: *angstvoll beschwörend* Ich werde dich mit unauslöschlichem Glanz bedecken! Die dir angetane Schmach, daß unter deutschen Menschen sich Meuterer gefunden haben, werde ich in Fluten von Ruhm verlöschen! Ich werde dich über allen europäischen Metropolen hissen! Deine Berührung hat mir immer Riesenkräfte gegeben: gib mir Kraft! Kraft - *Er streichelt die Fahnenstange und drückt das Tuch scheu und bebend gegen die Stirn und an die Lippen.*

GOEBBELS: *zu Buch* Lassen Sie mich allein mit ihm!

HITLER: *stöhnt gequält* Ich kann's nicht! *Müde:* Auch sie ohne Kraft. Tragt sie hinaus. *Brückner mit der Fahne ab. Gefolgt von Buch.*

GOEBBELS: *scharf* Sind Sie der Führer oder sind Sie's nicht?

HITLER: Bin ich's nicht? Bin ich's? Ich weiß es nicht mehr.

GOEBBELS: Sie haben Deutschland von der schimpflichen Fremdherrschaft der Franzosen, Roten und Juden befreit, ein zerrüttetes Volk geeinigt, ein vernichtetes groß gemacht. Gott ist sichtbar mit Ihnen gewesen und hat durch Sie Wunder gewirkt. Sie sind der größte Führer, den der Allmächtige seinem deutschen Volk in dessen tausendjähriger Leidensgeschichte geschenkt hat.

HITLER: Ich bin's. Ich fühle es wieder. Sprechen Sie weiter!

GOEBBELS: Auch über den Größten verhängt das Schicksal eine Stunde, in der er seine Würdigkeit durch Opfer erhärten muß. Opfern Sie Ihre Gefühle, Ihre Liebe, Ihren Freund! So werden Sie würdig befunden werden, Ihr Volk weiter zu führen, bis zur Weltherrschaft. Wenn Sie aber den Meuterer schonen, aus Zärtlichkeit, aus Herzensgüte, den Rebellen gegen Ihre Revolution, den Verräter, der Sie in die Falle gelockt hat, so sind Sie nur ein sentimentaler Kleinbürger, selber kläglich und verächtlich wie die Massenmenschen, die Sie unterjochen konnten, weil Sie sie verachten!

HITLER: *kläglich* Sie lügen! Nicht er hat mich, ich habe ihn verraten. Ich, ich habe ihn in die Falle gelockt -

GOEBBELS: *kalt* Wenn er kein Meuterer gewesen ist, so muß er es unfehlbar werden! Sie haben keinen furchtbareren Feind als ihn, nachdem Sie seine Kameraden erschossen haben! Sie mögen's bedauern und beklagen, aber Sie können nicht umhin, ihn zu vernichten, um nicht selbst vernichtet zu werden. Deshalb geben Sie den Befehl zur Erschießung des Verräters, eiskalt, mit eiserner Entschlossenheit -

HITLER: *sich aufbäumend* Hier ist nur ein Verräter, Sie! Sie haben mich in den Verrat gehetzt, Sie mit Ihren tückischen Verdächtigungen! Mit Ihren teuflischen Einflüsterungen mich zum Mord an Unschuldigen angestiftet! Satan Sie! Weg, Satan! *Er ergreift den Leuchter und schleudert ihn mit voller Wucht gegen Goebbels. Rasend:* Ich werde den Befehl zur Erschießung geben, ja, aber zu Ihrer! Und den werde ich allerdings eiskalt geben, mit eherner Entschlossenheit -

GOEBBELS: *zieht sich zur Tür zurück und sagt kühl* Dann darf ich Sie bitten, mein Demissionsgesuch anzunehmen. *Er bleibt stehen und ruft plötzlich mit beschwörender Stimme:* Denken Sie an Österreich!

HITLER: *zuckt schaudernd zusammen* Österreich!

GOEBBELS: Die Stimmen der vergewaltigten Brüder!

HITLER: *angstvoll abwehrend* Ich will sie nicht hören!

GOEBBELS: Die Stimmen werden sich nicht mehr flehend erheben: Mach uns, Führer, frei und deutsch! Sie werden grollen und donnern: Du hast deinen Eidschwur, uns zu befreien, gebrochen! Du hast uns unsern Henkern, den Pfaffen und Juden verkauft! Kein gottgesandter Führer, ein meineidiger Verräter, in Elend und grenzenloser Schmach wirst du verrecken!

HITLER: *hält sich die Ohren zu und schreit verzweifelt auf* Nein! Ich will sie nie wieder hören, die Stimmen!

GOEBBELS: Sie werden Ihre Heimat, die Sie schandvoll hinausgeworfen hat, nie wieder betreten! Sie gestatten den Österreichern, in blödem Leichtsinn weiter ihre Abkunft und Ehre zu verleugnen, ihr Blut durch Rassenschande zu vergiften, unter schmählicher Judenherrschaft sich phäakisch wohlzufühlen! Und die Juden, die feisten Wiener Juden, dürfen in Ewigkeit deutsches Volksgut verprassen, deutsche Jungfrauen beschlafen und den ohnmächtigen Usurpator frech bewitzeln, den Anstreicher, den verkrachten Künstler, den verkommenen Pennbruder und Nachtasylisten -

137

HITLER: *außer sich, brüllt auf* Macht Schluß mit ihm!

GOEBBELS: *geht nach kurzer Pause zur Tür* Major Buch! Der Führer hat Ihnen einen Befehl zu erteilen!

BUCH: *tritt ein* Was befehlen Sie, mein Führer?

HITLER: *wie rasend* Legen Sie ihn um! Schießen Sie ihn nieder! Nur machen Sie Schluß mit ihm! *Buch ab. Hitler geht in furchtbarer Erregung auf und ab. Dann bleibt er stehen, in wahnsinniger Spannung nach unten lauschend. Nach einiger Zeit hört man das Krachen einer Salve. Hitler, die Fäuste drohend geballt, schreit nach unten:* Bestie!

BUCH: *kommt zurück* Mein Führer! Ihr Befehl ist ausgeführt!

GOEBBELS: *feierlich* Gestatten Sie mir, Herr Reichskanzler und Reichspräsident, als erster die Glückwünsche Ihres dankbaren Volkes Ihnen zu Füßen zu legen.

HITLER: *strafft sich, er ist ganz ruhig und kalt* Verständigen Sie Göring! Ich will morgen den Generälen die Eidformel vorlegen, die die Reichswehr mir schwören wird. In vier Wochen rücke ich in Österreich ein! *Goebbels und Buch ab. Hitler ist allein. Er tritt wie magisch angezogen vor die Karte und beginnt leise, sich allmählich an seinen Worten steigernd und berauschend:* Österreich! Ich halte meinen Schwur: Kein Deutscher in der Welt außerhalb des Deutschen Reichs! Das Deutsche Reich das erste Weltreich! *Mit einem Griff wie nach einer Beute nach den auf der Karte eingezeichneten Grenzen Österreichs:* Österreich! Es gehört mir! Die Tschechei! Polen! *Er umschreibt mit bebenden Fingern die Länder, die er nennt.* Mir! Mir! Alles! Deutschland vom Nordkap bis Sizilien! Von Gibraltar zum Ural! *Er umschreibt die ganze Karte.* Muspilli, der Weltenbrand! Ich schreite über die Erde, in Feuer gehüllt und Blut! Der Herr der gigantischen Zeitenwende, den schaffenden Welteschen-Speer in der Faust! Ich forme das Antlitz der Menschheit um! Ich bringe der Erde den neuen Gott!

Er steht in finsterer Größe da; seine Augen brennen, und es ist um ihn etwas Unheilvolles. Der Vorhang fällt schnell.

Ghetto Warschau

Schauspiel in drei Akten

Personen:

SIMON DANNENBERG, ehemals Student
SELIG LEWITAN, ehemals Student
RUBEN GUNDELEWITSCH, ehemals Student
WOLF SINAIBERGER, ehemals Student
GOLDA SÜSSKIND, Freundin Dannebergs, ehemals Studentin
LEA BOAS, ehemals Studentin
BARUCH ISSERLIN, ehemals Feinmechaniker
OLEG GLYCENSTEIN, ehemals Chemiker
DORA, seine Frau
MIRA ALTSCHUL, Doras Schwester und Olegs Freundin
RABBI GERSON WILNAER
REB RADOMSKI, sein Anhänger
REB KAGAN, sein Anhänger
ZYGMUNT GUNDELEWITSCH, Vorsitzender des Judenrates, Rubens Vater
CITRON, sein Sekretär
JANKEL BRACLAW, ein reicher Kaufmann
HASSENREITH, ein Major der deutschen Armee
HANNEKAMP, deutscher Soldat
SCHARRNER, deutscher Soldat

Die Handlung spielt im Warschauer Ghetto von Januar bis Mai 1943.
Die Personen und Geschehnisse des Stückes sind auf Grund wirklicher
Ereignisse frei erfunden.

Erster Akt

Ein größeres, schlecht möbliertes Zimmer. Eine Anzahl von Männern und Frauen, alle in schäbiger Kleidung; alle tragen den Judenfleck. Mehrere stehen am Fenster und schauen hinaus; unter ihnen Lewitan, Ruben Gundelewitsch und Golda. Dannenberg sitzt mit Isserlin am Tisch vor einem großen Stadtplan von Warschau; neben ihnen Glycenstein.

DANNENBERG: *auf eine Stelle auf dem Stadtplan deutend* Der Schacht sollte heute bis zur Franciskanska geführt sein.

ISSERLIN: Es war unmöglich, Simon.

DANNENBERG: Die Querverbindung zur Mila ist auch nicht fertiggestellt, Baruch. Wir bleiben hinter dem Plan zurück.

ISSERLIN: Die Leute roboten bis zur Erschöpfung. Du vergißt, daß sie bei Tag schon zehn Stunden in den Werkstätten gearbeitet haben. Bei einer täglichen Ration von zweihundert Gramm Brot.

DANNENBERG: In den Arbeitslagern roboten sie täglich sechzehn Stunden, bei keiner größeren Brotration. Und dort roboten sie für die SS! *Zu Glycenstein:* Die Produktion geht gleichfalls zurück, anstatt aufwärts!

GLYCENSTEIN: Es fehlt an Geld und Material. Es fehlt an Menschen.

DANNENBERG: Schafft das Geld! Es gibt genug Geld im Ghetto.

GLYCENSTEIN: Die Leute, die das Geld haben, geben es nicht für unsere Zwecke.

DANNENBERG: So muß man sie zwingen. Und schafft Menschen! Die Orthodoxen, Oleg, halten sich noch immer fern.

GLYCENSTEIN: Wir haben die Bundisten, Zionisten und Kommunisten auf unserer Seite. Also müssen wir auf die Orthodoxen verzichten.

DANNENBERG: Die Nazis unterscheiden nicht zwischen Zionisten, Bundisten und Orthodoxen; für sie gibt's nur Juden. Darum müssen wir endlich aufhören, uns in Orthodoxe, Kommunisten und Zionisten zu spalten.

GLYCENSTEIN: Es ist unmöglich. Das wirst du nie erreichen.

DANNENBERG: Unmöglich! Ich höre ewig: unmöglich! Dann muß man es möglich machen!

LEWITAN: *am Fenster* Jetzt beginnt der Abtransport.

RUBEN: Dort steht er und streicht seinen Bart!

GOLDA: Wieder fünftausend Menschen zur Deportation!

RUBEN: Er faltet die Listen über seinem dicken Bauch und kehrt sehr zufrieden zu meiner Mutter zurück, die jünger ist als ich. Die Abrechnung kommt! Du Judenrat, sie kommt!

LEWITAN: Drei Laib Brot und eine Marmeladenbüchse! Diese Schmach! Für drei Laib Brot und eine Büchse Rübenmarmelade drängen sich mehr zur Deportation, als angefordert sind!

GOLDA: Sag lieber, Selig: dieser Jammer! Die unglücklichen Verhungerten, daß drei Laib Brot für sie schon eine Verlockung sind, sich freiwillig zu melden!

LEWITAN: Dabei wissen sie genau, daß sie nicht zur Ansiedlung deportiert werden, sondern nach einem Todeslager!

ISSERLIN: *der gleichfalls ans Fenster getreten ist* Sie wissen auch, daß ihr Magen die ungewohnte Nahrung von sich gibt, noch bevor sie den Verladeplatz erreichen.

RUBEN: Das alles hat er sich ausgedacht! Warte nur: Ich lösche die Schande aus!

GOLDA: Du bist für deinen Vater, den Judenrat, nicht verantwortlich, Ruben.

Man hört draußen eine quäkende Musik.

DANNENBERG: Wer macht diese widerliche Musik?

ISSERLIN: Sie haben unter den Deportierten einen Menschen mit einem Saxophon ausfindig gemacht. Sie zwingen ihn, zum Abtransport einen Gassenhauer zu blasen.

LEWITAN: Sie verstehen es, Abwechslung in ihren Jux zu bringen, das muß man ihnen lassen. Unlängst war's ein Fiedler, der zum Todesmarsch einen flotten Walzer geigte.

Man hört lautes Geschrei.

DANNENBERG: Was kreischen die Weiber?

LEWITAN: Lustig! Immer lustig! Sie entreißen die Brotlaibe den Weibern und zertreten das Brot unter ihren Stiefelsohlen. *Man hört Schüsse* Da! Da! Die Bestien! Sie schießen!

DANNENBERG: Laß sie in die Luft knallen! Das sind wir gewöhnt.

RUBEN: Sie knallen die Kinder weg aus den Armen der Mütter!

Eine längere Pause.

LEWITAN: *heftig* Fünfzig Mann, die fünftausend zum Tod deportieren! Und wir stehen am Fenster und schauen zu!

DANNENBERG: Keine Einzelaktion! Keine Provokation, die unsern Plan gefährden würde!

LEWITAN: Wir sind mehr als sie! Wir sind nicht unbewaffnet! Warum dulden wir es?

DANNENBERG: Weil sie sonst, wie dir nicht unbekannt ist, ihre Vernichtungskommandos schicken, tausend ohne Unterschied zusammenschießen und fünftausend Unfreiwillige deportieren, ohne Brot und Marmelade.

LEWITAN: *ungestüm* Wann endlich geht's los?

DANNENBERG: Noch nicht. Bis es Zeit ist.

LEWITAN: Wann ist es Zeit? Wie lange sollen wir warten?

DANNENBERG: Bis das Netzwerk von Schächten hergestellt ist, du weißt es. Bis alle Häuser durch unterirdische Gänge verbunden sind, jeder Häuserblock eine Festung ist und jeder Keller eine Kasematte.

LEWITAN: Die Zeit kommt nie!

DANNENBERG: Wir wollen es nicht wie Idioten unternehmen, sondern wie vernünftige Menschen. Bis wir soviele Maschinengewehre haben, daß wir hoffen dürfen, wenigstens drei Tage Widerstand zu leisten.

LEWITAN: Bis! Bis! Bis das Ghetto durch die Deportationen entvölkert ist! Bis keiner mehr übrig ist, um die Maschinengewehre zu bedienen!

DANNENBERG: Was schreit ihr zu mir? Ist's meine Schuld? Als sie anfingen, Hunderttausende in diesem Pferch zusammenzudrängen, sagte ich: Wir müssen uns für das Schlimmste vorbereiten. Ihr antwortetet: Sie werden nicht weitergehen, wenn wir uns ruhig halten. Als sie weitergingen und die Ghettomauern bauten, als sie die Zufuhren sperrten, als sie die Hungerrationen einführten, immer sagte ich: Bereiten wir uns vor! Immer antwortet ihr: Das wird ihr Letztes sein; wir dürfen uns nicht wehren. Wir wehrten uns nicht - und unsere Wehrlosigkeit reizte nur immer mehr ihren Sadismus -

LEWITAN: Es ist wahr. Du hast immer richtig prophezeiht, und wir haben alles falsch gesehen.

DANNENBERG: Illusionen! Nichts als selbstbetrügerische Illusionen! Es ist so viel bequemer, sich mit Träumen zu belügen, als der Wirklichkeit ins Auge zu sehen! Die Wirklichkeit ist so häßlich, und die Träume sind, ach, so süß -

LEWITAN: Ja, ja! Was willst du aber jetzt tun?

DANNENBERG: Geld schaffen!

LEWITAN: Geld? Was nützt uns Geld?

DANNENBERG: Und Menschen schaffen. Wir müssen die Orthodoxen gewinnen.

RUBEN: Warum sträubst du dich dagegen, eine Verbindung mit den Partisanen außerhalb des Ghettos aufzunehmen?

DANNENBERG: Weil auch das eine Illusion ist! Wir dürfen uns den Luxus von Illusionen nicht leisten.

Dora stürzt herein, ein Kind auf dem Arm.

DORA: *außer sich, zu Glycenstein* Hier bist du? Wo warst du wieder die ganze Nacht?

GLYCENSTEIN: Liebe Dora -

DORA: Ich bin nicht deine Liebe! Versteckst du dich vor mir? Was machst du bei Tag und Nacht? Explosivstoffe? Was brauche ich Explosivstoffe? Brot brauche ich -

GLYCENSTEIN: Ich mache, was ich kann. Ich kann nicht Brot aus dem Pflaster kratzen!

DORA: Als sie heute die drei Brotlaibe ausboten, sperrte ich mich in der Stube ein und warf den Schlüssel auf den Hof. Sonst wäre ich hingestürzt und hätte mich zur Deportation gemeldet. Das nächste Mal werfe ich den Schlüssel nicht auf den Hof, das sage ich dir! Schaff Brot! Nicht für mich, für das Kind -

GLYCENSTEIN: Ich habe meinen letzten Rock verkauft. Woher soll ich's nehmen?

DORA: Warum hast du mir Kinder gemacht, wenn du sie nicht ernähren kannst? Ist's nicht genug, daß zwei am Hungertyphus starben? Soll auch das letzte sterben?

GLYCENSTEIN: Ich habe auf meine Ration euch zuliebe verzichtet. Seit zwei Tagen habe ich selbst keinen Bissen gegessen -

DORA: *zeigt auf das Kind* Zwei Jahre alt, und so winzig wie ein halbjähriges Wurm. So schwach ist er schon, daß er nicht einmal mehr schreien kann. Tagelang habe ich sein Stimmchen nicht mehr gehört. Gib ihm Brot, Oleg! Ich kann nichts anderes denken als: Brot! Nur Brot -

GLYCENSTEIN: *verzweifelt* Was soll ich tun? Sag selbst, was ich tun soll!

DORA: Ich weiß nicht. Andere Männer sorgen für ihre Frau und ihr Kind. Ihr habt große Vorräte, ich weiß es, von Zwieback und Konserven aufgespeichert -

DANNENBERG: Das ist für die Notzeit.

DORA: *schreit* Ist's noch nicht Notzeit, wenn die kleinen Kinder nicht mehr die Kraft haben, vor Hunger zu schreien?

GLYCENSTEIN: Ich bitte dich Simon -

DANNENBERG: Wir dürfen keine Ausnahme machen.

DORA: *legt das Kind vor Glycenstein nieder* Füttere ihn selbst! Oder schlag ihm den Schädel ein. Ich kann's nicht mit ansehen, wie er mir stückweis in den Armen stirbt -

GOLDA: *tritt zu ihr* Ich schaffe dir Brot, Dora. Auch etwas Kartoffeln werden noch aufzutreiben sein.

DORA: Kartoffeln? O Gott, sagst du: Kartoffeln? Wenn aber nicht, schmeiß ich das Kind aus dem Fenster und spring ihm nach! *Sie und Golda gehen ab.*

GLYCENSTEIN: Die arme Frau! Ich halte es nicht mehr aus!

ISSERLIN: Golda ist geschickt; sie schafft ihr das Brot.

GLYCENSTEIN: Du hättest sie früher kennen sollen, bevor wir nach Warschau abgeschoben wurden. Sie war die eleganteste Frau in Lemberg. Voll Charme, voll Witz! Und immer schenken, immer mit vollen Händen nur schenken! Ich war ein glücklicher Mann. Jetzt verstecke ich mich vor ihr. Das Herz bricht mir, wenn sie so um ein paar Brot-krumen für das Kind bettelt -

LEWITAN: *zu Dannenberg* So schreien zehntausende Mütter im Ghetto nach Brot! Sagst du auch weiter: Noch nicht?

DANNENBERG: Ich sage: Noch nicht!

Eine Stube bei Rabbi Wilnaer. Der hintere Teil ist durch einen Vorhang abgeschlossen. Radomski und Kagan sitzen über dicken Büchern. Lewitan und Isserlin stehend.

RADOMSKI: *hebt den Kopf von seinem Buch* Wozu seid ihr hergekro-chen? Wir haben nichts zu disputieren mit solchen wie ihr!

LEWITAN: Rabbi Wilnaer schien nicht dieser Meinung zu sein. Er hat ihn sofort zu sich in die Stube genommen.

RADOMSKI: Nicht, um mit ihm zu disputieren! Er wird ihn Mores lehren, euern Häuptling! In die Knie zwingen wird er ihn!

KAGAN: Sozialisten, puh! Abtrünnige! Wozu die Zunge wetzen, Reb Ra-domski?

RADOMSKI: *nach einer Pause, fährt los* Wir wissen, wozu ihr hergekro-chen seid! Schweinereien wollt ihr machen!

LEWITAN: Ach, wirklich?

RADOMSKI: Es juckt euch, daß Ruh im Ghetto ist. Unruh machen, die Leute aufhetzen, das wollt ihr!

LEWITAN: Rabbinische Weisheit! Und da sind wir hergekrochen, um Rabbi Wilnaers Erlaubnis dazu zu erbitten!

KAGAN: Ungelernte! Ungebildetes Volk! Spucken Sie aus, Reb Ra-domski, und studieren Sie!

RADOMSKI: Durch eure Hetzereien werdet ihr die Leute nicht retten!

LEWITAN: Nein, sondern dadurch, daß man über dicken Folianten brütet!

RADOMSKI: *heftig* Um der Lehre willen wurde die Welt erschaffen; daß ihr's nur wißt! Das Leben ist uns gegeben, um die heilige Lehre zu studieren!

KAGAN: Gojim! Dümmer als die Gojim! Wie sollen solche Nichtswisser das verstehen?

LEWITAN: Habt ihr durch euer Studium schon viele aus den Klauen der Gestapo gerettet?

145

RADOMSKI: Nur durch geduldiges Leiden werden wir erlöst werden!

LEWITAN: Wie lange müssen wir noch leiden, Jahrhunderte oder Jahrtausende? Damit wie viele endlich erlöst werden? Fünfzig? Zwanzig? Oder drei?

KAGAN: *hat sich die Ohren zugestopft, und wiegt sich im Singsang* Rabbi Jochanan aber antwortete und sprach: Es ist geschrieben -

LEWITAN: *nach dem Vorhang deutend* Sie scheinen zu disputieren. Er hat ihn offenbar noch nicht in die Knie gezwungen.

RADOMSKI: Verstehen Sie das, Reb Kagan? Sie sprechen ganz leise. Und schon lange Zeit.

KAGAN: *ohne auf ihn zu hören* Es steht geschrieben: Ihr sollt nicht vom Greuel essen -

RADOMSKI: *nach einer Pause, fährt wieder los* Ihr seid daran schuld! Nur ihr habt das Unheil über uns gebracht!

LEWITAN: Gewiß, wir haben Hitler die Macht gegeben. Wir haben seine Armeen nach Polen gebracht.

RADOMSKI: Weil ihr Abtrünnige seid! Weil ihr die heiligen Gebote verachtet!

ISSERLIN: *der sich bisher ruhig verhalten hat, fährt auf* Und ihr?

RADOMSKI: Wir erfüllen genau die Gebote.

ISSERLIN: Ja, Schläfenlocken tragen, Milch und Fleisch ängstlich sondern, am Sabbath kein Licht anzünden: das sind die Gebote, die ihr genau erfüllt! Diese Gebote allerdings verachten wir -

RADOMSKI: Gottlose! Studiert erst die Lehre, verfluchte Sozialisten!

ISSERLIN: Ich habe freilich nicht Thora und Talmud studiert. Ich mußte seit meinem achten Jahr meinem Vater helfen, fünf jüngere Geschwister zu ernähren. So viel aber weiß ich doch, daß in der Thora noch andere Gebote geschrieben stehen: nicht zu betrügen, nicht zu wuchern, Mitleid mit den Armen zu haben. Warum haltet ihr jene Gebote eurer Rabbiner, und brecht diese Gebote Gottes?

LEWITAN: Reg dich nicht auf! Wozu mit ihnen diskutieren?

ISSERLIN: Das aber sind die Gebote, die wir gottlosen Sozialisten uns bemühen, zu erfüllen!

RADOMSKI: Stinkiges Sozialistenpack! Macht, daß ihr rauskommt!

KAGAN: *auf den Vorhang schauend* Still! Der Rabbi! *Durch den Vorhang treten Rabbi Wilnaer und Dannenberg.*

WILNAER: Ich kann Ihnen nichts anderes versprechen. Ich werde es prüfen und dann entscheiden.

DANNENBERG: Sie haben bereits mit Ihrem Herzen entschieden.

WILNAER: Ich darf nicht mit dem Herzen entscheiden, sondern nur nach dem Gesetz und der Deutung der Lehre.

DANNENBERG: Sie sind schon mit uns. Sie wissen es vielleicht selbst nicht. Ich aber weiß es. *Er verbeugt sich in der Tür und geht ab, von Lewitan und Isserlin gefolgt.*

WILNAER: *ihm nachblickend* Sonderbar. Sehr sonderbar.

RADOMSKI: Ist's möglich, Rabbi Gerson? Sie haben den Ungläubigen gewürdigt, mit ihm zu disputieren?

WILNAER: *der in Gedanken versunken, nicht auf ihn gehört hat, wendet sich plötzlich zu ihm* War Simson ein Gottesmann?

RADOMSKI: *aufs höchste verdutzt* Ob Simson -? Sie fragen, ob Simson -?

WILNAER: War Simson gottgefällig, als er in ergebener Geduld den Mühlstein drehte, oder als er zornig die Säulen packte und die Philister unter den Trümmern des Tempels begrub?

RADOMSKI: Simson war immer gottgefällig, ob er handelte oder litt. Darum schenkte ihm Gott den heiligen Märtyrertod.

WILNAER: Das eben ist die Frage, Reb Radomski. Schenkte Gott ihm den Märtyrertod, weil Simson Ihm wohlgefällig war, oder war Simson Ihm wohlgefällig, weil er den Märtyrertod an sich riß? *Nach einer Pause:* Als Simon Barkochba von Rabbi Akiba schied, den er heimlich in der Tiefe der Nacht aufgesucht hatte, sagte Rabbi Akiba: Ich habe einen Großen gesehen.

RADOMSKI: Barkochba war ein Verworfener. Er führte sein Volk zum Untergang.

WILNAER: So meinen die einen. Die andern meinen, er war ein Erwählter, der sein sterbendes Volk zur Glorie emporriß. Rabbi Akiba aber verließ seine Studierstube, in der er fünfzig Jahre lang Gott in den Büchern gesucht hatte, und folgte Barkochba in dessen Feldlager nach.

RADOMSKI: Sie haben ihn nicht in die Knie gezwungen. Gott verhüte es! Hat der Verworfene am Ende Sie überwunden, Rabbi?

WILNAER: Es ging etwas von ihm aus, das mich ergriff und wovor ich mich zugleich entsetzte. Etwas Geheimnisvolles ist in ihm: eine eisige Glut -

RADOMSKI: Das verstehe ich nicht. Eine eisige Glut: von so was habe ich nie gehört.

WILNAER: Eine harte Liebe; eine kalte Begeisterung; ich weiß es nicht anders zu nennen: eine eisige Glut. Vielleicht aber muß gerade so der Mann sein, dem eine große Tat gelingen soll.

Zimmer aus der ersten Szene. Dannenberg, Lewitan, Ruben und andere.

DANNENBERG: Ihr sollt nicht sagen, daß ich nur aus Starrsinn an einem Vorurteil festhalte! Du traust dir also zu, Kontakt mit dem Kommando der polnischen Partisanen zu finden?

RUBEN: Ich habe schon längst die Mittelsmänner ausfindig gemacht.

DANNENBERG: Nun gut. Dann geh und leg ihnen die drei Fragen vor! *Ruben ab.* Was ist's mit diesem Braclaw?

LEWITAN: Ich habe ihn mit der Aussicht auf ein großes Geschäft geködert. Er ist schon hier, ganz neugierig nach dem neuen Profit.

DANNENBERG: Bring ihn herein! *Lewitan läßt Braclaw ein. Dieser ist elegant gekleidet und trägt einen Pelz.* Simon Dannenberg. Es freut mich, Herr Braclaw, daß Sie uns aufgesucht haben.

BRACLAW: *sieht sich um und zeigt auf Lewitan* Mein junger Freund hat mir von einem bedeutenden Unternehmen erzählt. Sieht mir nicht danach aus.

DANNENBERG: Lassen Sie sich durch meinen schäbigen Anzug nicht abschrecken, Herr Braclaw! Setzen Sie sich! Ich führe nur die Vorverhandlungen für meine Auftraggeber, die noch im Dunkel bleiben wollen.

BRACLAW: So, so! Wollen im Dunkel bleiben!

DANNENBERG: Wir haben einen großen Konzern gegründet, mit starker Kapitalskraft. Wir wünschen, den hervorragendsten Geschäftsmann im Ghetto als Partner zu gewinnen. Die Wahl ist einstimmig auf Sie gefallen, Herr Braclaw.

BRACLAW: Scheinen kluge Leute zu sein, Ihre Auftraggeber.

DANNENBERG: Umso mehr, als Sie gewiß alle geheimen Schliche und Kniffe kennen. Wir hoffen, Sie stellen uns Ihre reichen Erfahrungen zur Verfügung, zu gegenseitigem Nutzen. Man zerbricht sich noch jetzt den Kopf, wie Sie's in so kurzer Zeit zum Krösus gebracht haben.

BRACLAW: Nun, wie? Durch Verstand! Es ist kein Geheimnis. Als die Nazis plötzlich mit den Exekutionen anfingen, brach eine wilde Panik aus. Jeder wollte nur verkaufen; alles, was er hatte, zu Geld machen, für den Fall des Entrinnens. Waren gab es massenhaft im Ghetto; die Schwierigkeit war nur, sie hinauszubringen. Ich hatte keine Ware; ich war ein armer Fuhrmann. Aber das Geld lag damals auf der Straße, will sagen, die Ware. *Er schlägt sich auf die Stirn.* Hier muß man nur was haben! Hirn muß man haben!

DANNENBERG: Welche Ware lag auf der Straße?

BRACLAW: Leichen. Tote, Leichen. Solche, die die SS an die Wand gestellt hatte; solche, die vor Hunger im Rinnsal krepiert waren; und andere, die die lieben Verwandten aufs Pflaster geworfen hatten, um die Begräbnissteuer zu sparen. Da lagen sie unnütz und verpesteten nur die Luft. Ich trug mich beim Judenrat an, die Leichen unentgeltlich nach dem Friedhof zu befördern; das heißt, die Leichen waren mein Entgelt. Ich kaufte die Toten; die Toten samt allem, was sie an sich hatten. Manche hatten Brillanten und Devisen in ihre Lumpen eingenäht oder an geheimen Körperstellen versteckt, besonders die Weiber. Ich erwarb das Monopol an den Toten; merken Sie sich's, junger Mann: ein Monopol muß man haben, wenn das Geschäft florieren soll -

DANNENBERG: Genial! Wirklich genial, Herr Braclaw!

BRACLAW: Wie gesagt, die Ghettotore waren scharf bewacht. Aber wer wird schon einen Leichenwagen untersuchen, mit hochgehäuften, stinkenden Toten? Unter den Toten aber schaffte ich die Waren aus dem Ghetto: Brokate, Silber, Tafelgeschirr. Die Polen schmuggelten sich aus dem christlichen Friedhof nach dem jüdischen hinüber; zwischen den Gräbern blühte ein schwunghafter Schwarzer Markt. Ich verdiente bei jedem Verkauf tausend Prozent. Bald hatte ich zehn

Wagen und zwanzig Pferde. Heute kann ich, wenn ich will, mir das halbe Ghetto kaufen. Ich werde es vorziehen, eine Straße in der Christenstadt zu erstehen.

DANNENBERG: Bewundernswert, das muß man gestehen! Fürchten Sie aber nicht, daß eines Tages die Gestapo Ihnen Ihre Schätze raubt?

BRACLAW: Was werden sie rauben? Sie sind meine stillen Gesellschafter: das heißt, still sind sie gerade nicht, sie machen lautes Geschrei. Aber sie sind gute Rechner. Ich führe ordentliche Geschäftsbücher; fünfzig Prozent für mich, fünfzig für sie. Was haben sie schon von einem einzelnen Raubzug? In laufender Rechnung verdienen sie mehr!

DANNENBERG: Man weiß auch, welchen edlen Gebrauch Sie von Ihren Reichtümern machen. Sie unterstützen mitleidig im Geheimen, erzählt man, verarmte Reiche, die sich ihrer Not schämen.

BRACLAW: Was erzählt man? Da kennt man mich schlecht! Wer hatte Mitleid mit mir, als ich noch ein armer Fuhrmann war? Jankel Braclaw, rief man, fahr mich dahin! Fahr mich dorthin! Wart hier, Jankel Braclaw, kommandierte man, bis ich wiederkomme! Und ich wartete auf dem Bock im Sommerüberzieher, in Frost und Schnee, bis die Bonzen mit ihren Prassereien fertig waren. Jetzt lass' ich sie warten! Ich habe eine Suppenküche eingerichtet und schaue zu, wie die Krösusse sich in Reih und Glied geduldig um eine Bettelsuppe anstellen, viele Stunden lang. Ich habe einen harten Daumen! - Nun aber zum Geschäft! Wollen Sie verkaufen oder kaufen?

DANNENBERG: Kaufen.

BRACLAW: Was? Perserteppiche, Zobelpelze, altes Porzellan? Ich liefere alles. Juwelen aus dem Kronschatz der polnischen Könige? Kann damit dienen.

DANNENBERG: Maschinengewehre.

BRACLAW: Ein spaßhafter junger Mann! Was brauchen Sie Maschinengewehre? Rüben und Kartoffeln braucht man im Ghetto!

DANNENBERG: Wir kaprizieren uns aber auf schwere Maschinengewehre.

BRACLAW: Sollen's sein, von mir aus, Maschinengewehre! Ist aber eine seltene Ware. Wird nicht zu haben sein das Stück unter hunderttausend Zloty.

DANNENBERG: Einverstanden!

BRACLAW: Wie? Und Kasse im voraus!

DANNENBERG: Einverstanden. Sie liefern morgen die ersten zehn Stück.

BRACLAW: Zahlen Sie die Million auf den Tisch!

DANNENBERG: Die Million zahlen Sie!

BRACLAW: Ein Spaß! Ich liefere - und bezahle die Lieferung?

DANNENBERG: Nicht? Dann zwei Millionen!

BRACLAW: *geht zur Tür* Halten Sie einen andern zum Narren!

DANNENBERG: Einen Augenblick! Haben Sie schon etwas von der Kampforganisation der Partisanen im Ghetto gehört, Herr Braclaw?

BRACLAW: Interessiert mich nicht.

DANNENBERG: Und von den geheimen Gerichten dieser Organisation? Diese Gerichte fällen nur Freisprüche oder Todesurteile.

BRACLAW: Lassen Sie mich gefälligst hinaus!

DANNENBERG: *zu Lewitan* Es wird Herrn Braclaw vielleicht interessieren, die Liste der Verurteilten einzusehen.

LEWITAN: *produziert ein Papier aus der Tasche, das er Braclaw vorhält* Bitte, Herr Braclaw! Die erste Rubrik genügt.

BRACLAW: *wirft einen Blick auf die Liste und fängt zu zittern an* Jankel Braclaw.

DANNENBERG: Die Vollstreckung des Urteils ist nur aufgeschoben. Es steht Ihnen frei, sich durch ein Sühnegeld loszukaufen.

BRACLAW: *schreit plötzlich* Gewalt! Räuber! Ich bin in eine Räuberhöhle geraten!

DANNENBERG: Was? Was? Sie haben mit dem Elend Ihrer Glaubensgenossen gewuchert, sind am namenlosen Jammer reich und fett geworden, dick angeschwollen wie ein Eiterfurunkel - und alles das, glaubten Sie, straflos? Und wenn Ihr Volk in seiner letzten Not Sie jetzt um eine Beisteuer angeht, was? - haben Sie die Stirn, sie abzuschlagen?

BRACLAW: Mein Geld gehört mir! Ich habe es durch harte Mühen erworben -

DANNENBERG: Wie Sie wollen! Sie haben die Wahl, um einige Millionen erleichtert, Ihre Geschäfte weiter zu treiben oder mit allen Ihren Millionen bei Ihrer Ware zu liegen!

BRACLAW: Sie werden von Ihren Gaunereien keine Freude haben; das prophezeie ich Ihnen, dreckiger Räuber!

DANNENBERG: Hoffen Sie nicht, uns zu überlisten! Sie stehen von diesem Moment unter schärfster Bewachung. In der Stunde, in der ein verräterisches Wort über Ihre Lippen kommt, sind Sie ein Mann des Todes. Auch andere haben Hirn, Herr Braclaw, und noch härtere Daumen -

BRACLAW: Nun gut. Stellen Sie mir eine Quittung über eine Million aus! Und eine Bestätigung, daß ich keinerlei Verbindlichkeiten mehr habe -

DANNENBERG: Hinaus mit ihm! *Lewitan führt Braclaw hinaus.* Bringt den nächsten Vampir! Ich werde euch ausbrennen, ihr Krebsgeschwüre.

Dasselbe Zimmer. Dannenberg, Ruben, Isserlin, Glycenstein und andere.

DANNENBERG: Nun?

RUBEN: Es ist mir gelungen, bis zum Kommando der Partisanen vorzudringen.

DANNENBERG: Und?

RUBEN: Sie bedauern, keine Ghetto-Kinder aufnehmen zu können. Es fällt ihnen schon schwer, ihre eigenen Kinder auf Bauernhöfen und in Klöstern zu verstecken.

DANNENBERG: Sie bedauern; wie's vorauszusehen war. Weiter!

RUBEN: Es ist ihnen unmöglich, Waffen an uns abzugeben. Sie bringen nur mit größter Not die Waffen auf, die sie selber dringendst benötigen.

DANNENBERG: Selbstverständlich, es ist unmöglich. Drittens!

RUBEN: Sie sind weit davon entfernt, ihre Vorbereitungen beendet zu haben. Sie können noch nicht losschlagen.

DANNENBERG: Nun also! Seid ihr jetzt zufrieden?

RUBEN: Ich schilderte ihnen, daß wir am Verhungern sind und schnell handeln müssen, wenn wir überhaupt handeln wollen. Ich stellte ihnen vor, daß es ihr eigener Vorteil wäre, ihre Aktion mit der unseren zu koordinieren -

DANNENBERG: Sehr gut.

RUBEN: Sie gaben mir schließlich fünfzig gefälschte Schutzbriefe, mit der Unterschrift des Generalgouverneurs, auf die Führer unseres Aufstandes ausgestellt. Nimm deinen Schutzbrief! Für alle Fälle - *Er drängt ihm ein Papier auf, das Dannenberg einsteckt.*

DANNENBERG: Papier anstatt Maschinengewehre und Flammenwerfer! - Nun, du hörst: es ist gut.

RUBEN: Was ist gut?

DANNENBERG: Auch diese Illusion ist hin. Wir wissen nun, daß wir von nirgends in der Welt eine Hilfe erwarten können. Wir müssen allein handeln.

ISSERLIN: *nach einer Pause* Vielleicht wird es nicht nötig sein.

DANNENBERG: Wie meinst du das?

ISSERLIN: Jetzt, wo sie die Deportationen eingestellt haben. Wenn wir Ruhe halten, geben sie dem Rest Pardon; sie haben's versprochen.

DANNENBERG: Ah! Ah! Die Bestien haben sich humanisiert! Die Panther wurden von Mitleid für die Böcklein überwältigt! Das sind die Schlüsse, die du ziehst?

ISSERLIN: Das eben nicht.

DANNENBERG: Ich ziehe andere! Sie sind durch die Niederlage bei Stalingrad so geschwächt, daß sie alle ihre Truppen an die Front werfen müssen. Es wäre ihnen verdammt unangenehm, wenn wir grad jetzt unruhig würden; deshalb lullen sie uns mit Versprechungen ein. Sobald die Schonzeit vorbei ist, liquidieren sie uns mit einem Schlag!

ISSERLIN: Du siehst immer nur das Schlimmste.

DANNENBERG: Kaum, daß eine Illusion in Dunst aufgegangen ist, habt ihr euch flugs eine andere aufgebaut! Statt euch zu sagen: wir wollen die Gnadenfrist benutzen, um uns gründlicher vorzubereiten, schwelgt ihr in Träumen vom goldenen Zeitalter! Ich werde euch den Genuß eures Opiums vergällen, ihr unausrottbaren Träumer des Ghettos -

ISSERLIN: Du hast recht. Wir sind nicht dazu geschaffen, entschlossen zu handeln.

DANNENBERG: Ich werde ein Knüppel auf euren Buckeln sein! Die Wespe in eurem Hintern werde ich sein, die euch keine Ruhe läßt! *Es klopft. Wilnaer und Radomski treten ein.* Rabbi Wilnaer! Wie, Sie kommen zu uns?

WILNAER: Ich habe schon zu lange gezögert.

DANNENBERG: Haben Sie entschieden?

WILNAER: Ich habe Tage und Nächte lang studiert. In den Büchern steht es nicht geschrieben. Da wurde mir klar, daß ich nur in einer Erleuchtung die Entscheidung finden könnte.

DANNENBERG: Ja, ja! Und?

WILNAER: Als die Erleuchtung kam, erschrak ich so vor ihr, daß ich an ihr zweifelte. Aber so sehr ich suchte, sie zu verdunkeln: es war eine Entscheidung von Gott.

DANNENBERG: Was für eine Entscheidung? Sprechen Sie!

WILNAER: Die Juden früherer Zeiten, jene, die in den Kreuzzügen gemetzelt und von der Inquisition verbrannt wurden, konnten ihr Leben retten, indem sie die Taufe nahmen. Sie verwarfen die Taufe und wählten den Scheiterhaufen; und diese freiwillige Wahl war es, so glaube ich, die ihren Tod zum heiligen Märtyrertod machte.

DANNENBERG: Das glaube ich auch.

WILNAER: Die Unglücklichen in unsern Tagen, die willenlos wie Schlachttiere zum Schlachthof getrieben werden, sterben einen traurigen Tod, doch keinen heiligen. Wenn sie sich aber gegen die Übergewalt empören, wählen sie den Tod - und ein solcher Tod würde ein Märtyrertod sein.

DANNENBERG: Ich danke Ihnen, Rabbi. Ich habe es im ersten Augenblick gefühlt, daß Sie mit uns sind.

WILNAER: Was liegt an mir? Gott ist mit Ihnen. *Auf eine heftige Bewegung Dannenbergs:* Sie glauben nicht an Gott?

DANNENBERG: Wie ist es Ihnen möglich, an einen Gott zu glauben, der etwas so Entsetzliches wie dieses Ghetto zuläßt?

WILNAER: Es ist uns versagt, die geheimnisvollen Absichten Gottes zu ergründen. Sie lieben Gott nicht. Das aber weiß ich, daß Er Sie liebt. Sonst hätte er Ihnen nicht diesen Gedanken eingegeben. Simon Barkochba - *er unterbricht sich* Wissen Sie, wer Barkochba war?

DANNENBERG: *lächelt* So ungebildet bin ich nicht, Rabbi.

WILNAER: Sie sind in weltlichem Wissen gebildet. Von jüdischen Dingen, dachte ich, wissen Sie nicht viel.

DANNENBERG: Das ist wahr. Ich sträubte mich lang dagegen, Jude zu sein. Bis ich grausam belehrt wurde, daß ich nichts bin und sein kann als ein Jud.

WILNAER: Gott wählt Seine Diener auf unerforschliche Weise aus. Moses wurde am Hof des Pharao als Ägypter erzogen. Juda Makkabi wuchs in griechischer Bildung auf. Und Barkochba, sagt man, war stolz darauf, ein römischer Bürger zu sein, bis die Verzweiflung seines Volks ihn zum Führer des Volks berief. Barkochba war seines Gottes so gewiß, daß er zu Ihm sprach: Ich bitte Dich nicht, mit mir zu sein. Sei nur nicht gegen mich: so wird mein Werk nicht mißlingen!

DANNENBERG: Es ist ein kühnes Gebet. Wenn ich beten könnte, würde ich so beten. - Werden Sie nun Ihren Orthodoxen befehlen, sich unserer Sache anzuschließen?

WILNAER: Ich habe keine Macht, zu befehlen. Ich kann nur raten und mahnen. *Zu Radomski:* Sagen Sie's überall an, daß das der Mann ist, der uns zum Märtyrertod führen wird!

DANNENBERG: *zu Radomski* Gibt's unter euch Leute, die verstehen, mit Waffen umzugehen?

RADOMSKI: Solche haben wir nicht, Gott sei Dank! Der Herr hat Seine Frommen davor bewahrt, in der Armee der Gojim zu dienen.

DANNENBERG: Womit also könnt ihr uns dienlich sein?

RADOMSKI: Wir lernen und beten.

DANNENBERG: Betet! Lernt! Aber arbeitet! Glaubt ihr, der Märtyrertod wird euch geschenkt? Verdient ihn euch! Hebt Erde aus! Schleppt Steine! Gießt Zement -

RADOMSKI: Das tun wir nicht. Dann könnten wir nicht lernen.

DANNENBERG: Was für Menschen sind das, Rabbi? Wie kann man aus solchen Menschen brauchbare Arbeiter machen?

WILNAER: Ich bin ein alter Mann und zu nichts nütze. Teilen Sie mich in eine Arbeitsgruppe ein und geben Sie mir einen Spaten in die Hand! Vielleicht kann ich Ihnen durch mein Beispiel nützlich sein.

RADOMSKI: *beschämt zu Dannenberg* Ich werde Ihnen am Abend die ersten Tausend zur Arbeit stellen.

WILNAER: Ich gehe jetzt - *Man hört plötzlich draußen heftiges Schießen.*

RUBEN: Sie schießen! Sie können nicht hinaus, Rabbi.

DANNENBERG: *am Fenster* Das Vernichtungskommando! Da habt ihr die Schonzeit!

SINAIBERGER: *stürzt herein* Tritt vom Fenster weg! Sie feuern in die Fenster hinein!

GLYCENSTEIN: *erschrocken* Dora! Sie treibt sich mit dem Kind draußen herum! *Er eilt hinaus.*

SINAIBERGER: Ein SS-Mann wurde in der Straße erschossen. Sie haben die Straße abgesperrt. Sie suchen von Haus zu Haus -

DANNENBERG: Wer hat ihn erschossen?

SINAIBERGER: Frag nicht! In den Bunker!

DANNENBERG: Wer hat ihn erschossen? Der Befehl war ausgegeben: keine Provokation!

RUBEN: Schnell in den Bunker! Sonst finden sie hier unsern ganzen Stab!

DANNENBERG: Mich finden sie nicht! Ich brauche nicht deinen Schutzbrief! *Er zerreißt den Schutzbrief, den Ruben ihm gegeben hat, und folgt langsam den andern, die sich aus der Tür drängen.*

Ein langgestreckter, sehr niedriger, schwach erhellter Bunker. Oben ist eine Falltür, von der Stufen hinabführen. In einer Ecke einige Pritschen und Decken. Eine größere Anzahl Menschen, unter ihnen Dannenberg, Ruben, Isserlin, Wilnaer und Radomski. Sinaiberger und Lea sitzen abseits von den andern, in einer Ecke, dicht nebeneinander. Man hört draußen schießen.

DANNENBERG: Wer hat den SS-Mann erschossen? Weh ihm, wenn's einer unserer Leute war!

ISSERLIN: Unsere Leute brechen nicht die Disziplin.

DANNENBERG: Wer es auch war, er wird dafür zahlen! *Glycenstein drängt Dora, die das Kind trägt, und Mira durch die Tür.*

GLYCENSTEIN: Hierher! Dora, Mira, nur schnell!

DORA: Wozu hast du mich von der Straße geholt? So wäre jetzt alles zu Ende!

DANNENBERG: *auf die Schüsse draußen lauschend* Wieder Menschenjagd! Sie liefern Braclaw frische Ware.

MIRA: *sich angstvoll umsehend* Was ist das? Wo bin ich hier?

GLYCENSTEIN: Hab keine Angst! In diesem tiefen Bunker bist du sicher.

MIRA: *zeigt auf die Röhren* Hier sind Röhren.

GLYCENSTEIN: Wasserleitungsröhren. Wir haben in allen Kellern Wasser gelegt. Für den Fall, daß wir uns lange verbergen müssen.

MIRA: Und Drähte!

GLYCENSTEIN: Alle Häuser sind durch unterirdische Telephonleitungen verbunden.

MIRA: Wo sind die Brausen, durch die es kommt?

GLYCENSTEIN: Hier sind keine Brausen. Sei nur ruhig!

MIRA: Sie haben sie getarnt. Dann strömt es auf andere Weise ein.

WILNAER: Wer ist das Mädchen?

GLYCENSTEIN: Die Schwester meiner Frau. Sie war in der Gaskammer in Majdanek. Man warf sie als tot in ein Massengrab, aber sie lebte noch.

WILNAER: Das unglückliche Geschöpf!

GLYCENSTEIN: Sie kam zu oberst zu liegen und wurde auf rätselhafte Weise gerettet, sie weiß selbst nicht, wie. Ein mitleidiger Pole hat sie gestern zurück ins Ghetto geschmuggelt. Aber sie wird das Entsetzen nicht los.

SINAIBERGER: *lauschend* Sie sind jetzt im Haus. Hunde bellen!

RUBEN: Sie haben Spürhunde und Horchapparate mit sich. In Wilna, erzählt man, führten sie Hauspläne mit, um die Lage der Keller festzustellen.

MIRA: *zitternd* Sie wissen alles. Man kann ihnen nicht entkommen.

SINAIBERGER: *grübelnd* Diesmal sind wir in der Falle. Unsre Aktion ist zu Ende, bevor sie begann.

LEA: Denk nicht daran! Denk lieber, wie schön es war! Wolf, war es nicht schön?

SINAIBERGER: Es war sehr schön.

LEA: Nicht wahr? Unter Hunderttausenden Menschen haben gerade wir uns getroffen: war das nicht Glück? In all dem Elend haben wir uns lieb gehabt: das war doch ein ungeheures Glück!

SINAIBERGER: Du hast mich glücklich gemacht, Lea.

LEA: Und du mich! Und wenn jetzt das Ende kommt, trifft es uns beide zugleich: auch das wird noch Glück sein.

SINAIBERGER: Ja, solange wir zusammen sind, kann uns nichts Schlimmes geschehen.

RUBEN: Jetzt sind sie grad über uns.

DANNENBERG: *zu Isserlin, der gegen die Tür geht* Wohin willst du, Baruch?

ISSERLIN: Es ist besser, sie finden einen im Haus. Sonst heben sie hier das Hauptquartier aus.

DANNENBERG: Du meinst, wenn sie dich erschießen, ist ihre Wut gestillt und sie suchen nicht weiter?

ISSERLIN: Ich hoffe es.

DANNENBERG: Wenn sie dich aber nicht erschießen, sondern ihrem dritten Grad unterziehen? Bist du so sicher, daß du unter der Folter das Hauptquartier nicht verraten wirst?

ISSERLIN: So sicher bin ich nicht.

DANNENBERG: So rühr dich nicht! Heroische Gesten sind mir verhaßt! - Ich sage dir übrigens: sie finden mich nicht!

SINAIBERGER: *zu Lea, die plötzlich lacht* Warum lachst du, Lea? Woran hast du gedacht?

LEA: An einen Wald. Nun sind wir seit zwei Jahren hinter den Ghettomauern eingesperrt und haben kaum einen grünen Baum gesehen. Kannst du dir vorstellen, daß es irgendwo in der Welt einen Wald gibt?

SINAIBERGER: Einen Wald! Und weite Felder, über die der freie Wind bläst!

LEA: Stell dir nur vor: einen dichten, kühlen Tannenwald. Und die kleinen Waldbäche, die munter über glatte Kiesel plätschern. Ich habe mir so sehr gewünscht, mit dir einmal durch den Wald zu gehen.

SINAIBERGER: Vielleicht gehen wir noch einmal zusammen durch einen Wald.

LEA: Durch einen himmlischen Wald, meinst du? Blüht dort auch Vergißmeinnicht im feuchten Schatten am Bachrand? Und wachsen rote Fliegenpilze im Kreis unter hohen Fichten?

Man hört ein beständiges Pochen an der Außenmauer.

ISSERLIN: Sie klopfen die Kellerwände ab.

RUBEN: In Wilna bohrten sie die Ritzen zwischen den Mauersteinen an, und durch die Löcher ließen sie -

MIRA: *fährt entsetzt auf* Gas! Gas!

GLYCENSTEIN: Ruhig, Mira!

MIRA: Sie lassen Gas ein!

WILNAER: Fürchte dich nicht, Ärmste -

MIRA: Ich fürchte mich nicht vor dem Tod; aber nur nicht Gas! Ihr wißt nicht! Sie kleiden euch nackt aus, führen euch in den Duschraum und öffnen die Hähne. Und dann strömt es aus den Brausen! Es riecht widerlich süßlich. Zuerst schmeckt's wie eine geile Medizin; dann ist's im Mund wie Feuer und würgt die Gurgel zusammen und zerrt die Eingeweide aus dem Leib, und es dauert, es dauert, Ewigkeiten lang - Laßt mich hinaus!

WILNAER: Still! Um Gottes willen!

MIRA: *mit den Fäusten wie wahnsinnig gegen die Mauer schlagend* Macht auf! Macht auf!

GLYCENSTEIN: Sie erschießen dich sofort!

MIRA: Mögen sie! Nur nicht Gas - *Man hört ein bohrendes Geräusch.*

RUBEN: Sie bohren die Mauern an!

MIRA: *zusammensinkend* Sie lassen es ein! Man entgeht ihnen nicht.

DANNENBERG: Jetzt keinen Laut! *Im Folgenden hört man dauernd einen Bohrer, der in der Mauer arbeitet.*

WILNAER: *ist aufgestanden, hat sich an die Mauer gestellt und flüstert, während er sich beständig verbeugt* Du hast uns den lebendigen Odem eingeblasen. Du hast uns das Leben gegeben, damit wir Dir durch das Leben dienen, uns seiner erfreuen und neues Leben schaffen. Du bist ein Gott des Lebens, nicht des Todes -

MIRA: Es ist ekelhaft süß.

SINAIBERGER: Sie bohren. Sie bohren.

Plötzlich fängt das Kind, das Dora im Arm hält, zu schreien an.

DANNENBERG: Bring das Kind zum Schweigen!

DORA: Tagelang war es stumm. Grad jetzt fängt's zu schreien an!

DANNENBERG: Bring's zum Schweigen! Sonst sind wir verloren!

DORA: *das schreiende Kind wiegend, spricht leise auf es ein* Schrei nicht, mein Armes! Du hast Hunger; Hunger tut weh, ich weiß es. Wenn du jetzt still bist, bekommst du Brot, weiches, gezuckertes Weizenbrot! Und Milch bekommst du; ach, du weißt nicht, was Milch ist! Milch ist weiß und zart und fließt so angenehm die Kehle hinab. Und Schokolade, Rosinen und Äpfel! Schrei nicht, mein armes Wurm; ich flehe dich an - *Das Kind ist still geworden.*

WILNAER: Du hast es Dir vorbehalten, uns den Tod zu schicken, nach Deinem Plan, zu seiner Zeit. Rette uns vor dem gewaltsamen unzeitigen Tod -

Das Kind fängt wieder an zu schreien, noch lauter.

DANNENBERG: Still, das Kind! Es liefert uns ihnen aus!

DORA: Still, mein Kleines! Wenn du nicht schreist, wirst du in einem weichen Bettchen liegen, mit Daunenkissen und seidenen Decken, wie deine Geschwisterchen in Lemberg! Und Spielzeug wirst du kriegen, soviel nur dein Herz begehrt! Eine Trompete, die du blasen wirst; eine Eisenbahn, die auf Schienen fährt; einen Teddybären, der quiekt, wenn du auf seinen Bauch drückst. Deine Mutter ist nicht schlecht, wenn sie dir all das nicht schenkt; sie ist nur ohnmächtig und unglücklich. Sie wird für dich stehlen und rauben -

DANNENBERG: Es hört nicht auf!

DORA: *verzweifelt* Ich habe nicht Brot und Milch für dich; ich habe nur Blut! Hier, hier! Iß mein Fleisch, trink mein Blut - *Sie reißt sich das Kleid auf und preßt das Kind heftig gegen ihre Brust. Das Kind verstummt. Der Bohrer, der beständig gearbeitet hat, hat ein Loch in der Mauer ausgebohrt.*

MIRA: *heftig zitternd* Gas! Jetzt lassen sie's ein! *Eine sehr lange Pause. Alles ist totenstill. Dann hört man von draußen die Stimmen zweier SS-Männer*

ERSTER SS-MANN: *draußen* Gibt's Juden da?

ZWEITER SS-MANN: *nach kurzem Schweigen* Kein Judenschwein im Bau! Komm! Schade ums Gas! *Man hört sie weggehen. Wieder eine lange Pause.*

WILNAER: Gott hat uns durch ein Wunder gerettet!

DORA: *das Kind von ihrer Brust hebend* Jetzt darfst du schreien. Kreisch nur nach Herzenslust! - Warum schreist du nicht? Was bist du jetzt so still?

GLYCENSTEIN: *der einen Blick auf das Kind geworfen hat* Gib mir das Kind!

DORA: *wie erstarrt* Was ist er so blaß? Warum regt er sich nicht?

DANNENBERG: *leise* Sie hat ihr Kind an ihrer Brust erstickt. Das ist das Wunder, Rabbi, das uns gerettet hat!

Im Bunker. Einige Stunden später. Dannenberg, Lewitan, Ruben, Isserlin und andere.

DANNENBERG: Warum hast du den SS-Mann erschossen?

LEWITAN: Das viehische Schwein war eben daran, in einem Hausflur ein Mädchen zu vergewaltigen. Sie war noch fast ein Kind und heulte erbärmlich. Ich habe die Bestie niedergeschossen.

DANNENBERG: Du mußtest wissen, daß für das eine Mädchen, das du vor der Vergewaltigung rettetest, hundert andere vergewaltigt, und für einen SS-Mann tausend Juden erschossen werden würden.

LEWITAN: Ich konnte in dem Augenblick nicht überlegen. Der Zorn hat mich überwältigt.

DANNENBERG: Du weißt, daß jedes Mitglied unserer Organisation verpflichtet ist, seine persönlichen Empfindungen zu unterdrücken.

LEWITAN: Ich weiß, daß ich mich vergangen habe.

DANNENBERG: Warum hast du die Sühne nicht sofort auf dich genommen und dich der SS gestellt?

LEWITAN: Ich hoffte, mein Leben nutzbringender loszuschlagen. Bei irgendeiner kühnen Unternehmung, die ihr mir auftragen würdet.

DANNENBERG: Du weißt, welches Urteil nach unserm Gesetz den Partisanen trifft, der einem Befehl zuwider handelt.

LEWITAN: Ich weiß es. Ich werde die Kameraden nicht damit belasten, das Urteil an mir zu vollstrecken.

ISSERLIN: Wir alle bitten dich, Simon -

DANNENBERG: Ich habe nicht das Recht, das Gesetz abzuändern; keinem zuliebe.

LEWITAN: Adieu, Simon, und vergib mir! Adieu, Kameraden! *Er bleibt am Ausgang stehen.* Es möge euch glücken! Auch wenn ich nicht dabei sein werde. *Er geht ab.*

DANNENBERG: Das war mein Freund!

RUBEN: Ruf ihn zurück!

DANNENBERG: Ich mache nicht mehr mit! Ich schmeiße euch den Bettel hin! Laßt mich allein! *Sie gehen hinaus. Dannenberg geht erregt auf und ab. Nach einer Weile tritt Golda ein.*

GOLDA: Ich bringe dir etwas Brot.

DANNENBERG: Danke. Ich habe keinen Hunger.

GOLDA: Du darfst nicht hinaus. Sie schießen noch wild in den Gassen herum.

DANNENBERG: Was bleibst du dann nicht in Deckung?

GOLDA: Ich habe es heraus, mich unsichtbar zu machen. Um mich wäre es auch nicht so schad. *Sie will gehen.*

DANNENBERG: Bleib noch eine Weile hier, Golda!

GOLDA: Ich habe noch andre bedürftige Kunden. Morgen früh bringe ich dir wieder etwas zum Essen.

DANNENBERG: Keiner ist vielleicht so bedürftig wie ich. Ich habe eben Selig zum Tode verurteilt.

GOLDA: Selig? Nein! Es ist nicht möglich!

DANNENBERG: Meinen Freund! Meinen ersten Mitarbeiter!

GOLDA: Es ist mir sehr leid um ihn. - Sei nicht traurig! Dann hat er's gewiß verdient.

DANNENBERG: Ich brauche keinen Trost. Ich fühle nicht Trauer noch Bedauern. Ich habe schon längst kein menschliches Gefühl mehr.

GOLDA: Es ist nicht wahr! Das glaubst du selbst nicht!

DANNENBERG: Jedes Gefühl ist in mir tot. Ich sehe auf der Gasse Menschen vor Hunger sich krümmen - und gehe gleichgültig an ihnen vorüber. Wenn fünftausend nach dem Todeslager deportiert werden, denke ich nur: fünftausend unnütze Esser weniger, die wir später hätten füttern müssen!

GOLDA: Man wird hart im Ghetto. Man kann das Entsetzen nur ertragen, indem man hart oder wahnsinnig wird.

DANNENBERG: Kein Verbrechen, das ich nicht begehe: Betrug, Raub, Erpressung und Mord! Ich bereue die Verbrechen nicht, die ich begangen habe! Und ich schrecke nicht vor jenen zurück, die ich noch begehen werde.

GOLDA: Du tust es für die Sache. Für dich selbst suchst du nicht den winzigsten Vorteil.

DANNENBERG: Ja, man wird im Ghetto unmenschlich. - Geh, Golda! Warum willst du für einen solchen Menschen sorgen?

GOLDA: Wir sind alte Freunde - oder nicht? Ich bin glücklich, für dich arbeiten zu können, du weißt es.

DANNENBERG: *nach einer Pause* Ich erkenne mich selbst nicht mehr. Ich kann es mir gar nicht vorstellen, daß ich der selbe Mensch bin, der vor wenigen Jahren, als ich an der Universität studierte, sich an hohen Gedanken berauschte, nach sittlicher Vervollkommnung strebte, und seine Lebensaufgabe darin sah, seinen Mitmenschen zu dienen. Ist es möglich, daß es eine Zeit gab, in der mir die Tränen kommen konnten, wenn ich ein ergreifendes Gedicht las?

GOLDA: Du hast mir damals oft Gedichte vorgelesen. Besonders deutsche; weißt du noch?

DANNENBERG: Das war ein andrer Mensch in einem andern Jahrhundert. *Er sieht sie an.* Du bist dieselbe geblieben.

GOLDA: Wir Frauen haben es leichter. Wir haben immer jemanden, für den wir sorgen können, und denken weniger an uns selbst.

DANNENBERG: Wie hast du das gemacht? Daß du dich in all dem Greuel und Schmutz bewahrt hast?

GOLDA: Ich habe etwas in mir, das mir sehr teuer ist. Das hat mich vor dem Schmutz bewahrt. *Nach einer Pause:* Ich lese auch jetzt noch Gedichte, Simon. Ich habe sie immer bei mir. Mickiewicz und Goethe. *Sie zeigt zwei Bändchen.*

DANNENBERG: Jetzt verstehe ich. Du bist wahnsinnig geworden.

GOLDA: *lächelt* O nein, ich bin sehr vernünftig. Wie unsre Frommen jeden Morgen und Abend Gebete lesen, lese ich Gedichte. Das gibt mir Freude für den ganzen Tag.

DANNENBERG: Lies mir eins vor! Das Gedicht von Goethe, das mich immer so gerührt hat! Du weißt es sicher auswendig. „An den Mond".

GOLDA: *rezitiert leise* „Füllest wieder Busch und Tal
Still mit Nebelglanz-"

DANNENBERG: Es ist Wahnsinn! Ein dumpfer, stinkender Keller; ringsum Haufen Erschlagener - und Goethe! *Er stöhnt auf.* Vergessen! Einmal vergessen können! Hilf mir, Golda!

GOLDA: Wie soll ich das?

DANNENBERG: Eine Stunde Vergessen! Nur nicht allein sein mit seiner kalten Qual! Mit einem Stein in der Brust anstatt des Herzens! Gib mir lebendiges Leben wieder!

GOLDA: Sprich nicht so, ich bitte dich! Und schau mich nicht so an! - Laß mich! Du liebst mich nicht!

DANNENBERG: Ich werde dich sehr lieben, wenn du mich nur ein wenig liebst! Ich wäre glücklich, wenn ich auch nur wieder Trauer, Schmerz oder Verzweiflung fühlen könnte: Das wäre schon Leben! Ich will nicht tot sein, bevor ich gestorben bin!

GOLDA: Wir haben einander seit der Kindheit gekannt! Wir sind wie Bruder und Schwester gewesen. Es wäre nicht gut -

DANNENBERG: Ja, ich weiß, daß es keine Liebe gibt. Nur Selbstsucht gibt es, Gier, kalte Berechnung und den grausamen Kampf um sein bißchen Lebensraum, wie beim Schiffsuntergang auf einem überfüllten Rettungsboot -

GOLDA: *verzweifelt* Glaub das nicht! Wie kann man leben mit einem so fürchterlichen Glauben?

DANNENBERG: Warum solltest du mir Liebe geben? Ich kann dir nichts wiedergeben: keinen bunten Fetzen, keine Scheibe Brot! Geh -

GOLDA: *ihre Arme leidenschaftlich um ihn schlingend* Armer Mann! Du armer Mann!

Im Bunker. Wieder einige Stunden später. Es ist Nacht. Dannenberg und Golda.

GOLDA: Warum bist du schon aufgestanden? Ich habe es im Schlaf ge-spürt, wie du von meiner Seite aufstandst.

DANNENBERG: Die Kameraden haben die ganze Nacht gearbeitet: Schächte gegraben und Sprengstoff fabriziert. Ich habe kein Recht, unter der Decke zu liegen.

GOLDA: Du hast dir die eine sorglose Nacht verdient. Komm, leg dich nieder! Es ist noch nicht Morgen.

DANNENBERG: Glaubst du, daß die Italiener, die das große Munitionsde-pot an der Weichsel bewachen, uns Waffen verkaufen würden?

GOLDA: *lächelt* Daran hast du gedacht, als du bei mir lagst?

DANNENBERG: Sie hassen ihre deutschen Herren. Wir haben zwanzig Millionen zusammengescharrt. Ich denke, sie werden nicht so zimper-lich sein. Was glaubst du?

GOLDA: Das ist alles, was du mir zu sagen hast? Wenn man die Frau wiedersieht, die man in der Nacht geliebt hat, gibt man ihr einen Kuß und sagt ein liebes Wort -

DANNENBERG: Geh unter die Decke! Oder zieh dich an!

GOLDA: Du darfst nicht hart gegen mich sein. Ich bin nicht mehr diesel-be, die ich am Abend war.

DANNENBERG: Ich weiß, ich werde immer mit dir schlafen müssen, weil ich einmal mit dir geschlafen habe! Von jetzt an habe ich nur eine Pflicht: dich zu küssen!

GOLDA: Sprich nicht so, Simon! Vorher hast du anders gesprochen.

DANNENBERG: Ja, ja! Du wirst mir jeden Abend Vorwürfe machen, wenn ich einen anderen Gedanken im Kopf habe als dich! Du wirst alles dran setzen, um mich zu deinem Sklaven zu machen -

GOLDA: Ich habe dich schwach gesehen. Das verzeihst du mir nicht.

DANNENBERG: Es ist jetzt nicht Zeit, zu diskutieren. Steh hier nicht im Hemd! Du wirst dich erkälten.

GOLDA: *schmerzlich* Was habe ich schlecht gemacht?

DANNENBERG: Es war kein Vergessen! Nur neue Qual zur alten Qual! Du hast es selbst gesagt: Es war wie ein Inzest.

GOLDA: *nach einer Pause* Wozu war das alles?

DANNENBERG: Ja, wozu? Ich weiß, ich habe eine eifrige Mitarbeiterin verloren.

GOLDA: Sonst nichts? Warum hast du es in mir zerstört?

DANNENBERG: Was habe ich zerstört?

GOLDA: Weißt du es wirklich nicht, daß es meine Liebe zu dir war, die mich vor dem Schmutz bewahrt hat? Jetzt werde ich wie die andern sein: nur den eigenen Hunger fühlen; hart werden; im Schmutz versinken. Nur, weil du einen Augenblick Begierde nach irgend einem Weibe hattest!

DANNENBERG: Komm, gib mir einen Kuß! Ich wollte dich nicht verletzen.

GOLDA: Hab keine Angst, daß ich dich anbetteln werde, mich zu liebkosen! Und fürchte auch nicht, daß du eine Mitarbeiterin verloren hast! Eine Mitarbeiterin hast du nicht verloren; ein Herz, das dich liebte, hast du verloren!

DANNENBERG: Auch das war eine Illusion. Der letzte Selbstbetrug: man kann im Ghetto nicht lieben.

GOLDA: Du kannst nicht lieben, du, nicht im Ghetto, nicht außerhalb! Du trägst dein Ghetto in dir! Dein kaltes Herz: das ist die Ghettomauer, die dich vom lebendigen Leben abschließt!

DANNENBERG: *leise* Das ist das Fürchterlichste, was sie uns getan haben: sie haben unsere Seelen gemordet, ehe sie unsere Leiber morden.

GOLDA: Du kannst nur hassen und zerstören; das kannst du meisterhaft! Ja, das Werk der Rache wird dir gelingen! Mir graut vor dir!

DANNENBERG: *läßt den Kopf tief sinken* Mir graut vor mir selbst.

Zweiter Akt

Die Stube aus dem ersten Akt. Dannenberg, Sinaiberger, Golda und andere Mitglieder der geheimen Organisation.

DANNENBERG: Hast du es ihr gesagt?

SINAIBERGER: Ich habe sie herbestellt. Aber ich brachte es nicht über mich, es ihr zu sagen.

DANNENBERG: Nun, wir werden es ihr sagen.

SINAIBERGER: Sagt es ihr nicht! Sie kennt den Menschen gar nicht.

DANNENBERG: Es wird ihr nicht schwer fallen, seine Bekanntschaft zu machen.

SINAIBERGER: Sie ist zurückhaltend und scheu. Sie ist für diesen Auftrag nicht geeignet.

DANNENBERG: Kein Mädchen, das einigermaßen hüsch ist, ist ungeeignet, einem Mann, der willig ist, den Kopf zu verdrehen. Sie wird es schon treffen.

SINAIBERGER: Ich bitte euch, Kameraden! Meine Eltern wurden mir vor den Augen niedergeschossen. Meine Geschwister wurden vergast. Sie ist alles, was mir auf der Welt geblieben ist. Wir wollen in drei Tagen heiraten. Raubt sie mir nicht, ich flehe euch an -

DANNENBERG: Wem von uns wurden nicht Eltern oder Kinder, Frau oder Geschwister erschossen, lebendig verbrannt, in Gaskammern erstickt? Wir alle haben im Leben nur noch eins: unsere Aufgabe.

Lea tritt ein.

LEA: Wolf hat mir gesagt, ihr habt einen Auftrag für mich. Ich habe es mir lang gewünscht. Ich danke euch.

DANNENBERG: Setz dich, Lea! Die Sache ist die: Die Italiener, die das Magazin an der Weichsel bewachen, sind bereit, gegen eine hohe Entlohnung einen bedeutenden Posten Waffen an uns abzugeben. Wir können mit einem Schlag uns so viel Maschinengewehre, Handgranaten und Flammenwerfer beschaffen, wie wir sonst in vielen Monaten nicht erwerben könnten. Wenn wir im Besitz dieser Waffen sind, können wir endlich losschlagen.

LEA: Ich verstehe. Es wird einen Kampf geben. Und ich soll daran teilnehmen.

DANNENBERG: Nein, das nicht. Die Italiener werden keinen Widerstand leisten. Die Schwierigkeit ist eine andere. Wir können die Waffen nicht auf dem üblichen Weg, durch die Kloaken, ins Ghetto schmuggeln. Die Waffenmenge ist zu groß, und die Kanalmündungen sind zu weit entfernt.

LEA: Was wollt ihr also tun?

DANNENBERG: Die Waffen werden auf zwanzig große Lastautos verstaut, die schon bereit stehen, und unter einer Schicht Kartoffeln versteckt. Es bleibt uns nichts übrig, als mit den Wagen offen durch die Ghettotore zu fahren.

LEA: Wie könnt ihr das? Ihr wißt, daß kein Wagen ins Ghetto hereingelassen wird.

DANNENBERG: Dazu eben sollst du uns behilflich sein. - Du kennst den Hauptmann Boetticher, der das Kommando über die Wachen an den Toren hat?

LEA: *lacht* Wer kennt ihn nicht? Das ist doch der, der so gern durch die Ghettogassen spaziert, weil ihm die jüdischen Mädchen so gut gefallen!

DANNENBERG: Ja, das ist der, der die Juden mit Revolverschüssen auf die Deportationswagen treibt, während er die hübschen Jüdinnen in die Hintern kneift!

LEA: Er ist nicht der Schlimmste. Er hat die Taschen immer mit Zuckerwerk gefüllt, das er den Kindern zuwirft. Unlängst sah ich, wie er einen Haufen kleiner Buben lehrte, im Takt wie die Deutschen zu marschieren und dazu SS-Marschlieder zu singen; dafür bekam jeder eine Tafel Schokolade.

DANNENBERG: So sind sie, diese ungeheuerlichen Menschen! Sie schlagen die Eltern tot; den Waisen schenken sie Bonbons! Auch Hitler, sagt man, liebt die Kinder!

LEA: Es gibt Ärgere als diesen Boetticher. Was geht's mich an? Wenn er aus dem Weg geräumt werden soll: ich bin dabei!

DANNENBERG: Das ist vorläufig nicht die Absicht. Hast du mit ihm schon einmal gesprochen?

LEA: Er lächelt mir zu, sooft er mir begegnet. Zwei- oder dreimal hat er versucht, mich anzusprechen.

DANNENBERG: Was wollte er von dir?

LEA: Was kann er schon wollen? Mit mir schlafen will er!

DANNENBERG: Du wirst ihn also überreden, die zwanzig Wagen ungehindert ins Ghetto zu lassen.

LEA: Was? Was fällt euch ein? Wie soll ich das?

DANNENBERG: Du wirst ihm vom Elend der verhungernden Waisenkinder erzählen und an sein gutes Herz appellieren, daß er ihnen erlaubt, sich einmal an Kartoffeln satt zu essen. Du forderst von ihm einen schriftlichen, eigenhändig unterzeichneten Passierschein. Und du wirst die genaue Zeit in Erfahrung bringen, wann er die Wache am Tor bei der Bonifraterska inspiziert. Damit die Wagen, in seinem Beisein, ohne Kontrolle passieren können.

LEA: Das ist unmöglich! Es gibt keinen Deutschen, der den Mut hätte, einen Befehl, den er erhalten hat, nicht zu befolgen.

DANNENBERG: Es wird deine Sache sein, ihm Mut zu machen und ihn den Befehl vergessen zu lassen. Du kennst nun deinen Auftrag.

LEA: *fährt heftig auf* Was wollt ihr von mir? *Ruhiger:* Ihr seid verrückt. Warum sollte er, mir zulieb, das verletzen, was er für seine Pflicht hält, und sich einer schweren Bestrafung aussetzen?

DANNENBERG: Er wird dir den Gefallen tun. Die Männer im allgemeinen sind nicht sehr fest, wenn eine Frau, die ihnen gefällt, sie im rechten Augenblick um eine Kleinigkeit bittet. Er wird nicht stärker sein als andre Männer, und du gefällst ihm.

LEA: So werde ich mir Kupfervitriol ins Gesicht schütten! Dann gefalle ich ihm nicht mehr!

DANNENBERG: Du wirst, im Gegenteil, dich so hübsch machen, daß du unwiderstehlich bist! Du wirst dich freundlich von ihm ansprechen lassen und ihn zu einer Tasse Kaffee einladen. Wir stellen dir ein nettes, ungestörtes Zimmer zur Verfügung und liefern dir Kaffee und Kuchen. Du wirst ihn nicht eher von dir lassen, als bis du alles, was dir aufgetragen ist, erreicht hast - welchen Preis er von dir auch fordert.

LEA: *zur Tür eilend* Laßt mich gehen! Ich will kein Wort weiter hören!

DANNENBERG: Du scheinst nicht richtig zu verstehen. Der Erfolg unseres Aufstandes hängt davon ab, daß wir in den Besitz dieser Waffen kommen. Nur davon, daß du eine unangenehme Stunde auf dich nimmst!

LEA: Macht mit mir, was ihr wollt! Ihr könnt mich dazu nicht zwingen!

DANNENBERG: Du bist im Irrtum. Als du den Partisanen beitratest, verpflichtetest du dich, der Bewegung mit Leib und Seele zu dienen. Mit deinem ganzen Leib - und du hast keinen Teil desselben ausgenommen!

LEA: *in tiefster Erregung* Ich soll mit diesem Menschen -? Das wollt ihr? Diesem Menschen zu Willen sein, an dem vielleicht das Blut meiner Mutter und meiner Schwester klebt? Mit dem Mörder ins Bett gehen -

DANNENBERG: Du wagst es, dich zu beklagen? Weißt du nicht, was das Los anderer Mädchen ist? Daß sie täglich hundert Henkersknechten zu Willen sein müssen; wenn sie ihren Dienst aber nicht lustig tun: marsch mit ihnen in die Gaskammer! Und du erhebst ein Zetergeschrei, weil du einmal einem gefällig sein sollst, um der großen Sache willen -

LEA: *blickt verzweifelt nach allen Seiten; dann stürzt sie auf Sinaiberger los und schüttelt ihn heftig* Du! Du! Du kannst dieses Abscheuliche nicht wollen -

SINAIBERGER: Er will es, nicht ich. Er befiehlt es.

LEA: Sag du, was ich tun soll! Sag Ja: so gehe ich hin und werfe mich fort! Sag nein! Sag nein -

SINAIBERGER: *entsetzt* Ich soll entscheiden? Fordere das nicht von mir!

LEA: Nur dir werde ich gehorchen! Wenn du's willst, tue ich es für dich! Du würdest mich nicht mehr lieben; du würdest mich verabscheuen -

SINAIBERGER: Ich werde dich immer lieben, auch nachher -

LEA: *mit einem Aufschrei ihm zu Füßen sinkend* Du wirst mich erschlagen! Schlag mich lieber vorher tot!

GOLDA: *stürzt zu Lea und versucht, sie aufzuheben* Bitt ihn nicht! Steh auf!

LEA: *wimmernd* Er hat mich verraten. Er hat mich preisgegeben.

GOLDA: Erniedrige dich nicht vor ihnen! Sie sind besessene Fanatiker, sie haben ihre Aufgabe, ihre Ziele, ihre großen Ideen; anderes wissen und begreifen sie nicht! Was ist ihnen eine Frau? Wir sind für sie Werkzeuge und Spielzeuge, sonst nichts; ich habe sie kennengelernt -

LEA: Er hat mich preisgegeben.

GOLDA: Mach dich frei von ihm! Wenn er dich verloren hat, wird er dich erst schätzen! Sie sind's nicht wert, daß wir für sie leiden! Sie sind kalt und hart und haben eiserne Herzen -

LEA: *die weinend auf dem Boden gelegen ist, springt plötzlich auf, macht mit den Armen eine weite Bewegung und schreit wild heraus* Schweine! Ihr Schweine!

DANNENBERG: *steht auf* Du hast einen Befehl erhalten. Wir erwarten, daß du ihn genau und pünktlich ausführst.

Eine andere, etwas bessere Stube. Dannenberg, Sinaiberger, Ruben, Isserlin, Glycenstein und andere. Es ist gegen Abend, eine Kerze brennt.

GLYCENSTEIN: Es dauert lange.

RUBEN: So schnell kapituliert der Nazi nicht. Er fordert sicherlich den vollen Preis.

ISSERLIN: *lauschend* Jetzt! Ich glaube, ich höre die Tür.

GLYCENSTEIN: Noch nicht!

SINAIBERGER: *der erregt das Zimmer durchmißt* Wie lang denn noch? Ich halte das nicht länger aus!

DANNENBERG: Ich habe dir schon gesagt: es ist besser, du entfernst dich.

SINAIBERGER: Mein Platz ist hier. Es geht vor allem um meine Sache.

ISSERLIN: *tritt zu ihm und sagt mit Wärme* Sieh's vernünftig an! Sei nicht eifersüchtig, Wolf!

SINAIBERGER: Warum sollte ich eifersüchtig sein? Ich kenne sie doch. Sie ist treu wie Gold.

ISSERLIN: Betracht es als das, was es ist: als ein Geschäft! Wo ist da ein Grund zur Eifersucht?

SINAIBERGER: Ich habe an ihr nicht den leisesten Zweifel. Sie wird ihm nicht erlauben, ihr nahe zu kommen.

DANNENBERG: *zu Isserlin* Nochmals also: sowie sie uns den Schein bringt, verständigst du sofort die Italiener. Du überwachst die Verladung.

ISSERLIN: Ich zahle ihnen die Hälfte der festgesetzten Summe aus.

DANNENBERG: Sobald die Verladung beginnt. Den Rest nach der Abfahrt. *Zu Glycenstein:* Du bringst die Fahrer hinaus und übernimmst die Führung der Kolonne. Du haftest mir dafür, daß der ganze Transport hereinkommt.

GLYCENSTEIN: Ich bringe die Wagen nach dem überdachten Hof in der Nalewki.

DANNENBERG: Die Waffen werden sofort abgeladen und an die verschiedenen Sektionen verteilt. Morgen richten wir die Maschinengewehrnester ein und legen die Minen. Dann sind wir bereit.

RUBEN: Dann kommt die Abrechnung! Die gehört mir; du hast es mir versprochen.

DANNENBERG: Ich habe sie dir überlassen.

RUBEN: Ihm endlich alles ins Gesicht schleudern, was ich Jahre lang auf dem Herzen trage! Die ganze schmutzige Schande abwaschen -

ISSERLIN: Still! Die Tür ist gegangen!

GLYCENSTEIN: Er steigt die Treppe hinunter.

SINAIBERGER: *tritt ans Fenster* Er wird nicht weit kommen! Er wird sich nicht brüsten, der Hund, daß er bei einem jüdischen Mädchen war!

ISSERLIN: Es scheint, du bist doch eifersüchtig-

SINAIBERGER: Was, eifersüchtig? Er hat sie mit seinen Gedanken beschmutzt; das ist genug! Sowie er aus dem Tor tritt, schieße ich ihn nieder! *Er zieht seinen Revolver.*

DANNENBERG: Leg augenblicklich den Revolver weg! Wir brauchen das Leben dieses Menschen!

SINAIBERGER: Ich werde ihn zu finden wissen! Er wird mir nicht entkommen!

DANNENBERG: Wo bleibt nur Lea?

RUBEN: *geht hinaus und kommt gleich zurück* Sie steht draußen im Flur und schluchzt. Sie will nicht in die Stube.

DANNENBERG: Führ sie herein!

Ruben geht und kommt mit Lea zurück. Sie verbirgt ihr Gesicht in den Händen und kehrt es der Wand zu.

LEA: Schaut mich nicht an!

DANNENBERG: Komm näher, Lea! Sei ganz ruhig!

LEA: Löscht das Licht aus! Ihr dürft mich nicht anschauen!

SINAIBERGER: *schreit auf* Es ist Lüge! Du hast nicht mit ihm -!

DANNENBERG: Beherrsch dich und schweig! Sonst muß ich dich aus dem Zimmer weisen. *Zu Lea:* Du hast keine Ursache, dich zu schämen. Sag ruhig alles!

LEA: *stammelnd* Ich... Er... Ich wollte es nicht! Er forderte von mir...! Ich konnte nicht -

DANNENBERG: Sag nur das eine: hast du's erreicht?

LEA: Ich sprach von den hungernden Kindern; er hörte gar nicht auf mich. Er schlürfte den Kaffee und sagte, daß er kein Antisemit ist und wie hübsch die jüdischen Mädchen sind und wie gut das Kleid mir steht und... und -

DANNENBERG: Hast du den Schein bekommen?

LEA: Ich drängte und bettelte. Schließlich erklärte er, er wolle eine Ladung Brot und Frischgemüse ins Ghetto lassen, auf seine eigene Verantwortung -

DANNENBERG: Frischgemüse; was soll uns das? Du hast dich doch nicht mit Frischgemüse abspeisen lassen?

LEA: Ich antwortete, es sei keine Zeit, und wir hätten die Kartoffeln bereits geladen. Er war immer höflich und freundlich. Wenn er wenigstens brutal gewesen wäre! Er lächelte und antwortete auf alles nur: „Nachher, Kleine!" Und dann - O Gott! Und dann -

SINAIBERGER: Dann hat er dich ins Bett genommen? Sprich's endlich aus! Du bist mit ihm ins Bett gegangen?

DANNENBERG: Das ist nicht die Frage. Was ist's mit dem Schein?

LEA: Dann hörte er ein Geräusch, das ihn mißtrauisch machte. Er wurde plötzlich herrisch und legte den Revolver neben sich. Der Revolver lag so nah, daß ich nur die Hand nach ihm ausstrecken mußte, und ich war so erbärmlich, daß ich die Hand nicht ausstreckte -

DANNENBERG: Der Schein! Der Schein! Hat er dir den Schein gegeben?

LEA: Ich lag auf den Knieen vor ihm; ich flehte ihn um Erbarmen an. Meine Kraft war zu Ende. Ich konnte nicht mehr! Alles war vergebens; er... er -

DANNENBERG: Er hat dir widerstanden. Du hast versagt. Unser Aufstand ist gescheitert!

LEA: *schnell* Er inspiziert die Wache an der Bonifraterska um elf Uhr. Punkt elf ist er dort am Tor.

DANNENBERG: Weiß er von der Kolonne? Läßt er sie durch?

LEA: Eine Kolonne von zwanzig Wagen, er läßt sie durch! Schwarz auf weiß: zwanzig Lastautos, mit Kartoffeln beladen, ohne Kontrolle! Hier ist der Passierschein, von ihm unterschrieben. *Sie reicht ihm das Papier.*

DANNENBERG: *den Schein frohlockend schüttelnd* Wir haben unsern Aufstand! - Halt! Wenn er dich aber betrogen hätte!

LEA: Er betrügt mich nicht! Er hält sein Wort!

DANNENBERG: Was ist schon ein Fetzen Papier! Wie bist du so sicher?

LEA: Er stellte die Bedingung... ich mußte ihm versprechen... wieder zu ihm zu kommen. Später, sobald der Transport herein ist. Er hält sein Versprechen, ich bin sicher -

DANNENBERG: Bravo, Lea! - Es ist bald acht. Wir haben knapp drei Stunden Zeit. Jeder an sein Geschäft! *Sie gehen zur Tür.*

LEA: *stöhnt auf* Und ich? Was wird aus mir?

DANNENBERG: *bleibt stehen* Du hast recht. Ich spreche dir im Namen der Bewegung unseren Dank aus: Du hast dir um sie ein großes Verdienst erworben. *Sie gehen.*

LEA: *zu Sinaiberger, der an ihr vorbeigeht* Du gehst? Du auch?

DANNENBERG: *zu Sinaiberger* Bleib bei ihr! Es ist deine Pflicht, sie zu trösten.

Alle ab außer Lea und Sinaiberger. Dieser bleibt starr an der Tür stehen, durch den ganzen Raum des Zimmers von ihr getrennt. Ein langes Schweigen.

LEA: *kläglich* Warum sprichst du kein Wort?

SINAIBERGER: Nie hätte ich's für möglich gehalten!

LEA: O Gott, o Gott!

SINAIBERGER: Ich mußte ein halbes Jahr lang um dich werben! Noch jetzt, wenn ich dich umarme, bist du scheu wie eine Jungfrau. Und er - in einem Hui-

LEA: Sprich freundlich mit mir! Ich bin ganz wund -

SINAIBERGER: Mit einem Nazi! Ich hätte meine Hand für dich ins Feuer gelegt! Ich war verblendet, daß ich's nicht voraussah! Er hat dir von Anfang an gefallen; du fandest es rührend, daß er den Buben Schokolade schenkte -

LEA: Tu nicht auch du mir weh! Ich habe zuviel gelitten!

SINAIBERGER: Einen Deutschen dahin zu kriegen, daß er sich einem Befehl widersetzt. Wie hast du ihn nur so von Sinnen gebracht, daß er seinen Antisemitismus überwand, Degradierung und Zuchthaus riskierte? Wie hast du das Kunstwerk zustande gekriegt?

LEA: Habe ich's denn gewollt? Du kannst mich dafür nicht strafen, daß ich dir gehorche.

SINAIBERGER: Du hast ihm rührende Geschichten erzählt, nicht? Und die Großmut in seinem Herzen erweckt! Ihr habt brav euern Kaffee getrunken und die Hände artig über dem Tisch gehalten und einander zugelächelt - und um deines holden Lächelns willen hat er seinen Kopf riskiert! War es nicht so?

LEA: Was sollte ich tun? Du verachtest mich schon -

SINAIBERGER: So war's doch, nicht? Entschuldige! Ich Idiot habe geglaubt, ihr seid miteinander im Bett gelegen! *Er schreit plötzlich auf:* Erlöse mich aus dieser Höllenqual!

LEA: Foltere nicht dich und mich! Verzeih mir!

SINAIBERGER: Ich kann den Gedanken nicht ertragen, daß dieser Mensch dich besessen hat! Ich werde wahnsinnig bei der Vorstellung, daß du mich betrogen hast -

LEA: Betrogen? Ihn habe ich betrogen! Ihn, nicht dich!

SINAIBERGER: Ja, ja, nicht wahr? Ich will es dir glauben, gegen dein eigenes Geständnis! Denn sonst... sonst würde ich den Verstand verlieren... und ich will nicht irrsinnig werden -

LEA: Mit allen meinen Gedanken war ich bei dir, mit meiner ganzen Seele! Nie vorher habe ich mich mit dir so sehr eins gefühlt! Der Betrogene war er, nicht du -

SINAIBERGER: So muß es gewesen sein! Ich will es dir glauben -

LEA: So war es, nicht anders! Denk nicht mehr daran! Sprich nie mehr von ihm! Nimm eine Zigarette und rauch! Das wird dich beruhigen. *Sie holt eine Schachtel hervor und reicht ihm eine Zigarette.*

SINAIBERGER: *gierig auf die Zigarette losstürzend* Eine Zigarette! Ich habe seit Monaten keine Zigarette gehabt!

LEA: Eine ganze Schachtel, versteck sie! *Sie gibt sie ihm.* Sie ist für dich allein!

SINAIBERGER: *mit Wollust rauchend* Wunderbar! Wie das wohltut! *Er stockt plötzlich:* Wer hat dir die Zigaretten gegeben?

LEA: *angstvoll* Frag nicht! Rauch -

SINAIBERGER: *wirft die Zigarette zu Boden und zertritt sie* Deinen Sündenlohn, behalt ihn! Mit Zigaretten wirst du mich nicht bestechen! - So zufrieden also war er mit dir?

LEA: Fang nicht wieder an, o Gott! Ich kann nicht mehr; ich kann nicht -

SINAIBERGER: Er muß doch von dir sehr befriedigt gewesen sein, wenn er dir Zigaretten für deinen Geliebten schenkte. Und du warst mit ihm auch sehr zufrieden?

LEA: Hör auf! Wie kannst du so grausam sein?

SINAIBERGER: Du bliebst ja stundenlang bei ihm! Du konntest dich von ihm gar nicht losreißen! Er war so höflich, so galant! Es ist sicherlich sehr schmeichelhaft, von einem deutschen Hauptmann umarmt zu werden!

LEA: *entfernt sich von ihm; sie ist ganz ruhig geworden* Er war menschlicher als du, das ist gewiß. Zwischen ihm und mir war ein Handel, und er hielt ehrlich, was er versprochen hatte. Du hast versprochen, mir zu verzeihen: und du brichst dein Wort -

SINAIBERGER: Und du wirst wieder zu ihm gehen, nicht? Du bist zu ehrlich, dein Versprechen nicht zu halten.

LEA: *wirft trotzig den Kopf zurück* Wenn du's wissen willst: ja, ich werde zu ihm gehen! Jeder rettet sich, wie er kann, der eine durch Geld, der andre durch List und Betrug. Ich kenne nun das Mittel, durch das ich mich rette!

SINAIBERGER: Geh nur! Geh! Viel Glück auf den Weg!

LEA: Warum soll ich zerfetzte Lumpen tragen, Mülleimer nach schimmligem Brot durchwühlen, und am Ende elend krepieren, wenn ich gute Kost und feine Kleider haben und noch lange lustig leben kann? Wenn ich das bin, wofür du mich hältst, so will ich auch den Genuß davon haben -

SINAIBERGER: Ich habe dich bis jetzt nicht gekannt. Nun sehe ich, was du bist!

LEA: Was willst du von mir? Du hast mich ins Bett dieses Menschen gelegt! Du treibst mich zum zweiten Mal in seine Arme! Was ich gelitten habe, dafür hast du keine Empfindung; nichts schmerzt dich als die eigene, verletzte Eitelkeit! Ich weiß es jetzt: du hast mich nie geliebt - *Sie geht zur Tür.*

SINAIBERGER: *stammelnd* Ist's möglich? Du willst... willst wirklich, Lea -?

LEA: *an der Tür halt machend* Willst du's nicht? Soll ich nicht?

SINAIBERGER: Mich verraten, dich verkaufen: das willst du?

LEA: Hast du's wirklich geglaubt? Lieber hätte ich mich bei langsamem Feuer verbrennen lassen!

SINAIBERGER: Ich war wahnsinnig, daß ich dir weh tat! Du wirst mich nicht verlassen?

LEA: Niemals! Du wirst meine Wunde nicht mehr aufreißen? Nie wieder diesen entsetzlichen Menschen nennen?

SINAIBERGER: Nie! Er existiert nicht mehr; er hat nie existiert! Wir werden einander wieder lieb haben, wie früher -

LEA: Wir sind miteinander glücklich gewesen, Wolf!

SINAIBERGER: Wir werden es wieder sein! Du! Du! *Er reißt sie an sich.*

LEA: *sich von ihm losmachend* Ich verabscheue ihn! Ich hasse ihn wie die schwarze Pest!

SINAIBERGER: Nenn ihn nicht! Küß mich, Lea -

LEA: Schlag ihn tot! Schlag ihn tot!

SINAIBERGER: Ja, ja! Ich schlage ihn tot!

LEA: Ich locke ihn an mich und mache ihn sicher! Ich verstecke dich und gebe dir ein Zeichen, wenn er sich sicher glaubt! Dann schlägst du ihn tot!

SINAIBERGER: Ich schieße ihn zwischen die Beine! Dann erst gebe ich ihm den Todesschuß!

LEA: Er soll vor unsern Augen sterben, und wir werden über ihn lachen -

SINAIBERGER: Wie schön du bist, Lea! *Sie küssen sich.* Und wie du küßt! Früher hast du nicht so geküßt!

LEA: Nachher werde ich dich noch heißer küssen!

SINAIBERGER: *macht sich jäh von ihr los* So hast du auch ihn geküßt!

LEA: *sich an ihn klammernd* Küß mich! Sprich nicht! Warum küßt du mich nicht?

SINAIBERGER: *schüttelt sich heftig ab* So hast du den andern geküßt und deine Brüste ihm entgegengedrängt und ihn von Sinnen gebracht, daß er seine Pflicht vergaß und seinen Kopf riskierte -

LEA: Was blickst du mich so schrecklich an?

SINAIBERGER: Du wirst auch mich um den Verstand bringen und mich sicher machen, daß ich in die Falle gehe, und wirst deinem Liebhaber ein Zeichen geben, daß er mich erschlägt -

LEA: *vor ihm zurückschreckend* Wolf! Du bist wahnsinnig geworden!

SINAIBERGER: Du wirst deine listigen Künste nicht mehr treiben! Du wirst keinen mehr verführen -

LEA: *schreit auf* Schlag mich nicht tot!

SINAIBERGER: Hure! *Er reißt blitzschnell den Revolver heraus und schießt sie nieder.*

Das Bureau des Judenrates im jüdischen Gemeindehaus. Zygmunt Gundelewitsch, der Vorsitzende des Judenrats, und Citron, sein Sekretär.

GUNDELEWITSCH: Was sagen Sie? Nicht ein einziger?

CITRON: Bis jetzt keine einzige freiwillige Meldung.

GUNDELEWITSCH: So was war noch nicht da! Heiliger Gott! Wie sollen wir bis morgen mittag fünftausend stellig machen?

CITRON: Es liegt etwas in der Luft. Die Gassen sind ausgestorben. Selbst die Polizei ist wie vom Erdboden verschluckt. Ich habe Sie immer gewarnt, Herr Vorsitzender, Sie wollten es nicht glauben -

GUNDELEWITSCH: Unsinn! Der Schrecken hält die Leute in den Häusern zurück.

CITRON: Es ist anders als sonst. Die Plakate mit den Meldungsaufrufen sind abgerissen. Man spürt es förmlich, wie der Aufruhr hinter den Mauern brodelt -

GUNDELEWITSCH: Jetzt soll ich wieder die Polizei zu Razzien ausschicken, um unglückliche Menschen wieder zur Deportation zusammenzutreiben! Ich habe es satt: ich will es nicht mehr -

CITRON: Was nützt das alles? Die fünftausend werden morgen deportiert, ob wir mitwirken oder nicht. Bringen wir nur um einen weniger auf, verlieren auch wir unsere Köpfe.

GUNDELEWITSCH: Die meineidige Mörderbande! Wie oft haben sie mir hoch und teuer geschworen, daß keine Deportationen mehr stattfinden werden!

CITRON: Wir haben keinen Augenblick zu verlieren. Befehlen Sie also, daß die Polizei vorgeht?

GUNDELEWITSCH: Nein. Drucken Sie sofort neue Aufrufe, in denen Freiwilligen die doppelte Ration angeboten wird! Hängen Sie die Anschläge aus und lassen Sie's in den Gassen ausrufen!

CITRON: Es ist nur Zeitverschwendung, glauben Sie's! *Er horcht.* Hören Sie nichts?

GUNDELEWITSCH: Was bedeutet der Lärm? Türen werden zugeschlagen -

CITRON: Es ist das Geräusch eines großen Menschenhaufens -

In der Tür erscheint eine große Anzahl Männer. Alle tragen Masken und einige halten Revolver.

GUNDELEWITSCH: Wer sind Sie? Was suchen Sie hier?

CITRON: Aufrührer. Juden! Nun sehen Sie's selbst!

GUNDELEWITSCH: Legen Sie die Masken ab! Was kommen Sie mit Masken und Revolvern ins Amt des Judenrates?

DANNENBERG: Der Judenrat ist abgesetzt. Die vollziehende Gewalt ist auf das Kommando der Ghettokämpfer übergegangen.

GUNDELEWITSCH: Ich kenne ein solches Kommando nicht. Gehen Sie sofort! Sonst lasse ich Sie durch die Polizei hinausbefördern.

CITRON: *plötzlich von Schrecken gepackt, stürzt zum Fenster und schreit hinaus* Polizei! Polizei!

DANNENBERG: Bringt ihn hinaus! *Citron wird weggebracht.* Ihre Polizei existiert nicht mehr. Soweit sie sich uns nicht freiwillig anschloß, ist sie dingfest gemacht. Sie haben jetzt abzutreten und unsere Befehle auszuführen!

GUNDELEWITSCH: Ich nehme von Rebellen keine Befehle an!

RUBEN: Nur von Nazihenkern nimmst du sie an, nicht?

GUNDELEWITSCH: *zusammenzuckend* Wer spricht da? Bist du das, Ruben?

RUBEN: *die Maske abnehmend* Du Judenrat! Kollaborant! Jüdischer Quisling!

GUNDELEWITSCH: Ruben, du lebst? Ich habe dich als tot beweint. Gepriesen sei Gott, daß du lebst, mein Kind!

RUBEN: Ich bin nicht dein Kind! Ich habe meinen Namen abgelegt und nehme ihn erst wieder an, wenn er von dem Schimpf gesäubert ist, mit dem du ihn bedeckt hast! Nur für diese Stunde habe ich gelebt, um mit dir Abrechnung zu halten -

GUNDELEWITSCH: *den Kopf senkend* Du weißt nicht, was du redest, Ruben. Es ist nicht recht, daß du so mit deinem Vater sprichst.

RUBEN: *lacht auf* Mein Vater! - *Zu Dannenberg:* Ich habe ihn in meinem Haß vergrößert, daß er mir wie ein Riese erschien. Er ist nur erbärmlich, und ich verachte ihn. Sag du es ihm!

DANNENBERG: *gleichfalls die Maske abnehmend* In Kürze: Unterwerfen Sie sich unserm Kommando? Wir geben Ihnen die Gelegenheit, die Schmach Ihrer Amtsführung zu sühnen.

GUNDELEWITSCH: Ich bin Ihnen keine Rechenschaft schuldig! Ich habe mein Amt nach bestem Wissen und Gewissen geführt.

DANNENBERG: Sie haben es zur vollen Zufriedenheit Ihrer Auftraggeber geführt. Sie begannen es damit, daß Sie eine Polizeitruppe aufstellten und ein Zentralgefängnis bauten; ein Zentralgefängnis, das war das Dringendste, was das gehetzte, verzweifelte Ghettovolk brauchte! Sie haben streng darüber gewacht, daß die Straßen immer gefegt und die Fenster geputzt waren, damit der deutsche Reinlichkeitssinn nicht verletzt würde. Zwischen den Wänden Entsetzen, Pestilenz, Hungerdelirium, Wahnsinn; aber gescheuerte Schwellen und blitzblank funkelnde Fenster! Sie haben -

GUNDELEWITSCH: Ich habe mich nicht zu dem Amt gedrängt; ich habe es als schwere Bürde auf mich genommen, um noch Schlimmeres zu verhüten. Ich habe nichts unversucht gelassen, um die Not zu lindern, Nahrungsmittel an die Bedürftigen zu verteilen -

DANNENBERG: Wir wissen sehr wohl, Sie haben Brot und Konserven den Verhungernden als Köder hingehalten, damit sie sich freiwillig für die Todeslager meldeten. Gingen aber nicht genug ins Netz, sandten Sie Ihre Polizisten aus, jüdische Menschen, die ihre jüdischen Brüder ihren Mördern auslieferten -

GUNDELEWITSCH: Was sollte ich tun? Was wissen Sie, junger Mensch, wie sehr ich darunter litt? Ich darf mir zum Troste sagen, daß ich viele gerettet habe, die ohne mich verloren waren -

DANNENBERG: Ja, Sie haben Ihre Kreaturen aus den Deportationslisten gestrichen und an ihrer statt die Ihnen Mißliebigen, die Tapferen und Aufrechten, in die Listen eingeschrieben; aber Sie haben immer die genaue Stückzahl menschlichen Schlachtviehs, die von Ihnen gefordert wurde, pünktlich abgeliefert. Brachten Sie ein einziges Mal den Mut zu einer Weigerung auf?

GUNDELEWITSCH: Das wäre heller Wahnsinn gewesen! Was reden Sie? Es wäre mein sicherer Tod gewesen!

DANNENBERG: Schämen Sie sich nicht, alter Mann? Wollen Sie denn ewig leben? Sie waren bis zu Ihrem sechzigsten Jahr ein ehrenhafter Mensch; wäre es nicht besser gewesen, ein langes, anständiges Leben anständig zu beenden, wie Ihr Vorgänger, der sich eine Kugel durch den Schädel jagte, als er den ersten Deportationsbefehl erhielt?

GUNDELEWITSCH: Machen Sie ein Ende mit mir - aber sprechen Sie nicht so vor meinem Sohn! Ich will nicht, daß mein einziges Kind mich verurteilt!

DANNENBERG: Ihr Sohn hat Sie längst verurteilt als einen Kollaboranten und Naziknecht.

GUNDELEWITSCH: *angstvoll zu Ruben* Das kann nicht sein! Sag, daß es nicht ist! *Ruben schweigt.* Mein Sohn hat mich verurteilt. - Ich bin verurteilt.

DANNENBERG: Verurteilt als Helfershelfer von Banditen, als Spießgeselle von Räubern und Mordgesindel -

RUBEN: *schreit auf* Hör auf!

DANNENBERG: Was ist?

RUBEN: Er ist mein Vater! Siehst du nicht, wie der alte Mann leidet? *Zu Gundelewitsch:* Du hast dich schwer vergangen. Du wirst alles tun, um deine Vergehen zu sühnen, ich weiß es.

GUNDELEWITSCH: Was soll ich tun?

RUBEN: Wir bereiten seit einem Jahr einen Aufstand vor. Wir haben das ganze Ghetto in eine Festung verwandelt, Nacht für Nacht für Straßenkämpfe trainiert. Gestern brachten wir zwanzig große Lastautos voll schwerer Waffen herein. Jetzt sind wir endlich bereit, loszuschlagen.

GUNDELEWITSCH: Wie wollt ihr euch gegen die ungeheure Übermacht wehren? Ich verstehe euch junge Leute nicht.

RUBEN: Wir wissen, daß wir uns nicht lange wehren können. Aber wir können ihnen tüchtige Schläge versetzen, wenigstens am Anfang - wenn du uns hilfst.

GUNDELEWITSCH: Was kann ich euch viel helfen?

RUBEN: Du sollst vor Morgengrauen zu ihnen hinausgehen und ihnen sagen, daß wir Mittag, in der Stunde der Deportation, einen bewaffneten Aufstand planen. Du hast ihr Vertrauen; du wirst ihnen raten, uns zuvorzukommen und uns schnell mit voller Wucht anzugreifen. Wir haben alle Zufahrtsgassen unterminiert. Wenn sie dann angefahren kommen mit ihren Tanks und Panzerwagen, fliegen sie in die Luft,

Panzerwagen, Tanks, Kanonen und Übermenschen! Wirst du zu ihnen gehen?

GUNDELEWITSCH: Ich bin nie sehr tapfer gewesen, und ich bin alt. Aber ich will hinausgehen, damit du mich nicht länger verachtest.

RUBEN: Sie werden dich unter Martern töten, weißt du das?, wenn sie erkennen, daß du sie betrogen hast. Wirst du trotzdem gehen?

GUNDELEWITSCH: Einmal muß ich doch sterben. Ich werde den Mut aufbringen, wenn du mir vergibst. Sag mir, daß du mir vergeben hast!

RUBEN: *kurz* Nachher werde ich dir vergeben!

GUNDELEWITSCH: *nach einer Pause* Ich habe eine Bitte an dich. Gott gab mir das Glück, daß ich dich noch einmal sehen durfte. Bleib diese Nacht hier und begleite mich im Morgengrauen zum Tor!

RUBEN: Ich habe heute Nacht andere Pflichten.

GUNDELEWITSCH: Deine Kameraden werden dich von ihnen entbinden. Bleib bei mir, zum Zeichen, daß du mich nicht mehr hassest!

RUBEN: Habe ich dich gehaßt? Mich selber habe ich wütend gehaßt, weil ich dich zu hassen glaubte!

GUNDELEWITSCH: Ich danke dir, Ruben. - Ich will dir nur sagen, ich habe es immer gewußt, daß ihr Kasematten bautet und Waffen aufstautet. Ich habe die Augen dazu geschlossen und allen verboten, ein Wort darüber zu reden. Ich bin nicht so schlecht gewesen, wie ihr glaubtet.

RUBEN: Ich habe es immer gehofft. Ich danke dir, Vater.

GUNDELEWITSCH: Noch eine Bitte! Sie hat schwer unter deiner Verachtung gelitten. Komm nach Hause und sei freundlich zu deiner Mutter!

RUBEN: *lacht bitter auf* Meine Mutter!

GUNDELEWITSCH: Sie hat dich nie um meine Liebe gebracht, wie du vermutet hast! Sie ist mir eine brave Frau gewesen. Ohne ihren Trost wäre ich vielleicht dem Wahnsinn verfallen. Nimm dich ihrer an, wenn ich nicht mehr bin! *Ruben wendet sich heftig ab.* Wend dich nicht ab! Gib mir deine Hand darauf! *Ruben, nach längerem Zögern, reicht ihm schweigend die Hand.* Du hast mir vergeben! - *Zu Dannenberg:* Ich werde Ihren Auftrag ausführen, so gut ich vermag.

DANNENBERG: Reißt euch alle die Judenzeichen ab! *Alle reißen sich die Judenzeichen ab und werfen sie auf den Boden.* Von diesem Augenblick an sind wir freie Menschen!

Das Hauptquartier der Aufständischen: ein Raum, der einem Festungsgewölbe gleicht. Sehr dicke Mauern, die Fenster wie Schießscharten. Es ist spät in der Nacht, schon gegen Morgen. Der Stab ist versammelt. Dannenberg tritt ein.

DANNENBERG: Alles in Ordnung?

ISSERLIN: Die letzten noch im Ghetto befindlichen SS-Männer wurden einzeln in aller Stille überwältigt. Sie sind in sicheren Gewahrsam gebracht.

DANNENBERG: Gut.

GLYCENSTEIN: Die Minen sind gelegt. Die Maschinengewehrnester in der Nähe der Tore sind verstärkt.

DANNENBERG: Gut.

GOLDA: An die Kämpfenden ist Proviant für drei Tage ausgeteilt. Alle Kampfgruppen sind in freudigster Stimmung. Sie können den Beginn der Erhebung kaum erwarten.

DANNENBERG: Ich habe die strategischen Punkte inspiziert. Jetzt erwarten wir nur noch die Nachricht Rubens, daß der alte Gundelewitsch hinaus ist. Dann sind wir so weit.

WILNAER: *der sich im Hintergrund gehalten hat, tritt zu ihm* Das Werk wird glücken!

DANNENBERG: Sie haben die ganze Nacht nicht geschlafen, Rabbi Wilnaer?

WILNAER: Ich werde bald lange Zeit zum Schlafen haben. Ich habe die frohe Gewißheit: Gott wird mit uns sein!

DANNENBERG: Wenn er nur nicht gegen uns ist! Das würde genügen.

WILNAER: Sie haben das Recht, das stolze Wort Barkochbas zu wiederholen. Ich bin sicher, Gott wird unserm Unternehmen gnädiger sein als seinem.

DANNENBERG: *gegen das Fenster hin* Es dämmert schon. Der Tag bricht an.

GLYCENSTEIN: Wißt ihr, welcher Tag heute ist? Der zwanzigste April! Hitlers Geburtstag.

ISSERLIN: Heut möcht ich in der Reichskanzlei sein, wenn das Geburtstagskind die Meldung erhält, daß die erbärmlichen Juden sich unterstehen, sich nicht gutwillig abschlachten zu lassen! Wie der allmächtige Führer brüllen, rasen und stampfen wird, Schaum vor dem Mund - *Ruben tritt ein.*

RUBEN: Ich hab ihn bis ans Tor gebracht. Dort ließ ich ihn allein und beobachtete, wie er die Wache aufforderte, ihn zur Kommandantur zu bringen.

DANNENBERG: Ist er hinaus?

RUBEN: Er hielt sich sehr tapfer. Jetzt ist er schon bei ihnen und führt unsern Auftrag aus.

DANNENBERG: Die Stunde ist da. Steckt die Fahne hinaus!

Sie ergreifen eine große blau-weiße Fahne und hängen sie zum Fenster hinaus.

ISSERLIN: Was ist das?

DANNENBERG: Was gibt's?

ISSERLIN: Alle Häuser sind mit Fahnen geschmückt. Blau-weiße Fahnen hängen aus allen Dachluken und Fenstern hinab, die ganze Straße entlang!

DANNENBERG: Was? Wer hat das angeordnet?

RUBEN: Sie haben alle die gleiche Eingebung gehabt. Sie schämen sich nicht mehr, Juden zu sein, und zeigen es stolz.

WILNAER: *am Fenster* Daß ich das noch sehen darf! Ich danke Dir, mein Gott!, daß Du mich diesen Tag erleben ließest!

DANNENBERG: Hunderttausende mußten in Entsetzen sterben, damit wir ihn erleben, Rabbi!

WILNAER: Sie sind nicht ganz vergebens gestorben. Ihre Seelen leben, und freuen sich in dieser Stunde mit uns!

Es entsteht eine Pause schweigender Ergriffenheit.

DANNENBERG: Es ist nicht mehr viel zu sagen, Kameraden. Wenn wir jetzt zu den Waffen greifen, suchen wir keinen Ruhm; wir trachten auch nicht nach Rache. Keiner von uns hat einen höheren Ehrgeiz gehabt, als ein schlichtes Menschenleben zu führen: zu arbeiten, uns bescheiden der Güter des Daseins zu erfreuen und in Frieden zu sterben. Wir dürfen es nicht; wir werden verfolgt und ausgerottet wie pestverseuchte Ratten. Wir wollen nicht wie Pestratten krepieren, sondern einen ehrlichen Menschentod sterben. Deshalb setzen wir uns zur Wehr. Das ist alles.

RUBEN: Es ist wohl noch etwas mehr. Wir stellen die Ehre unseres geschändeten Volkes wieder her.

DANNENBERG: Vielleicht auch das. Wir geben durch unsere Erhebung das Beispiel, daß die Gewalt der Verfolger nicht unbegrenzt ist; daß in dem Erniedrigtesten noch Würde, im Versklavtesten noch Freiheit lebt, sei es auch nur die Freiheit, den Tod nach eigenem Gutdünken zu wählen. Diese Freiheit haben wir gewählt.

ISSERLIN: Wir werden in diesem Kampf nicht untergehen! Wir werden siegen und gerettet werden!

DANNENBERG: *sich flüchtig verfinsternd* Noch eins! Wir haben nicht nur gegen den deutschen Todfeind zu kämpfen, sondern auch gegen den andern Feind: den in uns selbst. Gegen den finstern Geist des Ghettos, der, wie das Sumpffieber, Delirien, Lügenträume gebiert; gegen die Illusionen, die Wahn sind. Wir dürfen uns nicht mit dem Irrglauben von Erwähltsein und Erlösung betrügen. Wir müssen in jedem Augenblick der nackten Wahrheit ins Auge blicken, daß es für uns nicht Rettung noch Sieg gibt, sondern nur eins: den unentrinnbaren Tod. Nur so werden wir der Sache treu bis zum Ende sein.

WILNAER: Sind Sie nicht zu streng, mein junger Freund? Der Mensch kann nicht ohne einen Glauben leben.

DANNENBERG: Wir wollen restlos wahrhaft sein. Sonst wäre unser Kampf sinnlos und vergeudet. *Eine längere Pause. Darauf tritt er erregt zu Golda und führt sie beiseite.* Ich habe noch etwas zu sagen, das ich nur leise vor einer vertrauten Seele aussprechen kann. Ich habe dir sehr weh getan, Golda; vergiß es jetzt, ich bitte dich -

GOLDA: Was hast du zu sagen?

DANNENBERG: *nach Worten suchend* Es ist... Mir ist jetzt... ich weiß nicht, wie ich es sagen soll. Es ist, wie wenn ein Frühlingswind durch mich stürmt... und das Eis über meinem Herzen zerklirrt und zerkracht - verstehst du mich? Und eine Wärme steigt auf aus tiefen Quellen und überflutet mich -

GOLDA: Ich verstehe dich. Du bist nicht hart und kalt; ich habe es immer gewußt. Du glaubtest nur, es deiner Idee schuldig zu sein.

DANNENBERG: Es scheint mir, als hätte ich diesen Augenblick immer erwartet, als hätte ich nur für ihn gelebt. Ich glaube, daß es in der Welt Gerechtigkeit gibt. Ich glaube an Wahrheit, Erbarmen und Schönheit. Ich glaube an Liebe - sag es keinem, Golda -

GOLDA: Warum schämst du dich deines besten Gefühls?

DANNENBERG: Im nächsten Augenblick werde ich es vielleicht nicht mehr glauben; in diesem Augenblick glaube ich's, nein, ich weiß es mit innerster Gewißheit. Und um dieses Augenblicks willen scheint mir das Leben lebenswert, trotz allem unbegreiflich Entsetzlichen, das es uns gebracht hat -

GOLDA: Jetzt hast du dich selbst gefunden! Ich habe immer unter dem Eis dein lebendiges Herz gefühlt, und aus diesem Gefühl habe ich dich geliebt!

DANNENBERG: *leise* Ich glaube an Gott. An einen gütigen Gott, der mich zu dieser Stunde wiedergeboren werden ließ, damit ich durch sie zu Ihm gelange -

ISSERLIN: *am Fenster* Jetzt! Jetzt! Sie reißen das Tor auf!

RUBEN: Sie rollen heran, Panzerwagen, Tanks und schwere Geschütze! Kolonnen von SS, bis zu den Zähnen in Waffen -

GLYCENSTEIN: Sie sind im Minenfeld! Weg von den Fenstern!

Sie pressen sich teils eng an die Mauern, teils werfen sie sich auf die Erde. Man hört, hart aufeinanderfolgend, mächtige Explosionen.

RUBEN: *sich zum Fenster schleichend* Die Panzerwagen brennen lichterloh! Die Tanks zu Trümmern zerfetzt, die Kolonnen zerschmettert - *Neue heftige Explosionen, in etwas weiterer Entfernung.*

GLYCENSTEIN: Das waren die Minen an den anderen Toren.

DANNENBERG: *außer sich, schreit wie rasend* Schießt! Schießt!

Ein wildes Maschinengewehrfeuer setzt ein und hält bis zum Ende an.

RUBEN: *jubelnd* Sie schießen! Juden schießen! Juden, auf die nur geschossen wurde!

ISSERLIN: Das Ghetto steht auf! Wir kämpfen! Wir leben!

DANNENBERG: Schießt die Mörderhorden aus dem Ghetto hinaus!

RUBEN: Sie weichen zurück! Sie fliehen zum Tor hinaus und lassen die
zertrümmerten Tanks zurück -

DANNENBERG: *bebend und leise* Gott ist groß! Und er ist mit uns!

Dritter Akt

Das Hauptquartier. Der Stab ist beisammen. Vor Anfang des Vorhangs ein heftiges Schießen, das plötzlich aufhört. Es ist am späten Nachmittag des dritten Kampftages.

DANNENBERG: Was gibt's? Warum hört das Schießen auf?

GLYCENSTEIN: Sie ziehen sich zurück.

DANNENBERG: Jetzt? Am hellichten Tag?

RUBEN: Warum nicht? Sie haben für heut genug abgekriegt.

DANNENBERG: Gestern und vorgestern zogen sie sich erst bei Dunkelwerden zurück. Ich glaube es nicht.

SINAIBERGER: *vom Telephon her* Meldung von allen Sektoren: sie verlassen das Ghetto durch alle Tore!

DANNENBERG: Höchste Wachsamkeit! An alle Sektoren weitergeben!

GLYCENSTEIN: Ein Lautsprecher! Still! *Man hört von außen die Stimme eines Lautsprechers.*

DANNENBERG: Habe ich recht gehört? Was habt ihr gehört?

ISSERLIN: Er wiederholt seine Ankündigung! *Wieder die Stimme des Lautsprechers.*

GLYCENSTEIN: Sie fordern uns auf, nicht zu schießen. Sie entsenden uns einen Parlamentär!

DANNENBERG: Einen Parlamentär! Nicht möglich! Dahinter steckt eine List!

SINAIBERGER: *vom Telephon her* Er steht schon am Tor bei der Niska. Mit einem weißen Tuch.

DANNENBERG: Was? *Zu Sinaiberger:* Hereinlassen, ja. Wenn er sich den üblichen Bedingungen unterwirft: ohne Waffen, mit verbundenen Augen!

SINAIBERGER: *nach einer Pause* Er unterwirft sich.

DANNENBERG: Die Nazis lassen sich herbei, mit uns zu verhandeln! Als Gleiche mit Gleichen.

RUBEN: So hatten die Herren Europas sich eine Schlacht im Ghetto nicht vorgestellt! Sie glaubten, mit jüdischen Untermenschen im Handumdrehen fertig zu werden.

GLYCENSTEIN: Nein, das träumten sie nicht, daß sie Block um Block, Haus um Haus, Stockwerk um Stockwerk in erbitterten Kämpfen würden nehmen müssen. Und gezwungen sein, am nächsten Morgen die eroberten Häuser neu zu erobern, weil die Ruinen über Nacht sich in Festungen verwandelt hatten.

DANNENBERG: Keine voreilige Freude! Wir stehen erst am Beginn.

ISSERLIN: Was willst du? Es war unser kühnster Traum, drei Tage Widerstand zu leisten.

DANNENBERG: Wir haben zu bescheiden geträumt. Wir setzen uns zum Ziel, ihnen drei weitere Tage zu widerstehen.

ISSERLIN: Sie bringen ihn schon.

RUBEN: Gebt acht: wir haben ihnen Respekt eingeflößt! Ich wette, daß er uns mit „Sie" anspricht!

Hassenreith, mit verbundenen Augen, wird von zwei Aufständischen hereingeführt, die sich alsbald zurückziehen.

DANNENBERG: Nehmt ihm die Binde ab! *Es geschieht.*

HASSENREITH: Major Hassenreith. Vom Stab der die Aktion gegen das Ghetto ausführenden Truppen. Ich wünsche, zum Kommando der Meuterer gebracht zu werden.

DANNENBERG: Hier ist das Hauptquartier.

HASSENREITH: *nachdem er sich verächtlich umgesehen hat* Sind Sie vielleicht der Kommandant?

DANNENBERG: Sie müssen mein unmilitärisches Aussehen gefälligst entschuldigen. Was ist Ihr Auftrag?

HASSENREITH: Sie werden aufgefordert, unverzüglich zu kapitulieren. Wir geben ihnen sechs Stunden Zeit, bis elf Uhr Abends.

DANNENBERG: Sehr gütig. Ihre Bedingungen?

HASSENREITH: Bis dahin halten wir uns von jeder Aktion zurück. Allen, die bis Schlag elf das Ghetto verlassen und die Waffen abliefern, wird Gnade zugebilligt.

DANNENBERG: Und wenn wir nicht kapitulieren?

HASSENREITH: Wer nach dieser Frist im Ghetto aufgegriffen wird, bewaffnet oder unbewaffnet, wird exekutiert. Sie wissen, daß jeder weitere Widerstand sinnlos ist. Sie können gegen die Übermacht an Mannschaft und Waffen nicht aufkommen.

DANNENBERG: Das wußten wir bereits, bevor wir zu den Waffen griffen. - Es ist Ihnen wohl verflucht peinlich, sich mit Juden schlagen zu müssen?

HASSENREITH: Auf diese Frage habe ich nicht zu antworten. Wir wollen nur unnützes Blutvergießen vermeiden. Sie haben keine Wahl, als zu kapitulieren oder unter den Trümmern des Ghettos begraben zu werden.

DANNENBERG: Gerade das wollen wir. Und einige Deutsche mit uns begraben.

HASSENREITH: Wir werden keinen Mann mehr Ihren hinterhältigen Schießereien aussetzen. Es gibt noch andere Mittel, Sie zur Raison zu bringen.

DANNENBERG: Wer bürgt uns dafür, daß Sie die Gnade, die Sie uns zubilligen, dann auch gewähren?

HASSENREITH: Unser Wort. Das dürfte genügen.

DANNENBERG: Allerdings. Sie verpflichten sich also, alle, die sich freiwillig ergeben, unbeschädigt nach Palästina zu transportieren?

HASSENREITH: Ich bin nicht gekommen, um mit Ihnen zu scherzen. Allen, die fristgerecht kapitulieren, wird das Leben geschenkt. Sie erhalten Unterkunft und Verpflegung in einem Arbeitslager.

DANNENBERG: *zu den anderen* Die deutsche Gnade! Genau so habe ich sie mir vorgestellt!

HASSENREITH: Wie reden Sie, Jud?

DANNENBERG: Jiddisch. Wie meine Mutter mich's gelehrt hat. Ich kann mit Ihnen aber auch Hochdeutsch reden. Diejenigen, denen Sie ungnädig sind, werden nach einem Ihrer Vernichtungslager geschafft und dort erledigt. Das dauert durchschnittlich zwölf bis fünfzehn Minuten; dann ist's überstanden. Die andern, denen sie Gnade schenken, genießen das Privileg, für die Erhöhung der Wehrkraft des Reichs zu arbeiten - hungernd, fiebernd und schlaflos, gepeitscht und geschunden, viele Wochen lang, Monate lang. Haben sie endlich ihre letzte Unze Arbeitskraft verausgabt, werden sie im Lagerhof zusammengetrieben, von hungerwütigen Doggen um das Geviert des Hofs gehetzt, wozu eine jüdische Musikkapelle aufspielen muß, und in Stücke gerissen. Wir ziehen die Ungnade vor!

HASSENREITH: Überlegen Sie sich's gut, bevor Sie unser Anbieten abschlagen! Sie könnten's bedauern -

DANNENBERG: Sie haben gehört: wir verzichten auf die Gnade! - Noch ein Auftrag?

HASSENREITH: Geben Sie die Gefangenen heraus, deren Sie sich heimtückisch bemächtigt haben!

DANNENBERG: Heimtückisch, gewiß. Was bieten Sie uns?

HASSENREITH: Bieten? Sie haben die Pflicht, die Gefangenen sofort bedingungslos freizusetzen.

DANNENBERG: Dann müssen wir wohl fordern. Sie haben für jeden Deutschen, der im Ghetto umkam, regelmäßig tausend Juden erschlagen. Wir wollen billiger sein. Schicken Sie für jeden Gefangenen zehn kampffähige Juden ins Ghetto zurück, mit Waffen und mit Proviant für sieben Tage versehen!

HASSENREITH: Jüdische Unverschämtheit!

DANNENBERG: Leisten Sie sofort Abbitte für die Beleidigung!

HASSENREITH: Abbitte? Einem Judenbengel? Doppelte jüdische Chuzpe!

DANNENBERG: Nehmt ihn fest!

HASSENREITH: Hände weg! Ich bin hier als Parlamentär!

DANNENBERG: Dann benehmen Sie sich auch wie ein Parlamentär! Nehmt ihn fest! *Sie ergreifen ihn.*

HASSENREITH: Unterstehen Sie sich nicht! Ich stehe unter dem Schutz internationalen Rechts!

DANNENBERG: Sie erdreisten sich, Sie!, von Recht zu reden? Wer hat euch Nazis das Recht gegeben, Hunderttausende aus ihrem Mutterboden auszureißen wie Unkraut und sie in stinkenden, verpesteten Ghettos zusammenzuschmeißen? Nach welchem internationalem oder sonstigem Recht rotten Sie in Ihren Mordfabriken ein ganzes Volk aus? Säuglinge, die kein anderes Verbrechen begangen haben, als das

Licht der Welt als Juden zu erblicken! Sie erkennen kein Recht an als die rohe Gewalt - und Sie sind jetzt in unserer Gewalt! Stellt ihn an die Wand!

HASSENREITH: Sie werden's nicht wagen! Sie wollen -

DANNENBERG: Ihr Nazis liebt es, am lebendigen Objekt zu experimentieren. Ich will experimentell feststellen, ob auch der Übermensch angesichts des sicheren Todes zittert. Wenn ich „Drei" zähle, gebt ihr Feuer! *Sie haben Hassenreith gegen die Wand gestellt. Eins! Sie ziehen die Revolver. Zwei! Sie entsichern die Revolver. Eine lange Pause.*

HASSENREITH: *brüllt plötzlich los* Schrei „Drei"! Wann schreist du, Judenhund, endlich „Drei"?

DANNENBERG: Der Übermensch zittert ebenso wie der Untermensch. Es ist wissenschaftlich einwandfrei bewiesen. - Laßt ihn laufen! *Sie lassen ihn los.*

HASSENREITH: *zitternd und bleich vor Wut* Das werden Sie bereuen, Sie - Sie, Jud!

DANNENBERG: *finster* Lauf! Lauf! Und erzähl's zu Haus, daß der Judenhund dich begnadigt hat! Lauf schnell, sag ich dir, Nazihyäne - sonst könnte ich meine Gnade bereuen - *Hassenreith schnell ab.*

RUBEN: *nach einer Pause* Und wie er gelaufen ist, der Mensch der Herrenrasse!

DANNENBERG: Habt ihr gehört? Sie wollen ihre Leute schonen. Sie haben die Absicht, uns aus sicherer Entfernung mit Bomben und Festungsgeschützen unterzukriegen. Das werden wir nicht zulassen!

GLYCENSTEIN: Was willst du tun?

DANNENBERG: Reserveplan „Hasmonäer" tritt in Kraft. Die Sturmkolonnen bereitstellen!

RUBEN: Laß dich umarmen, Simon! Wir greifen an -

DANNENBERG: Um halb elf wird die Mauer an drei Stellen gesprengt. Wir tragen den Kampf in die Christenstadt hinüber!

RUBEN: Gib Befehl, vorher die Gefangenen zu erschießen!

DANNENBERG: Keiner rührt sie an! Wir wollen nicht nach Nazimethoden wehrlose Menschen ermorden!

RUBEN: Sollen wir warten, bis sie von den Deutschen befreit werden?

DANNENBERG: Sie sollen unser Schicksal teilen und den Tod durch deutsche Geschosse finden.

Das Hauptquartier. Es ist spät in der Nacht, gegen Morgen. Allmählich wird es hell. Es ist der Morgen des siebten Kampftages. Draußen ist alles still.

DANNENBERG: Was? Sie haben nicht geräumt?

SINAIBERGER: *am Telephon* Block E meldet, sie sind noch nicht eingetroffen.

DANNENBERG: Sofort räumen! Es ist Tollheit, Stützpunkt 9 länger halten zu wollen!

GLYCENSTEIN: Sie sind völlig isoliert. Block C ist beinahe ganz niedergelegt.

DANNENBERG: Stützpunkt 9 räumen und Stützpunkt 14 verstärken!

SINAIBERGER: Sie antworten nicht.

DANNENBERG: Du mußt sie erreichen! Ich ahnte es, die Orthodoxen würden die ersten sein, die aus der Reihe tanzen!

SINAIBERGER: Sie antworten nicht.

DANNENBERG: Ist der Draht beschädigt?

SINAIBERGER: Der Draht ist intakt. Ich höre etwas am anderen Ende des Drahtes.

DANNENBERG: Warum antworten sie denn nicht, zum Teufel?

SINAIBERGER: Ich höre es deutlich. Ich höre sie singen.

DANNENBERG: Was haben sie jetzt zu singen? *Zu Ruben:* Geh hinüber! Stützpunkt 9 augenblicklich räumen und Stützpunkt 14 beziehen! *Ruben ab.*

ISSERLIN: Stützpunkt 9 existiert nicht mehr. Er ist zur Synagoge geworden.

DANNENBERG: Hast du ihnen den Befehl überbracht, in der Nacht nach Block E hinüber zu wechseln?

ISSERLIN: Sie gehorchen Befehlen vom Hauptquartier nicht mehr. Sie gehorchen anderen Befehlen.

DANNENBERG: Was soll das heißen?

ISSERLIN: Sie haben den großen Bunker in eine Synagoge verwandelt. Ein Altar war aufgestellt und mit einer roten Seidendecke bedeckt. An den vier Seiten des Altars waren in silbernen Leuchtern hohe, armdicke Kerzen angezündet. Die Thorarolle lag aufgerollt auf dem Altar; doch niemand las aus der Thora. Sie lagen, in weiße Sterbekittel gekleidet, auf den Knien, und jeder hielt den Samtbeutel in der Hand, in dem Erde aus dem Heiligen Land eingeschlossen war, die ihnen ins Grab mitgegeben werden soll -

DANNENBERG: Wem hast du den Befehl übergeben?

ISSERLIN: Keiner war da, der auf mich hörte. Rabbi Wilnaer erhob sich plötzlich und trat an den Altar. Er redete von der Erfüllung der Zeiten, vom Geheimnis des siebten Tages, von dem Heimlichen, dessen Erscheinen für den siebenten Tag verheißen ist, und von dem feurigen Weg, der zum Verheißenen führe -

DANNENBERG: Ich verstehe kein Wort.

ISSERLIN: Ich verstand es auch nicht. Ich verstand nur, daß es etwas Großes war. Sie streichelten ihre Beutel und öffneten sie; sie schütteten die zerbröckelte Erde in ihre Handflächen und küßten sie; und dann aßen sie die Erde -

DANNENBERG: Sie aßen die Erde?

ISSERLIN: Sie schlangen sie hinab. Sie verleibten sich die heilige Erde ein. Es war eine große Erwartung. Der Boden des Ghettos wird unter ihren Füßen entweichen, und die Tore des neuen Zion werden sich ihnen auftun -

DANNENBERG: Was redest du?

Dora und Mira treten ein.

DORA: Die Frauen von der Bastei Franciskanska schicken uns. Sie bitten um eine andre Verwendung.

DANNENBERG: Was wollen sie?

DORA: Wir wünschen, als Kampftruppe eingesetzt zu werden. Wir haben es satt, bei den Gefangenen Samariterdienst zu machen.

DANNENBERG: Ihr werdet auf euren Posten bleiben.

DORA: Wir wollen die Raubtiere nicht länger füttern. Wir verlangen, daß mit ihnen Schluß gemacht wird.

DANNENBERG: Kein Haar wird ihnen gekrümmt! *Man hört plötzlich schießen.* Was für eine Schießerei ist das?

GLYCENSTEIN: Es kommt von Block C. Stützpunkt 9 feuert.

DANNENBERG: Ohne Befehl? Aufhören!

SINAIBERGER: *vom Telephon* Ich erreiche sie nicht.

DANNENBERG: Ich sage: Aufhören! Sie schmeißen mir meinen Plan um!

SINAIBERGER: Es ist umsonst. Sie antworten nicht. *Immer stärkeres Feuer.*

DORA: Für unsere Kinder war keine Kruste trockenen Brots da. Die Bestien werden mit reichlicher Kost gemästet.

DANNENBERG: *aufstampfend* Verfluchtes Geschieße! *Zu Glycenstein:* Schaff mir die Weiber vom Hals! *Er geht im Folgenden heftig auf und ab, auf die Schüsse lauschend.*

GLYCENSTEIN: Ihr kennt das Verbot: wir vergreifen uns nicht an Gefangenen.

DORA: Sie tuscheln und kichern. Sie wissen, daß ihre Brüder nur noch zwei Straßenzüge entfernt sind. Sie werden schon unverschämt. Sie entkleiden uns in Gedanken und suchen sich die unter uns aus, die noch etwas Schwarte auf den Knochen haben, um sie ins Bett zu nehmen -

MIRA: Wir werden's nicht zugeben, daß sie befreit werden!

GLYCENSTEIN: Seid vernünftig, Kinder! Jeder von uns hat seine Aufgabe. Die eure ist, die Gefangenen zu bewachen und ihnen die Rationen zu geben.

DORA: So werden wir ihnen ihren Fraß vergiften!

GLYCENSTEIN: Genug! Wer seine Pflicht nicht tut, wird erschossen; ihr wißt es.

DORA: Nur zu! Wenn wir nur vorher den Revolver an ihre Stiernacken setzen und ihnen eine Kugel durch ihre Schädel brennen!

MIRA: Laßt Gas ein! Rottet das Gezücht durch Gas aus!

GLYCENSTEIN: *sie anstarrend* Dora! Mira! Was ist aus euch geworden?

DORA: *wild* Megären! Schüttelst du dich? Wußtest du, was eine Mutter fühlt, hättest du den Schmerz empfunden, wenn das Kind uns den Leib zersprengt, und die Süßigkeit, uns das kleine, warme Fleisch an die Brust zu legen, und dann in Verzweiflung zuzusehen, wie das arme Wesen vor Hunger sich windet und stirbt, du hättest nur noch die eine Begierde, den Mordbuben die Kehle zuzudrücken -

GLYCENSTEIN: *entsetzt* Dora!

DORA: Ja, Ja! Ihnen das Herz aus der Grube zu zerren und ihr schwarzes Blut zu trinken -

MIRA: Sie sollen Gas saufen, nach Luft schnappen wie Fische -

GLYCENSTEIN: Mira! Ist's möglich, daß auch du -

MIRA: Was weißt denn du? Ich habe die Gaskammer erlebt -

GLYCENSTEIN: Du hast auch Erbarmen erlebt. Du wurdest von einem Unbekannten gerettet und dem Leben wiedergegeben.

MIRA: Was für ein Leben ist das, dem ich wiedergegeben wurde?

GLYCENSTEIN: Ich durfte annehmen, daß meine Meinung dir nicht gleichgültig ist. Du wirst nicht wollen, daß ich mit Abscheu an dich denke.

MIRA: *nach kurzem Schwanken, zu Dora* Ich mache nicht mit!

DORA: Dann eben ohne dich! *Zu Dannenberg:* Zum letztenmal: erlaubst du uns, die Gefangenen zu liquidieren?

DANNENBERG: Das Verbot bleibt aufrecht. Sie sollen durch deutsche Geschosse sterben.

DORA: Wie du willst! Sie werden durch deutsche Geschosse sterben!

Sie geht ab. Bald darauf tritt Ruben ein.

DANNENBERG: Haben sie endlich geräumt?

RUBEN: Sie hatten, als ich ankam, alle Fenster und Dachluken besetzt. Sie summten Psalmenverse und schossen in die Dämmerung -

DANNENBERG: So räumen sie nicht?

RUBEN: Sie räumen! Als sie die Munition verschossen hatten, versammelten sie sich zu einer letzten Andacht. Rabbi Wilnaer sagte, daß die Glorie des siebenten Tages nun angebrochen sei -

DANNENBERG: Heut ist der siebente Kampftag. Meinte er das?

RUBEN: Sie brachen auf. Er ging ihnen voran und verließ als erster das Tor; und sie alle drängten ihm nach, auf die Straße, die ganze Besatzung des Stützpunktes, mehr als zweitausend Mann -

DANNENBERG: Auf die Straße? Durch die Schächte nach Block E war der Befehl!

RUBEN: Sie pilgern die Straße, in ihren weißen Sterbegewändern, und tragen die Gewehre wie Wanderstäbe. Sie wallfahren heran, auf der Suche nach Ihm, wie Schlafwandler, vom Geiste geleitet -

DANNENBERG: Der Geist des Ghettos ist wiedererstanden. Der Ghettogeist der Schwärmerei und Träume! Was wollen die Wahnwitzigen?

RUBEN: Sie suchen den Heimlichen. Sie glauben, daß er mit dem Morgen des siebenten Tages herabgekommen ist. Sie wollen aus dem Ghetto hinaus zur Freiheit -

DANNENBERG: Hinaus? Sie haben sich ins Ghetto zurückgeflüchtet, und das Ghetto hat sie verschlungen!

RUBEN: *am Fenster, erregt* Sie kommen! Sie lenken ihre Schritte hierher! Sie haben den festen Glauben, den Gesegneten hier im Hauptquartier zu finden -

DANNENBERG: *heftig* Zurück! Die Rasenden! Zurück in Deckung! *Er will hinaus.*

RUBEN: *sich ihm entgegenstellend* Du hältst sie nicht auf! Sie gehen unaufhaltsam dem Verheißenen entgegen -

DANNENBERG: Den Schlünden der deutschen Geschütze gehen sie entgegen! *Heftiges Schießen ganz nahe.*

GLYCENSTEIN: Die Deutschen legen eine dichte Feuerbarrage quer über die Straße!

RUBEN: Sie streben durch das Feuer unbeirrt vorwärts! Sie gehen den feurigen Weg, von dem Rabbi Wilnaer sprach!

DANNENBERG: Sie werden niedergemäht! Sie fallen in Leichenhügeln übereinander!

RUBEN: Sie weichen vor dem Flammenhagel nicht zurück! Die Lebenden schreiten über die Toten hinweg! Sie kämpfen sich vorwärts zu ihrem Erretter -

DANNENBERG: Sie haben sich in ihren Wahn gerettet! Sie werfen sich sinnlos weg -

RUBEN: Hör nur! Sie singen Jubelpsalmen! Sie haben sterbend den Erlöser gesehen!

DANNENBERG: Die Letzten werden niederkartätscht! Keiner von den Zweitausend steht mehr aufrecht!

RUBEN: Sie sind singend gestorben. Ich wünsche mir keinen besseren Tod.

DANNENBERG: *verzweifelt* Im Wahn gelebt! Im Wahn gestorben!

RUBEN: *nach einer langen Pause* Unsere Leute fangen an, zu zweifeln und zu schwanken. Es geht über die Menschenkraft, in verzweifelter Ohnmacht auszuharren. Gib ihnen einen Glauben, der sie erhebt, damit sie die Kraft haben, weiterzukämpfen.

DANNENBERG: Ich kann ihnen keinen anderen Glauben geben, als den ich selber habe: daß wir die Pflicht haben, männlich zu sterben.

RUBEN: Wenn du Übermenschliches von ihnen verlangst, mußt du ihnen einen überirdischen Glauben geben. Pflanz den Glauben in sie ein, daß ein Erretter kommen wird: so werden sie bis zum Ende ausharren.

DANNENBERG: Lieber kapitulieren, als dank einer Lüge siegen!

ISSERLIN: *nähert sich Dannenberg, verbeugt sich tief vor ihm und sagt leise:* Du bist es! Ich habe dich erkannt! Der Heimliche: du bist es!

DANNENBERG: *fährt entsetzt zurück* Baruch! Um Himmels willen -

ISSERLIN: Du hast uns geprüft. Wir waren deiner nicht wert. Die Stunde hat geschlagen, in der du dich enthüllst.

DANNENBERG: Wir haben aus dem selben Blechnapf gegessen, im selben Kellerloch geschlafen. Du hast mich beobachtet, wie ich unter Hunger, Frost und Erschöpfung litt, genau so wie du; du kannst dir nicht einbilden, daß ich aus einem andern Stoff geformt bin als du.

ISSERLIN: *immer leise und wie entrückt* Es hat dir gefallen, dich in einer schlechten Hülle zu verbergen. Besteig den Esel vor dem Tor! Ich werde dir die Steigbügel halten und deine Fahne tragen -

DANNENBERG: Komm zu Sinnen, ich flehe dich an! Baruch, alter Kamerad, ein überzeugter Sozialist wie du - es kann nicht sein, daß auch du im Wahn des Ghettos versinkst!

ISSERLIN: Du wirst mich nicht kleingläubig finden. Führ uns ans Meer! Die Schiffe schaukeln im Hafen, die uns über die blaue Flut nach dem Strand tragen, an dem uns die Brüder erwarten!

DANNENBERG: Blick dich nur um! Wir sind von einer Armee eingeschlossen und entrinnen nie aus der Hölle -

ISSERLIN: Sprich das Wort aus! Du hast die Macht. Sprich das Wort: und die Armee zerstiebt, das Ghetto versinkt und das neue Zion steigt auf mit purpurnen Mauern und silberfunkelnden Türmen! - Werft die Gewehre weg!

DANNENBERG: *verzweifelt, zu Glycenstein* Begreifst du das?

GLYCENSTEIN: Er hat diese Träume in der Kindheit geträumt. Die Kindheit ist in ihm wieder lebendig geworden.

ISSERLIN: Wir werden die Gewehre zu Pflügen schmieden und aus den Panzerwagen Traktoren bauen! Wir werden den siebenten Sabbath in den Gärten der Heimat feiern, an rieselnden Wasserbächen, bei Goldäpfeln und Enakstrauben! Brecht auf! Der Morgenwind stürmt. Draußen ist Frühling und Freiheit -

DANNENBERG: Keinen Schritt! Draußen ist der Tod!

ISSERLIN: Verleugne dich selbst; ich werde dich verkünden! Er ist erstanden! Sammelt euch, Brüder, und jubelt! Der Erlöser ist erstanden! *Er stürzt hinaus.*

RUBEN: *nach einer Pause, am Fenster* Er eilt über die Straße. Er ruft laut und schwingt eine Fahne. *Schüsse.*

DANNENBERG: *nach einer Pause* Noch ein Tag des Widerstandes und vielleicht noch ein anderer Tag: wozu? Das Beste wäre, schnell ein Ende zu machen.

RUBEN: Was? Zu kapitulieren?

DANNENBERG: Wenn wir den Nazis auch widerstehen: das Ghetto hat uns besiegt! *Heftige Schüsse in der Entfernung.* Wer schießt schon wieder?

RUBEN: Es ist Richtung Franciskanska. Sie schießen von der Bastei Franciskanska.

GLYCENSTEIN: Dort sind die Gefangenen untergebracht!

DANNENBERG: Wieder ohne Befehl! Feuer einstellen!

RUBEN: Das Dach der Bastei ist dicht von Frauen besetzt. Sie schießen und gestikulieren -

SINAIBERGER: *vom Telephon* Sie melden sich nicht. Der Draht scheint zerschnitten.

GLYCENSTEIN: Sie heben die Arme hoch und winken. Sie geben Feuer-signale: wem signalisieren sie?

DANNENBERG: Alle Bande der Disziplin sind gesprengt! Alle wilden Triebe sind losgelassen! Ich kommandiere empörte Rebellen!

RUBEN: Sie richten sich auf, sie beugen sich nieder, wie rasende Tänze-rinnen -

GLYCENSTEIN: *entsetzt* Megären! Dora!

RUBEN: Ein Bomber steigt auf. Sie signalisieren dem Bomber! Sie lenken ihn auf sich! *Eine starke Explosion.*

SINAIBERGER: Ein Volltreffer. Wo die Bastei eben noch stand, ist ein lee-rer Raum. Sie haben die Gefangenen mit sich unter den Trümmern begraben.

GLYCENSTEIN: *leise, in Entsetzen* Dora! Das war ihr Werk!

DANNENBERG: Zum Wahn des Ghettos die Selbstzerstörung des Ghettos! Wir sind besiegt!

Dunkel. Man hört eine mächtige Explosion; dann Schreie und darauffol-gende Stille. Der betonierte Bodenraum eines Turms, der den Teil einer Befestigung bildet. Der Raum ist zertrümmert, das Dach ist weggerissen. Zwischen Schutt und Trümmern liegen Tote. Glycenstein und Mira liegen auf der Erde, an den entgegengesetzten Enden des Raumes. Es ist Nacht; der Himmel ist von Feuerbränden gerötet.

MIRA: *schreit laut* Lebt noch jemand?

GLYCENSTEIN: Bist du es, Mira? Bist du verletzt?

MIRA: Ich bin unverletzt, Oleg, und du?

GLYCENSTEIN: Ich auch. Die ganze Mannschaft, außer uns, scheint er-schlagen.

MIRA: Einer wimmert noch.

GLYCENSTEIN: Rühr dich nicht! Der Bomber schwebt über uns. Bei der geringsten Bewegung wirft er eine andere Bombe ab.

MIRA: Hör nur, wie er stöhnt! Was sollen wir jetzt tun?

GLYCENSTEIN: Wir müssen regungslos liegen, bis der Bomber sich ent-fernt. Dann versuchen wir, uns hinunter ins Kellergewölbe zu retten. Die Treppe unter uns scheint unbeschädigt.

MIRA: Es ist fürchterlich heiß. Das Nachbarhaus auf der linken Seite brennt.

GLYCENSTEIN: Es ist windstill. Solang kein Wind geht, ist keine Gefahr, daß das Feuer hierher übergreift. - *Nach einer Pause:* Ich freue mich, Mira.

MIRA: Was? Worüber freust du dich?

GLYCENSTEIN: Daß du noch lebst. Und daß wir allein sind. Ich komme zu dir.

MIRA: Rühr dich nicht! Der Bomber ist über uns.

GLYCENSTEIN: Wir waren noch nie allein in diesem überfüllten Ghetto. Jetzt kann ich endlich reden. Ich hab dich lieb, Mira.

MIRA: Du bist verrückt! Vollständig verrückt!

GLYCENSTEIN: Ich habe dich lieb, du weißt es. Du hast mich lieb, ich weiß es. Bleib liegen; ich schiebe mich vorsichtig zu dir hinüber -

MIRA: Ich will dich nicht hören! Ich will fort von hier! *Sie springt auf.*

GLYCENSTEIN: Rühr dich nicht! *Eine heftige Explosion. Er schreit:* Lebst du, Mira? Bist du verwundet?

MIRA: Nein. Es hat mich nur zu Boden geschleudert.

GLYCENSTEIN: *nach einer Pause* Die Treppe unter uns ist weggerissen. Wir kommen von dieser Plattform nicht mehr weg.

MIRA: Was? Was? Jetzt brennt auch das Haus auf der rechten Seite.

GLYCENSTEIN: Gegen Morgen pflegt sich der Wind zu erheben. Zwei Stunden oder eine: dann treibt er den Brand zu uns herüber.

MIRA: Sind wir verloren? Keine Rettung?

GLYCENSTEIN: Wir sind auf diesem Turm rettungslos verloren. Die Welt ist für uns untergegangen. Die letzte Erdenstunde ist gekommen; sie gehört unserer Liebe -

MIRA: Um Himmels willen, schweig! Ist jetzt die Zeit, an solche Dinge zu denken?

GLYCENSTEIN: Jetzt! Wann sonst? Alle Küsse, die ich nicht mehr geben werde, alle Umarmungen, die ich nicht mehr schenken werde, drängen aus mir hinaus; sie drängen zu dir -

MIRA: Glaubst du, ich bin in der Laune, deine Geständnisse zu hören? Zwischen Trümmern und Leichen -

GLYCENSTEIN: Ich weiß, daß du dieselbe Sehnsucht fühlst wie ich. Du wirst so unwiderstehlich zu mir getrieben, wie ich zu dir -

MIRA: Du lügst! - Denk daran, uns zu retten!

GLYCENSTEIN: Wozu an Nutzloses denken? Nur diese Stunde ist uns noch geschenkt. - Der Sterbende hat zu stöhnen aufgehört. Der Bomber hat sich entfernt. Nichts hindert uns, einander anzugehören -

MIRA: Schämst du dich nicht, vor den Toten so schändliche Reden zu führen?

GLYCENSTEIN: Was gehen uns die Toten an? Weißt du, ob sie nicht jede Stunde beklagen, die sie versäumten? - Ein Hauch des Morgenwindes: und du bist wie sie! Wirf die Scham von dir und folg deinem Gefühl! Ich komme zu dir -

MIRA: Bleib, wo du bist! Sonst stürze ich mich vom Turm hinab! - Du hast mich herzlich aufgenommen, als ich aus der Gaskammer zurückkam. Du hast mir den Glauben wiedergegeben, daß es in dieser entsetzlichen Welt noch selbstlose Güte gibt. Ich habe dir dafür gedankt -

GLYCENSTEIN: Warum willst du's leugnen? Du hast mich geliebt.

MIRA: Nicht, wie du denkst! Wie einen Vater, der mir ein zweites Leben schenkte! Und jetzt, da du mich wehrlos glaubst, willst du mich überrumpeln -

GLYCENSTEIN: Du bist für die Liebe geschaffen, wie jede Frau. Du wirst nach mir keinen Mann mehr erblicken -

MIRA: Ich habe die Männer kennengelernt! Sie rissen mir die Kleider vom Leib, sie griffen mit rohen Fäusten nach mir! Ich verabscheue die Männer und was sie Liebe nennen -

GLYCENSTEIN: O Gott, die Zeit entflieht! - Wir haben das volle Recht auf unser Glück. Ich bin Witwer, Mira -

MIRA: Seit zwei Tagen!

GLYCENSTEIN: Zwei Tage zählen für uns wie zwanzig Jahre! Eine Stunde hat jetzt das Gewicht eines ganzen Lebens! Die Hälfte unserer letzten Stunde ist vorbei; wir könnten längst glücklich sein -

MIRA: Du bist der Mann meiner Schwester!

GLYCENSTEIN: Sie war längst nicht mehr meine Frau. Sie hatte alles Weibliche eingebüßt. Du bist so, wie sie in ihrer Jugend war, als ich sie liebte. Sei meine Frau; ich heirate dich -

MIRA: Heiraten? Wie?

GLYCENSTEIN: In der Todesnot ist es gestattet, ohne Rabbiner und Trauring zu heiraten. Mir ist nicht mehr die Zeit gelassen, allmählich um dich zu werben. Sag Ja, wie du's fühlst: und du bist meine Frau vor Gott -

MIRA: Ich fühle nur Angst. Nichts, als grenzenlose Angst.

GLYCENSTEIN: Wovor hast du Angst? Du wirst nie fürchten müssen, daß ich dich durch Gleichgültigkeit kränke, durch Untreue verletzen werde. Unsere Ehe wird ein einziges Glück sein -

MIRA: Hab Mitleid mit mir, ich flehe dich an! Ich kann nicht; ich will nicht -

GLYCENSTEIN: Weißt du was? Weißt du was? Ich mache dir ein wunderbares Hochzeitsgeschenk! Ich schenke dir Liebe und Tod in einem! Nach unserer Vermählung gebe ich dir den Tod; dann töte ich mich selbst. Du wirst auf der Höhe der Seligkeit dahingehen - und wirst es selber nicht wissen. Willst du? Willst du?

MIRA: Nein! - Ja! - Komm!

Ein tiefer Bunker, in den das Hauptquartier verlegt ist. Der Rest des Stabes ist beisammen. Alle sind völlig erschöpft. Ruben duckt sich in eine Ecke, an einem Knochen nagend. Sinaiberger liegt reglos auf der Erde. Nur Dannenberg und Golda halten sich noch aufrecht. Es ist der zwanzigste Tag des Aufstandes.

DANNENBERG: Ich weiche nicht.

GOLDA: Die Nachbarbunker sind zerbombt. Sie werden uns sicherlich bald hier bombardieren.

DANNENBERG: Es halten sich noch Außenposten. In allen Sektoren behaupten sich noch vereinzelte Kasematten. Solang das Hauptquartier steht, ist der Aufstand nicht zusammengebrochen.

GOLDA: Die Telephonleitungen sind zerstört. Wir haben mit den isolierten Gruppen keine Kommunikation mehr. Du kannst das Kommando grad so gut in einen tiefer gelegenen Bunker verlegen.

DANNENBERG: Wohin noch? Wir sind schon immer tiefer in die Erde hinuntergestiegen. Es bleibt uns nur noch übrig, das Kommando in den Hades zu verlegen.

GOLDA: Was hast du vor? Die Menschen können nach dem zwanzigtägigen Kampf nicht weiter. Sie sind halb tot oder halb wahnsinnig. Du siehst es selbst -

DANNENBERG: Ich gebe nicht zu, daß das Ende da ist. - Ruben, nimm die Verbindung auf mit den Restgruppen von Block G und H! Sie sollen nur noch bis zum Abend aushalten. *Ruben rührt sich nicht.* Wir haben noch Waffen. Ich werde sie in der Nacht mit frischer Munition versorgen. *Ruben rührt sich nicht.* Hörst du nicht? Was nagst du an dem hohlen Knochen?

RUBEN: Im Knochen ist fettes Mark. Nur meine Zähne sind stumpf.

DANNENBERG: Leg den Knochen weg und geh!

RUBEN: Der Knochen gehört mir. Ich gebe ihn nicht her! - Eine Katze! Nur eine Katze!

DANNENBERG: Was?

RUBEN: Schenk mir eine Katze, ich bitte dich! Nur den Duft von Katzenfleisch laß mich riechen!

DANNENBERG: Woher soll ich's nehmen? Tu jetzt, was ich dir sagte!

RUBEN: *lacht auf* Mein Vater! Ich verachtete meinen Vater, weil er für ein tägliches Beefsteak mit den Nazis paktierte. Ich würde für einen Katzenbraten meine Seele dem Teufel verschreiben. *Er schreit auf:* Schlag mich tot! Schlag mich tot! Sonst erliege ich der Gier -

DANNENBERG: Welcher Gier?

RUBEN: Es gibt Fleisch im Ghetto, und Feuer brennen, es zu braten! Schlag mich tot! Denn sonst - sonst schlage ich meine Zähne in Menschenfleisch und fresse die toten Kameraden an -

DANNENBERG: *entsetzt* Du sollst Fleisch haben! Du sollst es haben!

RUBEN: Du willst mich betrügen!

DANNENBERG: Du vergißt die eisernen Rationen, die wir für die letzte Stunde zurückgelegt haben. Es sind Fleischkonserven darunter -

RUBEN: Ich glaube dir nicht. Was willst du?

DANNENBERG: Das Ende! Wir ziehen alles, was noch am Leben ist, um das Zentralmunitionsdepot zusammen. Sobald die Deutschen in Reichweite sind, bringen wir das Depot zur Explosion. Wir sprengen sie in die Luft und uns mit ihnen. Vorher sättigst du dich an Fleisch -

RUBEN: *steht auf* Ich kann mich wieder auf den Beinen halten. Was trägst du mir auf?

DANNENBERG: Du verständigst alle Gruppen von hier bis zur Stawki, sich nach dem Zentraldepot zurückzuziehen. *Zu Sinaiberger:* Du, Wolf, überbringst es allen Gruppen von hier bis zur Bonifraterska!

SINAIBERGER: Geh selbst! Ich will nicht!

DANNENBERG: Es ist der letzte Befehl. Geht!

SINAIBERGER: Geh selbst! Stirb selbst! - Du hast uns in dieses Elend gestürzt!

DANNENBERG: Bist du verrückt?

SINAIBERGER: Ich bin bei Sinnen. Hunger, Entsetzen, Raserei: diese Hölle hast du uns geschaffen!

DANNENBERG: Ja, ich. Vorher hattet ihr ein so behagliches Leben geführt. Ihr hattet euer Suppenhuhn im Topf, euern Karpfen am Sabbath, euern satten, gesicherten Nachtschlaf - nicht? Nicht?

SINAIBERGER: Es war ein schreckliches Leben; aber es war Leben! Drei Kampftage hast du von uns gefordert - und zwanzig sind draus geworden! Zwanzig Höllentage und -nächte von Bomben, Bränden, Blut und Wahnsinn - und am Ende nichts als ein entsetzlicher Tod! Das konnten wir schneller und billiger haben -

DANNENBERG: Verzeih mir, daß ich euch dazu brachte, länger Widerstand zu leisten, als die gesamte Republik Polen mit ihren Millionenheeren! Verzeih es mir bitte -

SINAIBERGER: Es war noch nichts verloren. Die Nazis konnten die Deportationen einstellen oder aus Warschau vertrieben werden. Ein Wunder konnte geschehen, das uns gerettet hätte. Jetzt rette! Rette uns! Ich will nicht sterben -

DANNENBERG: Gewiß, gewiß! Die Nazis hätten durch Lautsprecher verkündet: Alle Juden im Ghetto müssen sterben; alle, außer Wolf Sinaiberger. Dem Wolf Sinaiberger wird ein Freibrief ausgestellt und ein gemütliches Asyl zugesichert, nur weil er der Wolf Sinaiberger ist -

SINAIBERGER: Du hast alles zerstört und vernichtet. - - Sie war gut und sanft; du hast sie zerstört! Sie hatte ein so zärtliches Lächeln. Ich hätte alles gefaßt ertragen, hätte ich nur ihre Stimme gehört. Ich hasse dich. Du hast sie kalt und grausam geopfert -

DANNENBERG: Sie ist als Opfer für die Sache gefallen, wie wir alle fallen werden. Ehre ihrem Andenken! Was willst du noch mehr?

SINAIBERGER: In ihrer tiefsten Erniedrigung dachte sie nur an meinen Kummer, nicht an das eigene Elend. Und ich, ich -- nichts fühlte ich als meine verletzte Eitelkeit. Ich Vieh! Ich Hund! Ich habe sie erschlagen! Wozu lebe ich noch, ich verruchter, räudiger Hund?

DANNENBERG: Wozu? Dieser Boetticher ist noch am Leben! Und du fragst: wozu?

SINAIBERGER: Wozu? Dazu, ihn mit meinen Händen in Stücke zu reißen!

DANNENBERG: Er führt einen der Sturmtrupps an. Er soll mit uns in die Luft fliegen!

SINAIBERGER: Ich, ich setze die Zündschnur in Brand. - Verzeih mir, es mußte einmal aus mir heraus. Nimm eine Zigarette! *Er zieht die Schachtel heraus.* Es war ihr letztes Geschenk.

DANNENBERG: Danke. Später. Ich werde sie rauchen, bevor du die Zündschnur ansteckst. - Nun geht!

Eine furchtbare Explosion. Ein Teil der Wände stürzt ein. Sobald der Rauch sich erhebt, sieht man Golda auf dem Boden liegen.

DANNENBERG: *auf sie zustürzend* Hat's dich getroffen, Golda?

GOLDA: *mühsam* Nichts, nichts. - Ich habe es vorausgesagt.

DANNENBERG: Du stöhnst. Bist du verwundet?

GOLDA: Es war nur der Schrecken. - Geht schnell, sonst kommt eine zweite Bombe.

DANNENBERG: Ich sehe nur, ob der Ausgang verschüttet ist.

Er geht ab. Sowie er draußen ist, fängt Golda an, heftig zu schreien.

RUBEN: Golda! Was hast du?

GOLDA: Schmerzen! Wahnsinnige Schmerzen!

RUBEN: Bist du doch verwundet?

GOLDA: Ich bin zerrissen. Innerlich, ganz nah dem Herzen. Schieß mich nieder, Ruben!

RUBEN: Was? Was?

GOLDA: Er soll mich nicht schreien hören! Er soll mich nicht ächzend und häßlich im Gedächtnis behalten! Gib mir den Gnadenschuß, ich flehe dich an -

DANNENBERG: *kommt zurück* Der Ausgang nach dem Schacht ist frei. Kommt! Komm schnell, Golda!

GOLDA: Ich kann nicht mit dir gehen.

DANNENBERG: Stütz dich auf mich. Ich trage dich hinunter.

GOLDA: Es ist zu spät. Reich mir die Hand! Leb wohl!

DANNENBERG: *ihre Hand in der seinen haltend* Ich lasse dich nicht hier zurück.

GOLDA: Es wird für mich leichter sein, wenn ich allein bin. Geh schnell! Bevor die zweite Bombe -

DANNENBERG: *bleibt stehen und blickt auf sie hinab; dann kauert er bei ihr nieder, immer ihre Hand haltend* Es ist schade um dich.

GOLDA: Warum gehst du nicht? Willst du, daß ich laut schreie?

DANNENBERG: Du warst dazu geschaffen, eine vortreffliche Frau und Mutter zu sein. Du wurdest um Liebe, Ehe und Mutterschaft betrogen. Es ist schade um dich, Golda.

GOLDA: Und du? Du wärst ein bedeutender Gelehrter oder ein Dichter geworden. So viel Begabung und Kraft vertan. Es ist schade um uns alle.

DANNENBERG: Du hättest es verdient, sehr geliebt zu werden. Das arme bißchen Liebe, das in mir war, mußte im Ghetto verdorren.

GOLDA: Sag das nicht! Du hast sehr geliebt: deine Idee, die große Sache -

DANNENBERG: Das ist eine abstrakte Hirnliebe, die nichts taugt. Ich meine die warme, lebendige Menschenliebe. *Er beugt sich zu ihr nieder* Hast du große Schmerzen?

GOLDA: Keine Schmerzen. Wenn du meine Hand hältst, fühle ich keinen Schmerz. - Jetzt aber geh.

DANNENBERG: *sich von ihr wegbewegend* Warum sind wir nicht nach Palästina gegangen, als noch Zeit war?

GOLDA: Ja, warum? Es ist gut, daß du nicht gegangen bist. Sonst hätte es nicht den Aufstand im Ghetto gegeben.

DANNENBERG: Dort wären alle unsere guten Kräfte, die hier verdorrten, erblüht. Wir wollten uns drüben ein Stückchen Land kaufen und einen kleinen Garten anlegen. Wir sprachen oft davon, weißt du noch?

GOLDA: *lächelt mühsam* Du Feind der Träume! Du bist selber immer ein großer Träumer gewesen.

DANNENBERG: Was wäre das Leben ohne Träume? Vielleicht sind wir alle nur der flüchtige Traum eines Gottes. - Du wirst noch einst dein Gärtchen pflegen, Golda; das ist kein Traum. Wir werden Kinder haben, einen Buben, der dir ähnlich sieht, ein Mädchen, das mir ähnlich ist. Du wirst noch glücklich werden, Golda -

GOLDA: Ich bin es schon, Simon. Jetzt bin ich glücklich.

DANNENBERG: Bist du's? *Er beugt sich über sie, ihre geschlossenen Augen mit den Lippen berührend. Darauf zieht er schnell den Revolver und erschießt sie. Sie zuckt nur einmal und ist sofort tot. Er steht auf.* Das war mein Dank für alles. *Zu den andern:* Nun kommt! Das Ende! Das Ende! *Sie gehen ab. Sowie sie draußen sind, schlägt eine andere Bombe ein, die den Raum völlig zertrümmert.*

In der Kloake. Dannenberg und Ruben in SS-Uniform, waten in der Finsternis, sich an den Wänden entlangtastend, durch die Abwässer, die ihnen bis zum Nabel reichen.

DANNENBERG: Bleib nicht zurück, Ruben!

RUBEN: Tast dich nur weiter! Ich wate hinter dir.

DANNENBERG: Wir müssen an die Oberfläche hinauf, solange es noch Nacht ist.

RUBEN: Sorg dich nicht um mich! - Spürst du nichts, Simon?

DANNENBERG: Was soll ich spüren? Vorwärts! Du sperrst sonst denen, die hinter dir sind, den Weg.

RUBEN: Keiner ist mehr hinter mir. Wir zwei sind die letzten.

DANNENBERG: Was! Wo sind die andern?

RUBEN: Die Kraft hat sie verlassen. Sie haben sich in den Morast fallen lassen. Auch ich kann nicht mehr weiter.

DANNENBERG: Die Mündung kann nicht mehr weit sein. Du wirst nicht zusammenbrechen, hart vor dem Ziel.

RUBEN: Ich komme nicht ans Ziel. Ich spüre, daß es zu Ende geht.

DANNENBERG: Das ist nur der entsetzliche Dreck und Gestank, was dir Übelkeit macht. Klammre dich fest an mich! Ich schleppe dich weiter.

RUBEN: Du kannst mich nicht, an der SS vorbei, durch die Christenstadt schleppen. Ich habe Giftgas geschluckt, Simon, wie die andern, als ich in den Hauptkanal geriet.

DANNENBERG: Das kann nicht sein! Du wurdest nicht aus allen Entsetzen der Hölle gerettet, um im Kot der Kloake zu enden.

RUBEN: Das Gift wirkt in mir. - Vergiß nicht: das Asyl auf dem Muranowskiplatz! Halt dich nicht länger als einen Tag in Warschau verborgen! Schlag dich in der Nacht zu den Partisanen in die Wälder durch -

DANNENBERG: Ich will nicht als einziger davonkommen!

RUBEN: Es muß einer übrig bleiben, um den Brüdern drüben alles zu sagen -

DANNENBERG: Wenn du zurückbleibst, bleibe ich auch.

RUBEN: Alles. Alles. Sag ihnen, wie wir ein volles Jahr in der Erde wie Maulwürfe Schächte wühlten und wie wir die deutschen Tanks auf die Minen lockten! Und wie wir das Zentraldepot in die Luft sprengten, und in der letzten Minute mehr von den Unmenschen unschädlich machten als in der zwanzigtägigen Schlacht, wie Simson - wie Simson -

DANNENBERG: Sprich jetzt nicht! Erhole dich und komm!

RUBEN: Laß mich sprechen, solange ich noch die Kraft dazu habe! Und wie Wolf knapp vor dem Ende noch diesen Boetticher erblickte und die Handgranate warf, die sie beide zugleich zerriß! Und wie wir nach der großen Explosion uns der SS-Uniformen bemächtigten und uns in die Kanäle flüchteten. Und wie ich schließlich doch im stinkigen Dreck dieser Kloake zugrunde ging.

DANNENBERG: Das darfst du nicht! Ich brauche dich, Ruben! Ich brauche einen Zeugen -

RUBEN: Einen Zeugen?

DANNENBERG: Einen Zeugen, daß ich keiner jener erbärmlichen Anführer war, die ihre Truppe im Stich ließen und schmählich an die eigene

Rettung dachten! Du sollst mir bezeugen, daß ich den Tod an hundert Orten suchte und daß er mich überall mied -

RUBEN: Es ist schade, daß ich nicht mit dir nach Palästina kommen werde. Du wirst ihnen nicht alles sagen -

DANNENBERG: Was? Daß ich mich überheblich zum Meister eures Schicksals aufwarf und ohne Gewissen und Gefühl euch in den grauenhaften Abgrund führte? Ich werde meine Schuld bekennen -

RUBEN: Nein, was du aus uns gemacht hast. Wir waren leblose Golems; du hast uns Vertrauen und Begeisterung eingehaucht. Du hast uns mit Geißelhieben zu Männern geschlagen. Ich danke dir, Simon.

DANNENBERG: Dafür, daß du in dieser Kothölle zugrunde gehst?

RUBEN: Es war schön, trotz allem. Ich danke dir. - *Dannenberg streicht plötzlich ein Zündholz an und leuchtet Ruben ins Gesicht.* Was machst du?

DANNENBERG: Ich mußte dich noch einmal sehen. Das letzte, einzige Menschengesicht, das mir teuer ist -

RUBEN: Du hast das letzte Zündholz verschwendet. Jetzt wirst du ohne Licht in der Finsternis tappen -

DANNENBERG: Ich brauche kein Licht mehr. Vor mir liegt nur noch undurchdringliche Finsternis. - Verlaß mich nicht! Mir graut davor, das neue Leben allein zu beginnen -

RUBEN: *heftig* Laß mich allein! Geh sofort! Sonst werde ich dich noch hassen! Ich werde sonst heulen, und heulend wie ein Feigling sterben -

DANNENBERG: Leb wohl, Ruben! Ich beneide dich. Du bist glücklicher als ich -- *Er entfernt sich.*

RUBEN: *ist allein. Er versucht, sich mit letzter Kraft an die glatten Wände des Kanals zu klammern.* Es ist dunkel und kalt. Eisige Kälte und Dunkel. Das ist der Tod, der kommt. *Er schreit laut in die Finsternis:* Simon! Laß mich nicht allein!

Ein weiter, geräumiger Platz jenseits der Ghettomauern, auf den mehrere Seitenstraßen einmünden. Auf der einen Seite ein Teil der Ghettomauer, hinter der Brände flammen. Zwei deutsche Soldaten, Hannekamp, ein Mann von fünfzig, und Scharrner, etwa dreißig Jahre alt, halten an einer

Straßenecke Wache; sie sind übernächtig und in lässiger Haltung. Es ist Nacht.

HANNEKAMP: Es brennt noch immer.

SCHARRNER: Kein Jud kann dort mehr am Leben sein.

HANNEKAMP: Zwanzig Tage; wer hätte das gedacht? Man hat uns erzählt, sie sind feige Menschen.

SCHARRNER: Da sieht man erst, was für ein gefährliches Gezücht das ist. Und wie nötig es war, ihnen den Garaus zu machen.

HANNEKAMP: *auf die Flammen starrend, nach einer Pause* Es ist wie eine feurige Schrift.

SCHARRNER: Was ist es?

HANNEKAMP: Wie eine Flammenschrift auf schwarzer Wand. Es ist ein Menetekel. Wenn's uns nur nicht heimgezahlt wird!

SCHARRNER: Heimgezahlt? Was?

HANNEKAMP: Was wir hier getan haben. Es wird uns heimgezahlt werden.

SCHARRNER: Was geht's uns an? Der Führer hat's befohlen. Der Führer weiß schon, was für uns gut und schlimm ist.

HANNEKAMP: *nach einer Pause* Jetzt ist es Zeit, dort die Reben zu binden und zu schwefeln. Statt dessen stehe ich hier, Gewehr im Arm, und bewache ein Kanalloch, damit kein nackter Jud herauskriecht.

SCHARRNER: Krieg ist Krieg. Das ist nunmal so. Da gibt's nichts zu quaken.

HANNEKAMP: Ich habe ein Weingut drüben an der Mosel. Mein Vater und mein Großvater und mein Urgroßvater sind schon Weinbauern gewesen. Ich habe einen neuen Weinberg hinzugekauft und einen Obstgarten angelegt. Es gab reiche Lesen und unergiebige; es gab fette Jahre und magere Jahre. Am Wochentag Arbeit; am Sonntag Kirchgang; am Abend eine Stunde bei der Bibel. Es war, im ganzen, ein stilles, braves Leben.

SCHARRNER: Daran darf man nicht denken, an das, was gewesen ist; sonst kriegst du nur Schrullen im Kopf. Denkst du, ich hab zu Hause nicht auch ein feineres Leben gehabt als hier bei den dreckigen Polacken?

HANNEKAMP: Mein Ältester wurde in Flandern zum Krüppel geschossen. Der zweite kämpfte irgendwo bei Moskau; er ist seit sechzehn Monaten verschollen. Der Letzte - er war noch auf der Schule - stand bei Stalingrad; Gott schütze das Kind! Es ist keiner mehr da, um die Reben zu binden, die Trauben zu pflücken und zu keltern, den Most in Fässer zu füllen. Es wird alles zugrunde gehen -

SCHARRNER: Hör auf, zu unken, alte Heulliese!

HANNEKAMP: Die Trauben werden am Stock verfaulen. Die Würmer werden die Äpfel und Pflaumen fressen. Das Haus wird zerschossen werden. Wir haben das Gericht auf uns herabgezogen. Die Städte werden in Staub gelegt werden, die Felder zertrampelt -

SCHARRNER: Wegen der paar Jüdchen, denkst du? Das ist gelacht. Es ist eine verfluchte Rasse.

HANNEKAMP: Kain war verflucht. Wer aber die Hand an Kain legte, war siebenmal verflucht. So ist es geschrieben. Es fällt mit siebenfacher Wucht auf unsere Köpfe zurück -

SCHARRNER: Das kommt vom Bibellesen, siehst du wohl! Es taugt nichts. Das Grübeln taugt zu nichts.

HANNEKAMP: Ich will nicht grübeln, und muß beständig grübeln. Ich habe zwanzig Nächte lang fast nicht geschlafen. Ich bin müd -

SCHARRNER: Setz dich dort auf die Schwelle, Alter, und mach ein Nickerchen! Es lebt eh kein Jud mehr, um aus dem Kanal zu kriechen.

Hannekamp setzt sich auf eine Türschwelle, Scharrner gähnt laut und lehnt sich lässig an einen Pfosten. Währenddessen ist, von ihnen ungesehen, Dannenberg in SS-Uniform, auf der ihnen gegenüberliegenden Seite aufgetreten, sich in den Schatten der Häuser duckend. Wie er die Soldaten erblickt, stutzt er und macht eine Bewegung, um zurückzuweichen; dann geht er entschlossen auf sie zu.

DANNENBERG: *im Kommandoton* Stillgestanden! *Die Soldaten springen erschrocken auf und nehmen eine stramme Haltung ein.* Losungswort!

SCHARRNER: *stammelnd* Niflheim.

DANNENBERG: Niflheim. In Ordnung. *Scharf:* Heißt das: Dienst tun? Rechts geschaut! Die Augen nicht vom Kanalloch lassen!

SCHARRNER: Zu Befehl. *Er grüßt militärisch. Dannenberg wendet sich ab und entfernt sich, in ihrem Rücken, ohne Eile, auf das Ende des Platzes zu. Nach einer langen Pause, aus seiner Verblüffung erwachend:* Wer war der Schwarze? Wo ist er hergekommen?

HANNEKAMP: *noch ganz verdutzt* Ich weiß es nicht!

SCHARRNER: Wovon war er beschmutzt? Wonach hat er gerochen? Es war kein Deutscher.

HANNEKAMP: Er hat doch deutsch gesprochen.

SCHARRNER: Der Teufel spricht auch deutsch! Nach Kanal hat er gestunken. Ein Jud war's, der aus der Kloake gekrochen ist! *Er wendet sich um und schreit:* Halt da! Wo kommen Sie her?

DANNENBERG: *bleibt stehen; er antwortet mit heiserem Lachen:* Aus Niflheim.

SCHARRNER: Was? Wo gehen Sie hin?

DANNENBERG: Nach Asgard.

SCHARRNER: Legitimieren Sie sich! Wer sind Sie?

DANNENBERG: Ich bin auf der Wanderung. Ein Wanderer, der seine Heimat sucht.

SCHARRNER: Sie kommen aus dem Kanal! Sie sind ein Jud!

DANNENBERG: Der ewige Jude!

SCHARRNER: Bestie! Ich schieße - - *Er reißt den Revolver heraus und legt an.*

HANNEKAMP: *schlägt ihm den Revolver nieder und schreit auf:* Schieß nicht! *Mehrere Schüsse gehen los; sie verfehlen Dannenberg.*

DANNENBERG: *lacht auf* Ihr trefft mich nicht! Sucht mich in Zion! *Er hat die Mündung einer Seitenstraße erreicht, macht einige schnelle Schritte und verschwindet.*

SCHARRNER: *wie vor den Kopf geschlagen* Wo ist der Schwarze? Wohin ist er verschwunden?

HANNEKAMP: Die Erde hat ihn herausgegeben. Die Erde hat ihn zurückgeschlungen.

SCHARRNER: Er wird mir nicht entwischen. Ich schlage Alarm! *Er schreit:* Ein Jud ist los! Fangt den Juden! *Er setzt die Alarmpfeife an die Lippen.*

HANNEKAMP: *reißt Scharrners Arm zurück* Laß die arme Seele laufen! Es wird dir gutgeschrieben werden. Vielleicht wendet es das Gericht von dir ab.

SCHARRNER: *nach einer Pause* Hat er dich auch so erschreckt? Das war kein lebendiger Mensch. Ein Höllenteufel, glaub ich, aus der Hölle war es.

HANNEKAMP: *wendet sich beiseite und schlägt ein Kreuz* Jesus Christus sei ihm gnädig. Er war der letzte Jud.

Die Verdammten

Schauspiel in fünf Akten

Personen:

MONIKA WOLFRAM
KONRAD, ihr Sohn
EMILIE WESTPHAL
MATHIAS, ihr Sohn
CAROLA, ihre Tochter
JONAS HALLGARTEN, ein alter Mann
GÜNTHER RÜHLAU, ein ehemaliger Kamerad Konrads
DER STEINERNE, ein Geheimbündler

Die Handlung spielt in einer westdeutschen Großstadt, nach dem zweiten Weltkrieg.

Erster Akt

Eine enge Stube in einer ehemals vornehmen, jetzt völlig zerstörten Stadtgegend. Die Stube und die anschließende Küche sind die einzigen Räume, die von einem stattlichen Wohnhaus übriggeblieben sind, und liegen inmitten eines weiten Trümmerfeldes. Die Stube weist Bombenschäden auf. Decke und Wände zeigen Risse und die Fensterscheiben sind durch Pappdeckel ersetzt. Eine Tür, die nach außen, eine andere, die zur Küche führt. Die Stube ist mit wahllos zusammengetragenen Möbelstücken angefüllt, aber sehr sauber. Es ist ein Herbstabend; auf dem Tisch brennt eine Kerze.
Auf der Bühne stehen Mathias und Carola; Emilie sitzt auf dem Bettrand. Monika ist eben eingetreten und steht noch in der Tür. Carola stürzt auf sie zu.

CAROLA: *jauchzend* Er ist gekommen! Er ist zurückgekommen! *Sie weist auf Mathias:* Das ist Mathias!
MONIKA: *langsam* Das ist Mathias.
CAROLA: Unser Mathias! Wie gefällt er dir? So lange haben wir gehofft, daß er kommen wird; und als er vor einer halben Stunde so plötzlich in der Tür stand, denk dir, habe ich ihn nicht erkannt!
MONIKA: *langsam* Ich freue mich.
CAROLA: *auf Monika zeigend* Und das ist Tante Monika! Unsere liebe, gute Tante Monika Wolfram.
MATHIAS: *herzlich* Ich freue mich auch. Sind Sie, Frau Wolfram, vielleicht mit Ulrich Wolfram verwandt?
MONIKA: Ich bin seine Mutter.
MATHIAS: Ulrich war mein Freund, Sie wissen es wohl. Oder richtiger: mein Lehrer, mein Vorbild. Wo ist er?
CAROLA: *schnell* Mathias war sechs Jahre im KZ. Sie haben ihn von Lager zu Lager geschleift. Viele Monate lag er in einer Dunkelzelle, mit einer engen Fußkette an die Wand gefesselt!
MATHIAS: Sprich nicht davon!

CAROLA: Dann stellten sie ihn noch vor Gericht, weil er sich weigerte, Kriegsdienst zu machen, und verurteilten ihn zum Tod. Zum Glück war der Krieg fast zu Ende. In der Nacht vor der festgesetzten Hinrichtung gelang es ihm, zu fliehen.

MATHIAS: Genug von mir! Erzähl von euch! Wie habt ihr in diesen entsetzlichen Jahren gelebt?

CAROLA: Ach wir! Was ist da viel zu erzählen? Wir waren verdächtig und wurden bespitzelt und waren keine Stunde in Sicherheit -

MATHIAS: Das hatte ich immer gefürchtet! Nichts hat mich in den Lagern so gequält wie diese Furcht.

CAROLA: *zu Monika* Und als er den Rettern endlich in die Arme lief, stell dir nur vor, verschleppten die Russen ihn nach Sibirien!

MATHIAS: Hättet ihr gesehen, wie wir bei ihnen gehaust haben, ihr würdet verstehen, daß die Russen jeden Deutschen für eine reißende Bestie hielten.

CAROLA: Aber dich! Einen Menschen, den die Nazis Jahre lang im KZ gemartert hatten!

MATHIAS: Was willst du? Als sie feststellten, daß ich kein Nazi war, ließen sie mich frei. - Und wie habt ihr die fürchterlichen Bombardements überstanden?

CAROLA: Zu Beginn war's nicht so arg. Dann aber kamen die tausend Bomber. Als wir am Morgen heraufstiegen, erkannten wir die Stadt nicht mehr. St. Martin war verschwunden; St. Andreas, St. Ursula lagen in Trümmern; der Ständehof, das Kurfürstenhaus in Trümmern; die ganze Altstadt mit Kirchen, Palästen und Zunfthäusern, hatte sich in der Nacht in Staub und Asche aufgelöst.

MATHIAS: Unsere schöne Altstadt! Ich war den Tränen nahe, als ich die Verwüstung sah.

CAROLA: Beim zweiten Großangriff erhielt unser Haus einen Volltreffer. Wir saßen im Keller, die Trümmerlast von drei Stockwerken über uns. Sie brauchten zwanzig Stunden, um uns auszuschaufeln. Das erste, was wir hörten, als wir an die Oberfläche kamen, war ein grauenhaftes Brüllen. Bomben, die nahe dem Zoo niedergingen, hatten die Raubtierkäfige gesprengt, und Löwen und Leoparden irrten über den Steinschutt und brüllten.

MATHIAS: Ihr Armen! Ihr habt hier auch nicht wenig ausgestanden.

CAROLA: Was ist das alles nach dem, was du gelitten hast!

MATHIAS: Ich habe mich nie beklagt. Ich habe freiwillig für meine Überzeugung gelitten. *Nach einer Pause:* Und ich habe dort den Glauben an die Menschen gefunden.

CAROLA: Den Glauben? Im Lager?

MATHIAS: Ich habe ihn mir bewahrt. Oder ihn wiedergefunden. Wenn ich nicht den Glauben gehabt hätte, denkst du, ich wäre dann hier? In Sibirien begegnete ich Soldaten, die vor Stalingrad gekämpft hatten. Sie waren dort gelegen, im russischen Winter, in Sommeruniformen bei 30 Grad Kälte, Monate lang bei Tag und Nacht von einem feurigen Hagel überschüttet, und wußten nicht, wofür und wozu. Jetzt frohnen sie in den Bergwerken als Sklaven, ohne Hoffnung auf eine Heimkehr. Da verstand ich erst, was menschliches Elend ist.

CAROLA: So war es im KZ nicht so schlimm?

MATHIAS: Die Hölle war es! Wer durch die Hölle gegangen ist, nur der, denke ich, weiß, wie herrlich die Erde ist. Das Wunder, daß ein Baum wächst, eine Wiese blüht, ein Bach rauscht! Diese Seligkeit, ein grünendes Feld wiederzusehen und das Abendrot, das Wehen des offenen Windes zu fühlen, das Lied eines Mädchens zu hören. Der überwältigende Rausch der Freiheit –

CAROLA: *zu Monika* Ist er nicht prächtig? Nach allem, was er durchgemacht hat, so voll Zuversicht und Heiterkeit –

MONIKA: *die Mathias die ganze Zeit schweigend betrachtet hat, leise, wie zu sich selbst* So war auch er! Ja, so war auch er!

CAROLA: *traurig* Du hast dir die Rückkehr anders vorgestellt. Wir haben so heiß gewünscht, ein Heim für dich zu haben, wenn du zurückkommst.

MATHIAS: Ein Heim? Ist hier kein Heim?

CAROLA: Ein hübsches Heim! Die enge Stube, ohne Fensterscheiben, mit durchlöcherter Decke, inmitten eines Trümmerfeldes –

MATHIAS: Habe ich euch nicht wiedergefunden? Was brauche ich ein anderes Heim!

CAROLA: Wir wissen nicht einmal, wo du schlafen sollst -

MATHIAS: Auf der Türschwelle! Auf den Küchenfliesen! Ein so behagliches Nachtlager habe ich seit Jahren nicht gehabt! Bald haben wir ein geräumiges Heim.

CAROLA: Wo willst du das finden, in dieser zerstörten Stadt?

MATHIAS: Ich baue es selbst. Ziegelsteine gibt's hier in Fülle. Den Mörtel bereite ich mir selbst. Ich habe im KZ auch manches Nützliches gelernt -

CAROLA: *jauchzend* Wir haben einen Mann! Mutter, Tante, wir haben einen Mann im Haus! Wir Frauen werden nicht mehr allein und hilflos sein! Du Guter! *Sie umarmt ihn.*

MONIKA: *leise* So wäre es auch gewesen, wenn er -

MATHIAS: *hat sich von Carola losgemacht und wendet sich zu Emilie* Du sprichst kein Wort, Mutter. Ich habe noch kaum deine Stimme gehört.

EMILIE: Mein Junge! Mein lieber Junge!

MATHIAS: Liebe, liebe Mutter!

EMILIE: Wie oft bin ich schlaflos gelegen in den langen Jahren und habe an dich gedacht. Du warst dann bei mir; ich fühlte dich nahe, ganz körperlich. Ich stellte mir die Stunde deiner Heimkehr vor und was ich dir dann alles sagen würde und habe endlose Zwiegespräche mit dir geführt: daß du mir immer nur Freude gemacht hast - ja, auch Kummer und Sorgen; aber auch das war noch Freude - und wie stolz ich auf dich gewesen bin und glücklich über dich. Und jetzt ist die Stunde gekommen, und ich weiß nichts zu sagen, als nur: Mein Junge -

MATHIAS: Etwas Schöneres könntest du mir nicht sagen, Mutter.

EMILIE: Wir Frauen haben es schwer gehabt. Wir hatten unsere tägliche Arbeit, kochten, räumten und flickten - und immer dachten wir: jetzt, gerade jetzt, vielleicht in diesem Augenblick leidet er, wird gefoltert, o Gott, oder getötet - und wir waren unwissend und ohnmächtig. Da fingen wir zu beten an und beteten für den Sieg der Feinde; es ist grausam, wenn ein Mensch dazu getrieben wird, für die Niederlage des eigenen Volkes zu beten - doch nur durch den Sieg der Feinde konnten unsere Lieben gerettet werden. Wenn wir dann im Keller saßen, die Fliegergeschwader über uns, und auf das Krachen der Bomben ringsum lauschten, das war beinahe eine Erleichterung; es war etwas wie eine Sühne. Ja, wir Mütter haben es wohl am schwersten gehabt; frag Tante Monika -

MONIKA: *die in Gedanken versunken dagestanden ist, fährt bei Nennung ihres Namens plötzlich zusammen und sagt hastig* Ich freue mich. Ich freue mich. *Sie geht schnell ab.*

EMILIE: Und nun bist du wieder bei mir! Wenn ich jetzt die Augen schließen könnte, ich würde es gern und dankbar tun.

MATHIAS: *nach einer Pause* Sagt, wie ist es gekommen, daß ihr zusammen mit Frau Wolfram lebt?

CAROLA: Als wir ausgebombt wurden nahm sie uns zu sich ins Haus. Und sie hatte uns vorher kaum gekannt!

EMILIE: Der Himmel weiß, was sonst aus uns geworden wäre. Wir wären auf der Straße gelegen oder in irgendeinem Lager zugrunde gegangen.

CAROLA: Gegen Kriegsende wurde auch ihr Haus zerschossen, da wiesen die Alliierten ihr diese winzige Wohnung zu. Und sie nahm uns wieder bei sich auf.

MATHIAS: Warum hat sie das getan?

EMILIE: Um deinetwillen, mein Junge. Du hast uns noch aus der Ferne beschützt. Weil sie wußte, daß du der Freund ihres Ulrich gewesen bist, und im KZ warst.

MATHIAS: Was ist mit Ulrich geschehen?

CAROLA: Sie ist eine großartige Frau! Sie ist von Abstammung Französin und könnte bequem und sorglos in Paris bei ihren Geschwistern leben und sie zieht es vor, hierzubleiben und unsere Not zu teilen.

EMILIE: Eine wunderbare Frau, das muß man sagen. Wir leben nun mehr als drei Jahre mit ihr unter einem Dach und sie ist mir wie eine Schwester und Carola ist sie eine zweite Mutter.

CAROLA: Sie läßt es sich nicht nehmen, hart für uns zu arbeiten. Mein Gehalt als Krankenschwester ist klein; das würde für uns nicht reichen. Mutter kann nur leichte Arbeit im Haushalt machen, ihr Herz ist nicht recht gesund -

MATHIAS: Mutter! Bist du krank?

EMILIE: Das waren nur die Sorgen und Ängste. Heut bin ich gesund geworden, Mathias.

CAROLA: Da arbeitet Tante an der Enttrümmerung mit. Das ist eine schwere Arbeit, für sie ungewohnt; sie war doch früher eine hochgestellte Frau -

EMILIE: Dann geht sie noch in die Dörfer hinaus und schleppt Säcke voll Kartoffeln und Rüben heran, damit wir nicht hungern. Uns würden die Bauern nichts geben; vor ihr haben sie Achtung -

MATHIAS: Warum sagt ihr mir nicht, was mit Ulrich geschehen ist?

EMILIE: Ach Mathias -

MATHIAS: *schnell* Lebt er nicht mehr? Ist er tot? Ist er erschlagen?

EMILIE: Sie haben ihn im KZ erschlagen.

MATHIAS: Wo? Wann? In welchem?

EMILIE: Reg dich nicht so auf, ich bitte dich -

MATHIAS: *in heftiger Erregung* Mit Stahlruten, ja? Mit schweren Eisenstangen? Vielleicht bin ich dabeigewesen! Vielleicht habe ich seine Todesschreie gehört! *Eine plötzliche und erschreckende Veränderung geht in ihm vor. Sein Gesicht erstarrt; er macht zuckende Bewegungen und stößt, seiner nicht mächtig, mit heiserer Stimme hervor:* Nicht! Nicht! Ich will nicht -

EMILIE: *entsetzt* Mathias! Was hast du, Mathias!

MATHIAS: Nicht schlagen! O Gott! Nicht ins Gesicht! Nicht schreien!

CAROLA: Um Himmels willen! Du bist krank -

MATHIAS: Schlagt mich tot! Nur nicht so schreien und lachen - *Er kommt wieder zu sich.* Was schaut ihr mich so an? Was habe ich gesagt?

CAROLA: Du warst plötzlich wie erstarrt und hast unverständliche Worte gerufen.

MATHIAS: *nach einer längeren Pause* Die Dunkelzelle, in die sie mich geworfen hatten, war durch eine dünne Scheidewand von einer anderen Zelle getrennt. In der ersten Nacht fuhr ich aus wirrem Halbschlaf auf; ich wußte nicht, ob ich wachte oder träumte. Ich hörte - ich hörte einen dumpfen Schlag wie von etwas Hartem gegen etwas Nachgiebiges, Weiches - und dann einen Aufschrei; und wieder einen Schlag und einen Schrei; immer wieder, klatschenden Schlag, gellenden Schrei. Da fing ich selber wild zu schreien an, um den entsetzlichen, tierischen Schrei zu übertönen -

CAROLA: Mein Gott, was war das?

MATHIAS: Ich hatte begriffen, daß sie dicht neben mir, dort hinter der Scheidewand, mit Eisen in zuckendes Fleisch hieben. Sie folterten einen lebendigen Menschen langsam zu Tode und hatten ihre Lust daran. Sie lachten dazu; je wahnwitziger das Opfer schrie, desto grausamer und wollüstiger lachten die Folterer. Ich schlug mit Kopf und Fäusten gegen die Zellenwand; ich schrie, ich flehte sie an, aus Erbarmen auch mich zu erschlagen -

EMILIE: Mein armes Kind! Mein lieber, armer Junge!

MATHIAS: So ging es Nacht um Nacht, durch mehr als hundert Nächte. Sie haben mich verschont. Aber sie haben mich zerbrochen.

EMILIE: Und da hast du jetzt diese Anfälle?

MATHIAS: Ja, sowie ich in Erregung gerate, kommt es über mich und ich sehe wieder alles vor mir. Anfangs waren die Anfälle häufig; jetzt sind sie seltener geworden -

EMILIE: Wir werden dich pflegen. Du wirst vergessen.

MATHIAS: Sie haben mich zerbrochen. Ich bin nur noch ein halber Mensch. *Nach einer Pause:* Ulrich ist tot. Lebt sein Vater noch? Ich kannte ihn flüchtig. Er war ein bedeutender Mann.

EMILIE: Reg dich nur nicht wieder auf! Sie haben ihn weggebracht.

MATHIAS: Und nicht zurückgebracht? Er ist nicht zurückgekommen?

EMILIE: Nein, er ist nicht zurückgekommen.

MATHIAS: Auch er. - Ulrich hatte einen jüngeren Bruder. Ich erinnere mich, er war ein Spätgeborener, zehn oder zwölf Jahre jünger als Ulrich.

EMILIE: Ach der!

MATHIAS: Auch weggebracht? Auch erschlagen? Die arme Mutter!

EMILIE: Für die Mutter fast noch schlimmer. Er war ein fanatischer Nazi.

MATHIAS: Ulrichs Bruder?

EMILIE: Sie spricht nicht von ihm. Sie hat in all den Jahren seinen Namen nicht genannt. Wir haben es von den Nachbarn erfahren. Er hat nach einem heftigen Zerwürfnis die Eltern verlassen.

MATHIAS: Und dann?

EMILIE: Es scheint, sie hat seitdem nichts von ihm gehört. Sie hält es zwar vor uns geheim, aber wir wissen, daß sie ihn seit Kriegsende unablässig sucht.

CAROLA: Sie rennt von Behörde zu Behörde und sucht ihn fieberhaft -

MATHIAS: Die unglückliche Frau! Wohin ist sie verschwunden?

EMILIE: Sie hat sich in die Küche zurückgezogen und denkt an Ulrich.

MATHIAS: Ruft sie, bitte, herein!

CAROLA: *öffnet die Küchentür* Warum sitzt du in der dunklen Küche, Tante? Du gehörst doch zu uns!

MONIKA: *tritt ein; sie spricht die ganze Zeit langsam und trauervoll* Ich gehöre nicht in den Kreis der Glücklichen. Ich will eure Freude nicht stören.

EMILIE: *leise* Ich verstehe dich, Monika. Verzeih uns unsere Freude!

MONIKA: Dem einen wird gegeben. Dem andern wird genommen und nicht wiedergegeben. Da ist nichts zu verzeihen.

MATHIAS: *warm* Mutter und Carola haben mir erzählt, wieviel Gutes Sie an ihnen getan haben -

MONIKA: Ich habe es nicht für sie getan. Ich habe es für mich getan. Ich wollte nicht ganz unnütz im Leben sein.

MATHIAS: Ich hätte die Meinen vielleicht nicht wiedergefunden, wenn Sie sich nicht ihrer angenommen hätten. Ich weiß nicht, wie ich Ihnen danken soll. Ich möchte Ihnen ein Sohn sein -

MONIKA: Eine Mutter kann viele Kinder lieben. Ich bin nicht mehr Mutter. - Ich denke, ich werde jetzt bald von hier wegziehen.

EMILIE: Was redest du, Monika?

MATHIAS: Es wäre mir ein schrecklicher Gedanke, daß ich durch meine Rückkehr -

MONIKA: Wir waren durch die gemeinsame Trauer verbunden. Nun bin ich allein. Ich bin hier überflüssig geworden.

224

MATHIAS: *nach einer Pause* Geben Sie nicht die Hoffnung auf, Frau Wolfram! Es werden noch viele zurückkommen. In Rußland sprach ich mit manchen, die von ihren Müttern als tot beweint werden.

MONIKA: Man hat mir eine versiegelte Urne geschickt. Ich glaube nicht, daß er nach sechs Jahren aus dieser Aschenurne zurückkommen wird.

EMILIE: *leise* Du hast noch einen andern Sohn.

MONIKA: *fährt, wie unter einem plötzlichen Hieb, zusammen und antwortet mit veränderter, harter Stimme* Ich habe keinen andern Sohn.

EMILIE: Er hat sich schwer vergangen. Er war damals noch jung.

MONIKA: Er war noch jung. Aber er war schon verderbt.

MATHIAS: Nicht alle waren verderbt, die sich von den Nazis betören ließen.

MONIKA: Er hat sich von uns losgesagt. Ich habe keinen Sohn mehr!

MATHIAS: Sie wissen, welche teuflische Gewalt die Nazis gerade über junge, vertrauensvolle Seelen hatten.

MONIKA: Er ist freiwillig in die SS eingetreten. Er wurde SS-Mann, nachdem die SS-Männer seinen Bruder ermordet hatten. Er war verderbt!

EMILIE: Wir haben nie versucht, in deine Geheimnisse einzudringen. Es blieb uns aber nicht verborgen, daß du ihn unermüdlich suchst.

MONIKA: *abweisend* Ich suche nicht ihn. Ich suche einen andern.

EMILIE: Welchen andern?

MONIKA: Ich kenne ihn nicht. Wenn ich ihn kennen werde, habe ich meine Aufgabe erfüllt.

EMILIE: Davon hast du nie gesprochen. Hast du eine Aufgabe, Monika?

MONIKA: Wenn ich sie erfüllt habe, werde ich von ihr sprechen.

EMILIE: *nach einer Pause* Vielleicht hat er längst bereut. Wenn er nach Hause käme, im Elend, in Reue und seine Mutter bräuchte -

MONIKA: *hart* Ich würde ihm die Tür weisen!

EMILIE: Das sagst du so. Du ahnst nicht, was sich in deinem Herzen regen würde, wenn er unerwartet über die Schwelle träte -

MONIKA: Ich kenne mein Herz. Ich habe ein festes Herz. Ich würde ihn aus dem Haus jagen!

EMILIE: Du weißt, die Liebe einer Mutter hört nicht auf. Du würdest glücklich sein, dein Kind wieder zu haben -

MONIKA: Ich hoffe, ich werde nicht auf die Probe gestellt. Ich hoffe, daß er tot ist.

EMILIE: Monika! Wie kannst du nur so etwas Grauenhaftes -

MONIKA: *fest* Ich hoffe, daß er tot ist. Ich wünsche, daß er tot ist.

CAROLA: *leise* So habe ich dich nie gesehen: so hart -

MONIKA: Ich will mich mit euch freuen, daß euer Mathias euch wiedergegeben ist. Aber, bitte, sprecht nicht mehr von den Toten! Ob er lebt oder nicht: für mich ist er tot!

Dieselbe Stube. Zwei Monate später. Emilie, Mathias und Carola.

MATHIAS: Ich hätte es nicht für möglich gehalten.

CAROLA: Ich habe es dir oft genug gesagt.

MATHIAS: Heut hab ich mich wieder mit zwei Komilitonen unterhalten. Sie begreifen nicht einmal, worüber man mit ihnen spricht. Sie reden von nichts anderem, als von Rationen und Kalorien, von Vitaminmangel und Unterernährung. Sie denken nur an ihren Bauch.

CAROLA: Du hast dir in der Einsamkeit ganz falsche Vorstellungen gemacht. So sieht es bei uns in Wirklichkeit aus.

MATHIAS: Sie zucken die Achseln und antworten auf alles, früher sei es besser gewesen. Sie machen sich nicht erst die Mühe, zu überlegen, daß das gegenwärtige Elend die notwendige Folge jenes gepriesenen früheren Wohlseins ist. Der Gedanke kommt ihnen gar nicht, daß diese Heimsuchungen die Vergeltung der Verbrechen sein könnten, die wir selber begangen haben. Junge Menschen: Studenten, dazu bestimmt, an der Gestaltung der Zukunft mitzuwirken - und ohne Einsicht, ohne Aufschwung, verkrampft, verstockt und wehleidig!

CAROLA: So sind fast alle, die ich kenne. Sie sind überzeugt, daß ihnen bitteres Unrecht geschieht.

MATHIAS: Ja, sie haben das beste Gewissen von der Welt. Es fällt ihnen nicht ein, eine Schuld etwa bei sich selber zu suchen. Sie werfen Hitler nicht die Zerstörung aller sittlichen Werte vor, nicht die geistige Verwüstung, den Terror, die Konzentrationslager, die Judenmassaker, die Abschlachtung von Millionen in seinem wahnsinnigen Krieg, höchstens nur seine Niederlage. Sie haben das Hakenkreuz aus ihren Knopflöchern genommen; ich fürchte, sie tragen es weiter in ihren Herzen -

CAROLA: Und sie sind bereit, es morgen auch wieder ins Knopfloch zu stecken!

MATHIAS: *verstört* Das kann nicht sein! Wie ist es nur möglich? Dem darf man nicht zuschauen, mit verschränkten Armen -

CAROLA: Was kannst du dagegen tun?

MATHIAS: *leidenschaftlich* Was ich tun kann? Sie aus ihren Rattenlöchern locken! Einen Spiegel ihnen vorhalten, in dem sie sich selbst erblicken! Versuchen, an ihrem Gewissen zu rütteln und das Hakenkreuz aus ihren Herzen zu reißen -

CAROLA: *eifrig* Ja, ja! Aber du bist ein Einzelner!

MATHIAS: Auch die Nazis waren Einzelne, bevor sie eine Masse wurden. Ich bin sicher, es gibt zahllose Einzelne wie mich. Einer muß den Anfang machen; dann schließen andere sich ihm an -

EMILIE: *erregt* Laß die Finger davon!

CAROLA: Er hat recht, hundertmal recht, und du weißt, Mutter, daß er recht hat!

EMILIE: Halt den Mund, du unvernünftiges Ding! Ich will nicht - *Es wird an der Tür geklopft.*

MATHIAS: Herein.

Ein junger Mann in sehr schlechter Kleidung tritt ein.

DER JUNGE MANN: Entschuldigen Sie bitte! Wohnt Frau Wolfram hier?

CAROLA: Sie wohnt hier.

DER JUNGE MANN: Wann ist sie zu Hause?

CAROLA: Sie wird bald hier sein. Möchten Sie warten?

DER JUNGE MANN: Danke, nein. Ich werde später wiederkommen.

CAROLA: Wollen Sie uns Ihren Namen sagen? Wenn sie fragt, wer -

DER JUNGE MANN: *schnell* Ich komme wieder. *Er wendet sich eilig, um zu gehen, bleibt aber stehen.* Wenn ich Sie etwas bitten dürfte! Könnte ich mit Frau Wolfram alleine sprechen?

CAROLA: Gewiß, wir werden nicht stören.

DER JUNGE MANN: *geht, wendet sich nochmals um* Und - und ist sie gesund? Ist Frau Wolfram noch rüstig und gesund?

CAROLA: Sie ist gesund. Warum fragen Sie?

DER JUNGE MANN: *schnell* Danke. Entschuldigen Sie! *Er geht rasch hinaus.*

MATHIAS: Wer war der junge Mensch?

CAROLA: Sonderbar, nicht? Was kann er von Tante wollen?

EMILIE: Das wird er ihr schon selber erzählen! *Erregt:* Ich sage dir, laß die Finger davon!

MATHIAS: Was, denkst du wohl, gab mir die Kraft, alle Qualen und Entsetzen in den Lagern zu ertragen? Nur der Glaube an das Gute im Menschen. Und die Zuversicht, daß es wieder hervorbrechen wird nach der langen Finsternis -

EMILIE: Du wirst sie nicht ändern. Du wirst nur dich selbst in Gefahr stürzen!

MATHIAS: Gott weiß, Mutter, daß ich mich nicht zum Prediger berufen fühle. Aber ich kann in der Welt nicht leben, wie sie gewesen ist und wieder werden könnte -

EMILIE: Laß andere das besorgen! Du sollst deinen Kopf nicht wieder hinhalten.

MATHIAS: Und andere sollen es? Das ist nicht dein Ernst.

EMILIE: *einlenkend* Ich weiß nicht, warum ich mich aufrege. Gott sei Dank, sie liegen auf dem Boden und können nicht mehr schaden.

MATHIAS: Ganz recht. Wir müssen uns nur damit beruhigen, daß sie auf dem Boden liegen, und die Hände müßig im Schoß halten, so stehen sie sacht wieder auf und werfen uns zu Boden.

EMILIE: Hast du noch nicht genug gelitten? In der Dunkelzelle, in Fußketten, die Todesschreie der Opfer dicht neben dir -

MATHIAS: Eben deswegen. Verstehst du es wirklich nicht, Mutter? Damit etwas so Entsetzliches nie wieder geschehen kann! Damit der Mensch nie mehr dem Menschen ein Teufel werde!

EMILIE: Ich will mich nicht wieder ängstigen, wenn du zwei Stunden aus dem Haus bist, und vor Schrecken auffahren, wenn einer an die Tür klopft, und ewig zittern, es könnte dir ein neues Unheil zustoßen! Du taugst nicht dazu, mein armer Junge; du wirst diese Anfälle wieder bekommen - Ich verstehe es nicht. Ich verstehe nicht, warum du nicht endlich dir selber gehören willst und dich immer in fremde Händel mischen mußt und deine Haut zu Markte tragen -

MATHIAS: Tante Monika würde es verstehen.

EMILIE: Tante Monika, ja! Sie redet dir nach dem Mund! Sie schmeichelt sich bei dir ein, um dich an sich zu ziehen.

MATHIAS: Pfui, Mutter! Eifersüchtig!

EMILIE: Ich bin nicht blind! Sie ist kinderlos und will wieder Mutter sein! Sie hat dich bereits adoptiert, als ob du keine Mutter hättest - *Monika tritt ein, eine schwere Tasche schleppend. Sie ist gegen die frühere Szene verändert, beweglich und heiter.*

MONIKA: Guten Tag, meine Lieben! Heute bringe ich reiche Beute mit nach Hause! *Sie holt aus der Tasche vier Eier hervor, die sie stolz zeigt.*

MATHIAS: Vier Eier! Wo hast du diesen Schatz gehoben?

CAROLA: Hast du dein letztes Schmuckstück dafür hergegeben?

MONIKA: Ich habe meinem Bauern die Geschichte eines tapferen Jungen erzählt, der nach langer Irrfahrt heimkehrte -

MATHIAS: Das gibt heut eine Schmauserei. Für jeden Mund ein Ei!

MONIKA: *eifrig* Die Eier sind für dich allein! Du brauchst Kräfte, um uns das Zimmer fertig zu bauen.

MATHIAS: Jedem ein Ei! Sonst rühr ich das meine nicht an!

CAROLA: Zwei für dich und zwei für uns Frauen! So ist es gerecht, Mathias!

MATHIAS: Wir werden keinen Richter brauchen. *Zu Monika:* Vorher mußt du einen Streit zwischen Mutter und mir entscheiden.

MONIKA: Streitest du mit Mutter? Du machst nur Spaß.

MATHIAS: Glaubst du, daß die Menschen von Natur verworfen sind? So ganz verworfen, daß ihre eingeborene Finsternis durch keinen Lichtstrahl erhellt werden kann?

MONIKA: Mathias! Das kannst du unmöglich glauben!

MATHIAS: Mutter glaubt es. Ich glaube, daß in jedem, auch im verfinstertsten Herzen, vielleicht unter schweren Schichten von Verderbnis und Niedertracht begraben, ein schwacher Funke des Guten glimmt. Und daß dieser winzige Funke sich danach sehnt, zur Flamme zu werden. Glaubst du das auch?

MONIKA: Ich glaube es. Gewiß, das glaube ich.

MATHIAS: Wenn ich das glaube, muß ich dann nicht diesen armseligen Funken überall suchen, ihn schüren und zur Flamme entfachen, bis sie die schwarzen Schichten der Verworfenheit durchschlägt? Ist das nicht meine Menschenpflicht, selbst wenn es dabei nicht ohne Gefahr für mich abgehen würde?

MONIKA: Du bist doch nicht in Gefahr, Mathias?

MATHIAS: Du beantwortest nicht meine Frage.

MONIKA: Ich glaube, daß das unser aller Pflicht ist.

EMILIE: Du würdest nicht so antworten, wenn's dein eigener Sohn ist, der dich fragte.

MONIKA: Im Gegenteil, Emilie, ich frage mich bei allem, was wohl Ulrich denken und fühlen würde. Und wie er denken würde, das mache ich mir zum Gesetz des Handelns.

EMILIE: Du würdest ihm nicht erlauben, seinen Kopf hinzuhalten. Du würdest ihn zurückreißen -

MONIKA: Er hat ihn hingehalten. Und er hat ihn verloren.

MATHIAS: Du bist überstimmt, Mutter. Zur Strafe bäckst du jetzt einen Eierkuchen. Und er wird in vier gleiche Teile geteilt! *Er drängt seine Mutter nach der Küchentür.*

CAROLA: Ach richtig, Tante. Ein junger Mann hat nach dir gefragt.

MONIKA: Was für ein junger Mann?

CAROLA: Etwas heruntergekommen und verschüchtert; aber sonst ein netter Junge. Er bat uns, ihn mit dir unter vier Augen zu lassen.

MONIKA: Was will er? Ich kenne keinen solchen Jungen. *Es wird an der Tür geklopft.*

CAROLA: Da ist er schon!

MONIKA: *unruhig* Bleibt! Ich habe kein Bedürfnis, mit jemandem unter vier Augen zu sprechen!

CAROLA: *zu den andern* Kommt! Mir schwant etwas! *Sie gehen ab.*

MONIKA: *allein geblieben, weicht, wie in Angst, in die von der Tür entfernteste Ecke der Stube zurück. Sie strafft sich, gleichsam um sich für einen Kampf zu wappnen, die Augen in feindseliger Abwehr nach der Tür gerichtet. Es wird nochmals geklopft. Sie ruft entschlossen:* Herein!

Der Junge Mann tritt ein. Sowie er Monika erblickt, bleibt er in der Tür stehen und senkt tief den Kopf. Es ist Konrad, Monikas Sohn. Sie steht bewegungslos. Es entsteht eine lange Pause.

KONRAD: *nach langem Schweigen, leise* Mutter! *Monika schweigt.* Ich bin es, Mutter.

MONIKA: *ohne sich zu regen, mit kalter, harter Stimme* Das sehe ich.

KONRAD: *scheu* Ich - ich bin gekommen, Mutter.

MONIKA: Ich habe dich nicht gerufen. Was suchst du hier?

KONRAD: *etwas lebhafter* Ich habe dich lang gesucht. Das alte Haus ist zerstört. Ich konnte dich nicht finden -

MONIKA: *ihn herrisch unterbrechend* Was suchst du hier?

KONRAD: *fährt zusammen und spricht dann schnell, als ob er eine auswendig gelernte Lektion aufsagte* Am Anfang waren wir geächtet. Sie machten Treibjagden auf uns wie auf wilde Tiere. Ich hielt mich in Kellern und Schächten verborgen. Ich habe unter Schutthalden geschlafen, in Bombenkratern. Ich habe gehungert und dürre Hunde gefangen und gegessen - *Er hebt zum ersten Mal den Kopf, läßt ihn aber gleich sinken.*

MONIKA: Wie du's verdient hast!

KONRAD: Jetzt hat die Hetze aufgehört, und ich wagte mich ans Licht. Ich bin allein. Ich dachte, daß ich eine Mutter habe -

MONIKA: Das ist dir spät eingefallen. Erst als du vor die Hunde gegangen warst!

KONRAD: *macht einige Schritte auf sie zu und sagt lebhaft* Ich habe immer an dich gedacht. Immer, Mutter. An dich und an Vater. Wo ist Vater?

MONIKA: *abweisend* Er ist nicht hier.

KONRAD: Ich wurde damals gleich versetzt, weit weg von hier in eine Ordensburg in den bayrischen Bergen. Dann kam ich bald ins Feld.

Ich war die ganzen Jahre draußen; ich wurde viermal verwundet. Ich habe nie etwas von euch gehört und hatte nicht den Mut, zu schreiben. Ich fürchtete, Vater noch mehr zu erzürnen - *Er hält wartend inne.*

MONIKA: Sprich nicht von Vater!

KONRAD: *angstvoll* Wo ist er, wenn er nicht hier ist, Mutter? Was ist aus Vater geworden?

MONIKA: Und nenn mich nicht Mutter! Ich habe vergessen, daß ich einmal deine Mutter war!

KONRAD: *leise* Ich habe es gefürchtet. Ich hatte geglaubt, vielleicht bist du auch allein -

MONIKA: Ich bin nicht allein. Ich habe eine Familie gefunden. Ich habe einen gefunden, der mir an Kindes statt ist.

KONRAD: *schmerzlich* Jetzt verstehe ich, daß du mich hassen mußt.

MONIKA: Ich hasse dich nicht. Ich kenne dich nicht mehr. Du bist für mich ein Fremdling geworden.

KONRAD: *nach längerer Pause* Ich habe Böses getan. Ich bin nicht bös gewesen, Mutter.

MONIKA: Nein, weil du gut warst, hast du deine Eltern verleugnet. Aus reiner Herzensgüte bist du von uns weg zu den Teufeln gelaufen.

KONRAD: Ich habe tief bereut. Du weißt nicht, Mutter. Ich nehme mir vor, von vorn zu beginnen, gutzumachen - *Mit verzweifeltem Drängen:* Kannst du nicht vergessen, Mutter? Willst du's nicht noch einmal mit mir versuchen?

MONIKA: Ich will dich etwas fragen. Hättest du auch bereut, wenn ihr triumphiert hättet? Wenn du nicht ins nackte Elend geraten wärst, wärst du auch dann zurückgekommen?

KONRAD: *zögernd* Ich... ich weiß nicht. Vielleicht wäre ich dann nicht gekommen.

MONIKA: Du bist wenigstens ehrlich. *Sie macht einige Schritte auf ihn zu.* Ich sehe du bist hungrig und abgezehrt. Du kannst etwas Brot haben, einen Teller Grütze und meinen Teil vom Eierkuchen. *Sie setzt schnell hinzu:* Das würde ich jedem Bettler geben.

KONRAD: Ich bin nicht um Grütze gekommen.

MONIKA: Du gehst in Lumpen. Ich habe einen alten Anzug Ulrichs auf-
bewahrt; ich schenke ihn dir. Mehr kann ich nicht tun.

KONRAD: *rührt sich nicht. Nach einer Pause:* Du hast mir nicht die Hand
gereicht. Du glaubst, ich habe blutige Hände. *Er fährt zusammen und
sagt leise:* Ich habe blutige Hände.

MONIKA: Du hast nach Vater gefragt. Sie holten ihn ab, bald nachdem du
durchgebrannt warst.

KONRAD: *atemlos* Warum ist er nicht hier?

MONIKA: Sie haben ihn hingerichtet.

KONRAD: *schreit auf* Das nicht! Nein! Das nicht!

MONIKA: Ohne Prozeß und Urteil hingerichtet. Sie hielten's nicht für der
Mühe wert, mich zu verständigen. Ich habe es von meiner Gemüsefrau
erfahren, die es in der Zeitung gelesen hatte.

KONRAD: O Gott! Vater hingerichtet!

MONIKA: Dein Vater, den du grausam verwundet hast! Nun sag dir
selbst, ob in meinem Haus für dich ein Platz ist!

KONRAD: Dann - ja, dann muß ich gehen.

MONIKA: *fest* Du mußt es. *Sie wendet sich gegen die Wand.*

KONRAD: Und nie mehr wiederkommen -

CAROLA: *öffnet vorsichtig die Tür* Ich halte es vor Neugier nicht aus. Ist
er's? *Sie tritt ein.* Ihr steht abgewandt und schweigt. Ist er's nicht?

KONRAD: Leb wohl, Mutter!

CAROLA: Was ist das? Mutter! Mathias! *Emilie und Mathias treten ein.*

EMILIE: *auf Monika zugehend, mit Wärme* Meine liebe Monika! Ich freue
mich von Herzen mit dir!

MONIKA: Viel Grund zur Freude! Der wohlgeratene Sohn ist tot. Der ent-
artete ist mir übriggeblieben.

EMILIE: Wie? Was? Du hast dich mit ihm nicht ausgesöhnt?

MONIKA: Ich habe ihm die Tür gewiesen!

EMILIE: Deinem einzigen Kind? *Zu Konrad:* Dann bleiben Sie, Herr
Wolfram, bei uns.

CAROLA: Ja, ja! Er wird mit Mathias in der Küche schlafen!

KONRAD: Ich kann nicht bleiben, wenn Mutter mich wegjagt.

EMILIE: Warten Sie's in Geduld ab. Ihre Mutter wird andern Sinnes werden! *Zu Monika:* Ich verstehe mich etwas auf Menschen. So sieht kein Entarteter aus.

CAROLA: Wohin soll er, wenn du ihn aus dem Haus jagst?

Monika schweigt.

MATHIAS: *tritt zu ihr* Du hast eben erst deinen Glauben bekannt, daß in jedem Herzen, noch im verderbtesten, ein kleiner Funke des Guten glimmt -

MONIKA: In andern: ja!

MATHIAS: Nur nicht in deinem eigenen Kind? Und daß es unsere Schuldigkeit ist, in allen, ausnahmslos in allen Herzen diesen verlorenen Funken zu suchen.

MONIKA: Ich habe den Glauben nicht mehr! Drängt mich nicht, ich bitte euch -

MATHIAS: Es würde mir weh tun, wenn ich dich für unmütterlich - verzeih, für unmenschlich halten müßte.

MONIKA: Ihr kennt ihn nicht! Ich kenne ihn! Ihr wißt nicht, daß er uns Unheil ins Haus bringt!

MATHIAS: Hätte Ulrich so gehandelt? Würde er dem Bruder, der ihn verzweifelt um etwas Erbarmen anfleht, antworten: Geh?

MONIKA: *steht lange schweigend und in sich versunken, wie in einem schweren, inneren Kampf; dann, ohne die Augen zu heben, stößt sie leise und wie widerwillig hervor:* Bleib!

KONRAD: *stürzt in einem stürmischen Ausbruch von Freude auf sie zu:* Mutter, meine Mutter! *Er bleibt plötzlich in der Mitte des Zimmer stehen, senkt den Kopf und sagt leise:* Ich danke dir, Mutter.

Zweiter Akt

Dieselbe Stube. In der linken Seitenwand ist eine Tür eingebrochen, die in das neu hinzugebaute Zimmer führt. Acht Monate später. Es ist ein Sonntagnachmittag im Sommer. Konrad sitzt am Tisch, über einem Buch. Carola tritt ein.

CAROLA: Du bist allein zu Haus?

KONRAD: Mathias hat die Tante in den Stadtwald geführt. Mutter ist später weggegangen.

CAROLA: Und du sitzt hier und büffelst?

KONRAD: Laß mich, bitte! Ich habe zu studieren.

CAROLA: Mathias studiert auch nicht am Sonntag.

KONRAD: Mathias, ja! Was der nicht alles weiß! Dabei hat er die besten Jahre im KZ verbracht; ich kann mich nur schämen. Ich habe meine Jugend vertan. Ich muß nachholen.

CAROLA: Just an meinem dienstfreien Sonntagnachmittag? Hör, das geht so nicht weiter! Am frühen Morgen stehst du schon am Preßluftbohrer; am Nachmittag hockst du in der Universität und bis in die Nacht über den Büchern. Deine Mutter müßte es dir verbieten.

KONRAD: Mutter ist nicht zufrieden mit mir. Sie spricht nur das Allernötigste und blickt mich immer ernst, wie prüfend, an. Seit ich zurück bin habe ich sie noch nicht lächeln gesehen.

CAROLA: Ach was, du hast keine Augen im Kopf. - Zieh dich an! Wir gehen spazieren.

KONRAD: Heute nicht, Carola. Aber wenn du morgen Zeit hast, könnten wir ausgehen, Einkäufe machen.

CAROLA: *lustig* Shopping? Ich geh für mein Leben gern shopping. Was aber gibt's zu kaufen ohne Geld?

KONRAD: Ohne Geld? Und was ist das? *Er legt einige Geldscheine auf den Tisch.*

CAROLA: *schlägt die Hände zusammen* So viel Geld! 300 Mark! Wem hast du das geklaut?

KONRAD: Ich habe oft Nachtarbeit gemacht, als Wächter am Bau und Ähnliches. Das Geld habe ich euch nicht für die Wirtschaft abgeliefert. Ich habe es für diese Einkäufe gespart.

CAROLA: So ein Heimlicher! Und was kaufen wir ein?

KONRAD: Es hat mir immer weh getan, wenn Mutter im Winter von der Arbeit kam und in der eisigen Küche fror. Ich habe gedacht: warme Wäsche, falls so etwas aufzutreiben ist.

CAROLA: Auf dem schwarzen Markt gibt's alles. Treiben wir auf!

KONRAD: Auch wollene Strümpfe und Handschuhe -

CAROLA: Einen dicken Sweater! Und hohe Stiefel! Einen gefütterten Mantel -

KONRAD: Wenn das Geld nur reicht! Ich wollte auch für Tante Emilie -

CAROLA: Auch Wäsche, Sweater und Handschuhe. Und was kriege ich?

KONRAD: Du auch, natürlich. Ich weiß nicht recht -

CAROLA: Doch nicht am Ende wollene Höschen? Kauf mir ein Abendkleid!

KONRAD: Ich bitte dich -

CAROLA: Ich habe mir immer schon ein Abendkleid gewünscht und goldene Schuhe. Gestern sah ich eins, ein schönes, gelbseidenes, kostet nur 160 Mark. Bitte, bitte, kauf mir das Abendkleid!

KONRAD: Wozu brauchst du ein Abendkleid?

CAROLA: Bist du nur bei mir geizig? Du führst mich dann aus; ins Theater, nachher in eine Bar; von einer Bar in die andere. Was brauchen wir jetzt für den Winter sorgen? Wir haun das Geld auf den Kopf -

KONRAD: Ach, man kann nicht fünf Minuten ernst mit dir reden.

CAROLA: Ich kann auch ernst sein, wenn es sein muß. *Nach einer Pause:* Weißt du, wenn ich dich so sehe - ich kann mir gar nicht vorstellen, daß du einmal ein SS-Mann warst.

KONRAD: *schmerzlich* Nicht, Carola! Bitte!

CAROLA: Mathias glaubt's auch nicht. Er sagt, niemand erfaßt seine Pläne und Gedanken so gut wie du. Er kann sich, sagt er, keinen eifrigeren Mitarbeiter wünschen, und du gewinnst mehr Studenten für die Sache als er selber.

KONRAD: Ja, wenn ich Mathias früher begegnet wäre! Sie lehrten mich, daß die Menschen bös sind und daß man sie verachten und beherrschen muß, und ich wurde bös. Mathias sucht das Gute in allen, und ich fühle, daß ich durch ihn immer ein wenig besser werde.

CAROLA: Was? Ein roher, wüster SS-Mann? So ein grausamer kalter Satan, der wehrlose Menschen zu seinem Vergnügen quält?

KONRAD: Das grad nicht. Ich war bei der Waffen-SS und fast die ganze Zeit im Feld. Aber auch dort...

CAROLA: Und die Mädels haben vor dir gezittert? Man erzählt, daß die Weiber in Polen, wenn sie einen SS-Mann erblickten, ein Kreuz schlugen und beteten: bewahr uns, Heiland, vor den schwarzen Teufeln! Und du warst einer dieser schwarzen Teufel? Du warst geteilt, nicht wahr?

KONRAD: Geteilt? Was meinst du?

CAROLA: Nun, ich war geteilt. Ich war, Mathias' wegen, verdächtig; solche Mädels wie ich wurden in Erziehungslager gesteckt. Weißt du, wie sie dort erzogen wurden? Einzelhaft, Hiebe auf den nackten Rücken, Schwängerung durch einen SS-Mann. Danke sehr, das wollte ich nicht. Deshalb gebärdete ich mich im BDM besonders forsch. Bei den Appellen brüllte ich begeisterter als alle anderen: Wir danken dem Führer; heimlich aber fügte ich hinzu: Dafür, daß er uns die Bombengeschwader über unsere Köpfe bringt. Ich drängte mich immer dazu, bei Paraden die Fahne zu tragen; dabei stellte ich mir vor, wie ich auf sie spucken und mit den Füßen trampeln würde. Schlau muß man sein. So hast du's auch gemacht?

KONRAD: Nein, ich war mit dem ganzen Herzen dabei. Ich habe ihnen alles geglaubt.

CAROLA: Das Gefasel von Führer und Volk, Herrenrasse und Gefolgschaftstreue? Wie konnte ein kluger Kopf diesen Stumpfsinn glauben?

KONRAD: Am Anfang glaubte ich aus Überzeugung. Dann, als ich sah, wie sie wirklich waren - und alles Unmenschliche, das sie uns befahlen, zu tun - verlor ich den Glauben. Aber ich klammerte mich an ihn. Ich glaubte aus Verzweiflung.

CAROLA: Warum klammertest du dich an den Glauben?

KONRAD: Sonst wäre mein Verbrechen noch entsetzlicher gewesen.

CAROLA: Du hast getan, was sie dir befahlen; das taten fast alle. Die es befahlen, das sind die Verbrecher gewesen.

KONRAD: *zögernd* Ich habe ein Verbrechen begangen - ohne Befehl - ich allein -

CAROLA: Was für ein Verbrechen?

KONRAD: *leise* Du würdest mich verabscheuen. Ich verabscheue mich selbst. *Sein Gesicht verzerrt sich schmerzlich. Er wendet sich von Carola ab. Sie betrachtet ihn eine Weile schweigend.*

CAROLA: *nach einer Pause, lebhaft ausrufend* Alles nur Schwindel und Flunkerei!

KONRAD: Schwindel? Was?

CAROLA: Du ein wüster, wilder SS-Mann? Ein guter Junge wie du! So ein braver Michel! Das sagst du nur aus Prahlerei -

KONRAD: Du kennst mich nicht. Ich war früher anders.

CAROLA: Du kannst ja keiner Fliege weh tun! Und vor dir haben die Mädels gezittert? Da kann ich nur lachen! Eher glaub ich, daß du vor den Mädels gezittert hast -

KONRAD: Du sollst mich nicht reizen! Ich sage, du sollst nicht -

CAROLA: Aufschneider! Flunkerer! *Er geht auf Carola zu, die vor ihm zurückweicht.* Laß mich! Ich will nicht! *Er ergreift sie, reißt sie an sich und bedeckt sie, trotz ihres Widerstrebens, mit Küssen. Sie stößt ihn von sich.* Jetzt glaube ich selbst, daß du bös sein kannst. *Sie entfernen sich voneinander und schweigen. Nach einer Weile wird geklopft. Carola fährt auf.* Ja! Wer ist's?

HALLGARTEN: *ein alter, schlecht gekleideter Mann öffnet die Tür* Verzeihung, daß ich störe. Ist hier Barbarossaplatz 24?

CAROLA: Hier war einmal Barbarossaplatz 24. Suchen Sie jemanden?

HALLGARTEN: Ich suche das Haus. Es war ein großes, dreistöckiges Haus.

KONRAD: *auf das Zimmer zeigend* Das ist alles, was von dem Haus noch steht. Treten Sie, bitte, ein! Mein Name ist Konrad Wolfram.

HALLGARTEN: Jonas Hallgarten.

CAROLA: Carola Westphal. Setzen Sie sich. Sie haben, Herr Hallgarten, früher hier gewohnt?

HALLGARTEN: Ich habe in Barbarossaplatz 24 länger als dreißig Jahre gewohnt. Ich habe den Barbarossaplatz nicht erkannt, nicht die Hohenstauffenstraße, die Salierstraße, nichts, nichts. Es hat sich sehr verändert, seit ich hier war, alles sehr verändert. Jetzt, denke ich, erkenne ich den Schrank - *Er zeigt auf ihn.*

CAROLA: Der Schrank stand in ihrer Wohnung?

HALLGARTEN: In der Wohnung meiner Tochter. Sie wohnte zu ebener Erde. Ihr Schrank, ja, der Schrank ist von ihr übrig geblieben - *Er schüttelt den Kopf.*

KONRAD: *nach einer Pause* Sie sind jetzt in die Stadt zurückgekommen?

HALLGARTEN: Nicht zurückgekommen. Ich bin in einem Entwurzeltenlager in der Nähe von Fulda und warte auf meinen Abtransport nach Canada. Ich habe dort einen Neffen, er ist mein letzter Verwandter. Ich wollte, bevor ich abreise, ich wollte noch einmal - *Er verstummt plötzlich.*

CAROLA: *leise* Sie wollten - Abschied nehmen?

HALLGARTEN: Ich wollte noch einmal sehen. Ich hatte eine Frau, vier Kinder, elf Enkel. Wir wurden vor acht Jahren auseinandergerissen, jeder in ein anderes Lager. Ich hoffte, noch irgendeine Spur zu finden, von irgend einem; aber keine Spur, keine Spur - *Er schüttelt wiederholt den Kopf.*

CAROLA: *mit verhaltenem Mitleid* Da sind Sie von Fulda herübergefahren?

HALLGARTEN: Wir haben dort Unterkunft und Verpflegung; wir haben es gut, sehr gut. Wir bekommen reichlich alles, was wir brauchen. Geld brauchen wir nicht. Nein, ich bin nicht gefahren -

CAROLA: Wie? Sie haben die weite Strecke zu Fuß gemacht?

HALLGARTEN: O, ich habe früher viel weitere Fußmärsche gemacht. Im tiefen Winter, von Polen bis nach Thüringen. Wir waren gegen neuntausend, als wir aufbrachen; als wir ankamen, waren wir kaum fünfhundert. Die Menschen wandten die Köpfe weg, wenn wir vorübertrotteten; sie wagten es nicht, uns eine trockene Brotscheibe zu reichen. Jetzt habe ich freundliche Leute getroffen; sie räumten mir eine Schlafstelle ein und boten mir einen Teller Brei, obwohl sie selber Mangel leiden. Die Menschen wagen's jetzt wieder, menschlich zu sein.

KONRAD: *nach einer Pause* Haben Sie die Absicht, länger in der Stadt zu bleiben?

HALLGARTEN: Ich habe genug gesehen. Juden gibt es hier nicht mehr. Die andern haben mich vergessen; sie würden mich auch nicht erkennen. Ich wollte noch nach Trier weiter; dort sind die Gräber meiner Eltern und Großeltern -

CAROLA: Zu Fuß nach Trier? Trier ist weit.

HALLGARTEN: Aber ich bin schon zu müd. Es ist wohl besser, ich komme nicht nach Trier. Man sagt, sie haben auch die Friedhöfe zerstört. Sie haben, erzählt man, die Gräber aufgerissen, die Toten aus den Särgen geworfen, die Knochen verbrannt und in die Winde gestreut, damit die deutsche Erde durch die Gebeine landfremder Juden nicht geschändet werde. Meine Vorfahren haben durch sieben Jahrhunderte ununterbrochen in Trier gelebt -

KONRAD: Sie müssen Genugtuung empfinden, Herr Hallgarten, wenn Sie all das sehen. Ich meine, über das Strafgericht, das über uns gekommen ist.

HALLGARTEN: Über das Strafgericht? Nein, das gibt mir meine Toten nicht wieder. - Die Wahrheit zu sagen: als ich im Lager war - ich war ein Jahr lang in Auschwitz und sah die Schlote der Verbrennungsöfen bei Tag und Nacht dicken, schwarzen Rauch ausspeien - als ich dort hörte, daß Feuer vom Himmel auf die deutschen Städte fiel, empfand ich sogar eine wilde Genugtuung. Als ich die niedergeschlagenen Städte aber sah: es ist mein Vaterland -

CAROLA: Das Vaterland hat Ihnen Ihre Treue übel vergolten.

HALLGARTEN: Es bleibt immer mein Vaterland. Ich habe kein anderes. *Er steht auf.* Ich will nun nicht länger stören.

KONRAD: *verlegen* Wenn Sie - wenn Sie, Herr Hallgarten, gern nach Trier möchten, ich wäre froh, Ihnen dazu behilflich zu sein. Wir sind zwar nicht wohlhabend -

HALLGARTEN: *stolz* Ich bin kein Bettler. Ich war früher ein reicher Mann und konnte selber vielen Armen helfen.

KONRAD: Ich wollte Sie nicht verletzen. Diese Wohnung ist Ihr rechtmäßiges Eigentum. Ich möchte, wenn Sie erlauben, Ihnen wenigstens den Schrank abkaufen -

HALLGARTEN: Ich schenke ihn Ihnen. Ich habe mehr als einen Schrank verloren. *Er geht zur Tür.*

CAROLA: Ich wünsche Ihnen eine gute Überfahrt. Und Glück in Ihrem neuen Leben.

HALLGARTEN: *lacht kurz auf* Mein neues Leben! Ich bin über siebzig Jahre alt.

KONRAD: *tritt schnell zu Hallgarten, der schon in der Tür steht, und berührt diesen an der Schulter* Herr Hallgarten! *Während dieser sich umwendet, läßt er verstohlen, von Hallgarten unbemerkt, etwas in dessen Tasche gleiten.*

HALLGARTEN: Was wünschen Sie noch?

KONRAD: Es würde mir leid tun, wenn Sie nur mit schrecklichen Eindrücken von Deutschland scheiden. *Er beugt leicht den Kopf und sagt leise:* Wir sind alle schuldig vor Ihnen. Vergeben Sie uns!

HALLGARTEN: Ich werde mich gern Ihrer erinnern. Sie sind gegen einen Unglücklichen menschlich gewesen.

KONRAD: Vielleicht treffen Sie einen reichen Mann, dem es leicht fällt, Sie nach Trier zu bringen. Oder Sie haben Glück und finden ein bißchen Geld -

HALLGARTEN: *sich schnell abwendend* Verzeihen Sie, daß ich gestört habe. *Er geht schnell hinaus.*

CAROLA: *nach einer längeren Pause* Das war also ein Jud.

KONRAD: Hallgarten? Gewiß ist er ein Jud.

CAROLA: Der Mensch, an dem du, wie du sagst, ein Verbrechen begingst, war ein Jud?

KONRAD: *leise* Er war auch ein Jud.

CAROLA: Auch? So war's auch ein anderer? *Er schweigt verstört. Sie ruft nach einer Weile:* Jetzt weiß ich es! Einen Pelz!

KONRAD: Einen Pelz?

CAROLA: Einen Pelz sollst du deiner Mutter kaufen! Unbedingt einen Pelz! Nicht gleich einen Nerz oder Persianer, aber einen Fohlen oder Kaninchen, was meinst du?

KONRAD: *zerstreut* Ein Fohlen wäre schon gut.

CAROLA: Ja, wenn das Geld nur reicht! Ich fürchte, jetzt reicht's nicht mehr für ein Paar Pulswärmer oder Socken! Ach, du Kindskopf! Und er hat es nicht einmal bemerkt!

KONRAD: Was? Wer?

CAROLA: Glaubst du, ich hab's nicht gesehen, wie du ihm das Geld in die Tasche schobst? Und er hat's nicht gemerkt und streut es, wenn er das Sacktuch zieht, gar auf die Straße!

KONRAD: Sag es keinem! Ich bitte dich.

CAROLA: Das ganze schöne Geld! 50 Mark wären ja üppig gewesen. Und du hast ihm alles zugesteckt und nichts behalten?

KONRAD: Ich konnte nicht viel überlegen -

CAROLA: Jammerschade um mein Abendkleid; darauf kann ich nun lange warten. Du Dummer! O du Dummer! Aber es gefällt mir, daß du so dumm bist, und ich freue mich mehr darüber als über das Abendkleid -

KONRAD: Erzähl nur Mutter nichts davon!

CAROLA: Du gefällst mir, weil du dich nicht bedacht hast, alles wegzuschmeißen, und nun noch darüber rot wirst -

KONRAD: Du machst dich nur über mich lustig.

CAROLA: Ich sage es im Ernst! Im tiefsten Ernst. Da hast du deinen Kuß zurück! Auch das war im Ernst. *Sie gibt ihm einen Kuß. Nach einer Weile tritt Monika ein.*

MONIKA: Guten Tag, Kinder!

CAROLA: Guten Tag, Tante! Weißt du, worüber wir eben spekuliert haben? Was wir alles morgen für dich einkaufen würden: Wäsche, Sweater, Mantel -

KONRAD: Glaub ihr kein Wort! Sie ist eine Schwindlerin.

CAROLA: Ich war für einen Pelz. Ziehst du einen Fohlen vor oder Kaninchen?

MONIKA: Wo wir kein Geld haben, die Laken zu kaufen, die wir brauchen -

CAROLA: Konrad hat eine Masse Geld verdient, durch heimliche Nacht-arbeit. Vor fünf Minuten lagen 300 Mark auf dem Tisch; jetzt sind sie futsch, verschwunden, verzaubert! Weißt du, wohin? In die Tasche ei-nes alten Juden weggezaubert!

KONRAD: Schweig! Du hast versprochen -

MONIKA: Eines Juden?

CAROLA: Ein armer alter Jud war hier, der die Gräber seiner Eltern in Trier besuchen wollte und kein Reisegeld hatte. Dem hat Konrad das ganze, mühsam verdiente Geld in die Tasche praktiziert. Nun weißt du, was für ein leichtsinniger Verschwender dein Herr Sohn ist! *Zu Konrad:* Das ist für die Schwindlerin! *Sie geht lachend hinaus.*

MONIKA: Ist es wahr?

KONRAD: *mit gesenktem Kopf, ohne sie anzusehen* Es ist wahr.

MONIKA: Obwohl du weißt, daß wir mit jedem Pfennig rechnen müssen?

KONRAD: Es kam so über mich. Sei nicht bös, Mutter! Ich bringe es wie-der ein. *Er hebt den Kopf.* Du bist nicht bös? Mutter - du lächelst?

MONIKA: Mein lieber Junge! Mein Konradin!

KONRAD: *leise* So hast du mich genannt, als ich noch klein war.

MONIKA: Ich konnte nicht glauben, was ich so inbrünstig gern geglaubt hätte: daß du ein anderer geworden bist. Jetzt zweifle ich nicht mehr.

KONRAD: *leise* Du machst mich glücklich, Mutter.

MONIKA: Jetzt darf ich mit dir auch reden. Endlich kann ich die Bürde, unter der ich zusammenbreche, abwerfen.

KONRAD: Eine Bürde?

MONIKA: Ich habe dir gesagt, daß Vater verhaftet und hingerichtet wurde. Ich habe dir nicht gesagt, daß an seiner Verhaftung und Hinrichtung ich mitschuldig war.

KONRAD: *heftig* Du? Mitschuldig? Das ist nicht wahr! Nicht wahr -

MONIKA: Ich war mitschuldig. Ich. Ich hätte über ihn wachen müssen - und ich habe ihn preisgegeben!

KONRAD: Preisgegeben? Du - ihn? Es ist Wahnsinn! Heller Wahnsinn -

MONIKA: Du kannst es nicht verstehen. Setz dich! Ich will versuchen, es dir in Ruhe klarzumachen. *Sie setzen sich.* Vater und ich - wir lebten sehr glücklich miteinander. Ich darf wohl sagen, wir lebten in einer restlos harmonischen Ehe, bis - ja, bis du zwischen uns tratst.

KONRAD: Ich? Zwischen euch?

MONIKA: Vater war eine starke und, ich behaupte nicht zu viel, edle Persönlichkeit. Das Großartigste war seine untrügliche, unbestechliche Gerechtigkeit. Ich meine damit nicht nur, daß er ein bedeutender Rechtsgelehrter und Richter war. Sein Herz war unfehlbar gerecht; es war wie ein eiliges, flammendes Recht. Nur gegen dich war er ungerecht.

KONRAD: Gegen mich? Wie denn -

MONIKA: Ulrich war sein getreues Abbild. Ulrich war geradlinig, eindeutig, kristallklar. Er dachte einfach und rechtschaffen; und er tat ohne Zögern und Schwanken, was er als recht erkannt hatte. Du warst anders -

KONRAD: Ich war schlechter als Ulrich; ich weiß es, gemeiner -

MONIKA: Anders, nicht schlechter. Du warst schon als Kind mehr begabt, aber nervös und kompliziert. Wenn Ulrich Vaters Sohn war, so warst du mir nachgeraten. Deshalb verstand ich dich so gut. Ich verstand, daß deine Verlogenheit einer überreichen Phantasie entsprang, deine Unbeständigkeit einer chaotischen Leidenschaftlichkeit, daß du durch deinen wilden Starrsinn, durch deine rebellische Auflehnung ein sehr weiches, verwundbares Herz zu schützen versuchtest. Vater war wohl schon zu alt, um etwas ihm so Wesenfremdes zu begreifen. Er glaubte -

KONRAD: Er glaubte, daß ich verdorben war. Vater hielt mich für einen Verlorenen.

MONIKA: Für einen Höchstgefährdeten. Und das warst du ja auch. Er wollte dich durch Härte und Strenge nach seinem Bild modeln. Ich aber fühlte deinen guten Kern und kämpfte leidenschaftlich für dich. Er warf mir vor, daß ich, durch blinde Liebe genarrt, dich verziehe und verderbe. Das führte zu schweren Konflikten -

KONRAD: Vater hat mich nie geliebt.

MONIKA: Wie kannst du das denken? Er liebte dich mit einer tief verwundeten, verängstigten Liebe. Er liebte dich so, daß er sich dauernd Gewalt antat. Er sprach seine Befürchtungen und Enttäuschungen nie

vor dir aus, wie er es mir endlich zugesagt hatte. Du hattest eine behü-
tete, unverstörte Jugend - *Konrad steht plötzlich auf und macht erregt einige Gänge durch die Stube.* Was hast du?

KONRAD: Nichts. *Er setzt sich wieder.* Ja, ich hatte eine glückliche Jugend.

MONIKA: Als du dann, schon frühzeitig, dich den Nazis zuwandtest; als
du immer radikaler und aggressiver wurdest - er hatte es immer geahnt; er hatte es prophezeiht, daß du ein Nazi werden würdest -

KONRAD: Vater war gegen mich nicht ungerecht. Ich war verdorben.

MONIKA: Ich habe seine Überzeugungen immer geteilt. Ich war mit dem
Geist bei ihm; mit dem Herzen war ich bei dir. Ich fühlte es nur allzu
tief, daß die rauhe, schroffe Männlichkeit, die die Nazis predigten,
dich gerade deshalb faszinierte, weil du an deinem allzu empfindli-
chen Herzen littest. Ich bedauerte dich mehr, als ich dich verurteilte.
Später, nachdem sie Ulrich ins KZ geworfen hatten, war ich beinahe
froh darüber, daß du bei jenen warst; ich sah es so an, als seist du
während eines Bombenregens in einem sicheren Luftschutzkeller verborgen. Ich dachte nur daran, nicht auch noch dich zu verlieren; ich
wollte mein letztes Kind behalten, mochte es selbst ein Nazi sein -

KONRAD: Vater hätte vorgezogen, daß ich tot sei, als daß ich ein Nazi sei.

MONIKA: Er hätte schließlich gelernt, es mit meinen Augen anzusehen.
Daß du dann aber in die SS eintratest, daß du aus freien Stücken dich
der Mörderhorde zugeselltest, die deinen Bruder erschlagen hatte -
Wie konntest du uns diesen Schmerz und diese Schande antun? Das
verzeihe ich dir nie! Niemals -

KONRAD: Ich verzeihe es mir auch nicht.

MONIKA: O dieser fürchterliche Auftritt, den ich immer vor mir sehe!
Wie die zwei Menschen, die ich liebte, gegeneinander wüteten! Und
daß du ihm ins Gesicht schleudertest, er verberge einen Juden, und
von ihm fordertest, den Juden aus dem Haus zu jagen - Es war frevel-
haft!

KONRAD: *leise* Es war ruchlos.

MONIKA: Unter allen Unmenschlichkeiten der Nazis empfand er die Ju-
denhetze als die allerabscheulichste. Er litt tief darunter, daß er nicht

offen, wie Ulrich, in den Kampf trat; er unterließ es nur aus Liebe zu mir. Aber keine Gewalt oder Überredung hätte ihn davon abgebracht, sich verfolgter Juden anzunehmen. Das war sein heimlicher Beitrag zum Kampf, und ich fühlte wie er und half ihm mit besten Kräften. Professor Daniels, den wir damals verborgen hielten, war Vaters Jugendfreund, ein berühmter Gelehrter und ein lauterer, unerschrockener Mann -

KONRAD: Ich weiß es. Ich habe es erfahren.

MONIKA: Als du ihm dein freches Ultimatum stelltest, konnte Vater nicht anders, als dich aus dem Haus zu weisen. Ich hätte ebenso entschieden. Ich würde auch heute so entscheiden! - Nachdem du gegangen warst, war ich gewiß, daß du dich schnell besinnen, nach Hause kommen und alles widerrufen würdest. Ich erwartete dich Tage lang, zu jeder Stunde des Tages und der Nacht -

KONRAD: Ich konnte nicht mehr. Es war schon zu spät.

MONIKA: Als du nicht kamst, ging mit mir eine unbegreifliche Verwandlung vor. Ich fühlte, daß die Mutter in mir stärker war als die Frau. Ich zog mich in mein Zimmer zurück und schloß mich ab. Ich konnte Vaters Anblick nicht ertragen. Ich beschuldigte ihn, daß er einen Fremden seinem eigenen Blut vorgezogen hatte; ich warf ihm vor, daß er mir mein letztes, einziges Kind genommen hatte. Ich fing an, ihn zu hassen -

KONRAD: Um meinetwillen! Alles durch meine Schuld!

MONIKA: Es war die Regel, einen Schutzsuchenden nie länger als höchstens fünf Nächte zu beherbergen und es war dem Schützling verboten, bei Tageslicht sein sicheres Gewahrsam zu verlassen. Bis dahin hatte ich streng über die Innehaltung der Regeln gewacht; jetzt ließ ich alles gehen, wie es ging. Daniels aber war schon bald zwei Wochen bei uns. Und ich hätte wissen müssen, daß Vater in seinem stolzen Rechtssinn alle Regeln verachten, ja das Unheil herausfordern würde. Ich wußte es genau. Aber ich gab mich selbstsüchtig meinem Schmerz hin - und ich gab ihn preis! - Dann holten sie ihn.

KONRAD: Wie - wie war das?

MONIKA: Sie kamen in der frühen Morgenstunde. Als ich öffnete, standen die drei schwarzen Kerle unten. Sie wußten alles; sie kannten Daniels Namen, sie kannten das Versteck und stiegen geradeaus nach der Mansarde hinauf, in der wir ihn verbargen -

KONRAD: Und dann?

MONIKA: Sie stellten ihn an die Wand und schossen ihn aus nächster Nähe nieder. Darauf befahlen sie Vater, mitzukommen. Er zog sich schweigend an, die Augen zu Boden gesenkt. Während sie ihm Handschellen anlegten, blickte er mir voll ins Gesicht und sagte: „Ich bin verraten worden."

KONRAD: Verraten? Verraten? Vater hat gesagt: Verraten?

MONIKA: So sagte er. Ich erklärte mich mitschuldig und verlangte, zugleich mit ihm fortgebracht zu werden. Einer der Schergen antwortete: „Sie haben keine Schuld daran, Frau Wolfram. Der Jud wurde hier gegen ihren Willen verborgen." Da lachte Vater auf und sagte: „Daran hast du keine Schuld!" und ging aus der Tür. So ging er von mir, ohne Abschied, ohne Umarmung, nach dreißig gemeinsamen Jahren -

KONRAD: Wie konnte Vater wissen? Er hat es in der Verwirrung des Schmerzes gesagt.

MONIKA: Das glaubte ich anfangs auch. Er hatte es aber nicht wie eine Vermutung ausgesprochen, sondern wie eine Gewißheit und Verdammung. Und endlich begriff ich das Ungeheuerliche, das ganz Unausdenkbare: er war überzeugt, daß er verraten worden war und daß ich es war, die ihn verraten hatte - und in dieser Überzeugung ist er gestorben!

KONRAD: Das ist Wahnsinn! Glaub es, Mutter! Er war plötzlich wahnsinnig geworden!

MONIKA: Nicht ganz so wahnsinnig, wie du denkst. Er hatte mit seinen durchdringenden Richteraugen tief in meine Seele geblickt. Als ich dort, in meinem Zimmer eingeschlossen, ihn mit Vorwürfen überschüttete, hatte ich ihm gewünscht, den gleichen Schmerz zu erfahren, von dem ich zerrissen wurde; ich hatte wild und sinnlos gewünscht, daß ihn die volle Strafe dafür treffe, daß er mir mein Kind geraubt hatte. Ich hatte ihn im Herzen verraten - und der andere hat auf geheimnisvolle Weise meinen Verrat ausgeführt -

KONRAD: Welchen Verrat? Es war kein Verrat, Mutter. Es gibt keinen Verräter!

MONIKA: Seit damals stehe ich vor mir als gerichtete Verbrecherin, und mein Gewissen wird mich nicht eher freisprechen, als bis ich jenen anderen kenne. Ich habe nur noch die eine Lebensaufgabe, den Verräter zu finden. - So wie der Krieg beendigt war, machte ich mich auf die Suche. Ich rief die Alliierten Behörden an, ich bestürmte die Polizei, beschwor den Staatsanwalt; für sie alle ist er nur einer von Hunderttausenden, die in diesem wahllosen Gemetzel gefallen sind; für mich ist er der Eine und Einzige. Sie suchen ihn nicht. Ich allein muß ihn finden -

KONRAD: Und - und wenn du ihn gefunden hast?

MONIKA: Ich werde ihn vor Gericht stellen.

KONRAD: Ach, du weißt, es gibt nicht so viele Gerichte, um alle Verbrechen zu richten, die in dieser Zeit geschehen sind.

MONIKA: So werde ich selbst das Gericht an ihm vollziehen!

KONRAD: Vergiß es, Mutter! Laß die Toten begraben sein! Es macht Vater nicht mehr lebendig; es bringt nur dich noch ins Grab -

MONIKA: *fest* Es muß Recht sein! Er hat immer gesagt: Auf dem Recht ruht die Welt. Denn wenn nicht Recht wird, bleibt seine Seele unversöhnt, und ich hätte alle Qualen vergeblich gelitten und meine Aufgabe verfehlt -

KONRAD: Es soll nicht sein. Du siehst es selbst: du kannst ihn nicht finden.

MONIKA: *langsam* Nein, ich kann ihn nicht finden. Du wirst ihn finden!

KONRAD: *schreit auf* Ich? Ich?

MONIKA: Gott hat dich mir geschickt. Du wirst die Aufgabe, für die ich zu schwach bin, übernehmen. Ich lege sie auf deine Schultern.

KONRAD: Ich kann nicht! Wie sollte ich -? Wie kann ich -? Nicht ich, Mutter!

MONIKA: Du kannst es, nur du! Ich habe alles tausendmal durchgedacht. Wir bewohnten damals das Haus allein. Unsere Nachbarn waren gleichen Sinnes mit uns. Wir hatten uns von allen Bekannten zurückgezogen und empfingen keinen Besuch. Die einzigen Fremden, die kamen, waren deine Kameraden, die dich aufsuchten; das konnten wir nicht verhindern -

KONRAD: Meine Kameraden?

MONIKA: Sieben oder acht, die deiner Gruppe angehörten. Ich erinnere mich ihrer Gesichter; ihre Namen kenne ich nicht. Sie kamen noch, nachdem du uns verlassen hattest; Vater ließ sie ein. Einer von ihnen muß Daniels erblickt haben. Vater holte ihn damals oft aus dem Versteck und saß mit ihm in der Stube unten -

KONRAD: Und du denkst -

MONIKA: Einer von diesen ist es gewesen. Ich kenne sie nicht; du kennst sie. Du wirst sie suchen und den einen finden.

KONRAD: *heftig* Alles, Mutter, was du willst! Nur das verlange nicht von mir!

MONIKA: Ich verlange es von dir. Ich fordere es von dir als die Sühne für den Schmerz, den du Vater zugefügt hast.

KONRAD: Ich habe mich von ihnen losgesagt! Ich habe mir geschworen, nie wieder eine Gemeinschaft mit ihnen zu haben -

MONIKA: Du sollst mit ihnen keine Gemeinschaft haben. Du sollst den Verräter, der Vater ans Beil geliefert hat, vor seinen Richter bringen!

KONRAD: Ich weiß längst nicht mehr, wo sie sind! Vielleicht ist der Mensch verschollen; in Sibirien gefangen oder tot -

MONIKA: *fest* Er lebt! Mein innerstes Gefühl sagt mir, daß er lebt! Er lebt und wird leben, um gerichtet zu werden!

KONRAD: Sie sind grausam, sie sind gottlos; mir graut vor ihnen. Sie wissen zuviel Böses von mir! Sie werden ihr Wissen benutzen, sie werden versuchen, mich in ihre Gewalt zu bringen - und ich werde ihnen vielleicht verfallen -

MONIKA: Das muß gewagt sein. Ich setze dich als Pfand ein. Ich werde über dich wachen, daß du ihnen nicht verfällst.

KONRAD: *schreit auf* Treib mich nicht zu ihnen zurück!

MONIKA: *nach einer längeren Pause* Ja, warum solltest du mich von dieser Gewissensqual befreien? Du hast mich nie geliebt -

KONRAD: Ich habe keine Menschenseele so geliebt wie dich, Mutter! Kein Wesen auf der Welt habe ich je, außer dir, geliebt!

MONIKA: Und warum solltest du eine fromme Pflicht gegen den Vater erfüllen? Du hast ihn immer gehaßt.

KONRAD: Nein, Mutter, nein! Hab Erbarmen mit mir!

MONIKA: Du warst wohl froh, ihn hier nicht wiederzufinden, um nicht vor deinem Richter zu stehen! Du hast dich über seine Hinrichtung gar gefreut -

KONRAD: *verzweifelt* Ich will es tun! Ich will tun, was du von mir verlangst!

MONIKA: Du willst, du willst die Aufgabe auf deine Schultern nehmen?

KONRAD: Es ist nicht gut. Es führt nicht zum Guten. Ich will alles versuchen, was in meiner Kraft steht.

MONIKA: Wenn du, wenn du mich von dieser Qual erlöst, wenn du den Verbrecher ausfindig machst, dann werde ich dir alles Böse vergeben, das du getan hast und Gott auf Knien für deine Heimkehr danken.

KONRAD: Danke nicht! Danke ihm noch nicht! Gott helfe mir!

MONIKA: Du hast mir den Glauben an Gott zurück gegeben. Mein liebes Kind! Mein Konradin! *Sie geht auf ihn zu und drückt ihn an sich.*

KONRAD: *der sich wie willenlos, mit schlaff herabhängenden Armen, von ihr umarmen läßt, sagt leise und ergeben* Ja, Mutter.

Dritter Akt

Dieselbe Stube. Zwei Monate später. Mathias, Carola und Konrad.

MATHIAS: Wie? Er hat es dir nicht erzählt?

CAROLA: Kein Wort. - Sprich leise! Mutter fühlt sich müd und hat sich hingelegt.

MATHIAS: Nun also! Wie wir die Aula betreten, gibt's da ein ungewöhnlich starkes Gedränge. Ich merke gleich, daß etwas Außerordentliches los ist. Die Studenten stoßen sich heimlich an, tuscheln und kichern. Und dann seh ich's: auf einem der hintersten Pfeiler ein großes, rotes Hakenkreuz, frisch hingepinselt -

CAROLA: Sie haben's gewagt? Ein Hakenkreuz?

MATHIAS: Es leuchtet grell auf dem weißen Kalk. Ich fühle: eine Herausforderung, die sofort angenommen werden muß. Jetzt unverzüglich einen Gegenhieb führen: sonst fallen die Schwankenden ab und die schon Gewonnenen werden schwankend! Zugleich hatte ich aber ein ganz anderes Gefühl: eine quälende Angst -

CAROLA: Angst? Vor den frechen Buben?

MATHIAS: Das ist mein Kreuz, daß ich immer im entscheidenden Augenblick von dieser Angst überfallen werde. Ich konnte nichts anderes denken als das eine: nur jetzt nicht durch einen Anfall unsere Sache ihrem Gelächter preisgeben! Ich fing zu reden an, aber ich redete platte, hohle Worte - nicht?

KONRAD: Es war nicht so schlimm.

MATHIAS: Erbärmlich war es! Ich sah, wie sie die Achseln zuckten; ich hörte schon das böse Wort: „Ein alter KZler" und meine angstvolle Erregung stieg höher. Da rettete Konrad die Lage -

CAROLA: Wie denn?

MATHIAS: Er redete nicht viel; er handelte. Er sagte nur, daß er früher selbst ein gläubiger Anbeter des Hakenkreuzes gewesen sei - und dann hatte er plötzlich eine Spitzhacke in den Händen - Wo hast du sie nur hergenommen?

KONRAD: Ich hatte Arbeiter gesehen; sie legten der Universität gegenüber die Trümmer eines Hauses nieder.

MATHIAS: Er hob schon die Spitzhacke und führte einen Hieb gegen das Hakenkreuz. Mitten in den Mittelpunkt des Kreuzes; dann mit gemessenen Schlägen gegen dessen linken Balken. - Was hat dich auf einmal so erschreckt?

KONRAD: Erschreckt? Nichts.

MATHIAS: Du starrtest über die Köpfe hinweg, als hättest du jäh etwas Schreckenerregendes erblickt. - Die Hacke entfiel seinen Händen und er stürzte weg, wie verstört -

CAROLA: So kam er auch nach Hause; ganz verstört. Warum denn?

MATHIAS: Macht nichts! Macht nichts! Ein anderer hatte die Hacke schon ergriffen, sie rissen sie einander aus den Händen und hämmerten auf das verfluchte Zeichen los, bis jede Spur davon auf dem Pfeiler getilgt war. Wir haben in dieser Stunde mehr Freunde unserer Sache gewonnen, als durch unsere vielmonatigen Anstrengungen!

CAROLA: Das freut mich! Das freut mich!

MATHIAS: Das ist noch nicht alles! Endlich haben wir sie!

CAROLA: Wen? Was?

MATHIAS: Ich spürte bisher immer, daß wir im Dunkeln gegen unsichtbare Gegner kämpfen. Jetzt werden wir uns offen mit ihnen messen!

CAROLA: Ich verstehe kein Wort. So red doch -

MATHIAS: Auf dem Heimweg merkte ich, daß jemand mir verstohlen folgte. Es war ein junger Student, den ich nicht kenne. Die Belle-Alliance-Straße war menschenleer; er gab mir einen schnellen Wink und trat hinter die Fassade eines ausgebrannten Hauses. Er sah sich ängstlich nach allen Seiten um und beschwor mich, ihn nicht zu verraten - und dann brach es aus ihm hervor -

CAROLA: Nun, was denn?

MATHIAS: Sie haben heimlich eine Organisation gegründet, einen geheimen Kampfbund, einen Orden, wie er's nannte. Es scheint, sie zwingen junge Menschen, die sich früher irgendwie vergangen haben, durch die Mitwisserschaft ihrer Verfehlungen, in den Orden einzutreten, und halten sie dort durch Drohungen fest. Der arme Junge war außer sich; er sprach ganz wirr -

CAROLA: Was sagte er noch?

MATHIAS: Er gestand, daß auch andere sich sehnten, aus ihrer Gefangenschaft auszubrechen und von uns ihre Rettung erwarten. Er sprach davon, daß sie beabsichtigen, uns im Geheimen eine Liste zuzustellen -

CAROLA: Was für eine Liste?

MATHIAS: Eine Liste, wenn ich ihn recht verstanden habe, die die Namen der Ordensmeister - das war sein Ausdruck - enthält. Die Ordensmeister, so sagte er noch, seien aus der „Eisernen Schar" hervorgegangen. - Das war doch der Bund, dem du früher angehörtest?

KONRAD: Ja, die „Eiserne Schar".

MATHIAS: Er nannte auch einige Namen: Hedemann, glaube ich, Auer und Rühlau -

KONRAD: *schnell* Rühlau? Günther Rühlau?

MATHIAS: Günther Rühlau, ganz recht. Kennst du ihn?

KONRAD: Nein. Ich habe den Namen früher gehört.

CAROLA: Was wirst du jetzt tun? Sie den Alliierten anzeigen?

MATHIAS: Ich werde mich hüten, sie zu Märtyrern zu machen. Wir müssen uns von dieser Krankheit aus eigener Kraft befreien.

CAROLA: Ja, aber wie willst du das?

MATHIAS: Wir müssen sofort eine Gegenorganisation gründen, einen Gegenbund. Ich trommle die Kameraden zusammen. Wir treffen uns bei Rademacher. *Zu Konrad:* Sei um sieben dort!

KONRAD: Ich kann heut nicht, Mathias!

MATHIAS: Was heißt das? Wem haben wir diesen Erfolg zu verdanken, als dir? Du gehörst unbedingt dazu. Um sieben bei Rademacher! *Er geht schnell ab.*

CAROLA: *nach einer Pause* Wer ist Günther Rühlau?

KONRAD: Ich kenne ihn nicht. Ich hab's schon gesagt.

CAROLA: Warum bist du dann so erschrocken, als Mathias den Namen nannte? Und warum bist du überhaupt so verändert?

KONRAD: Ich bin nicht verändert. Und ich bin nicht erschrocken.

CAROLA: Ich hab's wohl nicht bemerkt, daß du schon seit Wochen bedrückt bist? Seit dem Tag, an welchem Hallgarten hier war. Damals erwähntest du etwas von einem Verbrechen.

KONRAD: Mußt du mich quälen?

CAROLA: Ist dieser Rühlau ein alter SS-Genosse? Weiß er vielleicht von diesem Verbrechen?

KONRAD: Wie oft soll ich's wiederholen? Ich kenne ihn nicht!

CAROLA: Ich verstehe. Du willst nicht mehr, daß ich einmal deine Frau werde.

KONRAD: Carola! Wie kannst du -?

CAROLA: Ich will aber keinen fremden Menschen zum Mann! Ich kann's nicht ertragen, daß du nur wünscht, mit mir zu essen, zu schlafen und zu scherzen und kein Vertrauen zu mir hast und Geheimnisse vor mir hegst, die ein Rühlau mit dir teilt.

KONRAD: Ich habe keine Geheimnisse, glaub es mir!

CAROLA: Ich zeige mich dir auch, so wie ich bin, mit allen meinen Fehlern und Schwächen. Ich will den Mann, den ich liebe, kennen, bis in die verborgensten Falten und Ritzen, samt seinen Mängeln und Geheimnissen; wenn's sein muß, samt seiner Verbrechen -

KONRAD: Du würdest mich nicht mehr lieben -

CAROLA: Wenn ich aufhören müßte, dich zu lieben, dann besser, es geschieht früher als später! Vielleicht ist es ein verzeihliches Verbrechen, das dich quält, oder nur ein eingebildetes, das ich dir ausreden kann: aber wissen muß ich es -

KONRAD: Ich werde dir alles sagen. Nicht heute, ein anderes Mal. Hab etwas Geduld -

Die Tür wird geöffnet, ohne daß geklopft wurde, und Günther Rühlau tritt ein. Er geht sofort mit ausgebreiteten Armen auf Konrad zu.

RÜHLAU: Da bist du ja, alter Knabe! Hab ich dich endlich erwischt! *Er verbeugt sich vor Carola.* Möchtest du mich nicht dem Fräulein vorstellen?

KONRAD: *mit einer Kopfbewegung zur Tür hin* Bitte, Carola! *Da diese zögert:* Ich bitte dich. *Carola geht hinaus.*

RÜHLAU: Jungchen, ist das eine Überraschung! Als wir uns damals Adjes sagten, meinten wir schon, das wäre auf Nimmerwiedersehen! Und nun gibt's doch noch eine Begegnung auf dieser lieblichen Erde! *Er blickt ringsum.* Du bist hier bei Muttern?

KONRAD: *abweisend* Ja, bei Mutter.

RÜHLAU: Von allen Örtern der Welt hätte ich dich hier am letzten gesucht. Ein Heim! Ein trautes Heim! In Mutters Schoß gelandet, bist ein Student, hast ein Zuhause, ein saubres Mädel: eine Idylle! Das schmucke Gretchen ist doch dein Mädel?

KONRAD: Geht's dich was an?

RÜHLAU: Ich gönn sie dir ja. Ein deutsches Mädchen weniger, das mit einem Tommy oder Johnny ins Bett hüpft!

KONRAD: *aggressiv* Was willst du von mir?

RÜHLAU: Ein alter Kamerad! Was ich will? Wir sind doch wohl von Anfang an den gleichen Weg getrottet, in Fallschirmen, dicht bei dicht, über Kreta niedergesaust, haben uns im russischen Eis aneinander gewärmt, sind zusammen durch den holländischen Dreck gewatet: das vergißt sich nicht so leicht! Und unsere gemeinsamen großen Taten -

KONRAD: *lacht bitter auf* Unsere großen Taten!

RÜHLAU: Was ich will? Das Bruderherz an die einsame Brust drücken! Im grauen Elend der vergangenen goldenen Tage gedenken! Unsere Amüsemangs, weißt du noch? Junge, Junge, unsere Kameradschaftsabende und Lustbarkeiten -

KONRAD: Wenn du vermutest, mich so wiederzufinden, wie ich gewesen bin, so muß ich dich gröblich enttäuschen. Ich habe den Weg zurückgefunden.

RÜHLAU: Hör mal! Ich glaube gar, du freust dich nicht, mich wiederzusehen?

KONRAD: Offen gestanden: Nein, ich freue mich nicht.

RÜHLAU: Das tut weh. Hab's mir gleich gedacht. Du bist ja geradezu erstarrt, als du mich unvermutet in der Aula erblicktest. Kreideweiß bist du geworden -

KONRAD: Du irrst dich. Ich fürchte dich nicht.

RÜHLAU: Was solltest du fürchten? Daß ich gekommen bin, deine Idylle zu stören? - Sag, hast du es deiner Mutter erzählt?

KONRAD: *herausfordernd* Ja! Ich habe ihr alles gestanden.

RÜHLAU: Alles! Nicht möglich! Und sie hat dich verzeihend an den mütterlichen Busen genommen?

KONRAD: Ich weiß nicht, was du von mir willst. Es wird schon nichts Gutes sein.

RÜHLAU: Fein, fein! Du bist bei Muttern im Trockenen und Warmen, wirst deinen Doktor machen, dein Mädel heiraten, ein wackerer, ordentlicher Bürgersmann werden; nun, und was dann?

KONRAD: Was heißt: was dann?

RÜHLAU: Dann werden deine alten Kameraden noch immer verfemt sein; die Männer, die dich zum Mann gemacht haben, geächtet, die Helden, die die deutsche Glorie bis zum Nordkap und Kaukasus getragen haben, als Verbrecher gebrandmarkt, heimlos durch Gaue irren, für die sie ihr Blut verspritzt haben -

KONRAD: Es steht ihnen frei, den Weg zurück zu finden, wie ich's getan habe.

RÜHLAU: Es hat nicht jeder ein Mütterchen, das ihm das Bett warmgehalten hat und ihm gleich noch einen Darling zwischen die Laken legt. Aber auch dann wird unser deutsches Vaterland zerstückelt, geviertelt sein, von alliierten Räubern vergewaltigt, unsere Städte verbrannt und zertrümmert -

KONRAD: Du vergißt nur das Eine, daß wir selbst das Unheil über uns gebracht haben.

RÜHLAU: Wir? So? Das ist mir ganz neu. Du bist gegen den Jammer der Kameraden ganz gleichgültig geworden: gut. Du wirst mich aber nicht überzeugen, daß du Deutschland nicht mehr liebst.

KONRAD: Deutschland! Das alte Lied! Ich liebe es. Ein anderes Deutschland allerdings, das du nicht kennst.

RÜHLAU: Das ich nicht -? Von der Mosel bis zur Memel keine Stadt, kein Wald, keine Bergspitze, die ich nicht kenne!

KONRAD: So meine ich's nicht. Ich meine ein neues, schöneres Deutschland; ein Deutschland ohne Hochmut und Hybris, wo der Mensch ohne Angstschweiß aufwacht und ohne Gewissensqual zu Bett geht; die Gewalt nicht angebetet wird und das Erbarmen nicht gekreuzigt; die Armen nicht verachtet werden, die Schwachen nicht zertreten - *Er unterbricht sich.* Wozu darüber reden? Du verstehst es doch nicht.

RÜHLAU: Das ist mir freilich zu hoch. Wer hat dir diese Offenbarungen in den Mund gelegt?

KONRAD: Laß nur deinen Hohn. Ich habe mit eigenen Augen sehen gelernt, was ihr vor mir verdunkeltet.

RÜHLAU: Ach geh! Du hast nie aufgehört, der jüngste Sohn zu sein, der sich an Mutters Schürzenbändern festhält. Früher waren's die Kameraden, an deren Rockschößen du dich klammertest; und jetzt ist's der Magier, dessen Weisheiten du als ein braves Kind nachkäust.

KONRAD: Der Magier?

RÜHLAU: So heißt er bei uns. Dieser Rattenfänger hat dich also aus einem Mann zum Weib gemacht?

KONRAD: Wenn du's wissen willst: er hat mich gelehrt, mich wiederzufinden und mich frei gemacht -

RÜHLAU: Frei? Du meinst: frei von uns?

KONRAD: Frei von Haß und Wahn; frei von Angst, mit der ihr mich knechtetet: ja, frei von euch! Deshalb wollen wir einander die Hand reichen und uns Adieu sagen, diesmal wirklich auf Nimmerwiedersehen. Adieu!

RÜHLAU: *nach einer Pause* Du möchtest wohl nicht, daß deine Mutter mich hier trifft?

KONRAD: Nein, das möchte ich nicht.

RÜHLAU: Aber warum nicht? Schließlich habe ich bescheiden dabei mitgewirkt, sie frei zu machen.

KONRAD: Sie? Du?

RÜHLAU: Eine blühende Frau, voll Saft und Feuer! Ein blinder Dummkopf mußte es sehen, daß sie ihren Süßen satt hatte bis zum Überdruß.

KONRAD: Halt's Maul, verstanden? Sonst schmeiß ich dich vierkantig zur Bude raus!

RÜHLAU: Eine heilige Kuh, nicht? Sie hat sich was Bessres zu finden gewußt als den alten Bock! Ich will 'nen Besen fressen: sie hatte es damals schon in Reserve!

KONRAD: Wenn du Mutter noch einmal in dein stinkiges Maul nimmst, hau ich dir sämtliche Zahnreihen aus den Kiefern! Ich dresch dir die Fratze in einen unflätigen Brei zusammen -

RÜHLAU: Das klingt schon eher nach Mann. Ich hatte bereits gefürchtet, dir rinnt nur noch süßlicher Milchschleim durch die Adern. *Er verändert sich plötzlich, als habe er eine Maske abgeworfen, und spricht in einem anderen, ernsten Ton:* Du sollst also wissen: mich hat nicht nur sehnsüchtige Freundschaft zu dir getrieben. Ich wurde als Bote zu dir gesandt, um dir eine strenge Ladung zu überbringen.

KONRAD: Was? Was?

RÜHLAU: Wenn du's noch nicht weißt, so verkünd ich's dir: der Orden der „Rächer Deutschlands" ist gegründet. Sämtliche Überlebenden der „Eisernen Schar" haben sich längst vor den Oberen gemeldet. Du bist der Einzige, der den hohen Ruf nicht vernommen hat.

KONRAD: Du bist verrückt.

RÜHLAU: Du bist hiermit aufgefordert und ernst geladen, nach deiner beschworenen Pflicht in der Ordensburg dich zu stellen, vor dem Hochstuhl den Richterschlag zu empfangen, in deine Weihen und Würden eingewiesen zu werden. Der Großkomtur höchstselbst hat mich abgesandt.

KONRAD: *spöttisch* Der Großkomtur? So, so? Das ist wohl der neue, selbsternannte Hitler? Wer ist es?

RÜHLAU: Niemand kennt ihn. Keiner hat je sein Gesicht gesehen. Er gibt im Dunkeln die Befehle weiter, die er von den Höchsten empfängt.

KONRAD: Ein Gauleiter also? Und du selber: was bist du? Und eine Ordensburg habt ihr auch und einen Hochstuhl? Und Ritterschlag, Blutweihen bei Fackeln und rauschenden Fahnen? Alle verbrauchten Theaterkünste der Nazis?

RÜHLAU: Lach nur, lach! Es ist lächerlich, was? Du irrst dich aber: Wir sind keine Nazis. Wir sind unscheinbar und leise, wir sind grau. Wir sind keine Nazis.

KONRAD: Gott bewahre! Die Namen und Zeichen sind andere; die Sache ist dieselbe geblieben. An mir sind eure Künste verloren.

RÜHLAU: Der Großkomtur selbst, wie gesagt, wünscht dein Erscheinen. Du ahnst es noch nicht: das Archiv der „Eiserne Schar" ist nicht in Feindeshände gefallen. Es ist, samt allen Akten, Protokollen und Urkunden unversehrt an sicherstem Ort; höchst interessante Dokumente darunter; würden auch dich interessieren...

KONRAD: Mich? Nicht im Geringsten.

RÜHLAU: Dein Treuegelöbnis zum Beispiel, als du in die „Eiserne Schar" eintratst. Du erinnerst dich wohl nicht mehr: mit Leib und Seele zu gehorchen und zu dienen; willenlos zu gehorchen; bis zum Ende -

KONRAD: Ein vergilbtes Stück Papier; heiz den Ofen damit! Hitler ist tot.

RÜHLAU: Deutschland lebt! - Dann ein Brief, sehr interessant und aufschlußreich: er ist vorhanden - *Konrad erblaßt*. Du hast drauf vergessen, begreiflich. Lang, lang ist's her. Du schriebst einen Brief, ich glaube, an dein vorgesetztes SS-Kommando. Damals lebte dein Vater noch. Deine Mutter wäre über den Brief nicht sehr erfreut.

KONRAD: *zusammenfahrend* Mutter!

RÜHLAU: Warum lachst du nicht? So lach doch! Du siehst, ich berste vor Lachen -

KONRAD: *mühsam* Warum nicht? Es ist lächerlich.

RÜHLAU: Das sage ich eben. Was hast du? Dir ist doch nicht das Lachen vergangen? Du bist schreckensbleich -

KONRAD: Unsinn! Du schreckst mich nicht.

RÜHLAU: Du wirst also deinen Kameraden gern einen Gefallen tun. Es haben sich nämlich zwischen uns erbärmliche Seelen eingeschlichen, die an den Sieg nicht glauben. Feile, feige Seelen, die auf Desertion sinnen. Wir haben Grund zu vermuten, daß sie dem Magier eine geheime Liste in die Hände gespielt haben. Wir wollen vorerst im Dunkeln bleiben. Du wirst ihm die Liste abfordern und sie uns zurückstellen!

KONRAD: Ich weiß von keiner Liste.

RÜHLAU: Wohlverstanden: bevor er mit ihr einen Mißbrauch treibt! Und ohne daß er von ihr eine Abschrift nimmt, und ähnliche Kniffe und Tücken. Du haftest uns voll dafür!

KONRAD: Wenn er die Liste hat, wird er mit ihr nach seinem Gewissen verfahren. Ich kann da nichts tun.

RÜHLAU: Du hast, wie es scheint, nicht ganz kapiert. Du hast einen Befehl erhalten.

KONRAD: *auffahrend* Einen Befehl? Ihr wagt es, mir zu befehlen, ihr? Ich bin nicht mehr euer ohnmächtiger Sklave -

RÜHLAU: Du wagst es, die Schnauze aufzureißen? Strammgestanden! Hände an die Hosennaht, Kerl! Du sprichst mit deinem Sturmbannführer!

KONRAD: Hinaus mit dir, Sturmbannführer! Es hat sich ausgestürmt und ausgebannt! Hinaus! Und augenblicklich -

RÜHLAU: *umschlagend, im früheren jovialen Ton* Versteh doch Spaß! Es war ein Scherz. Ich werd nie glauben, daß du, einer unserer Besten - nein, du wirst nicht desertieren! Nachdem du uns so höchst wertvolle Dienste geleistet hast! Wir waren mit deinen Diensten bisher äußerst zufrieden.

KONRAD: Dienste? Was für Dienste habe ich -

RÜHLAU: Du hast dich in die Freundschaft des Magiers geschmeichelt und das Vertrauen der Studenten erworben. Du hast, in unserem Auftrag, eine fünfte Kolonne mitten ins Herz des feindlichen Stabs geschmuggelt -

KONRAD: Das hätte ich -? Und in eurem Auftrag?

RÜHLAU: Wir haben die Fäden fest in Händen, durch welche wir jede deiner Bewegungen lenken, auch wenn du selbst es nicht ahnst. Du kannst gar nicht anders, als in unserm Auftrag handeln!

KONRAD: *nach einer Pause, ihn fest anblickend* Jetzt sehe ich klar, daß ihr Verdammte seid.

RÜHLAU: Wie? Bitte, noch einmal!

KONRAD: Verdammte, habe ich gesagt. Ihr seid rettungslos verdammt, den höllischen Weg, den ihr betreten habt, ohne Rückkehr weiter zu gehen. Und wie die Verdammten der Hölle habt ihr eure Lust daran, die Begnadigten hinab in euren brennenden Abgrund zu zerren.

RÜHLAU: *kalt* Dann weißt du auch, daß du unser Gefangener bist, den wir niemals freigeben werden.

KONRAD: Ich weiß, daß ihr alles versuchen werdet, um mich unschädlich zu machen.

RÜHLAU: Wir werden dir sicherlich nicht gestatten, uns zu verraten.

KONRAD: Ich denke nicht daran, euch zu verraten. Dieses Gespräch hat nicht stattgefunden.

RÜHLAU: Wir sind nicht so albern, einem erwiesenen Verräter, einem geborenen Verräter, zu vertrauen. Wer einmal verriet, wird wieder verraten.

KONRAD: *alle Fassung verlierend, außer sich* Ein Verräter: Ich bin es! Ja, ein schmachbeladener Verräter! Wer mich aber zum Verrat trieb, wart ihr! Ihr habt meine vertrauende Seele verwüstet, meine kindische Gläubigkeit zu Taten mißbraucht, Taten auf mein Gewissen gewälzt. - Unsere gemeinsamen Taten! Mir graut vor ihnen! Geiseln zusammenlesen, ahnungslose Geiseln zusammenzuschießen, Frauen, Kinder, Greise in eine Kirche hetzen, Feuerbrände in die Kirche schmeißen, in die Flüchtenden, Rasenden, Heulenden mit Maschinengewehren mitten hineinfeuern. Ich hasse euch! Ich verabscheue euch -

RÜHLAU: Weiter! Nur immer weiter!

KONRAD: Und jetzt, da ich den Weg zurück in ein menschlicheres Dasein gefunden habe, kriecht ihr aus dem Dunkel und umstellt mich und streckt eure Krallen nach mir aus, mich in eure schmutzige Hölle zurückzureißen! Wenn ich ein Verräter bin, gut, dann sollt ihr es sein, die ich verrate! Euch Treue zu halten, ist Verrat; euch zu verraten, ist Verdienst und Tugend! Ich werde Mathias drängen, die Liste, vor der ihr zittert, zu benützen, euren Orden zu sprengen -

RÜHLAU: *nach einer Pause* Es tut mir leid um dich. Glaub's oder glaub's nicht, ich bin ein wüstes Vieh; aber ich hab ein anhängliches Gemüt. Ich hätte dir das traute Heim gegönnt, das Mütterlein, das Bräutchen - warum nicht? - deine ganze zärtliche Idylle -

KONRAD: Ihr habt nicht die Macht, sie mir zu rauben!

RÜHLAU: Ich denke, wir haben das Mittel dazu. Wenn du alles verloren hast, woran deine weibische Seele klebt - wenn du ausgestoßen sein wirst wie wir, wirst du den Weg zurückfinden zu den Geächteten, die deine Brüder sind! *Er geht zur Tür.*

KONRAD: *stürzt ihm plötzlich nach und hält ihn in der Türe auf* Gib mir den Brief zurück!

RÜHLAU: Einen Brief? Welchen Brief?

KONRAD: Den Brief, von dem du gesprochen hast! Zerreiß ihn, verbrenn ihn!

RÜHLAU: Wie denn? Warum? Du hast deiner Mutter ja alles gestanden?

KONRAD: Ich will sie nicht daran erinnern! Die Wunde nicht aufreißen!

RÜHLAU: Du erinnerst dich nicht an den Wortlaut. Sie wird mit Genuß daraus sehen, wie sehr du sie liebtest. Du hast sie durch den Brief gerettet.

KONRAD: Ich werde dir dankbar sein, dein ewiger Schuldner -

RÜHLAU: Du bist doch nicht ganz so frei, wie du meinst. Von der Vergangenheit scheinst du nicht frei zu sein.

KONRAD: Ich habe nicht alles gestanden, Günther -

RÜHLAU: Das bedaure ich ehrlich. Ich bin aber nicht so frei, wie du, um einem Befehl zu trotzen. Den Brief gegen die Liste, Zug um Zug: das ist der eindeutige Befehl, den ich erhielt.

KONRAD: Ich flehe dich an -

RÜHLAU: Nun gut, ich nehm's auf meine Kappe, aus alter Kameradschaft. Verschaff uns eine vertrauliche Unterredung mit deinem Freund, ich gebe dir eine dreitägige Frist.

KONRAD: Was wollt ihr von ihm?

RÜHLAU: Denkst du, ihn killen? Man möchte seinen Gegner doch kennen. Es ist nicht nötig, gleich übereinander herzufallen. Wir wollen versuchen, uns friedlich mit ihm zu einigen -

KONRAD: Ihr wollt wirklich nichts anderes? Das wünscht er selber.

RÜHLAU: Nun, siehst du! Du sollst bei dem Gespräch zugegen sein. Ich und ein Kamerad kommen hierher. Bestimm nur die Stunde.

KONRAD: Nicht hier!

RÜHLAU: Begreife. Nicht in Mutters Wohnung. Mach einen andern Vorschlag! Kennst du den Gasthof „Zum deutschen Reichszepter"?

KONRAD: Vor der Stadt? Draußen am Rhein?

RÜHLAU: Ein Tanzlokal mit einem großen Garten. Sagen wir Samstag Abend um zehn? Ich erwarte dich!

KONRAD: Du gibst mir dann dort den Brief zurück?

RÜHLAU: Mein Ehrenwort: dort begleichen wir unsere Rechnung.

Monika tritt ein.

MONIKA: Verzeihung! Du hast einen Gast, Konrad?

RÜHLAU: *sich verbeugend* Frau Wolfram! Sie erinnern sich gewiß nicht mehr an mich.

MONIKA: Ich glaube, mich zu erinnern.

RÜHLAU: Günther Rühlau. Ein Kamerad Konrads aus früher Jugend. Ich nahm ihn unter meine Fittiche wie sein älterer Bruder. Ich war ehemals häufig Konrads Gast.

MONIKA: Ich erinnere mich auch daran.

RÜHLAU: Sie haben mir damals keine Beachtung geschenkt. Ich kam von unten. Fünf Geschwister in einem engen Pferch; mein Heim ein Schweinekoben. Konrads Vaterhaus war dagegen ein Elysium. Ich habe auch Ihren Herrn Gemahl gekannt.

MONIKA: Haben Sie?

RÜHLAU: Ein wichtiger Mann. Ein gebietender Mann. Meine Mutter war Aufwärterin; mein Vater nicht viel Besseres als ein Trunkenbold. Ich fühlte Ehrfurcht vor Ihrem Herrn Gemahl, Furcht und Ehrfurcht. Und nun ist er nicht mehr.

MONIKA: Nein, er ist nicht mehr.

RÜHLAU: Sic transit - Es war eine große Zeit, eine goldene Zeit. Tempi passati! Auf Wiedersehen, Frau Wolfram! Adjes, Knabe! Am Samstag Abend! *Er geht ab.*

KONRAD: *beginnt, wie Rühlau draußen ist, sofort hastig und ängstlich zu sprechen* Ich habe ihn nicht gesucht. Er hat mich ausfindig gemacht und mich hier überfallen.

MONIKA: So? Wirklich?

KONRAD: Glaub nicht, Mutter, daß ich mit ihm noch etwas zu tun habe. Ich begreife es nicht mehr, daß dieser Mensch je mein Freund sein konnte. Ich werde ihn nicht wiedersehen!

MONIKA: *lächelnd* Mein guter Junge! Ich muß dir Abbitte tun.

KONRAD: Abbitte?

MONIKA: Ich machte dir bereits Vorwürfe, du hättest deine Aufgabe auf die leichte Schulter genommen. Währenddessen hast du ihn schon aufgespürt!

KONRAD: Er mich, Mutter. Nicht ich ihn.

MONIKA: Ich habe den Lümmel sofort erkannt, noch bevor er seinen Mund auftat. Er war einer von der Bande, die du uns damals ins Haus schlepptest. Ich erinnere mich, daß er auch später kam, nachdem du uns verlassen hattest. Ist er's?

KONRAD: Nein, Mutter. Nein.

MONIKA: So wird er dich auf die Fährte des andern lenken. Ich habe Geduld gelernt. Ich will schweigen und warten, bis du den andern gefunden hast.

KONRAD: *erregt* Ich fürchte, Mutter, ich werde die Aufgabe nicht erfüllen! Niemals -

MONIKA: *lächelnd* Du wirst Ulrich mit jedem Tag ähnlicher. Der hielt es auch geheim, wenn er eine schöne Handlung beabsichtigte; und wenn er sie ausgeführt hatte, schämte er sich ihrer und leugnete sie ab.

KONRAD: Du darfst nicht so von mir denken. Es tut zu weh, wenn du so gut von mir denkst!

MONIKA: Du schämtest dich auch, als Hallgarten das Geld zurückbrachte, und strittest alles ab, als wärst du ein ertappter Dieb. Wenn Vater das erlebt hätte! Er hätte freudig bekannt, daß er ein ungerechtes Urteil fällte, vielleicht das einzige Mal, als er dich für einen Verbrecher hielt.

KONRAD: *in tiefer Erregung* Verzeih mir, Mutter! Mutter, verzeih mir!

MONIKA: Habe ich dir nicht schon längst verziehen?

KONRAD: Ich habe das Böse nicht gewollt! Ich habe Gutes gewollt und immer nur Böses getan! Es ist stärker als ich; es verfolgt mich -

MONIKA: *leise* Verzeih du mir -

KONRAD: Ich dir?

MONIKA: Ich bin dir keine gute Mutter gewesen. Ich sah es mit an, wie du dich aus allen Kräften mühtest, das Vergangene gut zu machen, und blieb ungerührt und hart. Seit du zurückkamst, hast du, fürchte ich, wenig freundliche Worte von mir gehört.

KONRAD: Ich verdiene sie nicht! Du weißt nicht, Mutter -

MONIKA: Wir wollen wieder Mutter und Sohn sein, wie früher, bevor das Verhängnis uns trennte. Bleib heut abend zu Haus! Vorhin war ich nahe dran, eine Flasche Wein und etwas Kuchen zu kaufen; dann aber erschien es mir leichtsinnig. Einmal darf man wohl auch leichtsinnig sein. Ich hole eine Flasche Wein.

KONRAD: Geh nicht! Ich habe Angst.

MONIKA: Wovor hast du Angst? Wir sind wieder zusammen; es kann uns nichts Schlimmes geschehen. - Ich bin bald zurück.

Sie geht hinaus. Konrad stürzt sofort zum Schrank und zieht aus der Lade Wäschestücke, die er zu einem Bündel verschnürt. Nach einer Weile tritt Carola ein.

CAROLA: Wer war der Flegel? Eine widerliche Fratze! *Konrad schweigt.* War Tante nicht hier?

KONRAD: Sie ist weggegangen, um eine Flasche Wein zu holen.

CAROLA: War's einer deiner sauberen Kumpane? Am Ende dieser Günther Rühlau? - Was machst du da?

KONRAD: *die Augen von ihr abgewandt* Ich - ich packe.

CAROLA: Du packst? Brauchst du Gepäck, um zu deinen Kameraden zu gehen?

KONRAD: Ich muß verreisen.

CAROLA: Verreisen? So hastig? Wohin reist du?

KONRAD: Ja, hastig. Sofort!

CAROLA: Wann kommst du zurück?

KONRAD: Ich weiß nicht. Bald. Oder später.

CAROLA: Oder gar nicht? Und wenn deine Mutter mit der Flasche Wein zurückkommt, wirst du verschwunden sein? Vielleicht für immer?

KONRAD: *mit unterdrückter, schmerzlicher Erregung* Sag Mutter, daß ich sie lieb habe! Sehr lieb, sag es ihr! Auch wenn ich ihr weh tun muß -

CAROLA: Ich werde es ihr nicht sagen. Sag du es ihr selbst!

KONRAD: Ich bitte sie, mich nicht zu suchen, mir nicht nachzuspüren und - und mich nicht zu verdammen! Und daß sie mit Mitleid an mich denke und ich mich selbst verdamme, sag es ihr -

CAROLA: Ich werde ihr sagen, daß du hinterhältig und feig durchgebrannt bist!

KONRAD: Sei gut zu ihr, wenn ich nicht mehr da bin! Mathias und du, seid ihr wie Kinder an meiner statt!

CAROLA: Schau mir in die Augen! Du willst deiner Mutter diesen Schmerz antun?

KONRAD: Um sie vor einem grausameren zu bewahren. Nur deshalb -

CAROLA: Welchen grausameren gibt es noch? Wie soll sie leben, ohne dich?

KONRAD: Sie ist stark. Sie wird darüber hinwegkommen. Sie hat auch früher ohne mich gelebt.

CAROLA: Aber wie? Sie dürstete nach Liebe, es war herzzerreißend, wie sie Liebe bei Kindern anderer Mütter suchte, die sie ihr nicht geben konnten. Als du heimkamst, strömte Saft und Kraft in sie zurück. Und jetzt? Und ich?

KONRAD: Ich mache mich schuldig vor dir; ich weiß es, Carola -

CAROLA: Keine Sorge. Ich werde darüber hinwegkommen! Und deine Sehnsucht, die Vergangenheit auszulöschen? Dein Wille, ein anderes Leben zu führen? Dein neugefundenes Ideal? Dein froher Kämpfergeist? Alles das ist verschwunden, im Nu, in dem Augenblick, da es diesem Günther Rühlau einfiel, hier aufzutauchen?

KONRAD: Nicht weiter! Ich bitte dich -

CAROLA: Welche Macht hat der Mensch über dich, daß er nur aus der Versenkung zu steigen braucht, um dich von allem, was dir teuer ist, loszureißen? Geh nur! Ich weiß, wohin du gehst -

KONRAD: Wohin? Ich weiß es selbst nicht.

CAROLA: Zu den Nazis! Als der Nazi, der du warst und geblieben bist! Und ich werde es deiner Mutter sagen -

KONRAD: *legt das Bündel weg und sagt nach einer langen Pause, ihr zum ersten Mal in die Augen blickend* Du hast Mutter vor einem grausamen Schmerz bewahrt -

CAROLA: *ihm um den Hals fallend* Ich habe es gewußt! Du kannst uns nicht herzlos verlassen! Ich habe es gewußt -

KONRAD: *sich sacht von ihr losmachend, leise und langsam* Aber mich - mich Carola - hast du vielleicht dem Verderben preisgegeben...

Vierter Akt

Der Garten eines abgelegenen Gasthauses. Man hört Tanzmusik; hie und da werden Schatten vorübergleitender Tänzer sichtbar. Mathias und Konrad sitzen, im Halbdunkel, abseits an einem Tisch, in der Nähe einer Brüstung, die über dem Strom liegt.

KONRAD: Halb elf vorbei. Er sagte, um zehn.

MATHIAS: Mach dir keine Sorgen! Du bekommst den Brief zurück.

KONRAD: Er kommt heute nicht mehr.

MATHIAS: Versuch, das für eine Weile zu vergessen! *Nach einer Pause:* Ich habe es gern, an einem Herbstabend so zu sitzen, in einem abgelegenen Gastgarten, wenn die Geigen zum Tanz aufspielen. Die Lichter der fernen Stadt, die Kühle des dunklen Stroms, der Wind in den Wipfeln des Ahorns: es erinnert an die Kindheit.

KONRAD: Du hast schöne Kindheitserinnerungen?

MATHIAS: O, wunderbare! An Sonntagen ging mein Vater oft mit mir in den Wald hinaus. Er zeigte mir die Nester der Meisen und Häher, das Loch des Fuchses; er führte mich zu den sonnigen Halden, auf denen die Heidelbeeren reifen, ins verschwiegene Dickicht, wo das Wild sich verbirgt. Ich war noch klein; ich erinnere mich, er hielt mich an der Hand, und wenn ich müde wurde, sang er ein lustiges Wanderlied, um mich zu ermuntern.

KONRAD: Mein Vater war streng. Er hat mich nicht an der Hand gehalten. Mein Vater hat nicht gesungen.

MATHIAS: Auf dem Heimweg, wenn es dunkelte, kehrten wir vor der Stadt in einem Wirtshausgarten, so wie dieser, ein. Mein Vater saß still über seinem Wein; und ich starrte gebannt in das sonntägliche Getümmel. Ich weiß noch, es war ein bitter-süßes Gefühl. Die Musik und der Tanz erregten mich, und gleichzeitig fühlte ich mich von der Fröhlichkeit ausgeschlossen, einsam inmitten der allgemeinen Heiterkeit. - Woran denkst du?

KONRAD: Ich? Nichts. Ich denke nicht oft an die Kindheit zurück.

MATHIAS: Einmal machte ich eine qualvolle Erfahrung. Es war wie sonst: muntere Bewegung, scherzende Paare, und plötzlich - ich weiß nicht, warum und wie der Zank ausbrach - Geschimpf, Gekreisch, verzerrte Gesichter, geschleuderte Flaschen und Krüge. Dicht vor unserm Tisch brach ein Mann zusammen, von Blut überströmt. Ich schrie und heulte und klammerte mich entsetzt an den Vater. Ich glaube, es war diese frühe Erschütterung, weshalb ich alles, was Gewalt ist, so verabscheue. - Du denkst schon wieder an diesen vermaledeiten Brief.

KONRAD: Es ist hier etwas, was mir nicht gefällt.

MATHIAS: Was soll das sein?

KONRAD: Ich weiß es nicht. Es liegt etwas in der Luft. Sie sehen uns so merkwürdig an.

MATHIAS: Die hübsche Dunkle, die zweimal vorbeiging? Sie möchte mit dir tanzen. Fordere sie auf!

KONRAD: Mir ist nicht nach Tanzen zumut. Ich kann's nicht sagen. Es ist nicht geheuer.

MATHIAS: Ach, das ist nur deine innere Unruhe! *Nach einer Pause:* Sonderbar. Sehr sonderbar.

KONRAD: Merkst du's nun auch?

MATHIAS: Da scherzen sie und tanzen, sind lustig und unbefangen. Der lange Bursche dort mit dem lachenden Kindergesicht, wer weiß? - ist vielleicht ein heimlicher Held. Er ist im wütenden Feuer ins Vorfeld hinausgekrochen, um einen verwundeten Kameraden zurückzubringen. Kann auch sein, er war ein Henkersknecht von der SS und hat wehrlose Menschen ermordet. Oder auch beides in einem, ein Held und ein Mörder zugleich. Und nun kann er tanzen und lachen.

KONRAD: Ich habe solche gekannt. Sie vollbrachten bewundernswerte Taten, und auch abscheuliche.

MATHIAS: Das war eine Frage, die mich im Lager unausgesetzt heimsuchte. So viel schlummerndes Heldentum in den Menschen; Opferfähigkeit, Dulderbereitschaft, heroische Leidenschaft! Warum werden diese segensreichen Kräfte immer von falschen Propheten geweckt, immer nur von den falschen, und immer zum Unheil? Wenn ein Hitler sie ruft, drängen sie ihm nach, stürmisch, hingerissen, massenhaft. Sie

269

geben ihr Blut hin, bringen ihre Kinder zum Opfer: aber stets nur für die schrecklichen, gefräßigen Götzen, ob sie Nation, Staat oder Partei, Größe, Ruhm oder anders heißen. Warum ist das?

KONRAD: Ja, warum?

MATHIAS: Und warum gibt es so wenig Heroismus der Güte? Weißt du, wie viele, die bereit wären, zu Märtyrern der Gerechtigkeit zu werden? Immer nur vereinzelte, vereinsamte, in der Welt verlorene Kämpfer der Menschlichkeit! Wenn Christus heut wiederkäme - was meinst du?

KONRAD: Keiner würde ihn hören. Sie würden ihn wieder verhöhnen und kreuzigen.

MATHIAS: Es gab Zeiten, in denen die Menschen sich im Namen Christi aufrufen ließen. Wohin? Wozu? Zu Kreuzzügen, Raubzügen, ungeheuren Metzeleien: alles in Christi Namen! Sonderbar. Sonderbar.

KONRAD: *nach einer Pause* Es wäre besser gewesen, ich hätte es dir nicht gesagt.

MATHIAS: Denkst du? Ich habe mir eingebildet, daß wir Freunde sind. Es wäre sehr wenig freundschaftlich gewesen, mir deinen Kummer zu verschweigen.

KONRAD: Du hast nicht einmal gefragt, was in dem Brief steht.

MATHIAS: Was geht's mich an, welche Unbedachtheit oder Dummheit du früher einmal begangen hast? Es genügt, daß der Brief dich unruhig macht.

KONRAD: Ich hätte nicht zugeben sollen, daß du mich begleitest.

MATHIAS: Glaubst du, du allein wärst diesen Menschen gewachsen? Und außerdem: ich wünschte mir längst, unsere Gegner persönlich kennen zu lernen, du weißt es. Ich hätte keine Gewissensruhe gefunden, ohne den Versuch, sie zur Vernunft zu bringen.

KONRAD: O Gott! Die - und Vernunft! *Schnell:* Gib ihm die Liste zurück.

MATHIAS: Gewiß. Gegen den Brief. Ich hätte sie ohnehin nur widerwillig gebraucht.

KONRAD: Mit Brief, ohne Brief. Gib sie ihm sofort zurück! Dann weg! Nur weg! Wir sind schwächer als sie!

MATHIAS: Von Natur; kann sein. Unsere Sache macht uns stark.

KONRAD: Sie haben kein Gewissen; das macht sie zu den Stärkeren. Sie gebrauchen jedes Mittel, das ihnen nützt.

MATHIAS: *nach einer Pause* Das war eine andere Frage, die mich quälte. Wenn ich begnadigt würde, sagte ich mir, aus der Hölle herauszukommen, und noch einmal für die gute Sache einstehen könnte, dürfte ich gegen diese grausamen Feinde mit ihren eigenen Waffen kämpfen? Gegen Schändlichkeit und Betrug mit Betrug; Gewalt, um Gewalt niederzuwerfen? Wäre das erlaubt?

KONRAD: Ich weiß nicht, ob es erlaubt ist. Du bist dazu nicht fähig, das weiß ich.

MATHIAS: Ich begriff, daß der Mensch im Leid sich rein erhalten kann. Der handelnde Mensch aber muß sich beflecken. Es ist ein tragisches Dilemma: in dieser Welt, wie sie beschaffen ist, können wir einen hohen Zweck nicht mit reinen Mitteln erreichen; greifen wir aber zu schändlichen, haben wir auch den edlen Zweck geschändet.

KONRAD: Was also dann?

MATHIAS: Da beneidete ich die, die, das erhabene Ziel vor Augen, auf dem Weg fallen, unvollendet, aber unbefleckt. Ich fing an zu wünschen, es wäre mir vergönnt!

KONRAD: Wozu sich dann mühen? Wenn wir das Ziel nicht erreichen können, nach dem wir streben?

MATHIAS: Wissen, daß das Ziel nicht erreichbar ist, und dennoch nicht aufhören, unermüdlich danach zu streben: vielleicht ist das unsere schönste Bestimmung.

KONRAD: *springt plötzlich auf* Die Musik hat aufgehört!

MATHIAS: *ruhig* Sie hat aufgehört, wirklich. Und wir haben es nicht bemerkt.

KONRAD: Die Tänzer sind verschwunden! Der Garten hat sich plötzlich geleert!

MATHIAS: Dort sitzen noch zehn oder zwölf Männer am Tisch.

KONRAD: Die letzte Straßenbahn geht um elf ab.

MATHIAS: Die Nacht ist sternenklar. Es wird ein Vergnügen sein, zu Fuß zur Stadt zurückzugehen.

KONRAD: Komm weg! Sie führen etwas im Schilde!

MATHIAS: Mögen sie! Ich laufe nicht davon.

Rühlau und ein Begleiter treten rasch ein.

RÜHLAU: Im Aufbruch, Leutchen? Wir haben uns etwas verspätet. Unvorhergesehene Dinge. Entschuldigen Sie! - Günther Rühlau.

MATHIAS: Mathias Westphal.

RÜHLAU: Angenehme Überraschung, Sie hier zu begrüßen. War mein aufrichtiger Wunsch, Sie mal aus der Nähe zu begucken. *Er zeigt auf seinen Begleiter.* Der Steinerne.

MATHIAS: Wie?

RÜHLAU: Der Kamerad sitzt immer stumm in der Tafelrunde, prüft schweigend und spricht das letzte Wort. Heißt drum bei uns der Steinerne. Will sagen: der Steinerne Gast. *Zum anderen, auf Konrad deutend:* Unsern getreuen Ausreißer kennst du?

DER STEINERNE: Kenne ich.

RÜHLAU: *zu Konrad* Wacker, Knäblein! Hast du den Magier folgsam herangeschleppt!

KONRAD: Mathias hat sich aus eigenem Antrieb erboten, mich zu begleiten.

RÜHLAU: Eben, eben. Genau, wie ich's erwartete!

MATHIAS: Den Magier?

RÜHLAU: Ein Magier ist doch so was wie ein Zauberer, ein Schlangenbeschwörer. Nun, Sie blasen die Flöte, und die Studentlein tänzeln in ihrem Takt.

MATHIAS: Sprechen wir im Ernst! Ich bin hergekommen, um Sie kennen zu lernen und mit Ihnen Abrechnung zu halten.

RÜHLAU: Das hat Zeit! Der Ernst kommt immer noch zeitig genug. - Meine Reverenz übrigens! Sie wissen, wo man den Hebel ansetzt. Wer die Studenten hat, hat die Zukunft. *Er ruft hinaus:* Vier Flaschen Roten!

MATHIAS: Wir trinken nicht.

RÜHLAU: Sie sind hier unsere Gäste. Sie werden Ihre Wirte doch nicht beleidigen wollen? - Es schadet weder mir noch dir, vor dem Ernst ein bißchen zu trinken und lustig zu sein. Und warum, frage ich Sie, soll man nicht zuerst sich freundlich beäugen und beschnuppern. *Man hat Wein gebracht.* Auf das, was wir lieben! Auf Deutschland!

MATHIAS: Es fragt sich, ob wir das selbe Deutschland lieben.

RÜHLAU: Weiß schon: Sie das schönere, wir das größere - c'est tout égal. - Konrad hat mir alles erklärt. Ein Deutschland ohne Hochmut und Stolz; wo nicht die Gewalt regiert, sondern die Schwäche; die Armen und Kranken angebetet werden - So war's doch?

KONRAD: Das habe ich nicht gesagt.

RÜHLAU: Nicht? Dann habe ich's durcheinander geworfen. Und wo das Lächeln der Mutter der höchste Orden ist - oder waren's die Tränen der Mutter? Es war sehr rührend -

MATHIAS: *steht auf* Die Herren sind in scherzhafter Laune. Ein anderes Mal sind Sie vielleicht geneigter -

RÜHLAU: *wie erschrocken* Wohin denn? Bleiben Sie! Und dann: Die letzte Straßenbahn ist abgefahren. Sie sind gleichsam Gefangene. Natürlich in Ehrenhaft gefangen, unter Freunden -

MATHIAS: Wir verschwenden nur unsere Zeit. Komm!

RÜHLAU: *den Kopf schüttelnd* Nervös. Nervös. Setzen Sie sich doch! Ein Führer und ein Unterhändler darf nicht nervös sein! Wenn er's ist, soll er's nicht zeigen!

MATHIAS: Danke für den Rat!

RÜHLAU: Gern gegeben. Noch einen andern: Bevor Sie den Schlangen zum Tanz aufspielen, brechen Sie ihnen die Giftzähne aus! Immer vorher ausbrechen -

MATHIAS: *unwillig* Wollen Sie endlich zur Sache reden?

RÜHLAU: *gefügig* Wie Sie wollen. Nun also, der Ernst!

MATHIAS: Ich halte es für das Beste, offen zu sprechen. Sie sind in unserer Gewalt. Und Sie wissen es.

RÜHLAU: Wissen wir.

MATHIAS: Wenn ich die Liste, die in meinen Besitz gelangt ist, den Behörden vorlege, sind Sie vernichtet.

RÜHLAU: Vernichtet. Wissen wir. Totaliter vernichtet.

MATHIAS: Wir wollen aber nicht mit solchen Waffen kämpfen. Wir wünschen auch nicht, Sie zu vernichten, sondern Sie zu überzeugen.

RÜHLAU: Verstehe. Die Giftzähne ausbrechen.

MATHIAS: Ich beweise es Ihnen durch die Tat. Ich stelle Ihnen die Liste zurück.

RÜHLAU: Sehr nobel. Sehr ritterlich. Nachdem Sie sie abgeschrieben haben!

MATHIAS: Das hätten Sie getan!

RÜHLAU: Hätten wir. Und Sie haben Sie halt auswendig gelernt.

MATHIAS: Ich werde alles vergessen, was ich aus ihr erfahren habe.

RÜHLAU: Sie könnten sich aber, wenn's Ihnen paßt, wieder erinnern. Die Liste ist ganz unwichtig, glauben Sie mir! Sowie sie in Ihre Hände gelangte, stand unser Urteil fest.

MATHIAS: *zerreißt die Liste* Die Liste existiert nicht mehr! Geben Sie nun den Brief heraus!

RÜHLAU: *erstaunt* Einen Brief? Ich weiß nicht, von was für einem Brief Sie reden.

KONRAD: Was? Was? Der Brief, den ich - den du -

RÜHLAU: Ach so! Völlig vergessen. Ich hab ihn nicht bei mir. Ein blödes Stück Papier. Was liegt schon an ihm?

MATHIAS: Das war zu erwarten. Sie werden's bereuen. *Er will gehen.*

RÜHLAU: Wohin laufen Sie wieder? Immer laufen Sie gleich davon. Ich glaubte, Sie wollten Generalabrechnung halten -

MATHIAS: Geben Sie sich keiner Täuschung hin! Wir werden nicht dulden, daß die Nazis wieder ihre Köpfe erheben.

RÜHLAU: Meinen Sie uns damit? *Zu Konrad:* Du hast uns bei deinem Führer verpetzt, daß wir Nazis sind? Nicht nett von dir!

MATHIAS: Auf den Namen kommt's nicht an. Sie sind Nazis, weil Sie das gleiche wollen, wie die Nazis. Und weil Sie handeln wie diese. Sie haben's eben bewiesen.

RÜHLAU: Wie denn? Ich versteh kein Wort. Nun ja, wenn alle, die das Wohl Deutschlands wünschen, Nazis sind, dann sind wir's allerdings. Ich hoffe, dann sind Sie es auch. Wenn Sie aber die Idiotien der Nazis meinen, durch die sie alles versauten und verpfuschten, sind wir's nicht. Wir werden ihre Fehler nicht begehen.

MATHIAS: Denken Sie? Auch die Naziführer haben sich für unfehlbar gehalten.

RÜHLAU: Sie kennen uns eben nicht. Unsere Führer sind aus anderem Holz geschnitzt. Sie leben im Dunkeln. Niemand hat sie gesehen. Sie sind wie Mönche, haben auf Glanz und Ruhm verzichtet, sogar auf ihren Namen; heißen nur noch die Meister, der Steinerne, der Graue -

MATHIAS: Sehr schlau. Sie wissen, daß das Geheimnis das Volk anlockt.

RÜHLAU: Wir werden das Volk auch nicht durch dreiste Lügen betrügen, durch Schmeicheleien und windige Versprechungen. Wer viel verspricht, von dem wird gefordert; wer viel fordert, dem unterwerfen sich die Menschen. Das ist nun mal so. Wir fordern Gut und Blut, Leib und Leben. Wir fordern aber nur, was wir selber geben: alles -

MATHIAS: Ich verkenne nicht, daß Mut und Opfersinn in Ihnen lebt. Eben erst habe ich mit Konrad darüber gesprochen. Warum müssen Sie mit Ihren guten Kräften dem Bösen dienen?

RÜHLAU: Wir dienen der Freiheit und der Größe Deutschlands. Ist das für Sie bös?

MATHIAS: Sehen Sie nicht, wohin das Streben nach dieser Größe geführt hat? Und welche Freiheit meinen Sie? Jene, die Hitler uns gebracht hat?

RÜHLAU: Ach, Hitler! Verschonen Sie uns nur mit Hitler! Wir wollen die Freiheit, die wahre, die einzige: die Macht!

MATHIAS: Die Macht? Sie sagten doch eben, Sie hätten auf sie verzichtet -

RÜHLAU: Ich hätte das gesagt? Nur auf das Schaugepränge, das die Nazis für die Macht hielten. Die Macht, im Dunkel geübt, ist die größte. Geheimnisvoll zu gebieten, unsichtbar die Feinde zu treffen: davon verstanden die Nazis nichts -

MATHIAS: *in steigender Erregung* Und wenn Sie zur Macht gelangen, was dann? Dann werden Sie Deutschland mit Konzentrationslagern übersäen, genau wie die Nazis, Ihre Sklavenhorden auf die Menschheit loslassen, den deutschen Namen wieder zu Schmach machen -

RÜHLAU: Sie mißverstehen uns völlig. Wir werden auch diesen Fehler der Nazis nicht wiederholen. Nein, wir werden uns nicht die Mühe machen, Konzentrationslager zu errichten.

MATHIAS: Sie glauben, Sie haben die Wahl? Wer diese Art von Macht will, muß auch die Konzentrationslager wollen.

RÜHLAU: Wozu unsere Erzfeinde in Konzentrationslagern konservieren, damit sie eines Tages munter hinausspazieren und uns Ungelegenheiten bereiten, wie Sie? Wir werden ganze Arbeit machen, tabula rasa, unsere Feinde ausrotten, beizeiten, bündig, gründlich, verlassen Sie sich auf uns! - und ausnahmslos -

MATHIAS: *außer sich* Sie! Sie! - *Er faßt sich:* Hören Sie! Warum sagen Sie mir das alles?

RÜHLAU: Wir sind aufrechte deutsche Männer. Und es ist ganz ungefährlich. Auch nicht die winzigste Gefahr -

MATHIAS: *steht auf, ruhig* Nun kenne ich Sie.

RÜHLAU: Verdammte, nicht? Warten Sie's ab, wer hier verdammt ist!

MATHIAS: Ich bin Ihnen dankbar dafür, daß Sie mich von meinen Gewissensskrupeln befreit haben. Jetzt weiß ich, daß jedes Mittel gerechtfertigt ist, das Sie vernichtet.

RÜHLAU: Voilá! Ich hab's ja gesagt: Sie und wir - c'est tout égal! Kampf bis aufs Messer? Bis zur bedingungslosen Kapitulation?

MATHIAS: Zur Kapitulation.

RÜHLAU: Aber Sie haben bereits kapituliert, mein Gutester. Sie sind ja nur hergekommen, um zu kapitulieren.

MATHIAS: Sie werden bald anders denken.

RÜHLAU: Jeder Korporal, der auf Patrouille geht, macht sich mit dem Gelände vertraut, in das er hinausgeschickt wird. Sie wollen ein Führer sein - und sind wie ein Idiot mitten in ein Minenfeld getappt.

MATHIAS: *fährt auf und blickt sich um* Wo bin ich hier?

RÜHLAU: Bei uns, Brüderchen. Im Quartier der „Rächer Deutschlands", das Sie nicht mehr verlassen werden.

KONRAD: *schreit auf, gegen den Nebentisch hin* Hilfe! Zu Hilfe!

RÜHLAU: Hilfe? Von denen? Das sind unsere Leute, die kommandiert sind, das Urteil zu vollstrecken! *Er ruft hinaus:* Exekutionspeloton! Antreten! *Zehn Männer treten ein und nehmen Stellung.*

KONRAD: Verrat!

RÜHLAU: Steinerner! Du hast das Wort!

DER STEINERNE: *ein Papier hervorziehend* Mathias Westphal, entsprungener KZler, vor dem geheimen Ordensgericht angeklagt des Verrates, der Empörung und Verführung, schuldig erkannt als Verführer und Verderber, verdammt, vom Leben zum Tode gebracht zu werden -

MATHIAS: Ruhig, Konrad! Sie werden's nicht wagen.

DER STEINERNE: Das Urteil mit sofortiger Wirksamkeit vom Meister bestätigt; die unverzügliche Vollstreckung befohlen -

RÜHLAU: Komm mit, Verdammter!

MATHIAS: *ihn anstarrend* Wo ist die Marterzelle? Habt ihr die Stahlruten hinter dem Rücken verborgen?

RÜHLAU: Mach kein Gewese wegen eines so lumpigen Lebens! Komm!

MATHIAS: *in einen Starrkrampf verfallend, stößt heraus* Nicht schlagen! Nicht ins lebendige Fleisch! Es schreit! Es schreit durch die Wände -

RÜHLAU: Was ist das? *Er bricht in lärmendes Gelächter aus.* Eine Komödie! Eine Extravorstellung!

DER STEINERNE: Meschugge geworden aus schlotternder Angst.

MATHIAS: Nicht ins Gesicht! Lacht nicht, ihr Höllenhunde!

RÜHLAU: *in die Hände klatschend* Bravo! Da capo die Heldenarie! Dieses feige Nervenbündel! Das ist mir ein Führer!

KONRAD: Ihr habt ihn dahingebracht! Solche wie ihr! An die Wand gekettet, neben der Todeszelle -

MATHIAS: Schlagt mich tot! Aus Erbarmen: schlagt mich tot!

RÜHLAU: Au! Au! Ich sterb bald vor Lachen! - Nun Schluß der Vorstellung! Bringt ihn mit ein paar Knüffen zu sich.

MATHIAS: *zu sich kommend* Wo war ich? Was habe ich gesagt?

RÜHLAU: Hast uns eine Possenszene vorgeführt. Gratis, köstlich. Das war mal was Herzhaftes, um uns gesund zu lachen.

MATHIAS: *senkt den Kopf* Ich habe unsere Sache befleckt. Unvollendet, doch unbefleckt: es war mir nicht bestimmt. *Zu Konrad:* Wir wollen wenigstens nicht ganz unwürdig sterben.

RÜHLAU: Wir? Wer? Du stirbst mutterseelenallein.

KONRAD: Ich sterbe mit ihm!

RÜHLAU: Die Klappe gehalten! Mit dir wird später abgerechnet!

MATHIAS: *zu Konrad* Bring den Freunden meinen Gruß. Du warst mir der Nächste. Sag ihnen alles! Kämpft umso entschlossener! So ist mein Blut nicht vergebens geflossen -

RÜHLAU: Du machst ihn zu deinem Erben, nicht? Der Höhepunkt der Farce! Der Jüngling da, hat dich in unsere Hände gegeben!

KONRAD: Du lügst! Niederträchtiger! Du lügst! Glaub ihm nicht, Mathias!

MATHIAS: Ich glaube ihm nicht.

RÜHLAU: Ich lüge? Hast du ihn auf unsern Befehl in die Falle gelockt? Ja oder nein?

KONRAD: Auf welchen Befehl? Lüge! Ich habe nichts von einer Falle geahnt - Du hast mich hintergangen! Mir hoch und heilig beteuert, den Brief gegen die Liste zurückzustellen -

RÜHLAU: Und du hast es geglaubt? Du hast uns gekannt und hast es geglaubt, ungeheuerlicher Dummkopf?

KONRAD: Ich habe es geglaubt, Mathias.

MATHIAS: Du bist ohne Schuld. Wir konnten uns eine so abgründige Verruchtheit nicht vorstellen.

KONRAD: Schlagt mich tot, wie ihn!

RÜHLAU: Du bist für was ganz anderes aufgespart. Du wirst uns noch unschätzbare Dienste leisten. Steinerner!

DER STEINERNE: *aus einem Papier ablesend* Konrad Wolfram, ehemals SS-Obersturmführer, vor dem hohen Ordensgericht mitangeklagt, als Verräter und Deserteur verurteilt; Urteil um früherer Verdienste willen gnadenhalber kassiert -

KONRAD: Gnadenhalber! Ich will nur die Gnade, mit ihm gemordet zu werden!

DER STEINERNE: Befehl des Meisters: den Deserteur zurückzubringen, unbedingt, mit allen Mitteln -

RÜHLAU: *einen Brief in die Höhe haltend* Kennst du dieses Papier?

KONRAD: *wie rasend auf ihn zustürzend* Der Brief! Der Brief! Du hast ihn bei dir!

RÜHLAU: Ein kostbarer Brief, wie? Ein unbezahlbarer Brief!

KONRAD: Gib ihn heraus! Gib mir den Brief zurück!

RÜHLAU: Was fällt dir ein? Der Brief wird wem andern übergeben. Du weißt, welcher andern -

KONRAD: Bestien! Ruchlose, verräterische -

RÜHLAU: Haben wir dich? Hast du gelobt und geschworen, uns zu gehorchen und zu dienen, willenlos zu gehorchen, widerstandslos zu dienen?

KONRAD: Das war damals, Mathias, vor vielen Jahren! Das Gelöbnis gilt nicht!

MATHIAS: Ich weiß, daß du treu bist.

RÜHLAU: Du weißt, was mit dem Brief geschieht, wenn du dich nicht augenblicklich unterwirfst. Gelobst und schwörst du beim Leben deiner Mutter, jetzt und für immer, uns zu gehorchen und zu dienen, jeden Befehl, den wir erteilen, widerspruchslos auszuführen? *Er wartet eine Weile.* Übergebt den Brief.

KONRAD: *zusammenbrechend* Ich - ich - verzeih mir, Mathias! Ich gelobe -

MATHIAS: Ich glaube nicht, daß du ein Judas bist. Ich werde es nie glauben.

RÜHLAU: Gebt ihm einen Revolver in die Hand! *Zu Konrad:* Ich befehle dir: Ziel auf sein Herz! Schieß!

MATHIAS: *aufschreiend* Macht ein Ende mit mir! Schießt mich nieder!

RÜHLAU: Schießt! *Eine Salve. Mathias sinkt nieder.*

MATHIAS: Kein - Judas - *Er stirbt.*

DER STEINERNE: Erstattet Meldung: Exekution befehlsgemäß ausgeführt!

RÜHLAU: Schmeißt den Kadaver in den Rhein! Das soll ein Beispiel sein. So wird mit jedem verfahren, der sich uns in den Weg stellt!

KONRAD: Mörder! Mörder! Mordet mich auch!

RÜHLAU: *auf Konrad zeigend* Und so wird's jedem Verräter ergehen!

KONRAD: Warum habt ihr ihn ermordet? Warum habt ihr mich zum Werkzeug eures Mordes gemacht?

RÜHLAU: Du fragst noch, warum? Damit du es dir nicht einfallen läßt, nochmals zu desertieren! Durch dieses Blut bist du unlösbar an uns gekettet!

KONRAD: Ich bringe euch vor Gericht!

RÜHLAU: Zwölf Zeugen werden's beeiden, daß du bei dieser Tat mitgewirkt hast!

KONRAD: Nur zu! Ich will mit Lust zugrunde gehen! Wenn nur ihr, Mordgesindel, mit mir zugrund geht!

RÜHLAU: Sowie du das Mündchen öffnest, wird der Brief übergeben. Zapple nur, krümm dich, winsele, du wirst dich unserm Netz nicht entwinden!

KONRAD: Es gibt einen Weg -

RÜHLAU: Dich heimlich davonmachen? Wie ein Feigling? Dann wird deine Mutter nach deinem Tod erfahren, was für ein Söhnlein sie in die Welt gesetzt hat! *Herrisch:* Nach Haus mit dir! Sofort! Erwarte unsere weiteren Befehle!

KONRAD: Was habt ihr aus mir gemacht, ihr Teufel? Höllische Mörderbrut! *Er stürzt weg.*

RÜHLAU: Und dieses Bürschchen hat sich eingebildet, es könnte uns entschlüpfen!

Fünfter Akt

Die Stube. Es ist tief in der Nacht. Monika, Carola und Konrad, alle in großer Erregung, die sie zu verbergen suchen. Emilie steht in der Tür, die zum anderen Zimmer führt.

EMILIE: Was ist geschehen? Warum seid ihr alle auf? Warum hast du verweinte Augen?

CAROLA: Nichts, Mutter. Nichts. Du mußt ganz ruhig sein.

EMILIE: Wo ist Mathias? Weshalb ist er nicht zu Haus, um zwei Uhr Nacht?

CAROLA: Es ist ein Unglück geschehen. Mathias - Mathias - er ist -

EMILIE: *schreit auf* Tot! Tot! Ich habe es gewußt!

CAROLA: Mutter! Liebe -

EMILIE: Mein Kind erschlagen! Ich habe es immer vorausgefühlt! - Wo? Wann? Ich will alles wissen!

CAROLA: In einem Gasthof. Vor der Stadt. Er saß mit Konrad im Garten -

EMILIE: Wozu führst du ihn in der Nacht vor die Stadt -

KONRAD: Wir machten einen Spaziergang. Wir kehrten dort ein. Der Garten war plötzlich leer. Es fiel ein Schuß -

EMILIE: Ein Schuß? Wer hat geschossen?

KONRAD: Ich weiß nicht. Es ging zu schnell. Es müssen Räuber gewesen sein -

EMILIE: Räuber? Er hatte nicht Geld noch Juwelen. Nazis waren es -

KONRAD: Es waren nicht Nazis.

EMILIE: Er hatte keine anderen Feinde. Und du hast ihn im Stich gelassen? Du hast nur deine eigene Haut gerettet?

CAROLA: Konrad ist schuldlos, Mutter. Er hätte alles für ihn getan.

EMILIE: Ihr alle seid schuldig. Ihr habt ihn in diesen ungleichen Kampf gehetzt - und ich allein war zu schwach, ihn zurückzuhalten! - Warum haben sie ihn erschossen, und nicht dich?

KONRAD: Ich wäre gern an seiner statt gestorben!

EMILIE: Weil er entschlossen und kühn und unerschrocken war und sie ihn fürchteten, und du kläglich bist -

MONIKA: Meine liebe Emilie, ich fühle den Schmerz mit dir -

EMILIE: Du kannst lachen! Meinen wundervollen Sohn haben sie erschlagen! Deinen nutzlosen haben sie übriggelassen! Was ist sein armes Leben gewesen? Die schönste Jugend in den höllischen Lagern! Und als er wiederkam: ein kurzer Urlaub zwischen Hölle und Grab! Nur Sorge und Kampf; kein Frieden! Kein Mädchen, mit dem er sich freute, kein bißchen Glück -

MONIKA: Er war auf seine Weise sehr glücklich, du weißt es -

EMILIE: Dazu habe ich ihn geboren und aufgezogen! Ich habe kein Kind mehr!

CAROLA: Ich bin bei dir, Mutter!

EMILIE: Wer bist du? Warum lebst du, während er tot ist? Wie könnt ihr leben, du, und du, und ich, und alle - wenn er erschlagen ist? Ich habe nur ihn geliebt, immer nur ihn! Und jetzt liegt er dort, einsam und kalt, und Hunde sammeln sich um ihn und lecken sein Blut auf! Ich will zu ihm!

KONRAD: Er ist nicht mehr dort. Sie haben ihn in den Rhein geworfen.

EMILIE: In den Rhein! Ihm nach in den Rhein! *Sie will hinaus.*

CAROLA: Ich gehe mit dir! Ich hole nur einen anderen Mantel! *Ins andere Zimmer ab.*

EMILIE: Kinderlos! Kinderlos!

CAROLA: *kommt zurück, einen Brief in der Hand* Dort lag ein Brief. Er war unter der Tür durchgeschoben. *Sie liest den Umschlag:* Mathias Westphal. Ein Kreuz daneben. *Sie reißt schnell den Brief auf und liest:* Von seinem Kameraden verraten und ausgeliefert. Von der Geheimen Feme hingerichtet.

KONRAD: *schreit auf* Das ist nicht wahr! Es ist nicht wahr!

CAROLA: *fassungslos* Verraten und ausgeliefert. Von seinem Kameraden. Konrad, du warst sein Kamerad -

KONRAD: Sie lügen! Nicht ich! Sie lügen, um mich zugrunde zu richten!

CAROLA: Du hast gelogen, daß es nicht Nazis waren! Du hast gewußt, daß es Nazis waren, und daß sie im Garten auf ihn lauerten und hast ihn dorthin in den Garten gelockt!

KONRAD: Ich habe es nicht gewußt! Ich habe es nicht getan!

CAROLA: Du lügst! Immer hast du gelogen und ich habe dir alles geglaubt! Nur einmal sprachst du die Wahrheit und da glaubte ich dir nicht: als du dich einen Verbrecher nanntest!

MONIKA: Genug, Carola!

CAROLA: Dich wollte ich zum Mann! Von dir habe ich mir Kinder gewünscht! Von einem Verräter -

MONIKA: Ich will das in meinem Haus nicht hören!

KONRAD: Nicht, Mutter -

CAROLA: Du hast uns in deinem Haus aufgenommen. Wir haben dafür bezahlt! Mit dem Teuersten, was wir hatten - Komm, Mutter!

MONIKA: Ich bitte euch, bleibt! Ihr werdet euer Unrecht erkennen.

CAROLA: Du wirst ihn noch kennenlernen! Mutter! Mutter! Und ich habe ihn umarmt und geküßt! - Komm schnell! *Sie und Emilie gehen ab.*

KONRAD: *ihr nach* Carola!

MONIKA: Sie liebt dich nicht, du hast es gesehen. Sonst könnte sie dieses Abscheuliche nicht glauben.

KONRAD: Ich habe sie lieb. Sie kommt nicht zurück.

MONIKA: Mein Gott, wie egoistisch ich bin. Ich werde sie morgen suchen, wenn sie sich beruhigt hat. Ich werde sie bitten, zurückzukommen; wenn du's willst, werde ich sie auf Knieen darum bitten. Mach dir keinen Kummer, sie kommt zurück -

KONRAD: Ich habe es nicht getan! Du darfst es nicht glauben, Mutter!

MONIKA: Wie kannst du das denken? Ich glaube es nicht.

KONRAD: Er wehrte sich auch, es zu glauben, und als er starb, glaubte er's doch! Mutter, ich bin schuldig!

MONIKA: Sprich nicht so! Wie solltest du schuldig sein?

KONRAD: Durch alles, was ich früher getan habe! Durch mein ganzes Leben, von Anfang bis Ende! Vater hat recht gehabt.

MONIKA: Ich bin die Schuldige. Ich habe die untragbare Last auf dich gewälzt, um mich selbst zu erleichtern. Du hast dich vor diesen Menschen entsetzt; ich habe dich ihnen in die Arme getrieben. Sie haben dich überlistet, dich in eine Falle gelockt und Mathias erschlagen, um dich in ihre Gewalt zurückzubringen. So war es; so war es -

KONRAD: So war es. Jetzt bin ich ihnen verfallen.

MONIKA: Hab keine Angst! Sie werden keine Gewalt über dich haben. Ich nehme den Auftrag zurück; er ist über deine Kraft. Ich mache dir keinen Vorwurf daraus, daß du für die Aufgabe zu schwach warst, unter der ich selber zusammenbrach. Wir werden von hier fortziehen, weit weg; du wirst sie niemals wiedersehen -

KONRAD: Es muß recht sein. Vater hat es immer gesagt. Und du hast es gefordert.

MONIKA: Nichts mehr von Recht! Als ich so unnachgiebig nach Recht verlangte, damals war in mir kein inneres Leben. Ich war wie eine Tote, lebte nur mit Toten: deshalb klammerte ich mich an das tote Recht. Seitdem bin ich lebendig geworden. Du, mein Junge, hast mir das Leben wiedergegeben. Ich weiß jetzt, daß es etwas Größeres gibt als das starre Recht: daß die lebendige Liebe größer ist -

KONRAD: Ich bin gerichtet, Mutter. Ich bin schon in der Verdammnis!

MONIKA: Für mich bist du frei von Schuld.

KONRAD: Ich habe meine Seele dem Teufel verschrieben. Ich wußte nicht, daß es der Teufel war. Er hat mir Frieden, Freiheit und Seelenruhe versprochen und mir nur Gewissensangst und Verzweiflung gegeben. Und jetzt weist er den Schuldschein vor und fordert meine Seele ein -

MONIKA: Du weißt, daß verdammte Seelen durch die Kraft der Liebe gerettet werden. Ich werde dich retten -

KONRAD: Das ist das Furchtbarste! Er steht schon vor der Tür! Er lauert vor der Tür, und du wirst die Tür öffnen und mich hinausstoßen -

MONIKA: Ich, deine Mutter? - Sei ruhig! Hier, setz dich! Sag mir alles, was dich quält!

KONRAD: Ich kann es nicht sagen. Und du wirst es nicht verstehen.

MONIKA: Wer soll dich verstehen, wenn nicht ich?

KONRAD: Und du wirst es nicht ertragen können. Ich habe dich immer lieb gehabt, Mutter! Daran darfst du nicht zweifeln.

MONIKA: Ich habe nie daran gezweifelt.

KONRAD: Und auch Vater habe ich lieb gehabt! Du mußt es mir glauben. Obwohl ich alles gewußt habe!

MONIKA: Was hast du gewußt?

KONRAD: Du hast gedacht, ich sei blind gewesen. Ich habe es gewußt, daß Vater mich für einen Entarteten hielt. Und daß er mich verstoßen hatte. Ich wußte es schon als Kind. Ich war ein sehr unglückliches Kind.

MONIKA: *heftig erregt* Unglücklich? Erbarmender Gott! Ein unglückliches Kind? Und ich war überzeugt, ich war stolz darauf -

KONRAD: Ich wußte es, daß du es nicht ertragen wirst.

MONIKA: Nein, nein. Sprich weiter! Wie war das möglich? Hat Vater sich so weit vergessen, es dir zu sagen?

KONRAD: Ein Kind weiß vieles, das nicht gesagt wird. Ich wußte es durch mein Gefühl. Vater hatte für mich nie eine Zärtlichkeit. Ich erinnere mich nicht, daß er mich je gestreichelt oder umarmt hat. Ulrich brauchte nur ins Zimmer zu treten: so erhellte sich sein Gesicht und seine Augen strahlten. Mich blickte er immer mit harten, kalten, prüfenden Augen an - dieser Blick hat über meiner Jugend gelastet, ich glaube, er hat mein Schicksal gelenkt - in diesem Blick war Mißbilligung, Ablehnung -

MONIKA: Du hast es mißverstanden. Es war sorgenvolle Liebe.

KONRAD: Nein, Mutter. Ich sehnte mich danach, von Vater geliebt zu werden. Ich warb unablässig um seine Liebe. Aber er stieß meine Liebe zurück. Ich habe noch jetzt einen häufig wiederkehrenden Traum: ich sehe vor mir einen riesenhaften, eisengrauen Felsen, der sich in den Wolken verliert. Ich versuche, mich an ihm festzuklammern, aber die Felswand ist spiegelglatt und so eisig kalt, daß ihre Berührung brennt. Meine Hände gleiten an ihr ab und ich stürze kopfüber in einen bodenlosen Abgrund nieder -

MONIKA: Mein armes Kind!

KONRAD: Und Ulrich! Er war ein Mann, als ich noch ein Knabe war. Ich bewunderte den großen Bruder und ahmte ihn nach; für ihn war ich nur ein kleiner, dummer Junge, mit dem er überlegen und gutmütig Späße trieb. Er stand in vollem Licht und warf einen breiten Schatten, und ich stand immer in seinem Schatten. Ich konnte nichts dafür, daß ich nicht so vollkommen wie Ulrich war; aber ich war nicht schlimm, Mutter -

MONIKA: Ich fürchte, wir haben, ohne es zu wollen, uns schwer an dir versündigt.

KONRAD: Da wuchs in mir ein Gefühl - ich weiß nicht, wie ich es sagen soll. Wenn ich schon verstoßen war, so wollte ich es nicht grundlos sein. Ich handelte so, daß ich die Verwerfung verdiente. - Das war mir damals nicht bewußt; es ist mir erst viel später klar geworden.

MONIKA: Ich fange an, manches zu ahnen, was ich früher nicht begreifen konnte. Du wurdest widerspenstig und aufrührerisch, aus verletzter Liebe -

KONRAD: Ich erinnere mich an eine Begebenheit, unter vielen ähnlichen. Wir hatten eine Katze; eine prächtige Angorakatze mit schneeweißem Fell und langem, buschigem Schweif. Ich hatte sie so gern, daß ich nie ohne sie zu Bett ging. Einmal tollte ich mit ihr durchs Zimmer, als Vater plötzlich eintrat; ich erschrak und trat ihr unversehens auf den Schwanz, daß sie jämmerlich winselte. Vater sagte nichts, aber sein Blick sagte alles: Grausam. Auch das. Das nächste Mal, als Vater die Tür öffnete, packte ich die Katze und hielt ihre Pfoten an den glühenden Eisenrost des Ofens -

MONIKA: Wir haben dich zu Auflehnung und Rebellion getrieben. Du wurdest ein Nazi, weil wir die Nazis verabscheuten.

KONRAD: Vater sprach oft von Gerechtigkeit, Menschenwürde und Humanität. Was versteht ein junger Mensch von Humanität und Menschenwürde? Ich fühlte nur, daß er gegen mich ungerecht war. Die andern - in der Schule, bei der HJ, im Sommerlager - sprachen von Volk und Vaterland, von der Größe und Hoheit der Nation, von Ruhm, Glanz und Opfern: das begreift ein junges Herz, das ergreift es wie ein Feuerbrand, und alle glaubten es, und alle waren glücklich in ihrem Glauben. Ich wollte wie alle sein -

MONIKA: Und wir hielten dich nicht fest. Wir haben dich zu ihnen getrieben.

KONRAD: Sie nahmen mich aber nicht als Ihresgleichen auf! Ich war unter ihnen ein Außenseiter. Ich wetteiferte mit ihnen an Ehrgeiz; ich überbot sie an Loyalität. Ich war körperlich schwach und von Natur ängstlich; ich führte die tollkühnsten Streiche aus. Bei Fußmärschen waren meine Füße mit Blutbeulen bedeckt; ich gab keinen Laut von mir. Bei Schießübungen stellte ich ein Glas auf meinen Kopf und forderte sie auf, mit scharfen Schüssen nach dem Glas zu schießen. Aber was ich auch unternahm, ich blieb für sie der Sohn eines wegen Illoyalität davongejagten Professors, der Bruder eines KZ-Häftlings, das Enkelkind von Franzosen. Sie mißtrauten mir, schimpften mich einen Bastard und verlangten immer neue Beweise meiner Loyalität von mir -

MONIKA: Welche Beweise konntest du noch geben? Du warst sehr unglücklich, ich verstehe es.

KONRAD: Zu Hause ausgestoßen; von der Gemeinschaft der Kameraden ausgeschlossen! Mein Herz war in zwei Hälften zerrissen: so konnte ich nicht leben. Ich mußte eine klare Entscheidung treffen - und ich war einsam, und keine Seele, der ich mich öffnen konnte -

MONIKA: Warum hast du dich mir nicht anvertraut?

KONRAD: Du bist immer gut zu mir gewesen, Mutter. Aber ich hatte kein Vertrauen zu dir. Ich hätte in allem nur die Französin gehört. Daß du als Französin geboren warst, war der Urgrund meines Unglücks. Ich fing an, dich dafür zu hassen. Warum hast du mich geboren, Mutter?

MONIKA: Mein lieber, armer Junge! Ich wußte nicht, daß Dämonen deine Seele zerfleischten -

KONRAD: Ich hätte mich, trotz allem, für euch entschieden. Im Tiefsten fühlte ich, daß ich zu euch gehörte. Warum habt ihr, nach Ulrichs Tod, mir nicht den Platz eingeräumt, den er leer gelassen hatte? Der tote Ulrich war eifersüchtiger als der lebendige, er verdrängte mich aus den letzten Winkeln eurer Herzen. Ihr umkleidet ihn mit einer strahlenden Aureole, erhöhet ihn zu einer erhabenen Legende - und ich wurde immer mehr sein dunkler Widersacher, als hätte ich die Schuld an seinem Tod getragen, ein Brudermörder, ein Kain -

MONIKA: Da trafst du in der Verzweiflung deine Entscheidung. Du wurdest ein SS-Mann.

KONRAD: Ich wurde ein SS-Mann - *Nach einer langen Pause:* Dann aber kam die grausamste Prüfung. Bald nachdem ich in die SS eingetreten war, erfuhr ich, daß eine umfassende Judenrazzia vorbereitet wurde.

Die Häuser aller Verdächtigen sollten nach versteckten Juden durchsucht werden - und ich wußte, daß ihr Daniels unter dem Dach verbargt.

MONIKA: Du fürchtetest, dein neuerworbenes Ansehen zu erschüttern, wenn man ihn bei uns fände.

KONRAD: Daran, glaube ich, habe ich nicht gedacht. Du weißt, welche Ideen über Juden sie unsern Köpfen eingehämmert hatten. Ich konnte mir unter einem Juden nur ein feiges, erbärmliches, angstgeschütteltes Wesen vorstellen. Ich beschloß, Daniels kurzerhand zu befehlen, das Haus zu räumen. Ich zog mir die SS-Uniform an, um ihn zu erschrecken -

MONIKA: Daniels erschrecken? Du kanntest ihn nicht.

KONRAD: Als ich in die enge Mansarde eintrat, saß er, zwischen hohen Bücherhaufen, in einen großen astronomischen Atlas vertieft, und zahllose Bogen Papier vor ihm waren mit geheimnisvollen mathematischen Formeln bedeckt, wie mit Hieroglyphen. Er war nicht im geringsten erschrocken und begrüßte mich sogar mit Herzlichkeit. Ich stammelte irgendeine alberne Frage. Er begann sofort, mich in die Elemente der Astronomie einzuführen, erklärte mir die Bewegungen der Sterne, erzählte von Planeten und ihren Satelliten, von Lichtjahren, Sternennebeln, Sonnenflecken. Ich hatte einen solchen Menschen noch nicht gesehen, der ganz im Geist zu leben und Furcht und Sorge um sich selbst nicht zu kennen schien. Ich konnte mich eines Gefühls der Ehrfurcht nicht erwehren und brachte es nicht über mich, ihm den Grund meines Kommens zu eröffnen -

MONIKA: Dein Herz war unverdorben. Es war ihnen nicht gelungen, dein Herz zu verderben.

KONRAD: Aber die Razzia stand nahe bevor. Es blieb mir nichts übrig, als mit Vater zu sprechen. Du kamst erst später dazu, als ich, zur Raserei gebracht, ihm zornige Vorwürfe zuschrie. Du weißt nicht, was vorher geschehen war. Ich stellte Vater die tödliche Gefahr vor, in welcher ihr schwebtet; ich bat ihn, Daniels nur für einige Tage zu entlassen; ich erbot mich, selber ihn nach einem geeigneten Schlupfwinkel zu schmuggeln. Vater schwieg; er schwieg undurchdringlich und blickte mich an mit seinem schrecklichen Blick. Endlich sagte er: „Hat deine Mutter dich geschickt? Euer Komplott wird nicht gelingen."

MONIKA: Welches Komplott? Er sagte: Ein Komplott?

KONRAD: Er sagte es. Ich warf mich vor ihm auf die Kniee; ich flehte ihn an, an eure Rettung zu denken. Er schwieg wie ein Stein. Ich verlor die Fassung und schrie; ich schrie, daß er kein Recht habe, dich zu gefährden; daß er gewissenlos, unnatürlich, grausam sei. Dann sagte er: „Tu, was du vor hast! Verrat mich!" Da begriff ich, daß er dich nicht liebte, daß er keine Seele liebte -

MONIKA: *steht auf und geht, in tiefer Erregung, durchs Zimmer* Er hat mich nicht geliebt! Er hat mich nicht mehr geliebt!

KONRAD: Er war unerschütterlich entschlossen, ich begriff es, das Unheil auf sich zu lenken, und er schreckte nicht davor zurück, dich mit ins Verderben zu reißen -

MONIKA: Er ertrug es nicht länger, seine Überzeugungen zu verleugnen! Er sah in mir nur noch die Feindin, die ihn hinderte, seinem Gewissen zu gehorchen! Er haßte mich - und in seinem verzweifelten Wahnsinn glaubte er, daß auch ich ihn haßte -

KONRAD: Ich wollte dir nicht weh tun. Ich mußte es sagen.

MONIKA: Was muß er gelitten haben, bis er dahin gelangte, mich zu hassen! Und er hat geschwiegen! Ihr alle habt immer nur geschwiegen -

KONRAD: Da wurde ich rasend. Ich tat etwas Rasendes. *Nach einer Pause:* Ich habe seitdem keine friedliche Stunde gehabt. Ich war immer auf der Flucht; auf der Flucht vor mir selbst. Man hat im Krieg meine Unerschrockenheit bewundert. Ich wurde wegen hervorragender Tapferkeit mehrere Male ausgezeichnet. In Wirklichkeit war ich nur feig. Ich wollte vor meinem Gewissen entfliehen und mein Leben wegwerfen -

MONIKA: Gott hat es nicht zugegeben! Er hat dich mir bewahrt, damit ich auf Erden noch etwas habe -

KONRAD: Ich kam nicht zurück, um bei dir Brot und Bett zu finden. Ich kam mit dem ehrlichen Entschluß, von Grund auf neu zu beginnen, alles Vergangene durch ein besseres Leben zu sühnen. Als du mir aber den schrecklichen Auftrag erteiltest, wußte ich, daß die Vergangenheit

unauslöschlich ist und das Recht unentfliehbar. Ich suchte, die Aus-
führung der Aufgabe hinauszuschieben. Ich hoffte, ich weiß nicht,
worauf - auf ein Wunder, daß du freiwillig verzichten, den Auftrag
gnadenvoll zurücknehmen würdest -

MONIKA: Ich habe verzichtet. Ich habe ihn von deinen Schultern genommen.

KONRAD: *traurig den Kopf schüttelnd* Zu spät, Mutter. Es muß recht sein.
Als du mir den Befehl gabst, den Verräter zu suchen: damals kannte
ich ihn schon. Ich habe ihn immer gekannt -

MONIKA: *in erwachender Angst* Ich will ihn nicht kennen! Dieser
Mensch hat uns allzu lange heimgesucht und gequält! Wir müßten ihn
verfolgen, ihn vor Gericht ziehen, ihn zum Tode bringen: er würde
unsere Seele immer weiter beherrschen und vergiften! Ich gebe ihn in
Gottes Hand. Ich will ihn nicht kennen und nicht strafen -

KONRAD: Du mußt ihn kennen. Wenn ich ihn nicht enthülle, werden jene
es tun - und das würde noch grausamer sein -

MONIKA: *atemlos, in schrecklicher Angst* Ich schwöre dir bei allem, was
heilig ist: ich habe ihm vergeben! Wenn ich dich nur habe, mein einziger Junge - *Sie umarmt ihn krampfhaft.*

KONRAD: *macht sich von ihr los und sagt mit leiser, aber fester Stimme*
Der Mensch, der Vater und Daniels anzeigte - der Mensch der Vater
verriet - dieser Mensch ist: *Er läßt den Kopf tief sinken; darauf hebt er*
langsam die Hand und weist auf sich selber.

MONIKA: *weicht vor ihm zurück, ihn entsetzt anstarrend; dann schreit sie*
fürchterlich auf Du?

KONRAD: *leise* Ich.

MONIKA: Den leiblichen Vater? Du - - mein Kind?

MONIKA: Den Vater. Ich. Dein Kind.

MONIKA: Obwohl du wußtest, er würde hingerichtet werden, wenn man
im Haus einen Juden findet?

KONRAD: Er hatte sich selbst verurteilt. Ich konnte nur dich noch retten.
Ich schrieb in der Anzeige, der Jude würde gegen deinen Willen
verborgen -

MONIKA: *rasend* Mich retten? Du hast mich in eine Hölle von Gewissensqualen geschleudert! Du hast wütende Furien auf mich gehetzt! Du hast mich zu deiner Mitschuldigen gemacht, zur Mitschuldigen an deinem Verrat und Mord! Jetzt glaube ich es, daß du Mathias verraten hast!

KONRAD: *schreit auf* Nein, Mutter!

MONIKA: Ich bin überzeugt, daß du auch mich um einen Judaslohn verraten würdest! *Sie geht in die entfernteste Ecke des Zimmers und sagt hart und kalt:* Geh!

KONRAD: *verzweifelt* Stoß mich nicht in die Verdammnis hinaus!

MONIKA: Geh!

KONRAD: Du wirst mich nicht wiedersehen! Ein Wort der Vergebung!

MONIKA: Entartet im Keim. Von Anfang an verderbt. Geh!

KONRAD: *steht einige Augenblicke bewegungslos, dann ruft er* Leb wohl Mutter! *Er stürzt hinaus.*

MONIKA: *mit einer instinktiven Bewegung die Hände ausstreckend und ihm nacheilend* Geh nicht, Konrad! *Sie bleibt mitten im Zimmer wie festgebannt stehen. Sie erstarrt völlig und lauscht in ungeheurer Spannung hinaus, wie in Erwartung von etwas Fürchterlichem. Nach einer Weile fällt ein Schuß. Sie sinkt zusammen und schreit wild auf:* Mein Kind! *Sie richtet sich langsam auf, hebt den Kopf und steht eine Zeit lang ohne Regung, hoch aufgerichtet, wie versteinert. Endlich sagt sie starr und hart:* Es war recht so.

Aufruhr des Herzens

Schauspiel in drei Akten

Personen:

DR. IMMANUEL ALKALAY, Arzt
CORNELIA, seine Frau
URIEL, sein Sohn
VIOLA, seine Tochter
GREET NOORDEN, seine Ordinationsschwester
LODEVIJK, deren Mann, städtischer Beamter
PIETER STEEN, Greets Bruder, Werkmeister in einer Rüstungsfabrik
HENDRICKJE, dessen Frau
DR. VANDERDAALEN, Arzt
GROOTHUISEN, Pastor
BREDIUS, Rechtsanwalt
DRONTE, ein hoher Parteioffizier
TERHALDEN, ein Mitglied der Untergrundbewegung
FRAU APPELBLOOM, Alkalays Nachbarin
Ein SS-Offizier, mehrere Männer

Das Stück spielt in Amsterdam zur Zeit der Okkupation Hollands.
Die Personen und die Handlung sind, auf Grund wirklicher Geschehnisse,
frei erfunden. Die historischen Ereignisse, die den Hintergrund des Stückes bilden, sind, nach Zeitfolge und Umfang, frei abgewandelt.

Erster Akt

Ein geräumiges Zimmer der in einem vornehmen Viertel gelegenen Wohnung Doktor Alkalays. Das Zimmer ist beinahe ausgeräumt, da die Familie im Begriff ist, auszuziehen; nur einige Schränke und Kisten stehen in einer Ecke. Es herrscht die Unruhe des Aufbruchs. Die Personen gehen während dieser Szene wiederholt hinaus und kommen zurück. Bei Aufgang des Vorhangs steht Immanuel im Gespräch mit Dr. Vanderdaalen; Cornelia sitzt betrübt auf einer der Kisten, während Uriel sich bei anderen zu schaffen macht; Greet tritt eben von draußen ein.

IMMANUEL: Einen Augenblick, Doktor Vanderdaalen! *Er ruft:* Greet! Die Kisten mit meinem Familienarchiv! Geben Sie gut acht -

GREET: Sie sind schon verladen.

URIEL: *ruft* Greet! Meine Bücherkiste! Ich schaue selber nach. *Er geht hinaus.*

GREET: *tritt zu Cornelia* Die Kiste mit dem Silber - soll ich sie nicht doch nach der neuen Wohnung schicken?

CORNELIA: Bewahren Sie sie bei sich auf, Greet. Wie wir's besprochen haben.

GREET: Hier ist die Liste.

CORNELIA: Behalten Sie die Liste. Und wenn etwas geschehen sollte, behalten Sie das Silber.

GREET: Was sollte geschehen?

CORNELIA: *blickt um sich* Viola! Wo ist sie?

GREET: Das arme Kind! Sie wandert traurig durch die leeren Zimmer.

VANDERDAALEN: Mußte das sein, Doktor Alkalay?

IMMANUEL: Ob es mußte? Es ist mir verboten, von nun an sogenannte arische Patienten zu behandeln. Da muß ich doch wohl in das Viertel ziehen, in welchem meine zukünftigen Patienten wohnen.

VANDERDAALEN: Einem Arzt von Ihren Kenntnissen und Ihrem Ruf würde es trotzdem auch hier an Patienten nicht fehlen.

IMMANUEL: Sie meinen, ich sollte Sie im Geheimen empfangen, über die Hintertreppe, bei geschlossenen Türen? Dazu bin ich zu stolz.

CORNELIA: Seien Sie nicht bös, Greet, daß ich alles übrige Ihnen überlasse! Es wäre zu schmerzlich für mich.

GREET: Ich werde schon alles besorgen. Die Möbel ins Altersheim, die Wäsche ins Waisenhaus.

VANDERDAALEN: Ich denke doch, Sie haben etwas überstürzt gehandelt.

IMMANUEL: Was wollen Sie? Wir dürfen die städtischen Anlagen nicht mehr betreten. Wir dürfen die öffentlichen Verkehrsmittel nicht benützen. Meine Kinder werden aus den allgemeinen Schulen ausgeschult. Und das ist erst der Anfang.

VANDERDAALEN: Die Bande wird es nicht wagen, hier in Holland. In einem zivilisierten Land, wie dem unseren.

IMMANUEL: Sie haben es in anderen zivilisierten Ländern gewagt. Eines Tages, vielleicht schon bald, wird uns befohlen, den gelben Fleck zu tragen. Dann werden wir aus diesem Viertel hinausgejagt. Ich ziehe es vor, freiwillig zu tun, was ich gezwungen tun müßte.

CORNELIA: Hat's nicht geläutet? Schauen Sie nach, Greet!

IMMANUEL: Erwartest du wen?

CORNELIA: Barbara versprach mir, heraufzuschauen. Auch Jo und Sabine wollten noch kommen, um sich zu verabschieden.

VANDERDAALEN: Ich hoffe, Sie finden sich zu den Ärztesitzungen regelmäßig ein. Sie sind uns auch noch den Vortrag schuldig, den Sie uns zugesagt haben.

IMMANUEL: Ich fürchte, ich würde ihn vor leeren Stühlen halten.

VANDERDAALEN: Im Gegenteil, der Saal wird überfüllt sein. Schon als Demonstration. Ich muß Ihnen nicht sagen, daß die überwältigende Mehrheit der Kollegen diese Maßnahmen mit Empörung mißbilligt.

IMMANUEL: Es gibt auch noch andere. Und sie haben jetzt die Macht.

VANDERDAALEN: Wir sind tief beschämt darüber, daß sich Kollegen fanden, die mit dieser Rotte paktieren.

IMMANUEL: *reicht ihm die Hand* Ich danke Ihnen, daß Sie mich noch aufgesucht haben. Dazu gehört beinahe schon Mut.

VANDERDAALEN: Wenn ich Ihnen in Zukunft irgendwie dienlich sein kann, ich werde immer mit Freude dazu bereit sein. *Er geht ab.*

IMMANUEL: Cornelia! Wo ist Mutti?

URIEL: *der indessen zurückgekommen ist* Mutti wandert durch die leeren Zimmer.

GREET: *zu Viola, die schon früher eingetreten ist und sich auf eine Kiste in eine Ecke gesetzt hat* Sei nicht traurig, Kleines!

VIOLA: Es ist mir so leid, Greet! Um das Klavier ist es mir leid. Papa sagt, wir müßten uns dort ganz still verhalten.

GREET: Papa hat immer recht. Da gibt es keinen Widerspruch, du weißt. Du wirst ja dort dein Radio haben.

VIOLA: Aber die Finger werden mir ungelenk werden, wenn ich nicht täglich übe. Um die Kameradinnen ist es mir leid. Und um die Kameraden. Es war immer so lustig mit ihnen.

GREET: Du wirst neue Kameradinnen finden. Dich hat jeder gleich lieb.

VIOLA: Ich will keine neuen! Sie sind mir so fremd. Dort ist alles eng und häßlich-

GREET: Nicht den Kopf hängen lassen, Liebling! Nimm dir an Uriel ein Beispiel!

URIEL: Man wird auch dort leben können. Bücher gibt's überall.

VIOLA: Am meisten leid ist es mir um dich, Greet! Was werde ich nur anfangen ohne dich?

GREET: Ohne mich? Mich wirst du immer haben. Genau so, wie bisher.

VIOLA: Papa sagt aber... Papa will nicht...

URIEL: *der ihr Zeichen gemacht hat, halblaut* Diese Weibersentimentalitäten!

IMMANUEL: *zu Cornelia, die wieder eingetreten ist* Ich denke, wir sind jetzt so weit.

CORNELIA: Bitte, noch nicht! *Es läutet.* Das ist Barbara. Ich habe es gewußt.

GREET: *die hinausgegangen ist, kommt mit einem Blumenstrauß zurück.* Ein großer Strauß Rosen.

CORNELIA: *liest die dem Strauß beigefügte Karte* Von Barbara. Sie ist verhindert. Eine plötzliche Migräne.

IMMANUEL: Ich möchte wetten, daß auch Jo und Sabine durch eine plötzliche Migräne verhindert sind.

CORNELIA: Sie brauchen nicht zu kommen! Ich will nicht, daß sie kommen! *Sie nimmt einen Pelz, der über einer Stuhllehne hängt.* Nehmen Sie den Pelz, Greet!

GREET: Ich werde ihn für Sie aufbewahren.

CORNELIA: Es war unrecht von mir, daß ich daran dachte, ihn Barbara zu schenken. Behalten Sie ihn zum Abschied!

GREET: Was für ein Abschied? Ich werde jeden Tag kommen. Auch wenn Sie mich in der Ordination nicht mehr brauchen.

IMMANUEL: *dem Cornelia einen bittenden Blick zugeworfen hat* Das wird nicht möglich sein. Es wird von jetzt an gefährlich sein, mit Juden umzugehen.

GREET: Ich frage nicht danach.

IMMANUEL: Aber ich frage danach. Und ihr Mann fragt vielleicht.

GREET: Mein Mann denkt wie ich. Wir sind eines Sinnes.

IMMANUEL: Ich will nicht, daß irgendwer sich unseretwegen in Gefahr begibt. Am wenigsten Sie.

GREET: Was geht das alles mich an? Sie werden mich vielleicht nötiger haben, als vorher.

CORNELIA: Sie müssen es verstehen, liebe Greet. Wir sind gezwungen, ein neues Leben zu beginnen. Und uns von allem Alten und Vertrauten zu trennen.

GREET: Ich gehöre zu Ihrem Leben. Seit fünfzehn Jahren gehöre ich dazu.

CORNELIA: Das ist wahr. Ich kann mir nicht vorstellen, wie ich ohne Sie -

GREET: Es ist nicht Ihr Ernst. Uri, Viola, sagt Papa -

VIOLA: Bitte, Papa!

IMMANUEL: *etwas schroff* Es ist mein fester Wille. Ich hoffe, daß Sie meinen Willen respektieren werden.

GREET: *plötzlich begreifend, erschrickt* Sie schicken mich weg? *Sie schreit auf:* Jagen Sie mich nicht weg!

CORNELIA: Es tut mir weh. Glauben Sie es mir, sehr weh. Es wird so besser für Sie sein.

GREET: *stammelnd* Sie wollen mich nicht mehr... Sie wollen mich nicht.

IMMANUEL: Ich danke Ihnen für alles. Für Ihre Anhänglichkeit, Fürsorge und Treue -

GREET: *in Tränen ausbrechend* Lieber Herr Doktor! Liebe Frau Cornelia! Viola! Uri! *Sie umarmt die Kinder.* Was soll aus mir werden? *Sie stürzt hinaus.*

CORNELIA: Das war das Schwerste. Was noch? Wovon noch Abschied nehmen?

IMMANUEL: Reiß dich los, Cornelia! Komm!

CORNELIA: *von Immanuel zur Tür geführt, bleibt stehen und wirft einen schmerzlichen Blick zurück* Wir sind hier glücklich gewesen.

Ein Zimmer in der neuen, im Judenviertel gelegenen Wohnung der Alkalays. Zwei Türen führen in anstoßende Räume, eine dritte in den Flur. Immanuel sitzt am Tisch und schreibt. Ihm gegenüber Uriel, in ein Buch vertieft, die Daumen in die Ohren gestopft. Cornelia ist mit einer Handarbeit beschäftigt. Viola kauert vor einem kleinen, tragbaren Radio, das sie leise spielen läßt.

IMMANUEL: *nimmt Uriels Buch und blickt hinein* Du mußt den Gesang schon auswendig kennen.

URIEL: Beinahe, Papa.

IMMANUEL: Genug studiert für heute. Meinst du nicht?

URIEL: *nervös zu Viola* Stell das Radio leiser!

VIOLA: *nimmt das Radio und trägt es ins anstoßende Zimmer, durch dessen Tür es im folgenden sehr gedämpft hereinklingt* Darf man keine einzige Freude mehr haben?

IMMANUEL: Es ist nicht nötig, daß du zehn Stunden täglich studierst. Du würdest das Abitur schon jetzt mit Glanz bestehen.

URIEL: Ich studiere ja nicht nur fürs Abitur. Ich studiere, weil es mich freut. Der Homer ist so wundervoll schön. *Nach einer Pause:* Und was kann ich anderes machen?

IMMANUEL: Ich möchte, daß du mir am Abend bei der Entzifferung des Manuskriptes hilfst. Du wirst dann zu müd sein.

CORNELIA: Du bist ganz blaß von der Stubenluft. Warum gehst du nicht ein wenig aus?

URIEL: Sie glotzen mich an.

IMMANUEL: Laß sie glotzen! Du brauchst dich des gelben Fleckes nicht zu schämen.

URIEL: Ich schäme mich nicht. Ihr geht auch nur aus, wenn ihr unbedingt müßt! *Nach einer Pause:* Wohin soll ich denn gehen?

CORNELIA: Es ist nicht gut für dich, daß du dich so abschließt. Früher hattest du viele Kameraden.

URIEL: *heftig* Laßt mich in Ruhe! *Er steht auf und geht schnell hinaus.*

CORNELIA: Was hat er nur?

VIOLA: *tritt ein* Es ist vier Uhr. Da schleicht er immer zur Mansarde hinauf und stellt sich dort ans Fenster.

IMMANUEL: Wozu?

VIOLA: Seine ehemaligen Mitschüler haben ihm versprochen, immer nach Schulschluß, um vier Uhr, hier durch die Gasse zu gehen. Am Anfang gingen sie wirklich vorbei und winkten zu ihm hinauf. Jetzt kommen sie nicht mehr. Er aber stellt sich noch immer ans Fenster der Mansarde.

IMMANUEL: Was du nicht alles weißt!

VIOLA: Ich weiß auch, warum er nicht ausgeht. Früher ging er zur Post, um die Briefe zu beheben, die Elli ihm postlagernd schrieb.

IMMANUEL: Woher weißt du, daß sie ihm nicht mehr schreibt?

VIOLA: Wozu schreiben? Sie hat einen neuen Freund gefunden. Was soll sie mit einem Freund, der den gelben Fleck trägt.

IMMANUEL: Ich glaube gar, du bist schadenfroh.

VIOLA: *plötzlich heftig* Er verachtet mich! Ich lasse mich nicht verachten! *Sie geht ab.*

CORNELIA: Er macht mir Sorgen. Er frißt alles in sich hinein. Du solltest einmal versuchen, ihn zum Sprechen zu bringen.

IMMANUEL: Da steht er eben am Mansardenfenster.

CORNELIA: *tritt ans Fenster* Das ist uns noch übriggeblieben. Am Fenster zu stehen. Dort drüben, draußen, geht das Leben vorbei. Wir sind von ihm ausgeschieden. Und dann hört es auf, an uns vorbeizugehen.

IMMANUEL: Ja, hier steht das Leben still. Die Tür bleibt geschlossen. Während des ganzen Tages kein einziger Patient. *Uriel kommt zurück und setzt sich an den Tisch.*

CORNELIA: Setz dich nicht wieder hinter die Bücher!

VIOLA: *tritt ein; sie hält die Hand hinter dem Rücken* Ratet, was ich hier habe! Ihr ratet es nicht. Einen Brief.

IMMANUEL: Seit wann wird Post hier ausgetragen?

VIOLA: Dann hat ihn wohl ein Geist durch die Luft gebracht. Der Brief ist von einem Er. Die Er sind treuer als die Sie.

URIEL: *auffahrend* Dreh das verdammte Radio ab!

VIOLA: Ist's meine Schuld, daß du unmusikalisch bist? Du ärgerst dich nicht übers Radio. Etwas anderes ist's, was dich ärgert.

IMMANUEL: Jetzt in die Küche mit dir! Nimm Mutti etwas Arbeit ab!

VIOLA: Bitte nicht, Papachen! Mutti hat mich davon dispensiert. Ich verderbe mir damit nur die Finger. *Sie geht ins Zimmer ab.*

IMMANUEL: *zu Cornelia* Du verwöhnst sie zu sehr. *Cornelia hat einen Mantel aus dem Schrank geholt und zieht ihn an.* Gehst du aus?

CORNELIA: Es ist die Einkaufsstunde. Wir haben seit einer Woche kein frisches Gemüse gehabt. *Zu Uriel:* Kommst du mit?

URIEL: Lieber nicht.

CORNELIA: Wie du willst. Vielleicht bringe ich etwas mit, was dich freut.

URIEL: Was sollte das sein?

CORNELIA: Ich bin sicher, unsere alten Freunde haben uns nicht vergessen. *Sie geht ab.*

URIEL: *stopft sich die Daumen in die Ohren und beugt sich über das Buch; er sagt halblaut zu sich selbst:* Wir sind vergessen.

Eine Straße in Amsterdam. Auf der einen Seite der Bühne einige Häuser, deren Tore geschlossen sind. Auf der andern der Eingang zu einem öffentlichen Luftschutzkeller, zu welchem Stufen hinabführen. Eine Weile ist die Bühne ganz leer. Dann ertönt gellend das Entwarnungssignal und die Leute, die im Keller Schutz suchten, beginnen heraufzusteigen. Unter ihnen Greet und ihr Bruder Pieter. Einige verlassen sogleich die Bühne, andere bleiben im Gespräch stehen.

EIN MANN: Heut hat es zwei Stunden gedauert.

EIN ZWEITER: Sie kommen immer häufiger. Die Alarme dauern immer länger.

DER ERSTE MANN: Umso besser. So wird in den Rüstungswerken desto länger gefeiert.

PIETER: *zu Greet* Du wirst dich noch verdächtig machen.

GREET: Ich bin nicht verpflichtet, jedem Lumpen Antwort zu geben.

PIETER: Er hat dich höflich angesprochen.

GREET: Ich werde mich dem nicht wieder aussetzen. Ich suche keinen Luftschutzkeller mehr auf.

Cornelia, eine gefüllte Einkaufstasche tragend, ist aus dem Tor eines der Häuser getreten. Sie blickt sich scheu um; darauf versucht sie, sich unauffällig unter die anderen zu mischen. Während sie schon im Begriff ist, zu verschwinden, ist ein Offizier der holländischen SS aus dem Luftschutzkeller gestiegen und hat sie erblickt.

DER SS-OFFIZIER: Halt dort, Jüdsche!

DER ERSTE MANN: *ihm wie unabsichtlich den Weg verstellend, laut zum zweiten* Die verfluchten Engländer, sag ich. Was geht ihr dreckiger Krieg uns an?

DER SS-OFFIZIER: *ihn beiseite schiebend* Aus dem Weg, Pack! Jüdin, stillgestanden! *Cornelia bleibt zitternd stehen. Er tritt dicht an sie heran.* Sie haben sich unterstanden, einen öffentlichen Luftschutzkeller zu betreten.

CORNELIA: Verzeihung, bitte. Ich habe mich dort im Flur des Hauses verborgen.

DER SS-OFFIZIER: Sie haben den Alarm benutzt, um eine leerstehende Wohnung zu plündern! Niedersetzen, das Diebesgut!

CORNELIA: *ihre Tasche an sich pressend* Ich habe meine Einkäufe gemacht. Es war die Einkaufsstunde.

DER SS-OFFIZIER: *brüllt* Niedersetzen, habe ich gesagt! *Cornelia stellt die Tasche zur Erde. Er gibt der Tasche einen Fußtritt, so daß das Gemüse auf den Boden rollt.* Sie werden die Beute nicht in Ihre Höhle schleppen!

DER ERSTE MANN: *der, wie die anderen, die stehengeblieben sind, dem Auftritt mit verhaltenem Unwillen folgt, halblaut* Es ist eine Schande.

DER SS-OFFIZIER: *sich scharf umwendend* Reißt wer sein Maul auf? *Zu Cornelia:* Was haben Sie in dieser Gegend zu suchen?

CORNELIA: Ich... ich wollte zur Post.

DER SS-OFFIZIER: Was hat Ihresgleichen bei der Post zu suchen? - Sie haben versucht, Ihren Judenfleck zu verstecken!

CORNELIA: *zitternd* Nein, nein! Ich trage ihn vorschriftsmäßig! Hier auf der Brust... vorschriftsmäßig! *Sie zeigt darauf.*

DER SS-OFFIZIER: Ich lüge also? Sie haben die Unverschämtheit, mich Lügen zu strafen? Hinknien! *Er greift nach seinem Gürtel.*

CORNELIA: Nicht! Bitte nicht!

DER SS-OFFIZIER: Hinknien! Wird's? *Cornelia kniet nieder. Er gibt ihr mit einer Peitsche, die er aus dem Gürtel zieht, einen Hieb über das Gesicht.* Ich werde dich Mores lehren, Judensau! Du wirst uns die Straßen nicht mehr mit deiner Pestilenz verstänkern! *Er geht ab.*

DER ERSTE MANN: Eine Schande ist es, daß es solche unter uns gibt.

PIETER: *zu Greet* Besser, wir gehen weg. Was starrst du die Frau so an?

GREET: *aufschreiend* Es ist Frau Cornelia! *Sie stürzt zu Cornelia hin, die sich mühsam aufrichtet, ihr Gesicht mit den Händen bedeckend.* Frau Cornelia! Liebe Frau Cornelia!

CORNELIA: *sie erkennend, erschrickt* Was wollen Sie von mir?

GREET: *in ihrer Erregung wie von Sinnen stammelnd* So muß ich Sie finden... Liebe, Liebste... So, so! In diesem Jammer! *Sie hilft ihr, aufzustehen.*

CORNELIA: Sie täuschen sich in mir. Ich kenne Sie nicht.

GREET: Ich habe es nicht gewußt! So habe ich es mir nicht vorgestellt! Verzeihen Sie mir? Verzeihen Sie... *Sie wirft plötzlich ihre Arme um Cornelia und küßt sie auf beide Wangen.*

CORNELIA: *leise* Ich danke Ihnen, Greet. Sie bringen sich in Gefahr.

GREET: Was kann ich für Sie tun? O Gott! O Gott! Ich bringe Sie nach Haus -

CORNELIA: Das dürfen Sie nicht! *Sehr laut, damit alle Anwesenden es hören:* Die Frau hat sich in mir getäuscht. Sie hat nicht gewußt, daß ich eine Jüdin bin! *Sie geht schnell ab.*

GREET: *ihr fassungslos nachblickend* Ich hab es gewußt.

PIETER: *zu ihr tretend* Bist du verrückt geworden?

GREET: Was denn? Warum?

PIETER: Eine Jüdin küssen! Auf offener Straße!

GREET: *jäh erschreckend* Was habe ich gemacht? Was habe ich gemacht?

PIETER: Mach schleunigst, daß du von hier wegkommst! *Er wendet sich zum Gehen.*

GREET: Laß mich nicht allein, Pieter! Ich habe Angst!

PIETER: Du nimmst besser einen andern Weg! *Er geht schnell weg.*

GREET: *angstvoll auf die Menge blickend, sagt nach einer längeren Pause stockend* Ich habe es nicht gewußt... daß es eine Jüdin war! *Sie stürzt hinaus.*

DER ZWEITE MANN: *ihr nachblickend, nach einigem Schweigen* Wer war die Frau?

DER ERSTE MANN: *mit verhaltener Drohung* Wollten Sie sie vielleicht anzeigen?

DER ZWEITE MANN: Die Frau hat uns gezeigt, wie wir alle handeln sollten.

Das gleiche Zimmer wie in der zweiten Szene. Immanuel und Uriel.

IMMANUEL: Ich merke seit einiger Zeit, daß etwas dich bedrückt. Etwas außer dem, was uns alle hier bedrückt.

URIEL: Nein, Papa.

IMMANUEL: Vergiß es für eine Weile, daß ich dein Vater bin! Ich bin auch dein Freund. Du hast keinen besseren.

URIEL: Ja, Papa.

IMMANUEL: Denk nicht, daß ich dich nicht verstehen kann, weil ich einer anderen Generation angehöre. Ich werde dich verstehen.

URIEL: Ja, Papa.

IMMANUEL: *ungeduldig* Du sagst: Ja - und denkst: Nein! Mach es mir nicht so schwer! So sprich doch endlich!

URIEL: *nach einer Pause, zögernd* Ich kann nicht tun, als ob, Papa.

IMMANUEL: Als ob? Wie meinst du das?

URIEL: *plötzlich ausbrechend* Ach, Papa! Wenn ich auch alle vierundzwanzig Gesänge der Odyssee auswendig wüßte, und alle Chorlieder der Tragiker dazu, und alle physikalischen und chemischen Formeln... ich werde das Abitur doch nicht machen!

IMMANUEL: Wie weißt du das? Ich bin überzeugt, daß du es machen wirst.

URIEL: Ich weiß es. Bei Tag berausche ich mich an der Schönheit Homers; dann vergesse ich's. In den Nächten aber weiß ich's. Und ich kann mich nicht darüber hinweg täuschen, wie Viola, die auf der Tischplatte Fingerübungen macht und ein phantastisches Tagebuch führt und imaginäre Briefe an sich selber schreibt -

IMMANUEL: Du bist ungerecht gegen Viola. Sie ist noch ein halbes Kind.

URIEL: Sie ist schon eine ganze Frau. Sie hat schon die List und Verschlagenheit der Frau. Sie schnurrt und gurrt und schmeichelt... und unversehens kratzt und beißt sie -

IMMANUEL: Ist dir nie der Gedanke gekommen, daß sie dich vielleicht lieb hat und um dich wirbt? Und daß sie beißt und kratzt, weil du sie zurückweist?

URIEL: Nein, der Gedanke ist mir nicht gekommen. *Wieder heftig:* Die Schönheit Homers! Ich gäbe diese ganze Herrlichkeit dafür hin, wenn ich nur wieder frei durch die Gassen gehen könnte, mit den Jungens mich balgen, rudern, schwimmen, lachen! Das ist Leben! Hier ist Gefangenschaft -

IMMANUEL: Wir können die Gefangenschaft nicht aufheben, aber wir können sie uns erträglich machen. Nun, du hast hier die Schönheit Homers entdeckt. Und ich - mein Leben lang hab ich mir gewünscht, die Geschichte unserer Familie zu erforschen und aufzuzeichnen. Ich hatte nie Zeit. Hier hab ich die Muße dazu gefunden. Das macht mir alles leichter.

URIEL: Ich kann keinen Trost daraus schöpfen, daß einer meiner Vorfahren der Ratgeber eines Großpensionärs war und ein anderer im Direktorium der westindischen Companie saß. Wir werden trotzdem verachtet und verfolgt -

IMMANUEL: Für mich ist es ein Stolz, daß wir würdige und hochgeachtete Vorfahren besitzen. Ein umso größerer, wenn wir verfolgt werden.

URIEL: *nach einer Pause* Du tust auch, als ob, Papa.

IMMANUEL: Als ob? Ich?

URIEL: Du hast dir vorgenommen, eine Familienchronik zu schreiben. Und du schreibst einen Roman.

IMMANUEL: Was schreibe ich? Einen Roman?

URIEL: Lauter rührende, ergreifende Szenen aus dem Leben lauter würdiger, edler Menschen! Ich glaube nicht an all den Edelmut. Ich glaube es nicht, daß dieser Benjamin Alkalay während des Aufstandes gegen de Witt sich für seinen Bruder aufopferte, indem er sich für ihn ausgab und ihn entfliehen ließ. So etwas gibt's nicht -

IMMANUEL: So? Ich nehme in die Chronik nichts auf, was ich nicht durch Dokumente beweisen kann.

URIEL: Dokumente lassen sich so lesen oder anders. Ich glaube auch nicht, daß das Rabbinerportrait Rembrandts den Ephraim Alkalay darstellt.

IMMANUEL: Rembrandt, der damals in der Breestraat wohnte, hat das Portrait im Jahr 1645 gemalt. In dem Brief von Mai 1645, den du kennst, schreibt der Rabbiner Ephraim Alkalay, daß er sich von einem Maler in der Breestraat portraitieren ließ.

URIEL: Das ist kein Beweis. Er war nicht der einzige Rabbiner in Amsterdam. Und vielleicht haben noch andere Maler in der Breestraat gewohnt. Ich hoffe es.

IMMANUEL: Warum hoffst du es? Es ist wohl eine Schande, von Rembrandt portraitiert zu werden?

URIEL: *hitzig* Wenn dieser Rabbiner den größten Künstler seines Jahrhunderts einen hochmütigen, aufgeblasenen Narren nennt, so war er entweder selber ein aufgeblasener Philister oder ein kläglicher Dummkopf, dessen ich mich nur schämen kann -

IMMANUEL: *schroff* Du bist bösartig geworden.

URIEL: *heftig* Kettenhunde werden bösartig! *Er geht schnell ab.*

IMMANUEL: *allein* Er glaubt mir nicht! *Uriel kommt sogleich zurück.*

URIEL: *leise* Verzeih, Papa! Ich wollte nicht -

IMMANUEL: Lassen wir's!

URIEL: Das ist es nicht. Es ist etwas anderes. Es muß einen Grund haben, daß wir überall gehaßt und verfolgt werden. Der Grund muß in uns selber liegen. Das ist es, was mich quält -

Es hat geläutet. Frau Appelbloom tritt ein, mit Viola, die ihr geöffnet hat.

FRAU APPELBLOOM: Guten Tag, Herr Doktor.

IMMANUEL: Guten Tag, Frau Appelbloom.

FRAU APPELBLOOM: Ich wollte nur nachschauen. Ich war etwas besorgt. Während des Alarms war niemand von Ihnen unten im Keller.

IMMANUEL: Wir können ruhig hier oben bleiben. Die Engländer haben wichtigere Ziele, als das Judenviertel in Amsterdam.

FRAU APPELBLOOM: Schade. Man möchte das Gefühl haben, daß man zusammengehört. Das gibt etwas Wärme und Sicherheit. Darf ich Sie einladen, am Abend zu uns zu kommen?

IMMANUEL: Ich habe am Abend eine Arbeit vor. Ein anderes Mal, Frau Appelbloom.

FRAU APPELBLOOM: Sie werden aber nichts dagegen haben, daß Fräulein Viola kommt. Sie bringt immer so viel Heiterkeit mit. Mein Geert ist oft ganz schwermütig -

VIOLA: Vielleicht werde ich kommen. Vielleicht nicht.

FRAU APPELBLOOM: Dann wollte ich Ihre Frau bitten, mir etwas Mehl und Zucker zu leihen. Ich konnte nichts einkaufen, wegen des Alarms.

IMMANUEL: Meine Frau ist ausgegangen.

FRAU APPELBLOOM: Sie war doch nicht draußen während des Alarms?

IMMANUEL: Was machen Sie denn so ein bedenkliches Gesicht?

FRAU APPELBLOOM: Man sagt, sie sind während des Alarms besonders scharf. Sie behaupten, die Juden geben den Flugzeugen geheime Zeichen.

IMMANUEL: Das ist doch dummes Gerede.

FRAU APPELBLOOM: Ich sage nur, was die anderen sagen. Und Ihre Frau ist noch nicht zurück?

IMMANUEL: Nein, sie ist noch nicht zurück.

FRAU APPELBLOOM: Die Ausgangszeit ist vorbei. Verständigen Sie mich sofort, sowie sie zurück ist. *Sie geht ab.*

VIOLA: Mutti kommt nicht zurück!

IMMANUEL: Laß dich durch das Geschwätz nicht ängstigen!

VIOLA: Die Ausgangsstunde ist um! Mutti kommt nicht zurück!

URIEL: Es ist nicht das erste Mal, daß sie während eines Alarms draußen ist.

VIOLA: Einmal kommt sie nicht mehr zurück! Deinetwegen ist sie ausgegangen!

URIEL: Meinetwegen?

VIOLA: Um bei der Post nachzufragen, ob ein Brief für dich dort liegt! Und du hast gewußt, daß Elli nicht mehr schreibt!

URIEL: *erschrocken nach einem Mantel greifend* Ich suche sie! Ich hole sie!

VIOLA: Du wagst es nicht! Du traust dich nicht!

IMMANUEL: Wollt ihr still sein!

URIEL: Ich - traue mich nicht?

VIOLA: Weil sie auf dich glotzen! Du schämst dich des gelben Flecks -

URIEL: *wirft den Mantel zu Boden und tritt mit den Füßen auf ihn* Ich will nicht den gelben Fleck! Da liegt er, der verfluchte Fleck! *Er rennt zur Tür. In diesem Augenblick tritt Cornelia ein.*

VIOLA: *ihr um den Hals fallend* Mutti! Wir waren in solcher Angst -

URIEL: Wo bist du so lange geblieben, Mutti?

CORNELIA: *sehr erregt* Ich hatte eine Begegnung. Eine wunderbare Begegnung.

VIOLA: Wo hast du die Einkaufstasche gelassen?

IMMANUEL: Was für ein roter Striemen ist das, quer über deinem Gesicht?

CORNELIA: Ach das! Ein SS-Mann hat mich mit der Peitsche ins Gesicht geschlagen.

URIEL: Hunde! Die tollen Hunde!

CORNELIA: Und dann... dann hat mich jemand geküßt!

IMMANUEL: Geküßt? Wer hat dich geküßt?

CORNELIA: Greet war auf einmal da. Sie hat mich umarmt und geküßt.

VIOLA: Greet? Unsere Greet?

CORNELIA: Ich werde mich nie mehr beklagen. Dieser Kuß... dieser Kuß hat alles ausgelöscht... den Schmerz und die Schande -

IMMANUEL: Sie hat es gewagt? Auf offener Straße?

CORNELIA: Es gibt noch Herzen dort draußen, die für uns schlagen! Wir sind nicht vergessen! Wir sind nicht verlassen!

Ein enges Zimmer in der sehr bescheidenen Wohnung Greets. Lodevijk im Gespräch mit Greet, die erst vor kurzem nach Hause gekommen ist und noch Hut und Mantel trägt.

LODEVIJK: Auf offener Straße?

GREET: Ich durfte es dir nicht verschweigen, Lodevijk.

LODEVIJK: Eine Jüdin küssen? Vor Hunderten Augen? *Greet schweigt.* Hattest du den Verstand verloren? Weißt du nicht, daß das ein offener Protest ist? Eine Herausforderung? Was sage ich! Daß das heute ein Verbrechen ist?

GREET: Ich tat es wie ohne Bewußtsein. Als ich es getan hatte, bin ich selber furchtbar erschrocken. So sehr, daß ich sie verleugnete.

LODEVIJK: Ja, hast du denn nicht daran gedacht, daß sie dich vom Fleck weg verhaften konnten?

GREET: Ich konnte nichts denken. Ich fühlte nur, daß sie unglücklich war, und daß ich ihr mein Mitgefühl zeigen mußte.

LODEVIJK: Du kannst doch nicht hingehen und jede Beliebige küssen, die unglücklich ist!

GREET: Es war keine Beliebige. Es war Frau Cornelia. Frau Cornelia war es!

LODEVIJK: Nun ja, gewiß. Du glaubst, daß keiner von denen, die es sahen, es anzeigen wird?

GREET: Ich glaube, daß alle dort Mitleid mit ihr fühlten.

LODEVIJK: Nun, danken wir Gott, daß es noch gut ausgegangen ist! Du siehst aber selber ein, daß du höchst unbedacht gehandelt hast?

GREET: Ich habe sehr unbedacht gehandelt.

LODEVIJK: Und du versprichst mir, etwas so Leichtsinniges nicht wieder zu tun?

GREET: Ich werde es nicht wieder tun. Ich verspreche es dir.

LODEVIJK: Steh nicht so da wie erstarrt! Es ist ja schon gut! Zieh den Mantel aus! *Greet steht regungslos.* Es hat dich erschüttert. Beruhige dich und zieh dich aus! Ich setze indessen Teewasser auf.

GREET: *steht regungslos. Nach einer längeren Pause sagt sie langsam:* Ich glaube nicht, daß es ein Verbrechen war.

LODEVIJK: Ich wollte dich nicht kränken. Ich bedaure das Wort, wenn es dich verletzt hat.

GREET: *wieder nach einer Pause* Ich fürchte, wir empfinden nicht mehr in gleicher Weise.

LODEVIJK: Doch, doch. Ich weiß ja, daß du nur aus gutem, mitleidigem Herzen gehandelt hast. Aber heutzutage ist es lebensgefährlich, ein mitleidiges Herz zu haben.

GREET: *steht in Nachdenken versunken. Dann sagt sie:* Ich habe es nicht gewußt, daß es so schlimm mit ihnen steht. Vielmehr, ich wollte es nicht wissen. Jetzt kommt es mir vor... wie ein Verrat.

LODEVIJK: Nein, nein. Du kannst dir keine Vorwürfe machen.

GREET: Du mußtest mehr wissen, als ich. Du hast es mir verhehlt. Wir haben nie darüber gesprochen. Es war wie eine schweigende Verschwörung.

LODEVIJK: Wozu sprechen? Wir können's doch nicht ändern.

GREET: *wieder nach längerem Schweigen* Sie waren voll Güte und Nachsicht und Geduld vom ersten Tag an, als ich zu ihnen kam. Damals war ich stumpf und blöd. Ich wußte nichts, ich konnte nichts. Sie schickten mich in die Abendschule. Sie ließen mich zur Pflegerin ausbilden. Sie haben mich zu sich emporgehoben. Ich war wie das Kind im Haus. Fünfzehn Jahre bin ich an ihrem Tisch gesessen. Ich habe ihnen alles zu verdanken -

LODEVIJK: Du bist ihnen nichts schuldig geblieben. Du hast redlich für sie gearbeitet.

GREET: Es war mein höchstes Glück, für sie arbeiten zu können. Der Doktor, er war wie ein Vater. Frau Cornelia leitete und lehrte und erzog mich wie eine ältere Schwester. Nie habe ich ein barsches Wort von ihnen gehört. Immer haben sie mich nur beschenkt. Sie waren für mich das höchste Vorbild -

LODEVIJK: Du könntest mich fast eifersüchtig machen.

GREET: Wenn solche Menschen... solche gütevolle Menschen geächtet sind... verfemt sind... und einen Schandfleck tragen müssen, daß jeder

Halunke sie bespeien darf, sie auspeitschen darf... nur, weil sie geboren sind... und weil sie besser und würdiger und edler sind... dann, dann...

LODEVIJK: Denk nicht daran! Es führt zu nichts.

GREET: Ich habe zuwenig daran gedacht. Ich fürchte, ich werde an nichts anderes mehr denken. *Nach einer Pause:* Ich glaube, der gelbe Fleck, den sie auf dem Mantel trug, hat sich in mein Herz eingebrannt. Nun brennt er dort wie ein wildes Feuer -

LODEVIJK: Greet! Liebe Greet! Ich bitte dich -

GREET: Ich denke, ich würde es nochmals tun. Zum zweitenmal würde ich es mit Bewußtsein und Vorbedacht tun.

LODEVIJK: Um Himmelswillen! Willst du dich durchaus zugrunde richten?

GREET: Ich kann sie nicht in ihrem Elend lassen! Man muß ihnen helfen, sie retten. Hilf mir, Lodevijk!

LODEVIJK: Helfen? Retten? Wie stellst du dir das vor?

GREET: *verzweifelt* Ich weiß nicht! Ich weiß es nicht! Ich weiß nur, daß ich so nicht länger leben kann!

Zwischenakt

Man sieht die Umrisse eines Zimmers. Greet im Gespräch mit Vanderdaalen.

VANDERDAALEN: Ihnen helfen?

GREET: Man muß ihnen helfen, Doktor Vanderdaalen.

VANDERDAALEN: Wie stellen Sie sich das vor, Frau Noorden?

GREET: Ich weiß nicht. Ich hatte gehofft, Sie würden mir raten.

VANDERDAALEN: Ich weiß keinen Rat. Ich bin ohne Rat.

GREET: Der Jammer! O Gott! Die Erniedrigung!

VANDERDAALEN: Wir sind ein besiegtes Volk. Wir werden niedergetreten und geknechtet. Wir sind ohnmächtig, die Einzelnen und das Volk. Wir müssen es hinnehmen.

GREET: Hinnehmen? Die Unmenschlichkeit?

VANDERDAALEN: Knirschend. Mit geballten Fäusten. Mit Gram und mit Empörung. Aber doch es hinnehmen.

GREET: Und müßig dabeistehen? Zuschauen, wie unschuldige Menschen entwürdigt und gequält werden?

VANDERDAALEN: Was können wir unternehmen? Wir würden ihnen nicht nützen. Wir würden nur uns selbst ins Verderben stürzen.

GREET: Ich hatte geglaubt, Sie sind sein Freund.

VANDERDAALEN: Das bin ich. Sagen Sie ihm, daß ich sein Freund geblieben bin. Daß ich diese barbarischen Dinge verabscheue. Und sein Los aus ganzem Herzen beklage -

GREET: Sagen! Sagen! Aber was tun?

VANDERDAALEN: Es tut mir bitter leid. Für die Juden können wir nichts tun.

Schnelle Verdunkelung. Man sieht die Umrisse eines anderen Zimmers. Greet im Gespräch mit Pastor Groothuisen.

GROOTHUISEN: Den Juden helfen?

GREET: Ja, Herr Pastor.

GROOTHUISEN: Es ist abscheulich, wie man mit den Juden verfährt. Nicht nur mit den Juden. Sie sind eine Christin, Frau Noorden.

GREET: Ich habe gedacht: wenn wir Christen sind... gerade weil wir Christen sind -

GROOTHUISEN: Es ehrt Ihr Herz. Wenn es Sie drängt, zu helfen, es gibt viele Christen, die der Hilfe bedürftig sind.

GREET: Die Christen werden nicht verfolgt, weil sie Christen sind. Die Christen können sich selber helfen. Die Juden sind es, die verfolgt werden, von Christen verfolgt -

GROOTHUISEN: Nicht von Christen. Die sie verfolgen, sind Antichristen.

GREET: Umso mehr müßten wir Christen den Verfolgten helfen -

GROOTHUISEN: Vergessen Sie nicht, christlich ist es, zu dulden.

GREET: Das Unrecht, das uns selber geschieht. Nicht das Unrecht, das an andern getan wird. Wenn wir das dulden, machen wir uns mitschuldig -

GROOTHUISEN: Nehmen wir den entgegengesetzten Fall. Wenn Christen verfolgt würden, denken Sie, die Juden würden sich sehr bemühen, ihnen zu helfen?

GREET: Das weiß ich nicht. Der Fall liegt nicht vor. Die Menschen, die mir die größten Wohltaten erwiesen haben, waren Juden. Sie haben mehr für mich getan, als Vater und Mutter -

GROOTHUISEN: Wir können für die Juden leider nichts tun.

Schnelle Verdunkelung. Die Umrisse eines anderen Zimmers werden sichtbar. Greet spricht mit dem Rechtsanwalt Bredius.

BREDIUS: Gesetze, meinen Sie?

GREET: Es muß doch Gesetze geben, die solche Verbrechen verbieten, Herr Rechtsanwalt.

BREDIUS: Sie sind da im Irrtum. Die Gesetze werden von denen gegeben, die die Macht dazu haben. Nach diesen Gesetzen sind es keine Verbrechen.

GREET: Das kann nicht sein. Solche Gesetze kann es nicht geben.

BREDIUS: Die Juden stehen außerhalb des Gesetzes.

GREET: Und jeder, der dazu Lust hat, kann ihnen straflos jedes Unrecht tun?

BREDIUS: Was Sie Unrecht nennen, ist das heute geltende Recht. Wir können nichts dagegen tun.

GREET: Wenn das das Recht ist, darf man's nicht achten -

BREDIUS: Das darf ich nicht hören, Frau Noorden -

GREET: Dann ist es recht, sich dagegen zu empören-

BREDIUS: Sie wenden sich an die falsche Adresse. Wenn Sie an etwas Ungesetzliches denken, wenden Sie sich besser an die Illegalen von der Untergrundbewegung.

GREET: Die Illegalen? Wo gibt es die?

BREDIUS: Darüber kann ich Ihnen keine Auskunft geben. Suchen Sie sie!

Schnelle Verdunkelung.

Zweiter Akt

Ein einfacher Raum, der zugleich Wohn- und Arbeitszimmer ist. Zwei Türen. Nichts deutet darauf hin, daß der Raum der geheime Treffpunkt von Mitgliedern der Untergrundbewegung ist. Die Szene spielt etwa zwei Monate später. Terhalden und Greet.

GREET: Hier sind zehn Lebensmittelkarten.

TERHALDEN: Woher haben Sie die wieder?

GREET: Nicht gestohlen. Sie wissen, ich bin nicht fürs Stehlen, Terhalden.

TERHALDEN: Ich auch nicht. Wenn wir sie uns auf andere Weise verschaffen können.

GREET: Es gibt Menschen, die freiwillig auf sie verzichten.

TERHALDEN: Es muß wohl solche Menschen geben. Nur daß, wie es scheint, niemand außer Ihnen sie ausfindig macht.

GREET: Ich bitte Sie, dem jungen Borck, den ich Ihnen schickte, eine Aufgabe zuzuweisen.

TERHALDEN: Ich wage es nicht. Er ist noch unerprobt.

GREET: Ich bürge für ihn.

TERHALDEN: Sie ziehen die Menschen an. Sie stecken sie an. Sie verführen sie dazu, Opfer zu bringen. Wie machen Sie das, Frau Noorden?

GREET: Ich mache nichts. Ich glaube an die Gerechtigkeit unserer Sache. Und ich glaube, daß auch in anderen der Durst nach Gerechtigkeit brennt. - Vertrauen Sie, bitte, den Transport der Hellstein-Kinder mir an!

TERHALDEN: Sie überlassen das Ihrem Verbindungsmann. Es ist für Sie zu gefährlich.

GREET: Für meinen Verbindungsmann ist es weniger gefährlich?

TERHALDEN: Wir haben andere Aufgaben für Sie. Wir können Sie nicht mehr entbehren. *Da Greet erwidern will:* Ich muß Sie daran erinnern, daß Sie sich verpflichtet haben, bedingungslos Disziplin zu halten.

GREET: *nach einer Pause* Dann ist hier die Familie Silberschmied. Sie sind als Emigranten besonders gefährdet. Sie haben fünf Kinder - *Es wird stark und anhaltend geläutet.*

TERHALDEN: *leise* Gehen Sie in Deckung! *Greet ab. Terhalden öffnet die Tür und läßt Lodevijk eintreten.*

LODEVIJK: *in heftigster Erregung* Ich will meine Frau zurück!

TERHALDEN: Terhalden. Wen suchen Sie hier?

LODEVIJK: Noorden. Meine Frau. Ich hole sie mir. Ich will sie zurück!

TERHALDEN: Möchten Sie mir nicht erklären -

LODEVIJK: Sie verbergen sie! Sie zwingen sie, sich an Ihren Machinationen zu beteiligen!

TERHALDEN: Wir zwingen keinen. Wir weisen aber auch keinen zurück, der sich freiwillig erbietet, mit uns zu arbeiten.

LODEVIJK: Ich weiß, was für eine Arbeit das ist. Ich zeige Sie an! Ich sprenge Ihnen die Bude in die Luft -

TERHALDEN: Ich kann Sie nicht hindern, Ihre Frau anzuzeigen, wenn Sie das für richtig halten.

LODEVIJK: *außer sich* Ich will sie zurück! Sofort! Hören Sie! Augenblicklich! Sonst... sonst -

TERHALDEN: Sie sprechen besser mit ihr selber. *Er geht ab. Nach einer Weile tritt Greet ein.*

GREET: *ruhig lächelnd* Du bist es Lodevijk! Du schlägst Alarm in einer fremden Wohnung. So habe ich dich früher nicht gekannt.

LODEVIJK: *der sich sofort, wie sie eingetreten ist, gefaßt hat* Ich habe dich lange gesucht. Ich habe dich erst heut entdeckt.

GREET: Warum suchst du mich? Du weißt doch, daß ich unter die Verbrecher gegangen bin.

LODEVIJK: Du hast das Wort nicht verschmerzt.

GREET: Das Wort trifft zu. Wir stehlen Lebensmittelkarten zusammen. Wir fälschen Identitätsausweise. Wir bestechen Beamte und schleusen Kinder über die Grenze. Lauter Verbrechen -

LODEVIJK: Ich habe viel nachgedacht, seit du von mir weg bist. Ich empfinde jetzt wie du. Gegen Verbrechen sich aufzulehnen ist kein Verbrechen.

GREET: Das freut mich, Lodevijk. Es freut mich unsäglich.

LODEVIJK: Gib's auf Greet! Sei wieder meine Frau!

GREET: Du armer Mann! Du hast jetzt keinen, der dir die Hemden plättet und die Knöpfe annäht -

LODEVIJK: Da kannst du noch scherzen. Ich bin sehr einsam, ohne dich. Komm nach Haus!

GREET: Ich habe kein Haus mehr. Nur noch eine Schlafstelle. Jede Nacht eine andere.

LODEVIJK: *nach einer Pause* Ich kann es nicht fassen, daß du zur Rebellin geworden bist. Du bist dazu nicht geschaffen. Es ist gegen deine Natur.

GREET: Eine Rebellin...! Ich! Ich habe ja immer Angst! Kannst du dir das vorstellen: eine angstgequälte Rebellin?

LODEVIJK: Wie hältst du dann dieses gefährliche Leben aus?

GREET: Du vergißt die Freude. Die Freude hungernder Menschen, denen wir eine erbeutete Lebensmittelkarte zustecken. Die Freude verzweifelter Eltern, deren Kinder wir in Unterschlupf gebracht haben. Unsere eigene Freude, die uns für alles entschädigt.

LODEVIJK: *nach einer Pause* Ich wollte dir einen Vorschlag machen. Wenn du so sehr an ihnen hängst, nimm die Alkalays zu uns! Sie werden in unserer Wohnung gesicherter sein, als im Judenviertel. Dort fallen sie einmal einer Razzia zum Opfer.

GREET: Das willst du? Wirklich, Lodevijk? Mir zuliebe?

LODEVIJK: Ich will dir zuliebe alles tun, was du wünscht.

GREET: Wie aber würde das sein? Am Anfang würdest du froh und stolz darüber sein, daß du dich zu einem Opfer durchgerungen hast. Doch wenn es dann dauert, Wochen lang, Monate lang, Gott weiß wie lang! Bedenk nur: so viele Menschen in unsern zwei engen Stuben! Wir würden keine Stunde für uns allein haben. Jeder würde jedem auf die Zehen treten. Und die Schwierigkeit, alle die Münder zu füttern. Das Mißtrauen der Nachbarn. Die Gefahr der Entdeckung. Sie würden dir auf die Nerven gehen. Du würdest anfangen, sie zu hassen. Am Ende würdest du auch mich hassen, weil du mir zulieb das Opfer gebracht hast -

LODEVIJK: Niemals Greet, das könnte nie geschehen.

GREET: Ich bin auch nicht sicher, ob sie es annehmen würden. Der Doktor ist stolz, ich kenne ihn. Ich bin sogar sicher, daß er es ablehnen würde.

LODEVIJK: Wenn du ihn bitten würdest! In unser beider Namen.

GREET: Wie soll ich das? Ich sehe sie nie.

LODEVIJK: Was? Ich hatte geglaubt, du wagst das alles nur ihretwillen.

GREET: Er hat es mir untersagt, sie aufzusuchen, du weißt es. Ich habe mich seinem Willen nie widersetzt. Ich lasse ihnen manchmal ein Päckchen Kaffee oder Schokolade hinschmuggeln; das ist alles, was ich wage. - Und selbst wenn sie das Angebot annehmen, es blieben immer noch Tausende Verfolgte, zehntausende -

LODEVIJK: Willst du Zehntausenden helfen?

GREET: Ich würde keine Ruhe finden. Du würdest wenig Freude an mir haben, Lodevijk.

LODEVIJK: *traurig* Du wirst noch zur Märtyrerin werden. Ich glaube beinahe, du willst es werden.

GREET: Ich? Ich fürchte mich davor. Ich entsetze mich davor. Ich habe dir doch gesagt, ich bin immer voll von Angst.

LODEVIJK: Du hast dich sehr verändert. Es ist etwas Fremdes um dich. Etwas... Unheimliches. Als wärst du nicht die selbe Frau... die ich umarmt habe.

GREET: Ich habe mich nicht verändert. Du hast mich vielleicht nur nicht gekannt. Ich habe mich selber nicht gekannt.

LODEVIJK: *nach einer Pause, heftig ausbrechend* Ich ertrage es nicht, daß wir nicht mehr in Eintracht sind! Wenn du so fest entschlossen bist, neue Wege zu gehen, so bin ich es auch. Ich will mit euch zusammenarbeiten -

GREET: *heftig* Nein! Ich will es nicht! Du darfst es nicht.

LODEVIJK: *niedergeschlagen* Du willst nicht, daß ich an deinem Leben teilnehme. Du hast mich nicht mehr lieb.

GREET: Du willst es nur mir zuliebe tun. Das ist nicht genug, Lodevijk. Das ist kein Grund.

LODEVIJK: Kein Grund? Was ist denn ein Grund?

GREET: *stockend, wie widerwillig* Wenn... das Feuer... dich ergreift. Vielleicht fällt... der Feuerbrand... einmal auch dir ins Herz.

LODEVIJK: Wenn das Feuer mich ergreift. Dann wirst du es mir erlauben?

GREET: Dann wirst du mich nicht um Erlaubnis fragen. - Geh jetzt, Lodevijk! Nein, geh nicht! Umarme mich! Denkst du, ich sehne mich nicht danach, daß du mich umarmst?

GREET: *umarmt sie; dann reißt er sich los* Es wird auch mich ergreifen... Das Feuer. Ich hoffe es. *Er geht ab. Greet steht eine Weile still. Dann öffnet sie die andere Tür. Terhalden tritt ein.*

TERHALDEN: Er ist gegangen? Als Feind?

GREET: Als Freund. Er hat mir angeboten, mit uns zusammenzuarbeiten. Ich habe ihn abgewiesen.

TERHALDEN: Als Freund? Eben erst war er rasend vor Zorn. Wie haben Sie das nur wieder gemacht?

GREET: Das können Sie noch fragen? Ich habe ihn doch lieb.

TERHALDEN: Und trotzdem haben Sie ihn abgewiesen?

GREET: Trotzdem? Deshalb! Ich will ihn vor dem Schicksal bewahren, dem ich nicht entgehen werde.

TERHALDEN: *blickt sie lange an; dann mit Wärme* Sie haben genug für unsere Sache getan. Es wäre schade um Sie, Frau Greet. Gehen Sie zu Ihrem Mann zurück, ehe es zu spät ist!

GREET: *antwortet ihm nicht; dann sagt sie sachlich:* Wir sprachen von der Familie Silberschmied. Sie sind Emigranten und sie haben fünf Kinder. Es muß sofort ein Unterschlupf für sie gefunden werden.

Einige Wochen später. Das Zimmer der Alkalays. Immanuel schreibt; Uriel sitzt über einem Buch. Cornelia bessert Wäsche aus. Viola steht am Fenster. Man hört, weit entfernt, das Geräusch abfliegender Flugzeuge. Nach einiger Zeit ertönt das Entwarnungssignal.

CORNELIA: Sie fliegen zurück.

VIOLA: *leise* Nehmt mich mit! Oh, nehmt mich mit!

IMMANUEL: Heut wagt sich niemand mehr auf die Straße hinaus. Den ganzen Tag lang kein einziger Patient.

VIOLA: Heut kommt gewiß kein Päckchen mehr von Greet.

CORNELIA: Eine deutsche Stadt hat wieder dran glauben müssen. Berlin oder Köln.

IMMANUEL: Berlin in Flammen. Köln in Flammen. Hamburg ein Flammenmeer. Was nützt uns das? Wenn die Invasion nicht kommt!

VIOLA: Sie kommt! Sie kommt!

URIEL: Im Radio. Ja. Wann aber kommt sie? Das verrät uns dein vielgeliebtes Radio nicht.

VIOLA: *geht zum Radio und spricht zu ihm, wie zu einem lebenden Wesen, indem sie mit den Händen streichelnd darüberfährt* Wann kommt die Invasion? Wann kommt die Rettung? Bitte, bitte, sag es uns! - Du bist unser letzter Freund. Wir sind arme Gefangene. Du bist die einzige Stimme, die aus der weiten Welt noch zu uns dringt. Du bist unser Orakel, unser ganzes Wissen, unser ganzer Trost -

URIEL: Nun, was verkündet dein Orakel?

VIOLA: *dreht den Knopf; man hört Musik* Musik? Du hast mich hundertmal mit Musik getröstet. Musik ist kein Trost mehr. Und tröst uns auch nicht mit vagen Versprechungen! Ruf uns nicht auf zu Tapferkeit und Geduld! Wir waren schon zu lange geduldig. Unsere Tapferkeit ist zu Ende. Wir sind am Rand der Verzweiflung -

URIEL: Dein Freund scheint stumm zu sein. Sonst ist er so redselig.

VIOLA: *gegen das Radio* Hör nicht auf ihn! Er ist ein häßlicher Spötter. Ich habe dich lieb. Ich vertraue auf dich. Du wirst mein Vertrauen nicht täuschen. Ein Freund muß aufrichtig sein, nicht wahr? Sag mir die Wahrheit, auch wenn sie hart ist! Kommt die Invasion? Sag es, bitte, bitte -

URIEL: Die Invasion wird kommen. Das Land wird befreit werden. Dazu brauchst du kein Orakel -

VIOLA: Ja, ja! Nicht wahr?

URIEL: Sie wird kommen. Aber nicht für uns! Für uns zu spät. Wir werden schon vertrieben sein, verschleppt, in einem Lager verfault, vielleicht erschlagen -

VIOLA: Du lügst! Du lügst!

URIEL: Du willst Wahrheit. Wenn du sie bekommst, schreist du: Du lügst!

VIOLA: Du lügst! Ich will das nicht hören! *Sie rennt hinaus.*

URIEL: Nein, die Wahrheit willst du nicht hören! *Zur andern Tür hinaus.*

IMMANUEL: *schiebt die Papiere von sich und steht ungestüm auf* Wozu noch? Wozu?

CORNELIA: Glaubst du auch, daß das die Wahrheit -?

IMMANUEL: Wozu sitze ich hier und schmiere dieses Zeug? Es ist für keinen gut. Niemand wird's drucken, niemand wird's lesen -

CORNELIA: Was macht das aus? Wenn's dir nur Freude macht!

IMMANUEL: Freude? Es macht mir nicht Freude. Dazu müßte ich einen Glauben haben. Ich müßte noch glauben können, daß ein ungebrochener, lebendiger Strom von Generation zu Generation geht. Daß die Taten und Leiden der Vorfahren, ihre Wünsche und Bestrebungen fortwirkend in uns weiterleben. Daß wir unsere Träume, Triebe und Ideale an unsere Kinder vererben. Mein eigener Sohn verachtet, was ich tue -

CORNELIA: Du irrst dich, Immanuel. Gewiß, du irrst dich. Er liebt und verehrt dich. Er ist nur zu verschlossen, um es zu zeigen.

IMMANUEL: Er hat ja recht: ich tue, als ob. Ich spiele den Archivar und Autor, nur weil niemand mehr mich als Arzt braucht. Ich versenke mich in eine glanzvolle Vergangenheit, nur um der grauenhaften Gegenwart zu entfliehen. Ich wühle in vergilbten Manuskripten, um die fürchterliche Angst zu vergessen. Ich betrüge mich selbst -

CORNELIA: Du hast uns alle bis jetzt aufrecht erhalten. Wenn auch du die Kraft verlierst!

IMMANUEL: Ich habe sie längst verloren. Ich liege in den Nächten schlaflos, wie du. Ich lausche angstvoll auf die Geräusche der Straße hinaus und fühle es, und fühle es, wie du neben mir ebenso hinauslauschst. Ich warte bangend darauf, daß wilde Fäuste an unsere Tür trommeln, um uns abzuholen -

CORNELIA: Du darfst nicht so denken. Du mußt arbeiten -

IMMANUEL: Ja, ja. Ich werde weiter arbeiten. Weiter schmieren. Mich weiter betrügen. Was bleibt mir sonst übrig? *Es hat geläutet. Frau Appelbloom tritt ein, hinter ihr Viola und Uriel.*

FRAU APPELBLOOM: *sehr erregt* Kommen Sie schnell, Herr Doktor!

IMMANUEL: Was gibt es, Frau Appelbloom?

FRAU APPELBLOOM: Ich weiß nicht. Ich weiß nicht. Ich habe Angst. Geert... Geert... er antwortet nicht.

IMMANUEL: Wovor haben Sie Angst?

FRAU APPELBLOOM: Gestern hatte er Kopfschmerzen. Er sagte, er wollte ein Schlafmittel nehmen. Er bat mich, ihn nicht zu wecken, auch wenn ein Alarm kommt. Er war die letzten Tage schon ganz melancholisch -

IMMANUEL: So reden Sie! Ist er nicht wohl?

FRAU APPELBLOOM: Vorhin kriegt ich's mit der Angst. Ich rufe ihn; er antwortet nicht. Ich will die Tür öffnen; sie ist verriegelt. Die Schachtel mit meinen Tabletten ist verschwunden. Er hat etwas angestellt! Er hat etwas angestellt -

IMMANUEL: *nimmt seine Arzttasche* Kommen Sie, Frau Appelbloom! *Er geht hinaus.*

FRAU APPELBLOOM: Warum hat er mir das angetan? Wie konnte er nur - *Ab.*

VIOLA: *in größter Erregung zu Cornelia stürzend* Ich bin nicht schuld dran! Du darfst es nicht glauben, Mutti! Es ist nicht meine Schuld!

CORNELIA: Was für eine Schuld?

VIOLA: Er hat es mir gesagt. Er hat mir damit gedroht. Ich glaubte, er wollte mich nur schrecken. Ich habe ihn ausgelacht -

CORNELIA: Warum hast du's verschwiegen?

VIOLA: Er sagte, er liebe mich. Es ist ja nicht wahr! Er wollte mich küssen. Ich lasse mich nicht küssen -

CORNELIA: Du hast mit ihm gespielt, Viola.

VIOLA: Ich werde nett zu ihm sein! Ich will ihn nicht wieder auslachen! Ich werde alles tun, was er will! Er soll sich nur nichts angetan haben -

CORNELIA: Er wird schon nicht. Beruhige dich -

VIOLA: Und ich will mich bessern, Mutti! Ich werde nicht mehr faul und keck sein. Ich werde dir bei jeder Arbeit helfen. Wenn er sich nur nicht umgebracht hat - *Immanuel kommt zurück; sie schreit auf:* Hat er sich umgebracht?

IMMANUEL: Er hat eine Dosis Luminal geschluckt.

VIOLA: Ist er tot?

IMMANUEL: Die Dosis war zum Glück nicht groß genug. Morgen steht er wieder auf den Beinen.

VIOLA: Nun grade nicht! Justament nicht!

IMMANUEL: Der Junge verdient Prügel. Seiner Mutter einen solchen Schrecken einzujagen!

VIOLA: Er macht alles halb und schlecht. Der wird nie ein Mann! Nun grad werd ich ihn auslachen! Nur noch derber -

CORNELIA: Hast du nicht eben versprochen -?

VIOLA: Jetzt kann er lange betteln! Ich lasse mich nicht schrecken, ich nicht! Da kann er alt und grau werden, eh er einen Kuß kriegt -

IMMANUEL: Ich will nicht hoffen, Viola, daß du da mit im Spiel warst!

VIOLA: Ein dummer Junge! Ein Lausejunge! *Sie bricht ab.* Ach was! Die Stunde für Holland! *Sie geht zum Radio und dreht es auf.*

IMMANUEL: *zu Cornelia* Möchtest du mir nicht erklären -

CORNELIA: Du siehst, sie ist außer sich. Wir sprechen morgen darüber.

VIOLA: *am Radio* Tapferkeit? Geduld? Sprichst du wieder von Tapferkeit und Geduld? Ich habe das hundertmal gehört. Ich will's nicht länger hören! Und auch keine zweideutigen Versprechungen mehr! Hörst du? Ich will nicht -

URIEL: *nervös* Stell das Radio ab!

VIOLA: *dreht am Knopf* Musik? Ich will auch keine Musik mehr! Kannst du nur ewig das Gleiche plappern, wie ein albernes Grammophon? Red wie ein vernünftiges Wesen! Lüg nicht länger! Sprich endlich die Wahrheit -

URIEL: Stell's ab! Ich halte es nicht aus.

VIOLA: *am Radio* Du hast mich immer nur belogen und betrogen! Ich hasse dich! Du verräterisches Orakel! Verfluchter Musikkasten! Du niederträchtige Schwatzdose! Ich zerbreche dir die Lampen! Ich reiße dir die Drähte aus dem Leib! Ich schlage dich in Stücke und schmeiße dich auf den Misthaufen - *Sie schlägt gegen das Radio los.*

URIEL: *springt plötzlich auf und beginnt, wild mit den Fäusten gegen die Tür zu hämmern* Ich will hinaus! Ich will hinaus!

CORNELIA: Uri! Viola! Um Gottes Willen -

URIEL: *schreit* Holt mich ab! Schleppt mich weg! Nur macht schon ein Ende!

Eine bescheidene Wohnküche bei Pieter, Greets Bruder. Pieter und Hendrickje sind auf der Bühne. Greet tritt ein; sie ist sehr erregt.

PIETER: Was willst du hier?

GREET: Nur für eine halbe Stunde -

HENDRICKJE: Wir wollen nichts mit dir zu schaffen haben! Wir haben es dir deutlich gesagt.

GREET: Einer war mir auf den Fersen. Euer Haus war in der Nähe.

PIETER: *erschrocken* Willst du die Hunde uns auf den Hals hetzen?

GREET: Ich habe mich ihm entzogen. Aber der Schreck ist mir in die Glieder gefahren. Wenn ich jetzt hinaus muß, bin ich geliefert.

HENDRICKJE: So bleib! Aber nur dieses eine Mal. Wir sind nicht deine Spießgesellen.

PIETER: *nach einer Weile, aggressiv* Kannst du uns nicht in Frieden lassen? Willst du vielleicht auch uns in deine Netze ziehen?

GREET: Ich will nichts. Nur etwas ruhiger werden.

PIETER: Ich weiß schon, was du willst! Mir Vorwürfe machen. Denkst du, ich hasse die Nazis weniger, als du?

GREET: *müde abwehrend* Ich hasse sie nicht. Ich hasse niemand.

PIETER: Nicht? Nun, ich hasse sie. Und ich hoffe, es zu erleben, wie sie ärschlings aus dem Land fliegen.

GREET: Wie soll das sein, Pieter? Wenn alle in den Rüstungsfabriken für sie arbeiten würden, wie du?

PIETER: Was soll ich tun? Revoltieren? Sabotage machen? Ich will nicht als Zwangsarbeiter verschleppt werden! Ich will nicht drüben in einem Sklavenlager krepieren. Ich habe für Frau und Kinder zu sorgen -

HENDRICKJE: Laß ihn ungeschoren! Sonst kriegst du's mit mir zu tun! Er ist ein braver Mensch. Ein guter Mann und Vater -

PIETER: Ich bin kein Held, ich weiß es. Aber ich bin im Krieg nicht schlechter gewesen als alle andern. Wenn das Volk mich ruft, werde ich auch wieder kämpfen.

GREET: Es ruft. Unzählige Unglückliche rufen -

PIETER: Die Juden sind nicht mein Volk. Ich hab nichts gegen sie, aber auch nichts für sie. Das Hemd ist mir näher als der Rock.

GREET: Ach, Pieter! Du hast einmal anders gedacht.

PIETER: Du lügst! Ich bin nie ein Kommunist gewesen. Ich habe mich von der dreckigen Bande längst getrennt. Wenn du glaubst, du hast mich in der Hand, bist du auf dem Holzweg!

HENDRICKJE: Du kannst leicht die barmherzige Samariterin machen. Deinem Mann bist du durchgebrannt, Kinder hast du keine -

GREET: Wenn ich Kinder hätte, dann erst recht! Ich möchte nicht die Augen vor ihnen niederschlagen müssen, wenn sie einmal mich fragen würden -

HENDRICKJE: Was werden sie viel fragen? Sie haben immer zu essen gehabt. Und reichlich!

PIETER: Ich tue nichts schlimmes. Eure verfluchten Händel gehen mich nichts an. Meine Ruh will ich haben!

GREET: Ja, ihr seid satt und zufrieden. Ihr seid fett geworden.

HENDRICKJE: Ist's hübscher, hundemager zu sein, wie du? Pieter hat die Fetten gern.

GREET: Wenn ihr nur habt! Euer reichliches Essen und eure gemütliche Ruh! Das Elend der andern geht euch nichts an. Eure Herzen sind verfettet.

PIETER: Du unterstehst dich? Hinaus mit dir!

HENDRICKJE: Bleib hier und halt den Rand. Ich will dich ihnen nicht in die Arme treiben. So verfettet ist mein Gewissen noch nicht.

GREET: *sitzt still; nach einer Weile springt sie auf* O Gott! Mein Gott! Ich sitze hier -

HENDRICKJE: Was hast du? Kannst du nicht auf deinen vier Buchstaben hocken?

GREET: Ich kann nicht bleiben, ich habe einen Auftrag.

HENDRICKJE: Was für einen Auftrag? Du darfst nicht hinaus!

GREET: *geht zur Tür* Laß mich, ich muß ihn ausführen.

HENDRICKJE: Was für cinen Auftrag? So rede! Denkst du, ich renne hin und verpetze dich? Ich spei auf die Horde -

GREET: *wie im Fieber* Ein schwedischer Kapitän hat uns angeboten, zehn junge Leute ins Ausland zu schaffen. Du sagst es keinem, Hendrickje! Ich habe es durchgesetzt, daß Uri einer dieser zehn ist!

HENDRICKJE: Uri? Uriel Alkalay?

GREET: Er. Er. Er muß noch am Abend aus der Stadt. Es ist nicht viel Zeit -

HENDRICKJE: Wie soll das sein? Wo liegt das Schiff?

GREET: Bei einer der Inseln. Ich weiß das Nähere nicht. Das weiß nur mein Verbindungsmann.

HENDRICKJE: Du hast den Auftrag bekommen, Uri zu verständigen?

GREET: Ich habe mich dazu gedrängt. Mein Gefühl hat mich gewarnt. Und doch habe ich mich dazu gedrängt. Grad heut muß mir das geschehn! Grad heut -

HENDRICKJE: Was jammerst du? Liegt dir so schrecklich viel an ihm?

GREET: Ich habe ihn auf den Armen getragen. Er hat auf meinem Schoß gespielt. Wenn er krank war, habe ich mit seiner Mutter an seinem Bett gewacht. Ich habe ihn auf dem ersten Schulgang begleitet. Ich habe keine eigenen Kinder. Er ist mir wie ein leibliches Kind -

HENDRICKJE: So lieb hast du ihn?

GREET: Du weißt, wie eine Mutter fühlt. Ich würde mein Herzblut für ihn hergeben. Ich würde mein Leben lassen, um das seine zu retten. Ich muß gehen -

HENDRICKJE: Wenn du jetzt gehst, in diesem Zustand, schnappen sie dich.

GREET: Ich werde ihnen doch nicht entrinnen. Egal, ob sie mich heut schnappen, oder morgen.

HENDRICKJE: Wenn sie dich heut schnappen, wird Uri nicht gerettet werden.

GREET: *verzweifelt* Durch meine Schuld! Durch meine Selbstsucht! Ich habe nur an mich selbst gedacht! Ich wollte es keinem andern gönnen, ihm die Nachricht zu bringen. Und nun habe ich selber alles verdorben! Ich Erbärmliche! Ich Elende -

HENDRICKJE: Ich bringe ihm die Nachricht!

GREET: Du? Du willst, Hendrickje -?

PIETER: Bist du toll? Das kann nicht sein.

HENDRICKJE: Ich habe meinen Ausweis. Ich bin die Frau eines Rüstungs-
arbeiters. Und ich bin fett. Das macht mich unverdächtig.

GREET: Es ist gefährlich, sich im Judenviertel zu zeigen.

HENDRICKJE: Sie wohnen nicht weit. Ich komme schon durch. Wenn
mich einer stellt, spiele ich die Blöde und lächle ihn an. Sie machen
den Dicken nichts -

PIETER: Du gehst keinen Schritt! Ich erlaube es nicht.

HENDRICKJE: Du wirst es mir nicht verbieten! Die Männer begreifen
nichts. Die Männer haben kein Herz. Wir Mütter verstehen einander.
Hast du was Schriftliches?

GREET: Nichts Schriftliches. Er wird Punkt neun abgeholt. Der Mann, der
ihn aus der Stadt bringt, wird im Tor des gegenüberliegenden Hauses
stehen. Er wird einen braunen Lederrock tragen und hohe Stiefel. Er
wird das Kennwort sagen: Wilhelm der Schweiger -

HENDRICKJE: Gut, gut. Wilhelm der Schweiger.

GREET: Uri darf nichts mit sich nehmen, kein Bündel, keine Mappe,
nichts, was auffällt. Und keine Papiere. Sobald er auf dem Schiff ist,
wird ein Paß ihm ausgestellt. Vergiß nicht, er darf nicht mit dem Judenfleck kommen -

HENDRICKJE: Sie kennen mich nicht. Wenn sie eine Falle fürchten?

GREET: Gib ein Stück Papier. *Hendrickje gibt es.* Hier. Meine Unterschrift. Das wird sie beruhigen. Versteck den Zettel -

HENDRICKJE: Ich tu ihn in den Mund. Soll ich sonst was sagen?

GREET: Sag ihm von mir... Sag ihm, daß ich ihn noch gern... Nein, sag
nichts!

HENDRICKJE: Du rührst dich nicht weg, bis ich zurück bin. *Sie geht ab.*

PIETER: Du bist ein Stück Unglück. Du wirst uns alle noch ins Unglück
bringen!

GREET: *ohne auf ihn zu hören, steht in sich versunken und sagt halblaut
vor sich hin* Ich hätte ihn gern noch einmal gesehen.

*Drei Stunden später. Im Zimmer der Alkalays. Uriel, zum Aufbruch vor-
bereitet. In allen ist die Schwere des Abschieds spürbar, und die Gesprä-
che werden stockend geführt.*

URIEL: Ich habe noch etwas Zeit. Frau Steen sagte: Punkt neun.

VIOLA: Geh noch nicht! Es regnet draußen und stürmt.

CORNELIA: Es tut mir weh, daß ich dich fortlassen muß, im dünnen Mantel, ohne warme Wäsche. Du wirst frieren, mein armes Kind.

URIEL: Mach dir keine Sorgen, Mutti. Ich habe drei Hemden und zwei Sweater auf dem Leib.

CORNELIA: Ich hätte dir gern allen Proviant mitgegeben, der im Haus ist, aber du darfst nichts mitnehmen.

URIEL: Ich brauche nichts. Ich werde alles, was ich brauche, drüben bekommen. *Er blickt sich um.* Nur etwas möchte ich mitnehmen. Das fällt nicht auf - *Er ergreift schnell ein Buch und steckt es ein.*

CORNELIA: Was steckst du ein? Deinen Homer? Mein lieber, guter Junge!

VIOLA: *nach einer Pause* Es regnet und stürmt. Das Meer ist heut wild. Die hohen Wogen und der eisige Wind; vielleicht treibende Minen oder gar ein Unterseeboot. Ich beneide dich nicht darum, draußen zu sein in einer solchen Nacht -

IMMANUEL: Still, Viola! *Zu Uriel:* Acht nicht auf ihr Geschwätz!

URIEL: Sie glaubt selbst nicht, was sie sagt, Papa.

VIOLA: Ich werde mich ins Federbett wickeln und auf den Sturm horchen und froh sein, daß ich im Warmen bin -

CORNELIA: Das Schlimmste ist, wir werden nicht wissen, ob du glücklich angekommen bist. Da werden wir sitzen und bange fragen und es vielleicht nie erfahren -

URIEL: Greet wird es erfahren. Sie wird es euch wissen lassen.

CORNELIA: Nein, das Allerschlimmste ist, du wirst dort allein sein. Im fremden Land... mutterseelenallein -

IMMANUEL: Nicht, Cornelia! Wir wollen uns nicht weich stimmen. *Zu Uriel:* Ich wollte dir noch vieles sagen. Es ist so unerwartet gekommen. Nun ist keine Zeit mehr, um es zu sagen.

URIEL: Auch ich wollte noch vieles sagen. *Nach einer Pause, stockend:* Ich... ich habe euch immer... sehr lieb gehabt. Auch wenn ich oft verstockt und trotzig war. Es tut mir sehr leid. *Zu Viola:* Dich habe ich auch lieb gehabt -

VIOLA: Und ich habe geglaubt, du hast mich verachtet!

URIEL: So habe ich's nicht gewünscht. Ich hatte mir nicht vorgestellt, daß ich allein gehen müßte. *Nach einer Pause:* Ihr werdet es noch schwerer haben, ohne mich, nur mit Viola. *Er verwirrt sich immer mehr:* Ich komme mir vor wie ein Deserteur, daß ich euch so im Stich lasse. Ihr habt so viel für mich getan -

IMMANUEL: Gott mit dir! Wir können nichts mehr für dich tun.

URIEL: *stockend* Und noch etwas... wollte ich sagen, Papa. *Plötzlich belebt:* Du hast mich sehr ausgezeichnet, als du mich zu deiner Arbeit heranzogst. Es ist eine schöne, wertvolle Arbeit, Papa. Du mußt sie unbedingt beenden -

IMMANUEL: Denkst du wirklich so? Du willst mir nur eine Freude machen.

URIEL: Ich hätte dir gerne weiter dabei geholfen. Ich wäre gern bei euch geblieben. *Eifrig:* Und das Rembrandt-Portrait... ich bin überzeugt, daß es den Ephraim Alkalay darstellt. Wenn ich's bezweifelte, so war es nur aus Widerspruchsgeist und Bosheit -

IMMANUEL: Nein, ich bezweifle es selbst. Doch ich danke dir, Uri. - Aber wir wollen jetzt nicht weich werden.

VIOLA: Geh schon! Sonst heule ich noch los. Ich will nicht heulen. *Eine längere Pause.*

URIEL: *langsam* Ich werde dort unglücklich sein.

CORNELIA: Nein, den Gedanken könnte ich nicht ertragen.

URIEL: Ich werde schwer arbeiten müssen, in einer Werkstatt oder Fabrik, um mich zu erhalten. Dazu tauge ich nicht. Hier konnte ich den ganzen Tag meinen Homer studieren. *Nach einer Pause:* Und ich werde immer einsam sein. Mutterseelenalleine.

IMMANUEL: Du wirst frei sein! Frei! Du bist ja beneidenswert!

URIEL: Viola ist tapferer als ich. Sie ist auch begabter und tüchtiger. Und sie hat hier mehr entbehrt als ich.

VIOLA: Ich? Was hab ich entbehrt?

URIEL: Sie gewinnt leicht Freunde. Sie würde Gönner finden, die sie fördern. Sie könnte ihr Studium fortsetzen. Sie würde eine ausgezeichnete Pianistin werden. Es ist schade, daß sie sich vor dem stürmischen Meer fürchtet, und vor den Minen -

VIOLA: Nein, ich möchte heut nicht draußen sein. Um keinen Preis.

URIEL: Schade. Denn sonst... Sonst würde ich vorschlagen... daß sie gehe... statt meiner -

VIOLA: Ich? Ich soll -? Du machst dich über mich lustig. Das ist gemein!

IMMANUEL: Was fällt dir ein? Das ist nicht möglich.

URIEL: Warum nicht? Der Paß könnte ebenso gut auf sie ausgestellt werden, wie auf mich. Es ist mein Ernst.

VIOLA: Dein Ernst? Du willst... willst dieses Opfer für mich bringen?

URIEL: Was, Opfer? Ein Opfer wäre es für mich, wenn ich gehen müßte. Aber du fürchtest dich -

VIOLA: *leidenschaftlich* Ich fürchte mich nicht vor dem Meer und allen Unterseebooten der Welt! Ich würde mich nicht vor dem Teufel fürchten und der losgelassenen Hölle -

CORNELIA: Du kannst nicht so gehen, ohne Wäsche und Kleider. Es ist zu spät, dich noch auszustatten -

VIOLA: Ach, Mutti! Ich würde auch nackt dorthin gehen -

URIEL: Der Mann im braunen Lederrock wartet schon. Du müßtest dich schnell entschließen.

VIOLA: *fieberhaft* Ich bin entschlossen. Schnell! Schnell! Du mußt mir deinen Mantel geben. Auf meinem ist der gelbe Fleck -

URIEL: Nimm ihn! Es ist gleich neun. Das Kennwort ist: Wilhelm der Schweiger.

CORNELIA: Geh nicht! Du bist noch ein junges Ding! Du bist dem nicht gewachsen.

VIOLA: Ich werde es schon zeigen. Ich werde es allen zeigen! Leb wohl, Mutti! Sei nicht traurig! Leb wohl, Papa! Adieu, Uri! Du bist der Beste von allen! *Schon in der Tür:* Tausend Küsse für Greet - *Schnell ab.*

CORNELIA: Es ging so schnell. Es ging so schnell. Macht das Licht aus! Ich will sie noch einmal sehen. *Uriel löscht aus und alle treten ans Fenster.*

IMMANUEL: Sie dreht sich nicht mehr um. Sie stürmt dahin.

URIEL: Dort ist schon der Mann im braunen Rock. Er tritt zu ihr -

CORNELIA: Wohin stürmt sie? Was wird aus ihr werden? - Ich werde sie nicht wiedersehen.

IMMANUEL: Wein nicht, Cornelia! Du bist bis jetzt fest gewesen.

CORNELIA: Ich bin ja glücklich! Wenn sie nur gerettet wird! Sie ist das Liebste, was ich habe.

URIEL: *aufsäßig* Sie ist euch das Liebste. Nach mir fragt ihr nicht. Ich bin euch nichts.

CORNELIA: *umarmt ihn* Und wenn du bei uns bleibst! Du bist mir der Liebste. Du bist es.

IMMANUEL: Ich bin sehr stolz auf dich, Uri.

In Lodevijks Wohnung. Lodevijk hat eben Dronte eingelassen, der in Zivil gekleidet und, wie es scheint, sehr unruhig ist.

LODEVIJK: Was verschafft mir die Ehre? Wenn es eine Ehre ist -?

DRONTE: Ich muß dringendst mit dir sprechen.

LODEVIJK: Eine unerwartete Ehre. Aber ich weiß sie nicht zu schätzen.

DRONTE: Ich kenne keinen andern als dich, zu dem ich Vertrauen haben kann. Wir waren Schulkameraden und Freunde -

LODEVIJK: Freunde? Um es sofort klarzustellen: Ich bin längst nicht mehr dein Freund; es dürfte dir bekannt sein. Ich bin der Freund keines Kollaboranten. Ich wünsche mit einem Kollaboranten nicht in die flüchtigste Berührung zu kommen. Ich verachte, nein, ich verabscheue alle verräterischen, verbrecherischen Quislinge! Nun kannst du mich anzeigen oder verhaften; wie's dir beliebt -

DRONTE: So habe ich's erwartet. Deshalb suche ich dich auf.

LODEVIJK: Hast du nicht begriffen? Ich habe gesagt -

DRONTE: Ich habe ein Geheimnis. Eine entsetzliches Geheimnis. Ich muß es los werden -

LODEVIJK: Ich habe kein Bedürfnis, deine schändlichen Geheimnisse zu kennen. Dort ist die Tür -

DRONTE: *ohne sich zu rühren* Wenn du mich nicht anhören willst - Du hast Verbindungen zum Untergrund. Ich bitte dich, weis mich an einen Illegalen, dem ich mich eröffnen kann.

LODEVIJK: Sehr schlau. Daher hast du dich der alten Freundschaft entsonnen, damit ich dich auf die Spur von Illegalen setze -

DRONTE: Ich verdiene es nicht besser. Wie soll ich dich überzeugen? Ich kann nicht einmal sagen, daß ich bereue. Ich bereue nichts. Es war meine ehrliche Überzeugung, daß es das Beste für uns sei, mit der Okkupationsmacht loyal zusammenzuarbeiten -

LODEVIJK: Das Beste für uns? Du willst sagen: für dich das Beste.

DRONTE: Auch für mich. Ich will mich nicht besser machen. Ich war es müde, immer unten zu sein, im Dreck. Ich wollte aus dem Dreck hinaus, und endlich hochkommen -

LODEVIJK: Hochgekommen bist du. So hoch über uns hinaus, daß du uns allen auf die Köpfe trampeln kannst. Ich beneide dich nicht darum.

DRONTE: Es geht jetzt nicht um mich. *Er schreit plötzlich:* Um die Juden geht es! Du mußt mich hören! Um die Juden -

LODEVIJK: Nicht möglich! Das Los der armen Juden bedrückt dein zartes Gemüt?

DRONTE: Ich habe sie nicht geliebt. Ich kann sie nicht riechen, mit ihrer verfluchten Tüchtigkeit und Wendigkeit. Ich hatte nichts dagegen, daß sie einen Denkzettel kriegten, samt und sonders, an den sie sich lange erinnern würden -

LODEVIJK: Du kannst zufrieden sein. Den Denkzettel werden sie ewig nicht vergessen.

DRONTE: Aber nicht das! Das nicht! *Er schreit:* Sie werden deportiert!

LODEVIJK: *ungläubig* Deportiert?

DRONTE: Es ist Befehl gekommen, von ganz oben. Es ist noch tiefstes Geheimnis. Der Befehl ist von Hitler selbst. Tausend Juden aus Amsterdam sind zu deportieren -

LODEVIJK: Wohin? Wozu?

DRONTE: Zunächst in ein Sammellager. Dann weiter nach dem Osten. In ein Vernichtungslager.

LODEVIJK: Warum erzählst du mir das? Ich glaube dir kein Wort.

DRONTE: Ich will dabei nicht mitwirken. Ich kann's nicht. - Der Transport der Tausend hat in einer Woche abzugehen. Das wird erbarmenlos durchgeführt, wenn ihr es nicht hindert -

LODEVIJK: Wer: wir? Wie sollen wir's hindern?

DRONTE: Das weiß ich nicht. Durch eine Volkserhebung. Durch einen Massenaufstand. Ihr müßt den Transport verhindern... unbedingt... wenn nicht anders, mit Gewalt. Sonst folgen weitere nach. Bis das Land judenrein ist...

LODEVIJK: Da ist die Katz aus dem Sack. Ihr braucht einen Vorwand, um die Juden zu deportieren. Und wir sollen so idiotisch sein, euch den Vorwand zu liefern.

DRONTE: *nach einer Pause, verzweifelt* Was kann ich tun, damit du mir glaubst? Ich habe mich in deine Hände gegeben. Wenn du mich angibst, werde ich umgelegt. *Da Lodevijk schweigt:* Ich stelle euch meine Kinder als Geiseln –

LODEVIJK: Dabei ist für dich keine Gefahr. Du weißt, daß wir, im Gegensatz zu euch, keine Geiseln erschießen.

DRONTE: *zieht einen Revolver und hält ihn Lodevijk hin* Schieß mich nieder! Hier! Sofort! Vielleicht glaubst du mir dann –

LODEVIJK: Ich glaube dir – und glaube nicht! Ich zweifle nicht daran, daß du mir eine Falle stellst – und zweifle doch! Beweise es mir, Lumpenhund! Ich erwürge dich, du niederträchtiger, abscheulicher Hund – *Er geht auf ihn los.*

DRONTE: Wie soll ich's beweisen? Wenn es geschehen ist, ist es bewiesen. Dann ist es zu spät, um es zu verhindern.

LODEVIJK: Wie kann ich es glauben, daß du Judenfresser so unvermutet ein unbegreifliches Erbarmen mit den Juden fühlst? Was sollte dich treiben, du rücksichtsloser, rückgratloser, knechtischer Karrierist, dich gegen deine Meister aufzulehnen?

DRONTE: *senkt den Kopf und schweigt lange; dann stößt er, ohne den Kopf zu heben, flüsternd heraus:* Das Gewissen... das Gewissen...

LODEVIJK: Du willst mir weis machen, du hast plötzlich in dir ein Gewissen entdeckt?

DRONTE: *flüsternd und scheu* Ich habe es nicht entdeckt... es hat mich entdeckt... Es hat mich angesprungen... wie ein wildes Tier... aus dem Dunkeln...

LODEVIJK: Und deshalb willst du dein Leben riskieren?

DRONTE: *immer leise und wie widerwillig* Es ist ein Leben - gegen tausend Leben... Die Rechnung ist grauenhaft... Ich hatte noch gestern nicht geahnt, daß ich je so rechnen würde...

LODEVIJK: *plötzlich und von da an wie von einem Sturm von Leidenschaft fortgerissen* Tausend Juden, sagst du? Kurzerhand tausend?

DRONTE: Tausend Juden aus Amsterdam. Wahllos. Männer, Frauen und Kinder.

LODEVIJK: Deportieren? Frauen und Kinder? Abtransportieren wie Schlachtvieh? Es ist unausdenkbar! Es ist namenlos! In ein Vernichtungslager?

DRONTE: In ein Vernichtungslager. Zur Vergasung.

LODEVIJK: Vergasen wie Ungeziefer? Wenn dieses... dieses... Teuflische geschieht, will ich nicht leben! Nicht einen Tag lang! Keine Stunde -

DRONTE: So habe auch ich gedacht, im ersten Entsetzen -

LODEVIJK: Es wird nicht geschehen! Es wird nicht! Ich schreie es auf den Gassen aus! Ich stelle mich den Mördern entgegen! Ich werfe mich vor die Transportwagen -

DRONTE: Sie werden über dich glatt hinwegfahren. Der Einzelne ist ohnmächtig.

LODEVIJK: Ich lasse mich mit ihnen deportieren! Ich gehe in die Gaskammer mit ihnen -

DRONTE: Dadurch wird nicht ein Einziger gerettet!

LODEVIJK: Dann muß der Untergrund - ja, dann Volkserhebung! Massenaufstand! Das ganze Volk muß sich empören -

DRONTE: Gott sei Dank! Das ist der Weg. Was hast du vor?

LODEVIJK: *wieder ruhig und nüchtern* Ich gehöre dem Untergrund nicht an. Aber ich habe Verbindungen. Ich werde deine Nachricht übergeben.

DRONTE: Ich will euch behilflich sein. Was kann ich für euch tun?

LODEVIJK: *verächtlich* Du? Wir brauchen keine Kollaboranten! *Nach einer Pause:* Oder doch. Du bleibst in deiner Stellung, bis auf Abruf.

DRONTE: Verlang das nicht von mir! Ich kehre dorthin nicht mehr zurück.

LODEVIJK: Du kehrst zurück und bleibst dort. Als unser Horchposten im feindlichen Lager. Wir müssen alle ihre Bewegungen kennen. Du wirst uns die Informationen liefern.

DRONTE: Vielleicht ertappen sie mich dabei und liquidieren mich. Es würde meine verdiente Strafe sein. *Lodevijk geht zur Tür.* Gib mir die Hand, Lodevijk!

LODEVIJK: Später. Wenn wir sie gerettet haben. *Mit wieder erwachendem Mißtrauen:* Dann kannst du mit gutem Gewissen weiter kollaborieren!

DRONTE: Dann gehe ich in den Untergrund. *Sie gehen hinaus.*

Zwischenakt

Ein geräumiges Zimmer, das im Halbdunkel liegt, so daß seine Umrisse verschwimmen. An dem Tisch sitzen mehrere Männer und Frauen, deren Gesichter undeutlich sind. Ein Mann, nach der Stimme als Terhalden erkennbar, führt den Vorsitz.

TERHALDEN: Wer ist für Generalstreik? *Alle heben die Hände.* Also Generalstreik.

EIN MANN: Die Proklamation wird noch heut ausgegeben.

TERHALDEN: Generalstreik genügt nicht. Durch den Generalstreik wird die Rüstung gelähmt und der Verkehr desorganisiert. Aber er wird sie nicht zwingen, die Deportationen aufzugeben.

EIN ZWEITER MANN: Was ist in unserer Macht, um sie zu zwingen?

TERHALDEN: Der Untergrund muß ans Licht hinauf.

DER ZWEITE: Wir können keinen Aufstand wagen. Wir haben keine Waffen.

TERHALDEN: Wir haben unsere Leiber. Wir können mit unsern Leibern uns dem Deportationszuge entgegenwerfen. Die Order muß sein: Alle Mann auf die Straße hinaus!

DER ERSTE: Alle Arbeiter auf die Straße hinaus! Die Arbeiter warten schon längst nur auf ein Signal zur Erhebung.

TERHALDEN: Alle Arbeiter. Nicht nur die Arbeiter. Die ganze Bevölkerung muß hinaus! Wer ist dafür?

EIN DRITTER: Eine Frage. Was werden die Juden zu ihrer eigenen Rettung tun? Die Massen, die für sie kämpfen sollen, würden es nicht verstehen, wenn die Juden selbst sich nicht wehren.

TERHALDEN: Was schlagen Sie vor? Wie pflegen angekettete Gefangene sich gegen anstürmende Panzer und Maschinengewehre zu wehren?

DER DRITTE: Ich ziehe die Frage zurück.

TERHALDEN: Wer ist dafür?

Alle heben die Hände

DER ERSTE: Alle sind dafür.

TERHALDEN: An alle Zellen weiterleiten! Die Parole ist: keine Passage!
Es wird dunkel. Die Köpfe verschwimmen. Ein Licht fällt auf zwei Köpfe, die Lodevijks und Greets, die bisher unerkennbar gewesen sind.

LODEVIJK: Nun gehen wir wieder zusammen. Ich habe es gewußt, daß wir den gleichen Weg gehen würden.

GREET: *leise* Ich habe es gefürchtet.

LODEVIJK: Ich werde in der vordersten Reihe gehen.

Schnelle Verdunkelung. Man sieht die Umrisse einer Straße. Zwei Männer begegnen einander an einer Ecke. Sie bleiben stehen, wie unabsichtlich, und sprechen leise.

DER ERSTE ARBEITER: Keine Passage.

DER ZWEITE ARBEITER: Keine Passage.

DER ERSTE: Die Arbeit wird bis zur letzten Stunde fortgesetzt. Sie müssen völlig überrascht werden.

DER ZWEITE: Verstanden.

DER ERSTE: Die Hafenarbeiter bilden den Vortrupp. Wir prellen vom Arsenal gegen die Waterlooplein vor. Wenn die Sirenen heulen.

DER ZWEITE: Wenn die Sirenen heulen.

DER ERSTE: Wir fassen den Transportzug von vorn. Weitergeben!

DER ZWEITE: Keine Passage.

Schnelle Verdunkelung. Die Umrisse einer anderen Straße werden sichtbar. Zwei Männer begegnen einander und bleiben unauffällig stehen.

DER DRITTE ARBEITER: Keine Passage.

DER VIERTE: Treffpunkt der Metallarbeiter: die Zuiderkerk. Von dort Vormarsch zum Waterlooplein.

DER DRITTE: Treffpunkt Zuiderkerk.

DER VIERTE: Wir kommen dem Transportzug in den Rücken. Weitergeben!

DER DRITTE: Keine Passage.

DER VIERTE: Keine Passage.

Schnelle Verdunkelung.

Dritter Akt

Einige Tage später. Es ist Nacht. In der Wohnung der Alkalays. In dem früher peinlich ordentlich gehaltenen Zimmer herrscht ein Durcheinander. Die Schränke sind geöffnet; auf den Stühlen liegen Kleider und Wäsche. Cornelia steht an einer Waage, auf der sie Wäschestücke abwiegt.

CORNELIA: Fünf Kilo! Was kann ich in einem Fünf-Kilo-Bündel unterbringen!

IMMANUEL: Vielleicht läßt du etwas Wäsche weg.

CORNELIA: Sooft ich auch wiege, es gibt immer ein Übergewicht. Soll ich etwas von der Leibwäsche weglassen, oder von der Bettwäsche?

IMMANUEL: Du verstehst das besser als ich. Du wirst es schon richtig machen.

CORNELIA: Dein Manuskript allein wiegt schon mehr als ein Kilo.

IMMANUEL: Was fällt dir ein? Das Manuskript bleibt zurück.

CORNELIA: Es muß unbedingt mit. Du wärst unglücklich, wenn du deine Arbeit nicht beendigen könntest.

URIEL: Für mich brauchst du kein Bündel zurechtzumachen, Mutti. Ich werde mich nicht stellen.

CORNELIA: Wie denn? Wie denn? Wir haben doch den Befehl -

URIEL: Sie können befehlen, soviel sie Lust haben. Freiwillig stelle ich mich nicht. Wenn sie mich haben wollen, sollen sie mich holen. Ich weiß, was ich dann zu tun habe.

IMMANUEL: Du bist minderjährig. Ich bin für dich verantwortlich. Wenn du dich nicht stellst, machen sie mich auf der Stelle nieder.

URIEL: Oh! Oh! Sie haben uns in ihrer Gewalt, die Teufel! Es gibt kein Entrinnen! *Er geht in das anstoßende Zimmer ab.*

CORNELIA: *nach einer Pause* Glaubst du, daß es eine lange Reise werden wird?

IMMANUEL: Ich glaube nicht. Wenn sie uns nur erlauben, fünf Kilo mit uns zu nehmen.

CORNELIA: Und du glaubst... glaubst du, daß wir zusammenbleiben werden?

IMMANUEL: Ich bin sicher. Warum sollten sie uns trennen?

CORNELIA: Nicht wahr? Nein, das können sie nicht wollen. *Sie tritt an die Waage zurück.* Ich werde damit nicht fertig.

IMMANUEL: Laß es bis morgen früh! Du bist zu müd. Geh jetzt schlafen!

CORNELIA: Die letzte Nacht im eigenen Bett. Wer weiß, wo wir morgen schlafen werden! - Legst du dich nicht auch hin?

IMMANUEL: Ich habe noch etwas zu erledigen. Dann lege ich mich hin.

CORNELIA: *an der Tür zum Nebenzimmer, wirft einen langen Blick zurück* Wir hatten hier ein trübseliges Heim. Ich hätte nicht gedacht, daß es mir so schwer sein würde, davon zu scheiden.

IMMANUEL: *tritt zu ihr* Wir sind miteinander jung gewesen. Wir sind zusammen alt geworden. *Leise:* Hab Dank, Cornelia!

CORNELIA: *erschrocken* Ist das... ein Abschied?

IMMANUEL: Kein Abschied! Keiner! Wir bleiben zusammen.- Gute Nacht, Cornelia!

CORNELIA: Gute Nacht, Immanuel! *Sie geht ab. Sowie Immanuel allein ist, zündet er eine Kerze an, ergreift das auf dem Tisch liegende Manuskript und hält es an die Flamme, so daß es Feuer fängt. Cornelia kommt zurück.*

CORNELIA: Ich wollte dich noch fragen - Was machst du? Du verbrennst dein Manuskript?

IMMANUEL: Sie sollen es nicht finden und über mich Witze reißen -

CORNELIA: Die Arbeit eines ganzen Jahres! Verbrenn es nicht! Dein Herz hängt daran -

IMMANUEL: Deshalb verbrenne ich's. Nun lasse ich nichts mehr zurück, woran mein Herz hängt. Nun bin ich frei.

CORNELIA: So war es doch... ein Abschied? *Es wird leise an der Außentür geklopft.*

IMMANUEL: Still! Hat's nicht geklopft?

URIEL: *kommt herein* Es hat geklopft. Macht nicht auf!

CORNELIA: Wer kann es sein?

URIEL: Sie kommen, uns zu holen. Mich kriegen sie nicht! Ich stürze mich aus dem Fenster - *Es wird wieder leise geklopft.*

IMMANUEL: Das sind nicht sie. Die würden nicht so zaghaft klopfen. *An der Tür:* Wer ist's?

GREET: *draußen* Ich bin es, Greet.

IMMANUEL: Greet! Es ist Greet. *Er öffnet die Tür. Greet bleibt in der Tür stehen.*

GREET: Ich hab Sie erschreckt. Verzeihen Sie -

IMMANUEL: Treten Sie ein, Greet!

GREET: Verzeihen Sie, daß ich gewagt habe, zu kommen! *Mit überströmendem Gefühl:* Lieber Herr Doktor! Liebste, beste Frau Cornelia -

CORNELIA: Daß ich Sie noch einmal sehe, meine liebe Greet! Dieses Glück habe ich nicht mehr erhofft.

GREET: Uri! Liebling! Wie lang hab ich dich nicht gesehen! Ich hab mich so sehr gesehnt -

URIEL: Du hast uns nicht vergessen, Greet -

GREET: Laß dich anschaun! Du hast Viola gehen lassen, statt deiner. Du hast dich für sie geopfert. Du Guter -

URIEL: Gut? Nein, blöd. Ich habe es seitdem jeden Tag bedauert. Wäre ich nicht so blöd gewesen, könnte ich jetzt in Stockholm spazieren gehen.

GREET: Das sagst du nur, weil du dich deiner schönen Handlung schämst. Ich habe dich dafür noch lieber -

IMMANUEL: Sie sind gekommen, Greet, um uns Adieu zu sagen.

GREET: Nicht Adieu! Wir werden uns wiedersehen. Hunderte Male! Tausende Male -

IMMANUEL: Sie wissen nicht. Wir haben den Befehl, uns morgen bei der Gestapo zu stellen. Jeder mit fünf Kilo Gepäck.

GREET: Ich weiß es. Ich weiß. Tausend Juden haben den Befehl.

IMMANUEL: Sie scheinen nicht zu wissen, was das bedeutet. Es bedeutet, daß wir deportiert werden.

GREET: Ihr werdet nicht deportiert! Deshalb bin ich gekommen, um euch das zu sagen. Wir geben es nicht zu -

IMMANUEL: Wer gibt es nicht zu?

GREET: Das Volk! Das Volk steht auf. Das Volk erhebt sich. Es duldet nicht, daß ihr verschleppt werdet -

URIEL: Das Volk? Das Volk haßt uns nicht? Es ist für uns?

GREET: Nur einige Niederträchtige hassen euch. Für das Volk seid ihr verfolgte Mitbürger, nichts anderes! Morgen bricht Generalstreik aus -

IMMANUEL: Erklären Sie mir! Ich begreife kein Wort.

GREET: *in leidenschaftlichem Eifer sich überstürzend* Hören Sie! Hören Sie! Es ist alles vorbereitet. Alles ist organisiert. Die Deutschen haben keine Truppen in der Stadt. Nur eine schwache Mannschaft wird den Transport begleiten. Wir wissen genau den Weg, den der Transport nehmen wird -

IMMANUEL: Wie können Sie's wissen?

GREET: Wir wissen alles. Wir haben überall unsere Freunde. Hören Sie! Ihr stellt euch morgen ruhig bei der Gestapo. Man wird euch auf Wagen verladen. Ihr laßt euch ruhig verladen. Seid ohne Angst! Die Wagen kommen niemals aus der Stadt hinaus -

IMMANUEL: Wie ist das möglich?

GREET: Sowie der Transport den Waterlooplein erreicht, werden die Massen aus den Seitenstraßen auf den Platz strömen und sich dem Transport entgegenstellen. Die Wagen werden nicht vorwärts können und nicht zurück. Die Deutschen werden den Kopf verlieren. Es wird eine heillose Verwirrung entstehen -

IMMANUEL: Nun - und?

GREET: Ihr werdet die Verwirrung benützen, um von den Wagen zu springen. Ihr werft die Mäntel mit dem gelben Zeichen ab und mischt euch unter die Menge. Die Menge wird euch einschließen. Ihr werdet unerkennbar sein -

IMMANUEL: Was wird uns das nützen? Die Deutschen werden schießen.

GREET: Sie werden sich hüten! Sie können jetzt keine Truppen entbehren. Wir wissen es. Es ist ihnen alles daran gelegen, Ruhe und Ordnung aufrechtzuerhalten. Es wird ihnen nichts übrig bleiben, als vor dem Willen des Volkes zu kapitulieren und auf die Deportation zu verzichten -

CORNELIA: Was soll dann mit uns geschehen? Kehren wir hierher zurück?

GREET: Ihr schlagt euch zu meiner Wohnung durch. Ich habe alles vorgesehen. Die Nachbarn sind eingeweiht. Sie werden euch mit allem Nötigen versorgen. Ihr haltet euch dort verborgen, nur wenige Tage, bis ihr fortgebracht werdet -

CORNELIA: Wohin werden wir gebracht?

GREET: Aufs Land. In ein Dorf in Friesland. Ihr bekommt Papiere von Rotterdamer Ausgebombten. Ihr werdet dort in Frieden leben unter fremden Namen -

URIEL: Wir werden frei sein, Greet? Uns nicht verkriechen müssen? Nicht mehr zittern müssen?

GREET: Dort wohnen brave, tapfere Menschen. Ich habe mich selbst davon überzeugt. Niemand wird euch dort suchen. Niemand wird euch verdächtigen. Ihr bleibt dort, in Freiheit und Sicherheit, bis der Krieg zu Ende ist. Wenn es meinen Freunden nicht gelingt, euch noch vorher ins Ausland zu schaffen. Meine Freunde sind mächtig. Es wird ihnen gelingen -

CORNELIA: Ins Ausland? Nach Schweden? Wir werden mit Viola wieder vereinigt werden?

GREET: Ihr werdet alle vereinigt werden. Nach dem Krieg kehrt ihr hierher zurück. Es wird dann alles sein, wie es vorher war. Ihr werdet wieder frei und geachtet und glücklich sein -

CORNELIA: O Gott! O Gott! Ich hatte gedacht, wir seien schon rettungslos verloren!

IMMANUEL: *der mit wachsender Unruhe schweigend auf und ab gegangen ist, bricht plötzlich aus* Ich will es nicht! Ich will nicht!

GREET: Sie wollen nicht nach dem Ausland gebracht werden?

IMMANUEL: Ich will nicht fliehen! Es ist feig! Es ist würdelos! Ich werde nicht vom Wagen springen!

CORNELIA: Glaubst du, ich werde fliehen, ohne dich? Dann springe ich auch nicht.

GREET: Wissen Sie, was dann geschieht? Sie werden außer Land gebracht! In ein Vernichtungslager! Zur Vergasung! Ich wollte es Ihnen verschweigen -

IMMANUEL: Auch das! Wenn es so sein soll! Ich bin auch dazu bereit!

GREET: Und Frau Cornelia? Und Uri? Sind auch sie bereit?

IMMANUEL: Ich habe mich durchgerungen! Ich habe alles hinter mich geworfen und bin zur Freiheit gekommen! Ich will nicht in den schrecklichen Kreislauf zurückgezerrt werden, aus dem ich mich schon gelöst habe! In den grausigen Wirbel von Angst und Hoffnung, von trügerischer Illusion und entwürdigender Verzweiflung -

GREET: Das ist nicht recht. Es ist nicht recht. Sie sind zu stolz!

IMMANUEL: Der Stolz ist das Einzige, was mir noch geblieben ist. Ich will mit Würde tragen, was mir bestimmt ist.

GREET: Ich habe Ihren Willen immer geehrt, wie den Willen eines Vaters. Ich habe mich Ihrem Willen blind unterworfen, wie dem Willen Gottes. Jetzt kann ich's nicht länger -

IMMANUEL: Wie Sie wollen! Ich werde nach meinem Willen handeln!

GREET: Ich habe darüber gegrübelt, Monate und Monate lang, in Qual und Verzweiflung gegrübelt, wie ich Sie retten könnte. Ich habe gewußt, Sie würden in Ihrem Stolz jede Rettung zurückweisen, bevor die Not am höchsten ist. Jetzt aber, jetzt, am letzten Tag, eine Stunde vor der sicheren Vernichtung, jetzt haben Sie kein Recht, sich zu weigern! Sie dürfen nicht alles zerstören, was ich verzweiflungsvoll ergrübelt habe -

IMMANUEL: Sie haben es gut gemeint. Ich habe Sie aber nicht darum gebeten!

GREET: *immer heftiger* Das ist nicht Stolz. Das ist nicht Würde. Hochmut ist es! Sie wollen immer nur geben, verschenken, verschwenden; Sie sind unfähig, etwas anzunehmen! Bevor Sie die kleinste Schwäche zeigen, eher bringen Sie Ihre Frau und Uri zum Opfer! Lieber gehen Sie in die Gaskammer, als daß Sie das Winzigste von Ihrem Stolz preisgeben! Vermessener Hochmut ist es - *Sie hält erschrocken inne:* Wie rede ich? Wie kann ich mich unterstehen, so mit Ihnen zu sprechen?

IMMANUEL: *nach einer längeren Pause* Sie haben nur die Wahrheit ausgesprochen. Ich habe kein Recht, Cornelia und Uri zum Opfer zu bringen.

GREET: Verzeihen Sie mir, daß ich's gewagt habe -

IMMANUEL: Nein, ich darf nicht zerstören, was Sie so qualvoll und liebevoll ergrübelt haben. Ich werde meinen Stolz beugen. Ich werde vom Wagen springen.

CORNELIA: *leise* Ich verstehe dich. Das ist auch mir nicht fremd: die Sehnsucht nach dem Ende -

IMMANUEL: Es wäre feige Flucht gewesen. Sie haben, Greet, mir die Augen über mich selbst geöffnet. Vermessener Hochmut war es -

URIEL: *nach einer langen Pause* Ich glaube... ich glaube wirklich, Greet... du bist uns von Gott gesendet.

CORNELIA: Sie sind unser guter Engel, Greet. Sie haben Viola gerettet. Nun retten Sie, in der letzten Stunde, auch uns. Wie kann ich's Ihnen jemals entlohnen?

GREET: Lohnen? Sie haben unendlich mehr für mich getan. Durch Sie bin ich ein Mensch geworden. Ich werde immer in Ihrer Schuld bleiben.

CORNELIA: Sie haben mich geküßt, in meiner tiefsten Erniedrigung. Nun küsse ich Sie wieder, in hoffnungsvoller Zuversicht. Sagen Sie mir: Du!

GREET: *wie betäubt* Ich? Ich... Ihnen...?

IMMANUEL: Sie gehören zu uns, Greet. Du gehörst zu uns, als unsere Tochter und Schwester -

CORNELIA: Wir werden zusammenleben, wenn das Entsetzen vorüber ist. Wir werden uns niemals voneinander trennen. Ich bitte dich, Greet: Sag mir Du!

GREET: *in Cornelias Arme sinkend, stammelt selig* Du! Ich bin... belohnt.

Am nächsten Tag. In Pieters Stube. Pieter und Hendrickje.

HENDRICKJE: Was trödelst du? Höchste Zeit, daß du gehst!

PIETER: Meine Schicht beginnt erst Mittag.

HENDRICKJE: Bist du übergeschnappt? Was kümmert dich heut deine Schicht!

PIETER: Heut ist ein Werktag, wie ein anderer.

HENDRICKJE: Was? Was? Hast du vergessen, was heut los ist? Daß Generalstreik angesagt ist?

PIETER: Kommunistentricks.

HENDRICKJE: Die Kommunisten sind auch dabei. Wenn schon! Alle sind dabei. Und du wirst mitmachen, wie die andern.

PIETER: Ich kenne die Genossenschaft. Sie hetzen uns auf, damit wir für sie die Kastanien aus dem Feuer holen. Ich falle nicht drauf rein.

HENDRICKJE: Was schwätzt du von Kommunisten? Das Kommando der Widerstandsbewegung hat die Order herausgegeben: Alle Mann hinaus! Du weiß es. Die Parole: Keine Passage -

PIETER: Ich lasse mich nicht kommandieren. Ich hab meinen eigenen Verstand.

HENDRICKJE: Deine Kameraden sammeln sich zum Protestmarsch bei der Zuiderkerk. Hinaus mit dir! Zur Zuiderkerk mit dir -

PIETER: Du dumme Gans! Generalstreik, Protestmarsch - lauter Schwindel!

HENDRICKJE: *erbittert, rüttelt ihn* Du! Du! Willst du hier hocken, breit und müßig, in Pantoffeln wie ein Pascha, während deine Kameraden marschieren?

PIETER: Du hast recht, mich daran zu erinnern. Ich hab das kaputte Rohr zu reparieren. *Er holt ein beschädigtes Rohr und Handwerkszeug herbei.*

HENDRICKJE: Gut. Lümmle und klempere an deinem Rohr herum! Ich mache draußen mit - *Sie geht zur Tür.*

PIETER: *kommt ihr zuvor, sperrt ab und steckt den Schlüssel in die Tasche* Das läßt du bleiben, mein Schatz!

HENDRICKJE: Mach auf! Alle sind draußen! Greet ist draußen! Lodevijk -

PIETER: Greet hat dir den Kopf verdreht. Vorher hatten wir unsere heilige Ruhe.

HENDRICKJE: Ja, Greet hat mir Augen in den Kopf gesetzt. Und ein Herz in den Leib. Gib mir die Schlüssel! Mach auf! Ich will nicht vor Scham in den Boden sinken, wenn die Jungens kommen und fragen -

PIETER: Die Jungens wissen viel! Sie sind jetzt in der Schule.

HENDRICKJE: Sie werden heut vorzeitig aus der Schule entlassen. Die Lehrer machen mit. Die Jungens sind schon groß genug, um zu fragen -

PIETER: Sag ihnen, daß ihr Vater helle ist! Ich lasse mich nicht reinlegen von den moskowitischen Brüdern.

HENDRICKJE: Ich werde ihnen sagen, daß du ein Streikbrecher bist! Daß du den kämpfenden Kameraden in den Rücken fällst -

PIETER: Halt's Maul!

HENDRICKJE: *heftig* Streikbrecher! Saboteur! Faschist! Du hast dich dem Feind verkauft! Du hilfst ihm Munition herstellen, mit der er auf unsere Freunde und Brüder schießt! Jetzt ist es heraus! Dafür kriegst du deinen Sündenlohn -

PIETER: Du hast dir von dem Sündenlohn einen tüchtigen Wanst angemästet.

HENDRICKJE: Sündenlohn ist es! Blutgeld ist es! Ich werde ihnen auch sagen, daß ich von dem Verrätersold mich dick und fett gefressen habe! Ich rühre den Judaslohn nicht mehr an -

PIETER: Warum schwitze ich mich ab, bei Tag und Nacht? Für wen schinde ich mich um den Sündenlohn? Für dich und sie -

HENDRICKJE: Für mich nicht länger! Ich schmeiße dir den Schandlohn ins Gesicht! Ich kann mich selber durchbringen, als Aufwärterin oder Waschfrau! Ich nehme die Jungens an der Hand und suche uns einen Winkel -

PIETER: *tritt zu ihr* Sei vernünftig, Hendrickje! Du bist doch sonst ein vernünftiges Weib. Überlaß das mir! Dazu bist du nicht gut -

HENDRICKJE: Schon recht. Ich bin nur gut fürs Bett. Du kriegst mich nicht mehr ins Bett!

PIETER: Hol dich der Teufel! *Er beginnt, an dem Rohr zu hämmern.*

HENDRICKJE: Laß mich hinaus! Laß mich hinaus! *Man hört draußen Sirenen.* Die Sirenen! Die Sirenen heulen! Das Signal zum Aufmarsch. *Pieter hämmert immer stärker. Sie tritt, in immer wachsender Erregung, ans Fenster.* Die Gasse ist voll. Sie marschieren stumm zum Waterlooplein. Und ich bin nicht dabei! *Pieter hämmert immer stärker.* Ja, hämmere du nur! Hau mit dem Hammer drauf los! Du überhämmerst nicht die stummen Schritte! *Sie tritt zu ihm und schreit ihm in die Ohren:* Du bist nicht dabei, Saboteur! Kollaborant, du bist nicht dabei!

PIETER: Gib Ruh, du Satan!

HENDRICKJE: *ans Fenster tretend* Jetzt! Jetzt! Die Wagen rollen an! Der Platz ist schwarz vor Menschen. Sie schließen die Wagen ein! *Sie schreit laut:* Keine Passage! Keine Passage!

PIETER: *hält sich die Ohren zu* Wirst du schweigen! Es ist alles nicht wahr!

HENDRICKJE: Schau selber! Du kannst es von hier aus sehen. Die Wagen sind eingekeilt. Die Gefangenen springen ab! Sie reißen die Gefangenen von den Wagen herunter! Die Deutschen brüllen Kommandos -

PIETER: *wie widerwillig hinhörend* Du lügst! Du lügst!

HENDRICKJE: Die Menge weicht nicht zurück! *Sie schreit laut auf:* Nicht! Nicht! Schießt nicht! *Man hört Schüsse automatischer Waffen.* Sie schießen -

PIETER: *springt auf* Wer schießt?

HENDRICKJE: Sie feuern blind in die Menge hinein!

PIETER: Bestien! Bestien! Sie schießen auf unsere Leute! Und ich! Und ich... *Er fährt wild im Zimmer umher.* Meine Stiefel! Mein Rock! Die Jungens sind draußen -

HENDRICKJE: Was willst du? Die Jungens sind in der Schule -

PIETER: Sie kommen heut vorzeitig zurück. Sie werden in der Menge zertreten werden. Sie werden erschossen werden. Die schießen auch auf Kinder, die...

HENDRICKJE: Du kannst jetzt nicht hinaus! Jetzt, wo sie schießen -

PIETER: Die Kameraden sind draußen! Wohin hab ich den Schlüssel getan? Greet ist draußen, Lodevijk, alle -

HENDRICKJE: Ich nehme alles zurück, was ich gesagt habe! Ich bereu, daß ich's gesagt habe! Ich lasse dich jetzt nicht hinaus -

PIETER: Tritt von der Tür weg!

HENDRICKJE: Du bist immer ein guter Mann gewesen! Du bist ein braver Vater! Ich will nicht daran Schuld sein, daß sie dich erschießen -

PIETER: Laß sie schießen! Ich gehöre hinaus - *Er drängt sie von der Tür weg und stürmt hinaus.*

HENDRICKJE: Ich auch! *Sie stürmt ihm nach.*

Die gleiche Szene. Ein paar Stunden später. Lodevijk liegt auf dem Bett; er ist schwer verwundet und ohne Bewußtsein. Greet sitzt bei ihm. Pieter und Hendrickje.

GREET: Es tut mir leid, daß ich euch Ungelegenheiten machen mußte.

HENDRICKJE: Wohin solltest du mit ihm? Es war noch ein Glück, daß wir so nahe wohnen.

GREET: Habt keine Angst, daß für euch eine Gefahr daraus entstehen wird! Meine Freunde werden ihn heimlich wegbringen.

PIETER: Ihr bleibt hier, solange es nötig ist. Das ist das Allerwenigste, was wir -

GREET: Er wird nicht lange bleiben können.

HENDRICKJE: Er wird davonkommen! Der Arzt hat es gesagt. Er kommt davon, Greet! *Da Greet schweigt:* Kann ich für dich etwas tun?

GREET: Wenn du mir etwas Liebes tun willst, geh in meine Wohnung! Schau nach, ob die Alkalays dort eingetroffen sind. Ich fürchte, sie werden in Unruhe sein.

HENDRICKJE: Was soll ich antworten, wenn sie nach dir fragen?

GREET: Ich werde kommen, sowie ich kann. Sie sollen sich nur ganz wie zu Hause fühlen. Von Lodevijk sag ihnen nichts!

HENDRICKJE: Ich bin bald zurück. *Sie geht ab.*

GREET: Ich bitte dich, Pieter, geh hinunter vors Haus! Es wäre für die Kinder nicht gut, wenn sie das hier sehen. *Sie zeigt auf Lodevijk.*

PIETER: Ich fange sie ab, wenn sie kommen. Ich bringe sie zu Hendrickjes Schwester.

GREET: Vielleicht hörst du, was draußen vorgeht. Ob die Deutschen... ob sie -

PIETER: Ob sie auf die Deportation verzichtet haben? Kein Zweifel. Sie haben darauf verzichtet. *Er geht ab. Greet setzt sich wieder an Lodevijks Bett. Nach einer Weile macht Lodevijk Bewegungen, als wolle er sprechen.*

GREET: Sprich nicht, Lodevijk! Ich bitte dich.

LODEVIJK: *mühsam* Laß... mich... sprechen! *Nach einer Pause:* Es war... umsonst.

GREET: *eifrig* Umsonst? Es war nicht umsonst! Sie sind alle von den Wagen gesprungen! Hast du's nicht gesehen? Sie haben sich unter die
Menge gemischt -

LODEVIJK: Sind sie... gesprungen?

GREET: Sie haben die Mäntel abgeworfen und sind in der Menge verschwunden. Ich habe einen Mantel aufgefangen und ihn mit mir genommen... wie... wie eine Siegesbeute - *Sie zeigt einen neben dem
Bett liegenden Mantel, auf dem der gelbe Fleck sichtbar ist.*

LODEVIJK: Die Alkalays?

GREET: Sie sind gerettet. Sie haben sich zu unserer Wohnung durchge-
schlagen. Sie erwarten uns dort -

LODEVIJK: Dann war es... nicht umsonst.

GREET: Wie kannst du nur denken: umsonst? Auch wenn wir sie nicht
gerettet hätten! Wir haben die Einigkeit des Volkes wieder gespürt.
Seine schweigende Entschlossenheit. Die große Verbrüderung -

LODEVIJK: Ja. Es war schön.

GREET: Die Deutschen haben es auch gespürt. Sie haben vor dem Willen
des Volkes gezittert. Mitsamt ihrer Gewehre und Maschinenpistolen
haben sie gezittert! In sinnlosem Schrecken nur haben sie geschossen -

LODEVIJK: Nein. Es war nicht umsonst.

GREET: Und das! Und das! Daß wir wieder zusammen gegangen sind,
wir zwei! Wir sind den gleichen Weg gegangen, in gleicher Gesinnung -

LODEVIJK: Du bist... mir vorangegangen. Ich bin... dir nachgefolgt.

GREET: Du hast mich überholt! Ich erreiche dich nicht mehr.

LODEVIJK: *nach längerem Schweigen* Du darfst das nicht denken... was
du jetzt denkst.

GREET: *mit verhaltenem Schmerz* Ich, ich habe dich auf diesen Weg getrieben!

LODEVIJK: Ich bin ihn aus eigenem Entschluß gegangen. Ich bedaure es
nicht. *Wieder nach einem Schweigen:* Geh nicht weiter, Greet! Kehr
um!

GREET: *langsam* Ich werde nicht weitergehen, ohne dich.

LODEVIJK: Du hast es erreicht. Laß es genug sein! *Er wird unruhig und tastet herum.* Ich möchte... ich möchte... Was ist das?

GREET: Der Mantel, den ich mit mir genommen habe. Das gelbe Zeichen, spürst du es?

LODEVIJK: Das Zeichen... das sich in dein Herz gebrannt hat... Es war ein Teufelszeichen... Da wurde es verwandelt... in deinem Herzen... zu einem Gotteszeichen... Ich möchte dich fühlen -

GREET: *ergreift seine Hand und führt sie über ihren Leib* Hier! Hier bin ich!

LODEVIJK: Das Herz... Ich möchte es fühlen... Das sanfte Herz... Das heiße, aufrührerische Herz -

GREET: *legt seine Hand an ihr Herz* Fühlst du es? Es gehört dir! Es ist dein Herz -

LODEVIJK: Das Herz... in welches das Feuer fiel... Das heilige Feuer... Von hier ist es ausgegangen... und hat viele ergriffen -

GREET: *schmerzvoll* Dich hat es verzehrt! Das Opferfeuer... mich hat es verschont!

LODEVIJK: Es ist gut so... Es wird weiterbrennen... das Feuer! *Nach einer Pause:* Sag es mir... noch einmal! Ich möchte es hören... und es mit mir hinübernehmen -

GREET: Ich habe dich lieb! Ich habe dich immer lieb gehabt! Immer -

LODEVIJK: Du hast... mich... lieb gehabt - - - *Er sinkt zurück.*

GREET: *langsam* Nun bist... du... mir... vorangegangen. *Sie bleibt schweigend neben ihm sitzen. Nach einer Weile tritt Hendrickje ein.*

HENDRICKJE: Ich war dort - *Sie sieht, daß Lodevijk tot ist.* Ist er -? Ist er -? *Sie umarmt Greet.* Es tu mir so weh! So weh...

GREET: Es ist gut. Er hat es gut. - Sind sie dort?

HENDRICKJE: *eifrig* Sie sind angelangt. Sie haben mich mit Fragen bestürmt. Sie erwarten dich mit Ungeduld -

GREET: Du wirst sie wieder aufsuchen, wenn ich es nicht kann. Du wirst für sie sorgen; nicht wahr, Hendrickje? Ich vertraue sie dir an.

HENDRICKJE: Gern, gern. Aber wirst du nicht selbst -? Warum soll ich -?

GREET: Dann geh zu Terhalden. Du kennst die geheime Adresse. Ich bitte ihn, sie schleunigst aus der Stadt zu schaffen. Sag ihm, ich bitte ihn aus tiefstem, innerstem Herzen -

HENDRICKJE: Du sprichst... als wäre es eine letzte Bitte.

GREET: Er hat mich ein bißchen lieb, er wird mir die Bitte erfüllen.

HENDRICKJE: Was hast du vor? Was wirst du jetzt tun?

GREET: Ich weiß es noch nicht. Ich weiß nichts mehr. Ich bin nur müde, Hendrickje. Sterbensmüde... *Pieter tritt ein.*

PIETER: Ich habe die Jungens weggebracht. *Er erblickt Lodevijk.* Ach, Greet -

GREET: Hast du etwas gehört?

PIETER: Nichts. Nichts. Alles ist ruhig.

GREET: Sag mir die Wahrheit! Ich will die Wahrheit wissen.

PIETER: *zögernd* Sie... haben sich von ihrem Schrecken... erholt.

GREET: Die Deutschen... haben sich erholt?

PIETER: Sie rasen durch die Gassen. Sie fangen alle ein, an denen sie den gelben Fleck erblicken. Sie stürzen in die Häuser und reißen die Juden heraus -

GREET: Sie werden... die Deportation durchführen?

PIETER: Sie wollen ihre Tausend voll haben. Sie werden die Tausend deportieren.

GREET: *senkt den Kopf, leise* Es war... umsonst. Er ist... umsonst gestorben.

HENDRICKJE: Die Alkalays sind gerettet! Du hast sie ihnen entrissen!

GREET: Wir haben die Opfer ihnen nicht entrissen. Wir haben die Opfer nur vertauscht. *Nach längerer Pause, langsam:* Vielleicht könnte ein Opfer ihnen entrissen werden. Ja, eine von den Tausend kann gerettet werden... *Sie zieht ein Papier heraus.* Überbringe meine Identitätskarte Terhalden!

HENDRICKJE: *in ahnungsvollem Schrecken* Woran denkst du? Wie kann diese eine gerettet werden?

GREET: *nimmt den Mantel, auf dem der gelbe Fleck grell aufleuchtet und zieht ihn an; dann sagt sie mit völliger Gelassenheit:* So... *Sie geht zur Tür.*

Nachwort

Die in diesem Band versammelten Dramen Max Zweigs zum Themenkreis Faschismus und Nationalsozialismus entstanden in der Zeit zwischen 1934 und 1956. In diesen mehr als zwanzig Jahren beschäftigte sich Zweig immer wieder mit den Ereignissen, die in seinen Augen die gesamte europäische Menschheit grundlegend verändert hatten.

Max Zweig selbst hat die schlimmen Phasen des Nationalsozialismus nicht direkt am eigenen Leib erfahren. Er lebte bis März 1934 in Berlin. Dort war er auch einmal von den Nationalsozialisten zu einem Verhör geschleppt worden. Danach war Zweig mit seiner damaligen Frau Grete in die Tschechoslowakei gezogen, zurück in seine mährische Geburtsstadt Proßnitz.

1938 sollte in Tel Aviv Zweigs Stück „Die Marranen" vom Theater Habima aufgeführt werden, in der hebräischen Übersetzung von Avigdor Hameiri. Zweig wurde gebeten, bei der Inszenierung und Aufführung des Stückes zugegen zu sein; er reiste - eher widerwillig - nach Tel Aviv, seine Frau Grete blieb in der Tschechoslowakei; eine Rückkehr nach der Aufführung des Stückes am 27.12.1938 war Zweig durch die Veränderung der politischen Lage versagt. Es ist sicher, daß diese Emigration ihm das Leben rettete: der Großteil seiner Familie starb in Vernichtungslagern.

Zweig lebte in Tel Aviv unter ärmlichsten Bedingungen: aus Angst, nicht mehr in deutscher Sprache schöpferisch tätig sein zu können, wenn er eine Fremdsprache lernen und in seinem alltäglichen Umgang pflegen würde, verweigerte er bis zuletzt, sich näher mit der hebräischen Sprache zu befassen. Er lebte auf einer deutschen Sprachinsel; diese Sprachinsel war anfangs von sehr vielen deutschsprachigen Emigranten bevölkert, doch Zweig wurde fast 100 Jahre alt, die Jeckes starben und mit ihnen die Möglichkeit für ihn, sich auszutauschen.

Ein deutschsprachiger Dramatiker, der in Israel in deutscher Sprache Dramen zum Thema Nationalsozialismus verfaßte, stand vor schier unlösbaren verlegerischen Problemen: die ersten Dramen zu diesem Themenkreis schrieb Zweig 1934 und 1940; an Druck oder Aufführung dieser Stücke eines jüdischen Autors in deutschsprachigen Ländern war gar nicht zu denken. Nach 1945 besserte sich die Situation jedoch nicht: die Dramen, die eigentlich die ersten sind, die sich in deutscher Sprache mit der Aufarbeitung der nationalsozialistischen Vergangenheit beschäftigen, stießen in einem auf Wiederaufbau und Vergessen gerichteten Deutschland nicht auf Interesse. Ein Erfolg in Israel konnte - da die deutsche

Sprache mittlerweile nicht mehr sehr geachtet war - ebenfalls nicht stattfinden. So blieben alle Dramen Zweigs, die sich auf wohl einzigartige Weise mit den Verhältnissen und vor allem den Menschen der Zeit des Nationalsozialismus und der unmittelbaren Nachkriegszeit beschäftigen, fast gänzlich unbeachtet.

Auch später blieb den Stücken der Erfolg versagt. Als man in Deutschland und Österreich endlich so weit war, sich mit der verdrängten Vergangenheit zu beschäftigen, galten Zweigs Dramen längst als formal und stilistisch antiquiert. Zudem wurde dem Autor vorgeworfen, nicht kritisch Stellung zu beziehen gegen die Nazis. Zweig hat sich in allen seinen Dramen (mit der Ausnahme der Deutschen Bartholomäusnacht) stets neutral verhalten; nie hat er eine Figur als eindeutig böse dargestellt. Das Verhalten jeder Figur wird verständlich oder nachvollziehbar, das Urteil wird dem Zuschauer oder Leser abverlangt, der Autor enthält sich jeglicher Wertung. „Gute" Nazis waren in der Theaterlandschaft der 70er und 80er Jahre jedoch nicht erwünscht. Lediglich das Stück „Ghetto Warschau", die einzige brauchbare dramatische Verarbeitung des Ghetto-Aufstandes, erlebte 1993 mehrere Inszenierungen in verschiedenen Theatern; Max Zweig erlebte diesen Erfolg leider nicht mehr: er starb wenige Monate vor seinem hundertsten Geburtstag im Januar 1992 in Israel.

Der Moloch - 1933

In wohl keinem anderen Drama war Zweig zeitlich so nahe an aktuellen Ereignissen. *Der Moloch*, wie die ursprüngliche Fassung des später in *1933* umbenannten Dramas lautete, entstand bereits 1934. Die Frage, warum ausgerechnet die Menschen im hochkultivierten Deutschland, dem Land Goethes, sich zu Barbarei und Primitivität hinreißen lassen, beschäftigte nicht nur Zweig.

Doch Zweigs Antwort ist eher außergewöhnlich: er sieht sehr deutlich, wie gerade die Jugend durch die Art und Weise der nationalsozialistischen Propaganda in deren Bann gezogen wird. Menschen mit einem eigentlich guten Kern werden nicht böse, aber ihre guten Anlagen - Begeisterungsfähigkeit, Opferbereitschaft, Idealismus - werden durch die nationalsozialistische Jugendpolitik der Kameradschaft und Gemeinschaft in falsche Bahnen gelenkt. Zweig zeigt in diesem Stück die unterschiedlichsten Motivationen der Menschen auf, in die nationalsozialistische Partei einzutreten: die kleinen SA-Männer kommen wegen der schönen Musik oder der Frauen, wegen besserer finanzieller Bedingungen, wegen der Chancen, eine größere Wohnung zu erhalten. Die besseren Kreise kommen aus Idealismus; viele um es den bislang besser Gestellten mal so richtig zu zeigen.

„Wenn ich gerecht sein will, dann muß ich schon sagen, ich bin überzeugt davon, daß unter den Nazis, zumindest anfangs, Menschen waren, die wirklich an das geglaubt haben, was man ihnen vorgespiegelt hat; naive Menschen, die nach Idealismus innerlich gehungert haben. Ich werde nicht sagen, daß alle Nazis gut waren, sicher hat es unter ihnen aber ganz ausgezeichnete Menschen gegeben, irregeführte."[1] Dagegen ist nach Zweigs Ansicht niemand gefeit. Auch die heutige Jugend kann unter ähnlichen Umständen wieder in die Dienste einer Partei gebracht werden, welche es versteht, mit passenden Mitteln diese Jugend für sich zu gewinnen.

Zweig kritisiert durch seine Art der Darstellung auch die abwartende Haltung des Bürgertums, das der Barbarei nichts entgegensetzen kann.

Problematisch erscheinen aus heutiger Sicht vor allem die als egoistisch zu bezeichnenden Männerfiguren, nicht nur in diesem Stück Zweigs. Sie stellen das Sterben für ihre Gesinnung, für ihr Ideal über alle anderen Interessen, mißachten massiv die Interessen ihrer Frauen oder der Familie. Sie sind aber unfähig, zu handeln: der Tod von Thomas ist absolut sinnlos; er hat zwar seine Überzeugung nicht verraten, aber durch seinen Tod niemandem geholfen, lediglich sein ego wird dadurch bestätigt. Viele Helden Zweigs sterben als Menschen, die ihre Ideale nicht verraten haben, versäumen es aber - wenn sie schon sterben wollen - durch aktive Handlungen ihrem Sterben einen Sinn zu verleihen, der über die ausschließliche Bestätigung des persönlichen privaten Ideals hinausgeht.

Zweigs Stück erlebte nur eine einzige Aufführung, im Jahr 1940 in Israel.

Die Deutsche Bartholomäusnacht

Dieses 1940 entstandene Stück ist für Zweig eher untypisch. „Im allgemeinen habe ich die Menschen nicht derartig pessimistisch beurteilt, sondern doch einen Funken Menschlichkeit auch im Übelsten gesehen. Doch da konnte ich nicht."[2] Der Verrat Hitlers an seinem früheren Kameraden Röhm zählte für Zweig 1940 zu den übelsten Taten des Nazi-Führers.

Zweig, der zur Zeit der Vernichtung Röhms im Juni 1934 bereits in der Tschechoslowakei weilte, war sehr genau durch Radioberichte und Zeitungsartikel der internationalen Presse über die Vorgänge informiert. Ihm war klar, daß hier die Geschichte ein wirkliches Drama geschrieben hat. Dennoch benötigte Zweig relativ lange Zeit, um dieses eigentlich fertige Drama zu Papier zu brin-

---

1   Zweig in einem Interview mit Eva Reichmann am 10.9.1991 in Schönbühl, Schweiz.
2   Zweig im Interview, a.o.

gen. Er las unzählige Bücher, um sich den Jargon der Nationalsozialisten einzuprägen.

Der Mord an Röhm ist für Zweig deshalb so schlimm, weil ihm keinerlei Motivation durch Ideale zugrunde gelegt werden kann. Während die übrigen politischen Handlungen ideologisch untermauert werden konnten, handelte es sich hierbei - laut Zweig - um eiskalten Mord um des eigenen Vorteils willen.

In keinem anderen Drama entfernt Zweig sich soweit von einem realistischen Stil wie in diesem Stück. Das Schauspiel will nicht Wirklichkeit abbilden, es ist eine zynische Karikatur. In diesem Mittel der Übertreibung sah Zweig die einzige Möglichkeit, die abgrundtiefe Bosheit Hitlers, Goebbels' und Görings darzustellen.

Der Schluß des Stückes wurde von Zweig nach 1945 mehrfach umgeschrieben, auch verschiedene Textstellen verändert. Die Ungeheuerlichkeit der Judenvernichtung hatte den Stellenwert des Röhm-Mordes etwas relativiert, Zweig versuchte, diesen neuen Informationen gerecht zu werden.

Parallel zu Zweig arbeitet Charlie Chaplin an seinem Film *Der große Diktator*. 1937 begann Chaplin mit den Arbeiten, die im Juni 1939 abgeschlossen waren. Dennoch wurde der Film erst im Oktober 1940 in den USA uraufgeführt. Zweig konnte, während seiner Arbeit an dem Drama, nichts über Chaplins Film gewußt haben. Als er in gesehen hatte, war sein Drama längst abgeschlossen. Dennoch scheint der Film Anlaß zu einigen Veränderungen in Zweigs Stück gewesen zu sein. Zweig fand Chaplins Hitler zu niedlich, eine Witzfigur, die nicht wirklich die Gefährlichkeit und Gemeinheit seines Hitlers habe. Dennoch wurde Chaplins Film bekannt, das Stück von Zweig hingegen bis heute nicht aufgeführt.

Ghetto Warschau

Nur 4 Jahre nach dem Ghettoaufstand entstand dieses Drama Zweigs im Jahr 1947, welches zweifellos zu seinen besten gehört. Zweig zeigt die gesamten Ereignisse. Er beginnt mit den Vorbereitungen des Aufstandes, zeigt die Schwierigkeiten und Widerstände, die den Rebellen von den Juden selbst im Ghetto entgegengebracht wurden, den Mangel an Unterstützung durch die polnischen Partisanen. Wichtig für Zweig ist vor allem die Erweckung des Kampfgeistes der Ghettobewohner, der Wunsch, sich nicht mehr wie Schlachtvieh willenlos zur Schlachtbank führen zu lassen, sondern aktiv zu handeln und zu kämpfen.

Auf die besondere Bedeutung des Dramas hat bereits Armin A. Wallas ausführlich hingewiesen.[3] In der Verwirklichung der neuen kämpferischen Identität des Judentums sieht Wallas vor allem eine Verbindung zwischen den Kämpfern im Warschauer Ghetto und den zionistischen Pionieren in Palästina.[4] Das Drama weist somit weit über den zeitlich und örtlich gesteckten Rahmen hinaus, eine Bedeutungsebene, die leider bei den aktuellen Inszenierungen 1993 nicht erkannt wurde. Da wurde das Stück lediglich als Erinnerung an die damaligen Vorgänge inszeniert[5].

Am 8. September 1949 wurde das Stück in Tampere in finnischer Übersetzung von Marja Rankkala aufgeführt, dargestellt vom Arbeitertheater. Am 29.9. 1949 folgte die Aufführung in Helsinki in einer Inszenierung des Finnischen Arbeitertheaters. Die Kritiken zu beiden Stücken sind durchwegs positiv. Gelobt wird, daß Zweig nicht ein „raffiniertes Schreckstück um des Schreckens willen" geschaffen habe, sondern „in einfachem Realismus von den Leidenschaften der Menschen, von dem zügellos tobenden Zerstörungswillen und Haß erzählt". Gerade so „erhebt es im Namen der Menschlichkeit Protest gegen den noch in dieser Zeit blühenden Barbarismus".[6] Aamu Lehti, das Morgenblatt von Tampere bezeichnet das Stück in seiner Kritik am 10.9.1949 gar als „eines der größten Trauerspiele der Welt", wenn auch einige Mängel in der Konstruktion gerügt werden. Allerdings wurde bei der Aufführung in Tampere auf die Schlußszene verzichtet. Während der Regisseur der Aufführung in Tampere besonders Zweigs Einfühlsamkeit und seine Fähigkeit, die Motivationen der Menschen nachvollziehbar zu machen, bei seiner Inszenierung in den Vordergrund stellte, betrachtete der Regisseur der Aufführung in Helsinki Zweig als kaltblütigen Aufzeichner historischer Ereignisse. Dementsprechend unterschieden sich die

---

3 Vgl. Armin A. Wallas, „Sie starben im Nirgendwo." Ein Drama des jüdischen Widerstands: „Ghetto Warschau" von Max Zweig. In: Sprachkunst 21 (1990), S.251-283. Ebenso Armin A. Wallas, Ein jüdischer Dramatiker im Exil: Max Zweig. In: Das jüdische Echo 39 (1990), S. 159-164 und Humanismus nach Auschwitz. Zum 100. Geburtstag des Dramatikers Max Zweig. In: Mnemosyne. ZEIT-Schrift für Geisteswissenschaften 1992, Heft 13, S. 6-9.

4 Vgl. Armin A. Wallas, Max Zweigs Israel-Triptychon Davidia - Saul - Ghetto Warschau. In: Max Zweig. Kritische Betrachtungen. Hg. von Eva Reichmann, St. Ingbert 1995, S. 171-206.

5 8.4.1993, Theater im Westen, Stuttgart. Das Tourneetheater „Frühlingserwachen" spielte das Stück bis ins Jahr 1994 in Köln, Bonn, Berlin, Minden und Fulda.

6 Zitiert nach der Übersetzung der Kritik im Kansan Lehti (Volksblatt), welche am 10.9.1949 in Tampere erschien.

Aufführungen grundsätzlich in ihrem Charakter. Helsinki beschränkte sich auf die Fakten, wodurch den Rollen viel von ihrer menschlichen Dimension verloren ging.

Warum ausgerechnet Finnland im Jahr 1949 ein solches Interesse an dem Stück zeigte, welches danach für 46 Jahre wieder in der Versenkung verschwand, kann heute nicht mehr geklärt werden.

Zweig selbst maß diesem Erfolg nicht die ihm gebührende Bedeutung bei. Für ihn zählten Aufführungen im deutschsprachigen Bereich, er strebte nicht danach, ein international bekannter Dramatiker zu werden, seine ursprüngliche Heimat sollte ihn schätzen.

Die Verdammten

Dieses Stück Zweigs beschäftigt sich mit dem Weiterleben der faschistischen Ideologie im Nachkriegsdeutschland. Das Stück ist dem Drama *Der Moloch* in weiten Teilen sehr ähnlich. Wie dort stellt Zweig auch hier die Frage, wie so etwas wie der Nationalsozialismus passieren konnte.

Zweig hatte aus der ausländischen Presse davon erfahren, daß es in Deutschland wieder verstärkt Umtriebe von Neonazis zu vermelden gab. Auch gab es Berichte, die feststellten, daß man in Deutschland nicht bereit war, sich der Aufarbeitung der Vergangenheit zu widmen. Gegen dieses Verdrängen wollte Zweig etwas unternehmen, wollte vor der erneuten Gefahr des Nationalsozialismus warnen. Die Handlung ist zeitlich nicht exakt verankert. Vermutlich spielt das Stück 1946 oder kurz danach. Es schildert die Heimkehr eines ehemaligen KZ-Häftlings, der wegen seiner politischen Ideologie von den Nazis verhaftet worden war, und die Heimkehr eines ehemaligen eifrigen Nazis und SS-Führers. Beide kämpfen nun gegen die Neonazis, doch beide scheitern. Der Versuch Zweigs, auf den guten Kern in jedem Menschen hinzuweisen, gelingt in diesem Drama nicht, sondern zerstört eher die Handlung. Die Begründung Konrads, warum er Nazi wurde, scheint eher unerträglich: falsche Behandlung durch die Eltern, vor allem den Vater, trieben den Sohn den Nazis in die Arme.

Zweig selbst mochte dieses Stück nicht sehr gerne, zählte es nicht zu seinen besten. Den Vorwurf, es handle sich um ein überflüssiges Familiendrama, den Norbert Fuerst erhebt[7], hat es jedoch nicht verdient. Vielmehr kann in der heutigen Zeit das Stück auch als Warnung vor den wieder salonfähig gewordenen Rechten verstanden werden. So sieht Ingrid Dahmke-Just das Stück gerade als

---

7 Vgl. Norbert Fuerst, Das Dramenwerk Max Zweigs. Klagenfurt 1986. Hier S. 93-95.

Warnung vor den „unschuldigen Tätern" und betrachtet das Stück als aktuelles Gegenwartsdrama.[8] Es wurde bis heute nicht aufgeführt.

Aufruhr des Herzens

Aufruhr des Herzens ist Zweigs letzte Beschäftigung in dramatischer Form mit dem Thema Nationalsozialismus. Das Stück entstand 1956 und schildert die Zeit der Verfolgung in einer jüdischen Familie in Holland. Vor allem jedoch geht es um die Hauptfigur Greet Noorden, eine Holländerin, die die Umtriebe der holländischen und deutschen Faschisten verachtet, sich dem Widerstand anschließt und am Ende sogar ihr Leben opfert, um irgendeine Jüdin zu retten. Greet lehnt sich gegen die herrschende Mentalität des Wegschauens in der holländischen Bevölkerung auf.

Zweig hat auch hier reale historische Ereignisse verarbeitet. Im Mittelpunkt des Stückes steht der Aufstand der Bewohner Amsterdams gegen den Abtransport von Juden am 29. April 1943. Zwar stärkt diese Aktion das Zusammengehörigkeitsgefühl der Amsterdamer, die Aktion hat jedoch ihren eigentlich Zweck - die Rettung der Juden - verfehlt; sie werden bei einem späteren Transport abgeholt, die Opfer sind lediglich ausgetauscht, aber nicht verhindert worden.

Zweigs Anliegen, nicht zu werten, wird in diesem Drama fast zum Problem. Die Schilderung der jüdischen Familie gerät arg spießbürgerlich und wirkt unrealistisch: da will das Töchterchen im Ghetto nicht spülen, weil es befürchtet, sich die Finger für die geplante Karriere als Pianistin zu ruinieren; der Sohn schlägt seine Rettung aus, weil er noch im Angesicht der Vernichtung Angst hat, ins Ausland zu gehen, lieber tröstet er sich mit Homer über den Alltag hinweg. Die Sprache der ehemaligen Haushaltshilfe Greet, die sich nun als guter Engel der Familie erweist, hat etwas unnatürlich Vornehmes.

Die starken Seiten des Stückes liegen zweifellos in der Darstellung der „Dakann-man-nichts-machen"-Mentalität der braven Amsterdamer Bürger. In kleinen Zwischenszenen zeigt Zweig, wie diese Leute darauf bedacht waren, die Augen vor den schrecklichen Verhältnissen zu schließen, um sich selbst unversehrt durch die Zeit zu retten. Brave Familienväter rechtfertigen ihre Arbeit für die deutsche Rüstungsindustrie mit dem Argument, die Familie ernähren zu müssen. Diese Konflikte und die Kritik an dieser unmenschlichen Einstellung machen auch dieses Drama Zweigs zu einem wichtigen Werk.

---

8 Ingrid Dahmke-Just, Max Zweig - Die Verdammten. In: Max Zweig. Kritische Betrachtungen. Hg. von Eva Reichmann, St. Ingbert 1995, S. 281-294.

Interessant ist ein Brief Max Brods an Zweig: Brod hatte sich beim Verlag Stephanie Hunzinger für eine Aufnahme gerade dieses Stückes Zweigs in das Verlagsprogramm eingesetzt. Der Fischer-Verlag zeigte durchaus Interesse, da gerade durch das damals erstmals aufgeführte Stück „Tagebuch der Anne Frank" die Thematik im Gespräch war. Frau Hunzinger habe - nach Brod - vor allem die Andersartigkeit des zweigschen Dramas gefallen, allerdings bestand sie auf eine Milieuänderung.[9] Auch der Verlag Kurt Desch in München lobte Zweigs Stück: im Gegensatz zur Anne Frank habe Zweigs Stück den Vorteil eines echten dramatischen Konfliktes und einer dramaturgisch aufgebauten Handlung. Jedoch merkt der Verlag an, daß diesem Stück eines deutschsprachigen Autors aus Israel kein Erfolg beschieden sein würde, weil die amerikanische Anne-Frank-Produktion den Markt beherrsche, eine zweite Produktion daneben aber keine Chance habe.[10] Wie so oft erschien auch dieses Stück Zweigs zwar zur aktuellen Zeit, hatte aber gegen die Marktbedingungen keine Chance.

Aufruhr des Herzens wurde an keinem Theater gespielt.

---

9   Nach einem Brief von Max Brod an Zweig, 27.9. ohne Jahresangabe. Wie Zweig reagierte, ist nicht bekannt. Jedoch findet sich im Nachlaß eine Weihnachtskarte von Frau Hunzinger aus dem Jahr 1957, was darauf hindeutet, daß sie direkt mit Zweig in Verhandlungen getreten war.

10 Brief von Dr. Greuel, Kurt Desch Verlag, an Max Zweig, 3.1.1957.

Editorische Notiz

Der Moloch - 1933 erschien zuerst in Max Zweig: Frühe Dramen. Fotomechanisch vervielfältigt von Elazar Benyoetz 1976, Heidelberg. Die hier vorliegende Fassung folgt diesem Abdruck weitestgehend, lediglich einige wenige Streichungen, die Zweig für diese Fassung gegenüber dem Originaltyposkript unternahm, sind wieder aufgenommen worden.

Die Deutsche Bartholomäusnacht erschien zuerst in Max Zweig, Dramen II, im Hans-Deutsch-Verlag in Wien 1963. Es folgte 1989 eine Einzelausgabe im Scaneg-Verlag München, mit einem Nachwort von Harald Weinrich versehen. Die hier vorliegende Fassung folgt ausschließlich dem Originaltyposkript Zweigs aus dem Jahr 1940. Die später unter dem Eindruck der Ereignisse nach 1940 vorgenommenen Veränderungen - vor allem des Schlusses - wurden rückgängig gemacht. Zweig veränderte viele Textstellen der Hitler-Figur nach 1945, aus dem Wissen über die tatsächliche grausame Größe der historischen Gestalt. Die Fassung von 1940 entstand noch ohne dieses Wissen, weshalb ein Rückgriff darauf gerechtfertig ist.

Ghetto Warschau erschien zuerst 1961 im Hans-Deutsch-Verlag in Wien im Band Dramen I. Die hier abgedruckte Fassung folgt vor allem Korrekturen, die Zweig an der von ihm autorisierten Druckfassung für den Deutsch-Verlag vornahm. Der Herausgeberin liegen zwei Bände von Dramen I vor, in denen Zweig unterschiedliche handschriftliche Korrekturen vornahm, die vor allem eine Straffung der Handlung und eine geringe Verknappung der Dialoge betreffen.

Die Verdammten erschien zuerst in Max Zweig: Die Entscheidung des Lorenzo Morenos und andere Dramen, fotomechanisch vervielfältigt von Elazar Benyoetz, Heidelberg 1976. Die hier vorliegende Fassung folgt dem Originaltyposkript Zweigs; Streichungen und Veränderungen, die auf Drängen der damaligen Herausgeber entstanden, wurden zurückgenommen.

Aufruhr des Herzens erschien zuerst 1963 im Hans-Deutsch-Verlag Wien im Band Dramen II. Die hier vorliegende Fassung folgt ausschließlich dem Originaltyposkript Zweigs, allerdings sind in diesem Fall die Änderungen gegenüber der ersten Druckfassung minimal.

Die weiteren Bände der Max-Zweig-Werkausgabe:

Max Zweig: Dramen 1.
Igel Verlag 2010, Br. 224 S., 24,90 €, ISBN 978-3-89621-238-2
    enthält: Der Abgrund, Medea in Prag,
             Die Entscheidung Lorenzo Morenos, Israel, was tun?

Max Zweig: Dramen 3: Die jüdischen Dramen.
Igel Verlag 1999, Br. 338 S., 24,00 €, ISBN 978-3-89621-093-7
    enthält: Elimelech und die Jünger, Die Marranen, Davidia, Saul

Max Zweig: Dramen 4: Verstreute Dramen.
Igel Verlag 2000, Br. 295 S., 24,00 €, ISBN 978-3-89621-119-4
    enthält: Morituri, Lilith, Franziskus, Pia Cameron,
             Das Wunder des Hilarius

Max Zweig: Dramen 5: Die politisch-historischen Dramen.
Igel Verlag 2000, Br. 364 S., 24,00 €, ISBN 978-3-89621-120-0
    enthält: Ragen, St. Helena, Rasputin,
             Tolstois Gefangenschaft und Flucht, Der Generalsekretär

Max Zweig: Autobiographisches und verstreute Schriften.
Igel Verlag 2002, Br. 457 S., 24,00 €, ISBN 978-3-89621-155-2
    enthält: Lebenserinnerungen, Baracke 23,
             Novellen, Briefe, Gedichte

LITERATUR